Brennpunkte der Persönlichkeitsforschung
Band 3

Brennpunkte der Persönlichkeitsforschung

Herausgegeben von Manfred Amelang und Hans-Joachim Ahrens

Band 3
Attraktion und Liebe

Hogrefe · Verlag für Psychologie
Göttingen · Toronto · Zürich

Attraktion und Liebe

Formen und Grundlagen
partnerschaftlicher Beziehungen

herausgegeben von

**Manfred Amelang,
Hans-Joachim Ahrens**

und

Hans Werner Bierhoff

Hogrefe · Verlag für Psychologie
Göttingen · Toronto · Zürich

© by Verlag für Psychologie · Dr. C. J. Hogrefe, Göttingen 1991

 Das Werk einschließlich aller seiner Teile ist urheberrechtlich geschützt. Jede Verwertung außerhalb der engen Grenzen des Urheberrechtsgesetzes ist ohne Zustimmung des Verlages unzulässig und strafbar. Das gilt insbesondere für Vervielfältigungen, Übersetzungen, Mikroverfilmungen und die Einspeicherung und Verarbeitung in elektronischen Systemen.

Druck- und Bindearbeiten: Offsetdrukkerij Kanters B.V., Alblasserdam
Printed in the Netherlands
ISBN 3-8017-0340-1

INHALTSVERZEICHNIS

Vorwort xi

Michael Maiwald und Arnd Schreiber
Die biologischen Grundlagen von Paarverhalten: Eine Übersicht biopsychologischer Konzepte 1

1. Einleitung 1
2. Soziale Beziehungen im Tierreich 3
3. Partnerwahl 8
   3.1. Intrasexuelle Selektion (Rivalität und Dominanz) 11
   3.2. Spermien-Wettbewerb 12
   3.3. Intersexuelle Selektion (Weibliche Zuchtwahl) 13
   3.4. Kin Recognition 19
   3.5. Inzest-Tabu 22
   3.6. Homogamie - Heterogamie (Assortative Mating) 24
4. Balzverhalten 25
5. Adaptiver Wert von Partnerauswahlmechanismen 28
6. Mechanismen der Paarbindung 29
   6.1 Bonding vs. Beziehung 29
   6.2. Romantische Liebe 30
   6.3. Sexuelle Liebe 31
   6.4. Partnerretention 33
7. Territorialität/Revierverteidigung 34
   7.1. Monogamie 35
   7.2. Polygamie 39
8. Brutpflege 40
9. Freundschaften 45

Gerold Mikula und Wolfgang Stroebe
Theorien und Determinanten der zwischenmenschlichen Anziehung . . 61

1. Theorien der zwischenmenschlichen Anziehung 62
   1.1. Theorien der Informationsverarbeitung 63
   1.2. Theorien der kognitiven Konsistenz 64
      1.2.1. Die Gleichgewichtstheorie von Heider 64
      1.2.2. Die Gleichgewichtstheorie von Newcomb 66

1.3. Verstärkungstheorien 67

1.4. Theorien des sozialen Austauschs 69

    1.4.1. Die Theorie von Thibaut und Kelley 70

    1.4.2. Das Investitionsmodell von Rusbult 71

    2.4.3. Die Equitytheorie von Walster, Berscheid und Walster 72

1.5. Schlußfolgerungen und Implikationen 75

2. Determinanten zwischenmenschlicher Anziehung 76

  2.1. Charakteristika der anderen Person 77

    2.1.1. Physische Attraktivität 77

    2.1.2. Persönliche Beurteilung und Bewertung 79

  2.2. Beziehungen zwischen Merkmalen zweier Personen 80

    2.2.1. Einstellungsähnlichkeit 80

    2.2.2. Ähnlichkeit in der physischen Attraktivität 83

    2.2.3. Weiterführende Überlegungen: Ähnlichkeit von Partnern als Folge von Verfügbarkeit, Konkurrenz und Verträglichkeit 84

  2.3. Merkmale des situativen Kontexts 87

  2.4. Merkmale des Individuums 88

    2.4.1. Erregung 88

    2.4.2. Stimmung 90

3. Abschließende Bemerkungen 92

Ulrich Wagner
Zugehörigkeit zu Gruppen und Gruppenprozessen als Einflußgrößen für Attraktion und Zuneigung   105

1. Die interpersonale Perspektive 106

  1.1. Die Reziprozität von Sympathieäußerungen 106

  1.2. Gruppenziele 107

  1.3. Soziale Vergleichsprozesse 109

  1.4. Dissonanzreduktion 111

  1.5. Intergruppenkonflikte 111

2. Die Intergruppale Perspektive 112

  2.1. Minimal-Group-Untersuchungen 112

  2.2. Die Theorie der Sozialen Identität 114

  2.3. Selbstkategorisierung 115

3. Ein Experiment 116

4. Resümee 119

Horst Pfrang
Geschlechterdifferenzierung   125

1. Eigenschaftsunterschied oder Differentielle Reaktion auf Situation 125
2. Mißlingen der Konstruktion einer Geschlechtspersönlichkeit 130
    2.1. Geschlechtsrolle: Auflösung und Individualisierung? 136
    2.2. Geschlechtsstereotyp: Zwischen Generalisierung und Partikularisierung? 140
3. Ausblick: Abnahme der Geschlechterdifferenzierung, Partnerwahl und Partnerschaft 142
4. Zusammenfassung 145

Manfred Amelang
Einstellungen zu Liebe und Partnerschaft: Konzepte, Skalen und Korrelate   153

1. Einstellungen zu Liebe und Romantik 154
    1.1. Item-Listen und Erklärungen 154
    1.2. Diskussion 158
2. Interpersonale Einstellungen 159
    2.1. Skalen-Systeme 159
        2.1.1. Rubins „Love"- und „Liking"-Skalen (Lieben und Mögen) 159
        2.1.2. Die Love-Skala von Pam, Plutchik und Conte 165
        2.1.3. Die Skalen von Sternberg 167
    2.2. Spezifische Komponenten 170
        2.2.1. Leidenschaft: Die Passionate-Love-Skala 170
        2.2.2. Gesunde vs. neurotische Liebe 173
    2.3. Stile oder Typen von Liebe 174
    2.4. Bindungs-Typen 181
3. Zum Erleben von Liebe, Intimität und Partnerschaft 185
4. Liebe als Verhalten oder Tätigkeit 187
Anhang 190

Hans Werner Bierhoff
Liebe   197

1. Liebe: Eine vorläufige Begriffsbestimmung 197

2. Forschungsprogramm „Persönliche Beziehungen" 204
3. Theorien der Liebe 208
   3.1. Vertrautheit 209
   3.2. Leidenschaft 212
      3.2.1. Erregungs-Transfer-Theorie 214
   3.3. Bindung 218
4. Aktuelle Forschungsfragen 219
   4.1. Geschlechtsunterschiede 219
      4.1.1. Geschlecht und Geschlechtsrollenorientierung als Korrelate der Liebe 220
      4.1.2. Geschlechtsunterschiede für Permissivität 224
   4.2. Liebe und Zufriedenheit 225
   4.3. Hohes Selbstwertgefühl: Sehr romantisch, aber auch besitzergreifend? 226
5. Diskussion 228

Bernd Köhler
Freundschaft   235

1. Von der Interpersonalen Attraktion zu den Beziehungen: Das Forschungsumfeld 235
2. Ein kurzer Abriß der Freundschaftsforschung 238
   2.1. Zur Definition von Freundschaft 238
   2.2. Einige Befunde über Beginn, Verlauf und Auflösung von Freundschaften 241
      2.2.1. Ein Ansatz zur empirischen Differenzierung von Freundschaften 247
3. Freundschaftsbeziehung aus differentialpsychologischer Sicht ... 254
   3.1. Zur Einschätzung des Eigenschaftsansatzes in der Sozialpsychologie 254
   3.2. Aktuelle Forschungsansätze 256
      3.2.1. Interindividuelle Unterschiede bei der Freundschaftskonzeption 256
      3.2.2. Interindividuelle Unterschiede bei der Freundschaftsmotivation 258
4. Schlußfolgerungen 261

Name und Anschrift der Autoren 267
Sachverzeichnis 268

Vorwort

Für die Bände 3 und 4 der „Brennpunkte der Persönlichkeitsforschung" haben wir einen Themenschwerpunkt ausgewählt, der die Manifestation individueller Unterschiede in einem als besonders wichtig erlebten sozialen Kontext betrifft: Die Beziehung zu gleich- und gegengeschlechtlichen Partnern, den Stellenwert individueller Differenzen dabei, die innerhalb und zwischen verschiedenen Kulturkreisen differierenden Erscheinungsformen von Partnerschaften, die Determinanten und Prozesse der Initiierung von interpersonellen Beziehungen, die Faktoren einer Aufrechterhaltung und Beendigung von Beziehungen sowie nicht zuletzt die methodischen und interpretativen Schwierigkeiten bei der Erforschung dieser Fragenkomplexe.

Innerhalb dieses vielfältigen Forschungsfeldes hat es während der letzten Jahre eine sprunghafte Zunahme an einschlägigen Arbeiten gegeben, deren Resultate teils dem Alltagswissen entsprechen, größerenteils jedoch Common-Sense-Erwägungen überwinden, sei es in Gestalt differenzierter Theorien, einer ausgefeilten Methodik oder der eingebrachten Befunde. Die Literatur in diesem Forschungsfeld partnerschaftlicher Beziehungen ist nicht nur in quantitativer Hinsicht kaum noch zu bewältigen, sondern häufig genug auch schwer zugänglich, weil in extremer Weise über verschiedene Zeitschriften- und Buch-Reihen diversifiziert.

Z.T. wurden diese Reihen in den letzten Jahren neu eingerichtet, um den gestiegenen Forschungsaktivitäten ein angemessenes Forum der Darstellung zu geben. In diesem Zusammenhang ist insbesondere das *Journal of Social and Personal Relationships* zu nennen, das 1990 im siebten Jahrgang erscheint und das sich weltweit zum wichtigsten Publikationsorgan der Forschungen zu partnerschaftlichen Beziehungen entwickelt hat. Es ist aber auch die von Steve Duck und Robin Gilmour herausgegebene Buchreihe „Personal Relationships" zu nennen, in der in der ersten Hälfte der achtziger Jahre fünf Bände erschienen, die wesentlich zu einer Herausbildung einer Forschungstradition im Bereich von partnerschaftlichen Beziehungen beigetragen haben.

Diese Forschungstradition ist durch die Gründung der *International Society of the Study of Personal Relationships* institutionalisiert worden, deren scheidender Präsident Harold H. Kelley genauso für die hohen Ansprüche steht, die in diesem Bereich gestellt werden, wie die neue Präsidentin Ellen Berscheid. Einen besonderen Stellenwert haben auch die *International Conferences on Personal Relationships,* deren fünfte in diesem Sommer in Oxford mit über 200 Teilnehmern stattfand. Bemerkenswert ist auch die ausgeprägte Internationalität der Forschung zu partnerschaftlichen Beziehungen. So nahmen an der Personal-Relationships Tagung, die im übrigen alle zwei Jahre alternierend mit den *Iowa Conferences* stattfindet, Teilnehmer aus 16 Nationen teil. Robin Gilmour und Steve Duck haben persönlich einen besonders großen Anteil an der Formierung des neuen Forschungsfeldes, das eine vielversprechende Zukunft in den neunziger Jahren vor sich hat.

Aber auch im deutschsprachigen Bereich hat sich eine Forschungstradition zu partnerschaftlichen Beziehungen entwickelt, die nicht zuletzt durch die Herausgabe des Bandes über *Sympathie, Freundschaft und Ehe* durch Gerold Mikula und Wolfgang Stroebe im Jahre 1977 angeregt wurde. Da das Erscheinen dieses wichtigen Buches nun schon fast eineinhalb Jahrzehnte zurückliegt, scheint es sinnvoll und notwendig zu sein, die gegenwärtige Forschung zusammenfassend darzustellen und dem deutschsprachigen Leser zugänglich zu machen. Dabei sind zwei Bände entstanden, die weit über das Ziel, eine deutschsprachige Zusammenfassung der Literatur zu liefern, hinausgehen. Vielmehr ist wohl keine der gegenwärtig auf dem englischsprachigen Markt angebotenen Herausgaben so umfassend angelegt wie die vorliegende Zusammenstellung. Selbst das von Steve Duck herausgegebene *Handbook of Personal Relationships,* das 1988 bei Wiley erschienen ist, ist u.E. nicht so ausgewogen konzipiert in den abgehandelten Themen, wie es für die vorliegenden zwei Bände gilt, in denen alle wichtigen Bereiche der Forschung zu partnerschaftlichen Beziehungen aufgenommen wurden (mit einer Ausnahme, die weiter unten noch erwähnt wird).

Die Literatur zu partnerschaftlichen Beziehungen betrifft ein Forschungsfeld, das nur in vereinzelten Bereichen noch der Differentiellen Psychologie und Persönlichkeitsforschung zuzurechnen ist, meistens jedoch von der Forschungstradition, dem methodischen Ansatz und dem theoretischen Rahmen her zur Sozialpsychologie „gehört", in jedem Fall aber eine Vermischung und Vernetzung der beiden Fach- und Forschungsrichtungen beinhaltet. Im Hinblick auf die damit gegebene Interdisziplinarität war es nicht nur notwendig, sondern auch ganz leicht zu arrangieren, den Kreis der bisherigen Herausgeber (M.A. und H.J.A.) um einen Kollegen mit einschlägigen Interessen und Kompetenzen zu erweitern (H.W.B.).

Die damit gegebene Konstellation erlaubte die Entwicklung einer thematischen Konzeption für die vorliegenden zwei Bände, die bei den Kolleginnen und Kollegen, die im Hinblick auf einen Beitrag kontaktiert wurden, eine ungewöhnlich positive Resonanz fand: Nicht nur erhielten wir von allen angeschriebenen Persönlichkeiten spontane Zusagen, sondern - für das Gelingen einer Herausgabe nicht weniger wichtig - auch schließlich die erarbeiteten Manuskripte, wobei die zeitlichen Verzögerungen meist unschwer zu verkraften waren. Dafür möchten wir uns auch an dieser Stelle bei allen Autorinnen und Autoren ganz herzlich bedanken. Mehr als solche Worte würde gewiß der Erfolg der gemeinsamen Anstrengungen bekräftigend wirken, die Rezeption und Kritik der Bände in der Scientific-Community sowie die Aufnahme der Bände am Markt. In bezug auf den letzteren Aspekt sind wir zuversichtlich, mit der Thematik über den Kreis ausschließlich wissenschaftlich interessierter Leser hinausreichend auch andere Zielgruppen ansprechen zu können.

Von der erwähnten einmütig positiven Resonanz gab es nur eine Ausnahme: Trotz wiederholter Versuche gelang es nicht, eine Autorin oder einen Autor zu finden, die/der bereit gewesen wäre, den ursprünglich noch zusätzlich vorgesehenen Beitrag über „Homosexuelle Beziehungen" zu übernehmen. Diese Thematik bleibt deshalb nachfolgend unbehandelt. Darunter wird allerdings die Breite und Ausgewogenheit des vorliegendes Textes kaum ernsthaft leiden.

Nachdem alle Beiträge in der endgültigen Fassung vorlagen, drängte sich jedoch eine Binnengliederung in die Themenbereiche „Attraktion und Liebe" einerseits sowie „Partnerwahl und Partnerschaft" andererseits nachgerade auf, und da die Beiträge aufgrund ihres Umfanges deutlich den zunächst ins Auge gefaßten Rahmen überschritten, folgten wir einer Anregung des Verlages und teilten den Stoff in zwei Bände mit entsprechenden Obertiteln auf. Ungeachtet dieser Struktur sind die zwei Bände aufeinander bezogen, da inhaltlich und von der Planung her eng miteinander verzahnt.

Der vorliegende Band befaßt sich mit zwei Themen, die immer schon die Phantasie der Menschen beschäftigt haben. Was macht eine Person attraktiv? Unter welchen besonderen Umständen werden Liebesgefühle ausgelöst? In dem vorliegenden Band werden - ausgehend von der biologischen Grundlage des Paarverhaltens - Antworten auf diese Fragen gegeben. So werden die Faktoren, die die zwischenmenschliche Attraktion bestimmen, in einem zusammenfassenden Beitrag dargestellt und Einstellungen zu Liebe und Partnerschaft werden in zwei Kapiteln besprochen, von denen das eine von den Konzepten und Skalen ausgeht, während das andere die Entstehung von Liebe, ihre Facetten und den Zusammenhang mit anderen Faktoren wie Selbstwert darstellt. In weiteren Kapiteln werden häufig diskutierte Fragen angesprochen, die von grundlegender Bedeutung sind: Wie steht es mit Geschlechterunterschieden und welchen Einfluß hat die Zugehörigkeit zu Gruppen ganz allgemein auf Attraktion und Zuneigung? Schließlich wird in einem abschließenden Kapitel der Bereich der Freundschaften diskutiert, der in der aktuellen Forschung zunehmend an Bedeutung gewonnen hat. Diese Beiträge geben eine Einführung in die Grundlagen partnerschaftlicher Beziehungen, wobei insbesondere zwischenmenschliche Anziehung, Freundschaft und Liebe angesprochen werden. Damit sind die Beiträge auch eine Vorbereitung für die in dem Band „Partnerwahl und Partnerschaft" enthaltenen Kapitel, die stärker den angewandten Aspekt betonen.

Schließlich sind noch einige Anmerkungen zu dem Untertitel dieser beiden Bände „Formen und Grundlagen partnerschaftlicher Beziehungen" erforderlich. In der englischen Terminologie finden sich einige verwandte

Begriffe, die immer wieder auftauchen: Personal relationships, close relationships, intimate relationships and love relationships. Während die beiden zuletzt genannten Begriffe inhaltlich relativ eingeschränkt sind, fassen die beiden erstgenannten Begriffe ein weiteres Spektrum von Forschungsthemen zusammen. Wir haben uns in Analogie dazu für den Ausdruck „partnerschaftliche Beziehungen" im Deutschen entschieden, der am ehesten die Vielfalt der gemeinten Bedeutungen enthält und gleichzeitig an die Umgangssprache sinnvoll anknüpft.

Das Gelingen eines Vorhabens wie dem hier realisierten ist von der Mitarbeit vieler Personen abhängig. Neben den Verfassern gilt unser großer Dank Frau Karin Holthausen, die während der letzten Monate zu ihren sonstigen Verpflichtungen die Erstellung einer reprofähigen Vorlage mit einem Textverarbeitungssystem der Heidelberger Universität besorgte. Dabei half ihr, um immer wieder auftretende Detailprobleme zu lösen, einmal mehr Elke Bracht in vorbildlicher Weise.

Eine Art unterstützender Lektorenfunktion nahm Claudia Krüger wahr, die in wiederholten Durchgängen die eingereichten und die gesetzten Texte unter formalen Gesichtspunkten durchsah, aber auch Anregungen zur inhaltlichen Gestaltung gab.

In den Händen von Silke Kröning lag die Übersetzung des englischsprachigen Manuskriptes von Bringle und Buunk, die dann von Renate Klein zusätzlich bearbeitet wurde.

Allen genannten Personen danken wir auch an dieser Stelle für Engagement, Sorgfalt und Umsicht.

Heidelberg und Marburg/L.   M. Amelang
Im August 1990   H.J. Ahrens
                                                          H.W. Bierhoff

Die biologischen Grundlagen von Paarverhalten: Eine Übersicht biopsychologischer Konzepte

Michael Maiwald und Arnd Schreiber

1. Einleitung

Die Lebensspanne aller vielzelligen Organismen ist durch ihren Tod begrenzt; gleichartige bleiben daher nur erhalten, wenn Individuen sich reproduzieren. Durch diese Gegebenheit kann man letztlich alle organismischen Funktionen einschließlich des Verhaltens im Dienste der Reproduktion deuten. Dies gilt nicht nur für genetisch fixierte Merkmale, sondern ähnlich auch für kulturell tradierte. Die reproduktive Leistung setzt sich zusammen aus Aufwendungen zur Paarung (Suche, Auswahl, Gewinnung und Bindung eines Partners) und Aufzucht der aus der Beziehung hervorgehenden Nachkommen. Die Überlebensfähigkeit dieser Nachkommen stellt einen zentralen Faktor dar, der außer der Ausformung physischer Merkmale auch die Entwicklung von Verhaltensweisen bestimmt. Das ergibt sich aus dem von Darwin formulierten und durch die moderne Biologie fundierten Evolutionsparadigma. Obwohl Einzelheiten wie Angriffspunkt des Selektionsgeschehens (Gen, Individuum, Gruppe) teilweise noch umstritten und viele evolutive Mechanismen noch weitgehend unklar sind, gelingt bei Anwendung des Evolutionsparadigmas die Formulierung immer neuer Fragen und deren Überprüfung in Experimenten zu Phänomenen wie Wettbewerb und Zusammenarbeit in Gesellschaften von Lebewesen. Unter dem Gesichtspunkt des Paradigmenwechsels gewinnt die Evolutionstheorie auch für die Psychologie zunehmend an Interesse. Ökologische Untersuchungen tierlichen Partnerverhaltens erweisen sich auch als nützlich für die Analyse menschlichen Verhaltens. Zwar liegen keine einfachen Beziehungen zwischen tierlichen und menschlichen Verhaltensweisen vor, jedoch gestattet die Beobachtung oder experimentelle Manipulation von Partnerverhalten in der natürlichen Umwelt freilebender Tiere die Aufdeckung bestimmender Faktoren dieser Verhaltensmechanismen. Viele der evolutionären Konzepte, die von Ökologen entwickelt worden sind, bieten sich zur Übertragung auf Beobachtungen am Menschen an (siehe Draper, 1989).

Verhaltensökologische Beobachtungen an Tieren unter Freilandbedingungen stützen die Hypothese, daß die Entwicklung und das Auftreten sozialer Verhaltensweisen in gleicher Weise wie bei physischen Merkmalen durch Selektion bestimmt werden. Um im dauernden innerartlichen Selektionsprozeß zu bestehen - so das soziobiologische Paradigma -, muß das Zeigen eines Verhaltens zu einer Steigerung des persönlichen Fortpflanzungserfolges (personal fitness) führen oder, wenn das Verhalten mit Kosten für den Träger verbunden ist, mit einem diese Kosten übersteigenden Nutzen für einen genetisch Verwandten (inclusive fitness) einhergehen. Bei Tieren mit langer Lebensdauer ist naturgemäß ein derartiger Nachweis erschwert. Daher muß beim Studium etwa von Primaten auf andere Maße zurückgegriffen werden, wie etwa die Fähigkeit zur Gewinnung von mehr Partnerinnen durch Männchen oder die Verkürzung der Geburtsabstände bei Weibchen. Entgegen häufigen Mißverständnissen unterliegt der gesamte Verhaltensphänotyp der Umweltselektion, unabhängig von der kausalen Genese eines Verhaltensmusters. Die funktionale Betrachtung von Verhalten ist also zunächst unabhängig von der Anlage-Umwelt-Problematik zu sehen (Schreiber, 1989). Die Frage, wieso manche Verhaltensweisen bei bestimmten Organismen genetisch fixiert werden, während andere individuell erlernt bzw. tradiert werden, kann sogar ihrerseits wiederum unter funktionalen Gesichtpunkten bearbeitet werden.

Von einigen Kritikern wird gegen das zentrale Konzept der Evolutionsbiologie, dem ‚survival of the fittest', das auch den Kern der Thesen Darwins darstellt, vorgebracht, daß es sich dabei um eine Tautologie handelt, wobei der jeweils Bestangepaßte durch sein Überleben (‚survival of the survivor') definiert wird. Dem muß entgegengehalten werden, daß dieses Überlebensprinzip auch in der unbelebten Natur zu beobachten ist. Ein gut bekanntes Modellsystem ist die Selbstorganisation der Lichtwellen in einer kohärenten Lichtquelle (Laser), die durch die Synergetik untersucht werden kann (Haken, 1988). Dabei zeigt sich für die in alle Raumrichtungen emittierenden Wellen, daß die erfolgreichste Welle nicht durch ihr Überleben, sondern durch bestimmte Laserparameter vorhersagbar ist. Ein entsprechendes Problem liegt auch bei der Untersuchung der Überlebensverhältnisse in Populationen von Lebewesen vor, die als zusammenwirkende Teile eines Systems betrachtet werden können, das funktionelle Strukturen hervorbringt.

Die Mehrzahl der in diesem einleitenden Beitrag vorgestellten biologischen Konzepte folgt dem soziobiologischen Ansatz, da er besonders ausgeprägt interdisziplinäre Zusammenarbeit fördern kann und die in der Psychologie vernachlässigte funktionale Komponente von Verhalten ins Zentrum der Betrachtung rückt. Die Hervorhebung von adaptiven Funktionen unter dem Paradigma von selektiv herangezüchteten Optimalitätszuständen führt allerdings leicht zum Übersehen von Evolutionskanalisierungen, welche einer fugenlosen Adaptation Schranken setzen können. Verhalten ist nicht nur als ein die momentane Fitness steigernder Mechanismus anzusehen, sondern ist gleichzeitig versehen mit einer historisch gewachsenen Struktur, von der nicht immer erwartet werden kann, daß sie ohne weiteres einem Wechsel von Umweltanforderungen durch Entkoppeln vorher adaptiv zusammenpassender Funktionskreise nachkommen können muß. Daher ist die Tragweite stark selektionstheoretischer Disziplinen wie der Soziobiologie eng mit dem Problem der genetischen Kopplung verknüpft. Trotz der belegbaren Analysefähigkeit der Soziobiologie muß daher darauf hingewiesen werden, daß von Verhaltensbiologen auch andere Forschungsansätze entwickelt worden sind (z. B. Portmann (1953, 1969) sowie die von Lorenz (1978) vertretene Ethologie), die andere Faktoren für wesentlich erachten als die sich nur auf den Fortpflanzungserfolg stützende Soziobiologie. Kennzeichnend für diese biologischen Erklärungsmodelle von lebenden Systemen ist ihr ganzheitlicher Charakter: Anatomie, äußere Morphologie, Physiologie, Verhalten und Umwelt von Lebewesen sind nicht isoliert, sondern gleichzeitig zu betrachten. Als zentrale Forschungsansätze zur Analyse von Verhaltensunterschieden ergeben sich daraus neben der Ethologie die Populationsgenetik, Ökologie und Phylogenetik. Reduktionsversuche erbringen zwar gleichfalls Ergebnisse, die aber nur eine begrenzte Gültigkeit aufweisen.

2. Soziale Beziehungen im Tierreich

Vergleichende Übersichten über die Sozial- und Paarstrukturen im Tierreich zeigen eine außerordentliche Mannigfaltigkeit in den Funktionen von Gemeinschaften (wie Fortpflanzungs-, Brutpflege-, Verteidigungs-, Nahrungserwerbs- und Migrationsgemeinschaften), ihrer Komplexität und Intensität sowie ihrer zeitlichen Konstanz. Unterschiedlich ist die Anzahl der Individuen, die soziale Beziehungen untereinander pflegen. Einerseits handelt es sich um Verwandte in Familienverbänden, zum anderen existieren Ansammlungen von nicht verwandten, zumeist gleichgeschlechtlichen Jungtieren (z. B. Jungmännergruppen). Derartige Gruppen werden als Überlebensgemeinschaften zur gemeinsamen Futtersuche und zum Schutz vor Räubern gebildet. Obwohl Ansätze zu einer systematischen Gliederung von sozialen Strukturen weit zurückreichen (Deegener, 1918), stecken sie noch in den Anfängen (Tembrock, 1983). Eine sehr grundlegende Gliederung wird allerdings darin gesehen, ob eine Sozialgemeinschaft sich als Familienverband selbständig differenziert wie etwa Mutter-Kind-Verbände, die bei Säugern oder Insektenstaaten den Kern von Sozietäten bilden („Langfamilien"), oder ob sich primär Fremde zusammenfinden. Während Familienverbände Orte umfassender Sozialkontakte darstellen, sind Aggregationen in der Regel auf bestimmte Funktionen ausgerichtet (Schutz vor Räubern, gemeinsame Nahrungssuche). Es besteht nur eine sehr lockere Deckung zwischen der Verbreitung bestimmter Sozialkategorien und dem taxonomischen System, d.h. nur gewisse Grundzüge lassen sich für einzelne Tiergruppen verallgemeinern. Eine vergleichende Morphologie von soziologischen Kategorien wurde nur in Ansätzen angestrebt, doch wird erkennbar, daß höher entwickelte Wirbeltiergemeinschaften zunehmend individualisiert und damit primär gegen Außenseiter geschlossen sind. Als wichtiges weiteres Kriterium hochentwickelter Sozialverbände nennt Peters (1950) den Grad, in welchem Individuen in Beziehung zu Triebobjekten treten können, die sich auf soziologisch niedrigerer Stufe gegenseitig ausschließen: So lösen sich bei vielen Wirbeltieren zur Fortpflanzungszeit die Verbände auf und die Brutpflege wird von Eltern oder Müttern in Isolation betrieben. Mit Höherentwicklung sozialer Systeme verbleiben die Mütter im

Verband und übernehmen neben der Jungenbetreuung gleichzeitig zahlreiche weitere soziale Aufgaben.

Das Aufsuchen von Partnern setzt eine soziale Gestimmtheit voraus, welche unterschiedlich stark ausgebildet sein kann. Distanztiere halten immer einen Mindestabstand zum Partner (Reptilien, Schwalben auf einer elektrischen Freileitung), Kontakttiere drängen sich gerne aneinander (manche Primaten, Nager, Wildschweine). Wesentlich zum Aufrechterhalten sozialer Beziehungen sind signalgebende Strukturen, Sinnesorgane sowie neurale Verschaltungen und endokrine Mechanismen. Die Wahl der dabei eingesetzten Sinnesmodalitäten ist artabhängig und korreliert mit dem Lebensraum, denn die ökologischen Bedingungen haben einen wichtigen Einfluß auf die Eignung verschiedener Kommunikationsmittel. Offene Habitate begünstigen naturgemäß optische Kommunikation, während elektrische Sinne auf Wasserbewohner beschränkt sind und vor allem bei Trübwasserfischen vorkommen (Moller & Bauer, 1973). Bei Säugetieren spielt primär der Geruchssinn eine entscheidende Rolle. Bei höheren Säugern wird zusätzlich - konvergent in mehreren Linien - der optische und akustische Sinn immer wichtiger, vielleicht weil eine olfaktorische Kommunikation langsam und wenig flexibel ist. Mit diesem, wohl primär sozial bedingten Wandel korrelieren tiefgreifende Veränderungen im Gehirn, im Schädelskelett, den peripheren Sinnesorganen (Farbsehen) und der Färbung und Musterung der Körperdecke. Damit sind wesentliche Aspekte der morphologischen Evolution bei Säugetieren maßgeblich von „Sozialwirkungen" mitbestimmt (Portmann, 1953).

Die Konstanz der zur Partnersuche eingesetzten Signale hat in einigen Fällen zu Koevolutionen geführt, wobei Artfremde diese für eigene Zwecke einsetzen. So bestäuben etwa die Männchen von einigen Hummelarten die Blüten von Orchideen, deren Aussehen begattungsbereiten Weibchen ähnelt. Bei Leuchtkäfern leben einige Arten räuberisch, indem sie die der Paarbildung dienenden Leuchtsignale fremder Arten imitieren und die dadurch angelockten fremden Leuchtkäfer-Weibchen auffressen. Bolaspinnen fangen ihre Beute mit einem Fangfaden, der am Ende mit einen Klebtropfen versehen ist und mit den Beinen in Drehschwingung versetzt wird. Der Klebtropfen enthält zusätzlich Sexuallockstoffe von bestimmten Mottenarten. Von Sozialpartnern stammende Signale stellen einen wesentlichen Anteil der von Tieren rezipierten Sinneswahrnehmungen dar. Fehlen diese, wie bei isolierter Einzelhaltung, kann es ebenso zu Veränderungen und Ausfällen im Verhaltensrepertoire und der Aktivität von Tieren kommen, wie umgekehrt durch übergroße räumliche Dichte über Sozialstreß. Physiologische Korrelate solcher hochgradig pathologischen Veränderungen schließen Veränderungen von Hormonspiegeln (Catecholamine, Kortikosteroide) ebenso ein wie Auswirkungen auf Blutzellen, Gewicht und Wachstum. Optimale Bestandsdichten sind relevante Produktionsfaktoren der Nutztierintensivhaltung.

Eine besondere Stellung nehmen die Beziehungen von Geschlechtspartnern ein, da diese Dyade unmittelbar den Fortpflanzungserfolg bestimmt. Im Tierreich ist die bisexuelle Fortpflanzung durch Weibchen und Männchen die überwiegende Form der Vermehrung. Bis auf die wenigen Fälle von Hermaphroditismus (mit der Fähigkeit zur Bildung von Gameten beider Geschlechter) besteht eine Polarität zwischen den Individuen mit weiblichem und männlichem Geschlecht hinsichtlich der Form und Ausstattung mit Energievorräten. Die Aufwendung zur Bildung von Eiern ist größer als für Spermien. Aus dem unterschiedlichen Investment der Geschlechter in die Gametenbildung ergeben sich abweichende Fortpflanzungsstrategien. Während Männchen ihren Fortpflanzungserfolg durch Paarung mit mehreren Weibchen steigern können, ist die reziproke Strategie wegen des höheren weiblichen Investments wirkungslos. Bei Säugetieren sind die Aufwendungen durch die Schwangerschaften und die anfängliche Abhängigkeit der Jungen von der Muttermilch vergrößert. Wegen der begrenzten Aufwendungen durch die Männchen lohnen sich ihre Bemühungen zur Erlangung mehrerer Partnerinnen, was wiederum, in Abhängigkeit vom Paarungssystem und der Populationsdichte, Wettbewerb zwischen Männern auslösen kann. Andererseits ist aufgrund der Konkurrenz eine Unsicherheit bezüglich der Vaterschaft gegeben (die Aufzucht fremder Kinder stellt im biologischen Sinne eine Fehlinvestition dar), was wiederum je nach den herrschenden Randbedingungen zu Kontrollmaßnahmen gegenüber der Frau Anlaß gibt.

Alle Wirbeltiere sind bezüglich ihrer Geschlechtszellen anisogam, d.h. die weibliche Eizelle ist unbeweglich und enthält mehr Nährstoffe als die bewegliche Samenzelle. Bei ursprünglichen marinen Wirbellosen, welche als überlebende Verwandte der Stammformen der Wirbeltiere angesehen werden, und noch bei manchen Fischen werden die Geschlechtszellen ohne weitere Aufwendungen einfach ins freie Wasser entlassen. Die aus der Zygote hervorgehenden Larvenstadien sind zu aktiver Nahrungsaufnahme befähigt und beschaffen die zum Aufbau des Adultus benötigten Nährstoffe selbst. Der Beitrag solcher aquatisch lebender Elterntiere erschöpft sich in der Produktion von Keimzellen. Ökologische Bedingungen können allerdings bereits auf diesem Stadium ein Aufsuchen und Werben um Geschlechtspartner oder auch eine Betreuung von Gelegen und Jungtieren begünstigen. Beim Übergang auf das Festland muß mehr Stoffwechselenergie aufgewendet werden, damit zum Landleben befähigte Junge entstehen. Als Beispiel sei an die unterschiedliche Größe von Fisch- und Vogeleiern erinnert. Zusammen mit dem Größenunterschied der Geschlechtszellen ändert sich auch der Aufwand von Männchen und Weibchen zur Herstellung der Gameten. Hierin liegt eine wichtige Ursache für die unterschiedlichen Interessen und Verhaltensstrategien der Geschlechtspartner. Diese Rolle fällt vor allem den Weibchen zu, deren Geschlechtszellen unbeweglich sind und daher dotterreich werden können. Landleben schließt auch eine Abgabe der

Gameten ins umgebende Medium aus und erzwingt innere Befruchtung, die wiederum eine Isogamie endgültig problematisch werden läßt. Der metabolische Aufwand von Wirbeltierweibchen ist demnach meistens größer als der von Männchen, und dieser Unterschied wächst noch vom ursprünglichen Fall bei manchen Fischen (mit relativ kleinen Eiern) über Lurche, Reptilien und Vögel bis zu den lebendgebärenden Säugern, wo das trächtige und später säugende Weibchen beträchtliche Stoffwechselleistungen für die Fortpflanzung erbringen muß. Diese Dichotomie bedingt, daß der Ausfall von Nachkommen den Gesamtfortpflanzungserfolg eines Weibchens nachhaltiger betrifft als denjenigen eines Männchens, dessen Nachkommenzahl weniger durch Eigenleistung limitiert ist. Männchen sollten also danach trachten, mit möglichst vielen Weibchen Nachkommen zu zeugen, während letztere den Erfolg der einzelnen Nachkommen zu maximieren versuchen sollten, sei es über Betreuung oder durch Auswahl von geeigneten Vätern. In der Tat sind fast alle Säugetiere polygyn, und Brutpflege ist primär die Aufgabe der Weibchen. Bei Tiergruppen, welche weniger große Geschlechtsunterschiede aufweisen, herrscht Monogamie und männliche Brutpflege, oder es treten sogar Fälle von Polyandrie auf.

Bisexualität ist für Populationen, die sie entwickeln, mit erheblichem Aufwand verbunden. So müssen die vorhandenen Ressourcen unter beiden Geschlechtern aufgeteilt werden und die zweihäusigen Elternorganismen sind unter Energieaufwand erst zu entwickeln. Außerdem erfordert die sexuelle Fortpflanzung das wenigstens kurzzeitige Zusammenfinden der beiden Geschlechter, um Nachkommenschaft zu zeugen. Als Kostenfaktor ist dabei die Gefahr zu nennen, beim Balzspiel und der damit verbundenen eingeschränkten Aufmerksamkeit einem Räuber zum Opfer zu fallen. Erwähnenswert sind auch die sexuell übertragenen Krankheitserreger und Parasiten. Die Frage nach den Entwicklungsbedingungen, die zu dem Überwiegen der sexuellen Fortpflanzung geführt haben, stellt für die Evolutionsbiologie ein zentrales Problem dar. Die ökologischen Hypothesen zu dieser Frage betonen übereinstimmend die Bedeutung der Variabilität der Umweltbedingungen. Nach vorherrschender Meinung besteht die biologische Funktion der Bisexualität vorwiegend in der Sicherstellung einer genetischen Variabilität der Nachkommen durch Rekombination der vorhandenen Gene. Die Variabilität soll die Überlebenswahrscheinlichkeit bei der Auseinandersetzung mit Änderungen der Umweltbedingungen sowie Nahrungskonkurrenten und Parasiten sichern. Eine anschauliche Übersicht über die komplexen Zusammenhänge gibt Bischof (1985). In der sexuellen Fortpflanzung liegt ein wesentlicher Differenzierungsschritt in dem alternierenden Auftreten von Zellen mit einfachem (haploiden) und doppeltem (diploiden) Chromosomensatz vor. Die beiden Zelltypen unterscheiden sich voneinander hinsichtlich ihrer Empfindlichkeit gegenüber dem Wirksamwerden von Mutationen (Erbänderungen). Durch die Integration beider Zelltypen in den sexuellen Lebenszyklus werden die Vorteile von Haploidie und Diploidie nutzbar. So bietet die Paarung homologer Chromosomen in der Meiose die Möglichkeit, Defektmutationen durch Austausch vom unbeschädigten homologen Chromosom auszugleichen (Bernstein, Hopf & Michod, 1989). In der haploiden Phase findet bei der Spermienwanderung eine intensive Selektion statt (Gläser, 1985). Schließlich ist zu bedenken, daß eine Integration zwischen Mitgliedern einer sexuellen Population nicht nur historisch in der Vergangenheit bestanden hat, sondern durch die Paarung auch in die Zukunft hineinreicht. Sexuelle Fortpflanzung ist folglich als Vorläufer der sozialen Kohärenz anzusehen. Dies ergibt eine Verschränkung von Differenzierung und Integration: Erstere manifestiert sich bei der Artbildung, der Zell- und Organdifferenzierung und der kulturellen Arbeitsteilung. Integrationsprozesse sind nötig, um den vielen Differenzierungsvorgängen entgegenzuwirken.

Sexuelle Kopulation zählt neben Symbiose, Sprache und Schrift zu den wesentlichen Integratoren. Der Zwang zur Paarung bewirkt, daß auch bei stark unterschiedlichen Strategien der Geschlechter eine zu starke Divergenz verhindert wird. Es muß darauf hingewiesen werden, daß die Sicht solcher Parallelen weit über den Rahmen der Biologie als Naturwissenschaft hinausgeht. Die „red queen"-Hypothese setzt bei der variationsfördernden Funktion der Sexualität ein (Van Valen, 1973). Wie erwähnt, ist mittels Kopulation von Keimzellen ein wahlweises Zusammenfügen verschiedener in der Population vorhandener Allele in Individuen und dadurch eine bedeutende Steigerung der intraspezifischen Variation möglich. Dadurch kann auf Umweltänderungen rascher mit Anpassung reagiert werden. Nach Entstehen solcher variationssteigernder Systeme sind nach der „red queen"-Hypothese auch andere Arten gezwungen, gleichsam mitzulaufen, um im Wettbewerb der Lebewesen (Selektion zwischen Arten) nicht zurückzufallen. Das heißt, daß ein Anschwellen der Evolutionsgeschwindigkeit zum Mitmachen zwingt und Arten, die in stärkerem Wettbewerb stehen, eine „schnellere Gangart" wählen sollten. Ein stark polygynes System ist sehr viel rascher dazu befähigt, die Allelfrequenzen in einer Population zu verändern, als dies eine monogame Strategie ermöglicht. Bei Polygynie gelangen von männlicher Seite nur wenige Allele in die nächste Generation (jene der wenigen dominanten Männchen), und bei sorgfältiger Auswahl dieser Männchen ist der Genpool der Nachkommen deutlicher von jenem der Elterngeneration verschieden, als wenn jeder Mann sich fortpflanzte. Aus dieser Tatsache leitete Hartung (1981) die Vermutung ab, daß die überwiegende Monogamie der Vögel gegenüber dem Vorherrschen von Polygynie bei Säugern auch eine ökologische Erklärung haben könne. Flugfähige Vögel stehen durch die Eroberung konkurrenzärmerer Nischen weniger im Wettbewerb mit anderen Organismen als die terrestrischen Säuger. Hier soll nur darauf hingewiesen werden, daß die derzeit vorherrschenden soziobiologischen Konzepte, die über funktionale Aspekte der Geschlechterbeziehung argumentieren, womöglich durch umfassendere ökologische Erklärungen über die Artgrenzen hinweg ergänzt werden können. Voraussetzung für solche Selektion auf Artniveau ist, daß Arten nicht einfach nur Klassen sind, sondern ontologischen Status von Individuen aufweisen. Zu dieser theoretisch bedeutsamen Unterscheidung wurden vereinzelt Beiträge publiziert (z. B. Vrba, 1985).

3. Partnerwahl

In der Abfolge von Verhaltensweisen, die zur Paarbildung führen, stellt die Partnerwahl den ersten Schritt dar. Schwartz, Money & Robinson (1981) haben die Phasen, die zur sexuellen Partnerwahl führen, unterteilt in:
1. prozeptive mit der Auswahl, Anziehung und Bindung eines Partners,
2. akzeptive mit der eigentlichen sexuellen Aktivität,
3. konzeptive, während der die Nachkommen aufgezogen werden.

Die Schlüsselfunktion der Partnerwahl im Sozialgeschehen ergibt sich schon daraus, daß sich Störungen der prozeptiven Phase vielfach erst in der akzeptiven Phase auswirken, wobei therapeutische Interventionen bei Partnerproblemen wirkungslos bleiben, da ihre tieferliegende Ursache verkannt wird.

Es liegen vielfältige sozialpsychologische Untersuchungen über proximate Faktoren vor, die in der Partnerwahl wirksam sind (Berscheid, 1985). Ultimate Faktoren, die in der Entwicklung von Verhaltensweisen zweifellos bedeutsam gewesen sind, werden dabei jedoch weitgehend unbeachtet gelassen (Kenrick & Keefe, 1989). Eine der wenigen Ausnahmen ist die psychodynamische Theorie.

Für die frühen Schriften Freuds gilt, daß der Autor biologische Vorstellungen zum Ausgangspunkt für seine Überlegungen zur Sexualität genommen hat. Freud hat sich in diesem Zusammenhang die auch noch von Darwin akzeptierte Idee der Vererbung erworbener Eigenschaften von Lamarck zu eigen gemacht (Ritvo, 1972). Bei einem Besuch von Freud bei Ferenczi wurde über eine gemeinsame Arbeit zum Thema der Beziehung von Lamarckismus und Psychoanalyse diskutiert, die aber niemals realisiert worden ist (Freudbiographie von Jones, Band 3, Seite 312-313; zitiert nach Ritvo, 1965). Ferenczi publizierte 1924 eine „Genitaltheorie", auf die in der psychoanalytischen Literatur mangels neuerer Quellen implizit immer noch Bezug genommen wird. Sicher von Freud beeinflußt ist, daß Ferenczi mit seinen Überlegungen immer wieder Bezug nimmt auf Lamarcks „psychologischere Denkungsart, die Strebungen und Triebregungen auch in der Artentwicklung eine Rolle einräumt". Ein Rezensent der Arbeit (Alexander, 1925) formuliert den von Ferenczi unausgesprochenen Grundsatz folgendermaßen: *„Jede Körperfunktion wie auch der ganze anatomische Aufbau des Körpers hat einen psychologischen Sinn und ist das Resultat ehemaliger psychischer Tendenzen".*

Und weiter: *"Das ganze Rätsel der Zweckmäßigkeit der Organismen ist mit dieser einfachen Behauptung gelöst".* Unmittelbar belegbar wird die lamarckistische Denkweise in der Wiener Psychoanalytischen Vereinigung in den unwidersprochen von ihren Mitgliedern akzeptierten Ausführungen zur Selektionstheorie am Beispiel der Entwicklung von Myrmekophilie (Brun, 1923). Dabei handelt es sich um die Erscheinung, daß artfremde Insekten in Ameisenstaaten eindringen und in unterschiedlicher, z.T. einseitiger Weise von den gastgebenden Ameisen profitieren. Aus psychoanalytischer Sicht wird in der bereitwilligen Aufnahme durch die Ameisen von Zuckertropfen, den die Gäste anbieten, auf das Wirken eines Lustprinzips geschlossen. Dieses wird als phylogenetisch wirksamer Faktor (*"Libidinalselektion"*) gedeutet, der neben der natürlichen Auslese bestehen soll. Aus aktueller soziobiologischer Sicht wird das Phänomen als Brechung des Informationscodes, mit dem sich die Ameisen untereinander verständigen, durch die Gäste angesehen (Hölldobler, 1971; Wilson, 1975). Eine große Rolle spielt bei Ferenczi die Idee von einer Regression zum Meer, aus der das Leben stammt. Die Hüllen des Embryos werden als Ersatz des Meeres gedacht und die Partnersuche als Ausdruck eines Regressionswunsches zurück in den Uterus als primordiales Meer. Soziobiologische Erklärungen von Entwicklungen kommen ohne Annahmen einer Motivation oder eines Lustprinzips aus.

Die Mechanismen der Auffindung und Wahl von Sozial- und Fortpflanzungspartnern sind eng mit der Ausgestaltung von Sinnesorganen und Zentralnervensystemen korreliert. Ein individuelles Erkennen von Sozialpartnern ist auf Organismen mit komplexen Nervensystemen und einem gewissen Erinnerungsvermögen beschränkt. In vielen Tiergruppen ist lediglich eine Erkennung von sozialen Klassen möglich, wie z. B. der Geschlechter oder von Zugehörigkeit zum eigenen oder einem fremden Sozialverband (Stockgeruch sozialer Insekten). Aber auch bei individualisiertem Erkennen steht eine Klassendiagnose oft am Anfang der Partnerwahl: Diese erfolgt zunächst aus der Gesamtheit der Artgenossen, aus den Vertretern eines bestimmten Geschlechtes oder eines Alters- oder physiologischen Stadiums. Bei vielen Vögeln und Säugern ist die Kenntnis der eigenen Art nicht angeboren, sondern wird während einer sensiblen Periode postnatal durch ein prägungsähnliches Assoziationslernen erworben. Lernbereitschaft und Prägbarkeit sind in hohem Maße genetisch determiniert. Die sensible Periode liegt bei Nestflüchtern sehr früh, während Nesthocker zunächst noch nicht zur Erkennung der eigenen Art fähig sind. Bei Säugern spielen geruchliche Komponenten bei der Sozialprägung eine wesentliche Rolle. Bei Gefangenschaftshaltung kommt es regelmäßig zu Fehlprägungen auf fremde Arten oder gar unbelebte Objekte. Arten mit schwachem angeborenem Artschema, wie etwa Pferde, sind in der Prägungsphase besonders störungsanfällig, weshalb auf Menschen, Fahrzeuge oder Bäume fehlgeprägte Fohlen nicht allzu selten sind. Zu den wichtigsten Konsequenzen solcher Fehlprägungen zählt eine fehlgerichtete soziale Hinwendung vor allem im Bereich des Sexualverhaltens. Sambraus (1978) berichtet, daß ausschließlich in männlicher Umgebung aufgezogene Haustiere häufig homosexuell wurden. Ferkelfressen kommt bei fremdgeprägten Sauen gehäuft vor, ebenso Vernachlässigung der Lämmer durch fehlgeprägte Schafe. Am Ende der Prägungsphase zeigen Jungtiere meist eine gesteigerte Furcht vor Fremdem; diese Furcht tritt zur entsprechenden Zeit auch bei erfahrungslos aufgezogenen Jungtieren auf, deren sensible Phase prägungslos verstrich. Bei Haustieren wurde prägungsbedingte soziale Bevorzugung differenzierter Typen innerhalb der Art aufgezeigt, Vorlieben für bestimmte Rassen oder eines Geschlechts. Im Extremfall z.B. wurden brünstige Weibchen fremder Rassen nicht gedeckt (Sambraus, 1978). Sinnesmodalitäten der Prägung, Dauer und Lage der sensiblen Phasen sowie der Grad an Irreversibilität unterliegen artlichen Unterschieden.

Unter funktionalem Aspekt betrachtet erfolgt die Wahl von Sexualpartnern nach Strategien, die eine Fitnessmaximierung anstreben. Bei der Entwicklung von Merkmalen und Eigenschaften sind neben den auslesenden Faktoren der Umwelt auch die wechselseitigen Vorlieben der beteiligten Partner Anlaß für bestimmte Entwicklungen. Das Prinzip der sexuellen Auslese ist von Darwin (1871) unter dem Eindruck der Beobachtungen von auffallenden sekundären Geschlechtsmerkmalen wie etwa den Luxusentwicklungen in Form der Federschleppe beim Pfau eingeführt worden, die dem Prinzip des ‚survival of the fittest' ganz offensichtlich widersprechen. Neben die ursprüngliche ‚natürliche Auslese' (natural selection) setzt Darwin zusätzlich die ‚sexual selection', die zur Erklärung derartiger Luxusentwicklungen ergänzend notwendig war.

Männchen und Weibchen von Wirbeltieren sind innerartlich auf physiologischer Ebene nicht völlig vergleichbar: Bei Vögeln ist auf eine Besonderheit in der Geschlechtsbestimmung hinzuweisen. Abweichend von der Situation bei Säugetieren, wo die Entwicklung zum Weibchen durch XX und Männchen durch XY-Heterosomen gesteuert wird, haben Vogelmännchen homogametische Heterosomen (XX) und Weibchen X0. Das bei Vogelmännchen vorhandene Prachtgefieder wird bei den Weibchen durch Oestrogen unterdrückt. Experimentelle Entfernung der Eierstöcke führt z.B. beim Pfauenweibchen zur Entwicklung des männlichen Prachtgefieders (Short, 1979). Daraus läßt sich jedoch nicht ableiten, daß die zum Vorschein kommende Geschlechtsgestalt die arttypische darstellt. Vielmehr können auch kindliche Züge wiederkehren (Portmann, 1968). Das Konzept der sexuellen Zuchtwahl beschließt verschiedene Prozesse. Unterschieden werden die intrasexuelle Selektion (die Konkurrenz von Mitgliedern des gleichen Geschlechtes um gegengeschlechtliche Partner) von der intersexuellen oder epigamen Selektion, worunter Bevorzugungen von gegengeschlechtlichen Partnern mit bestimmten Merkmalen fallen. Darwin bezeichnete die intersexuelle Selektion als ‚weibliche Zuchtwahl' (female choice), weil, seinen Beobachtungen zufolge, Weibchen wählerischer bei der Auswahl ihrer Partner seien. Grundsätzlich muß auch mit einer männlichen Wahl gerechnet werden, besonders in Paarungssystemen, die zur Monogamie tendieren. Short (1979) kommt bei dem Vergleich der Genitalorgane und Paarungssysteme von Gorilla, Orang Utan, Schimpanse und Mensch zu dem Schluß, daß eine Unterscheidung von somatischen und genitalen Selektionsprozessen angebracht ist. Somatische Selektion bewirkt die Ausbildung von Unterschieden z.B. der Körpergröße zwischen männlichen und weiblichen Individuen, während unabhängig davon die genitale Selektion die Genitalapparate einander anpaßt. Das Konzept der genitalen Selektion weist wiederum auf die Integrationsfunktion der Paarung (im Sinne von Gläser, 1985), welche eine zu starke Divergenz der Geschlechter verhindert.

3.1. Intrasexuelle Selektion (Rivalität und Dominanz)

Zu den Ungleichheiten zwischen den Geschlechtern gehört es, daß, wie bereits erwähnt, Männchen untereinander um den Zugang zu den Weibchen konkurrieren. In Fällen, in denen die Konkurrenz groß ist, stellt Körpergröße oder -kraft einen Selektionsvorteil dar. Als Folge der komplementären weiblichen Zuchtwahl kann es zudem vorteilhaft sein, von Weibchen bevorzugte Merkmale besonders zu entwickeln. Dies zeigt sich in den bereits erwähnten Luxusentwicklungen von Prachtgefiedern oder Riesengeweihen.

Buss (1988a/b, 1989) untersuchte die Evolution des intrasexuellen Wettbewerbs beim Menschen. Dabei ist weniger an offene Konfrontation zu denken als vielmehr an das Konkurrieren um Ressourcen. Dies kann geschehen in der Form von besonderen Fähigkeiten
a) beim Aufspüren von möglichen Partnerinnen,
b) beim Zeigen von Werbeverhaltensweisen,
c) bei der Kontrolle von begehrten Ressourcen (z. B. Wohnraum),
d) in Form von Änderung des Aussehens (z. B. Einhalten von Diät).

Die Erhebungen von Kinsey, Pomeroy und Martin (1948) und Kinsey, Pomeroy, Maratin und Gebhard (1953) zum Sexualverhalten von Mann und Frau haben bereits eine deutliche Variabilität in bezug auf Sexualpraktiken in menschlichen Populationen aufgedeckt. Interessanterweise stehen Nachfolgeuntersuchungen zur Überprüfung der alten Befunde und zur Suche nach möglichen Veränderungen im Gefolge der „sexuellen Revolution" bislang aus, ebenso wie deren biologische Funktion. Andererseits werden auch geschlechtsspezifische Merkmale zur Beurteilung der Fitness herangezogen. Seinen Ausdruck findet diese Strategie in der Praxis dadurch, daß sekundäre Geschlechtsmerkmale wie breite Schultern bei Männern oder die Größe der Brüste bei Frauen durch Einlagen in die Kleidung manipuliert werden. Hill, Nocks und Gardner (1987) haben die Bedeutung physischer Merkmale für die Einschätzung der Attraktivität im Laborexperiment untersucht. Grammer (1990) diskutiert die Bedeutung der Attraktivitätseinschätzung bei Kontaktaufnahme von einander unbekannten Personen. Neben auffälligen Erscheinungen der intrasexuellen Selektion, wie Rivalenkämpfen, Imponier- und Balzzeremonien treten subtilere Versuche der Primatenmännchen, ihren Reproduktionserfolg zu maximieren. Die Vermutung, daß ausschließlich die Rangstellung innerhalb einer Gruppe ausschlaggebend für den Fortpflanzungserfolg eines Männchens sein soll, ist nicht eindeutig zu bestätigen. Insbesondere bestehen vielfältige methodische Schwierigkeiten bei der Messung von Dominanz, da auch mit einem eigenen Wahlverhalten der Weibchen zu rechnen ist (Kolata, 1976). Ein erneuertes Interesse an dem Dominanzkonzept geht zurück auf die bei dominanten Männchen vorhandene Streßresistenz (Sapolsky, 1990), die diese von ihren unterlegenen Geschlechtsgenossen unterscheidet. Selbst in Sozialverbänden mit mehreren, sich vergleichbar oft verpaarenden Männchen kann der Reproduktionserfolg der einzelnen Männchen stark variieren, sofern es, wie bei Pavianen gezeigt, den dominanten Männchen gelingt, die Weibchen an den empfänglichsten Tagen zu monopolisieren (Hausfater, 1975). Das Bewachen von Sexualpartnern an aussichtsreichen Tagen spielt besonders dann eine große Rolle, wenn „Vergewaltigungen" häufig sind. Vor der Eiablage, also an reproduktiv aussichtsreichen Tagen, werden Weibchen mehrerer Vogelarten (Uferschwalbe: Beecher & Beecher, 1979; Weißstirnspint: Emlen & Wrege, 1986) von fremden Männchen verfolgt. Der eigene Partner kann durch Bewachen des Weibchens die Rate solcher erzwungener Kopulationen meßbar vermindern. An diesem Beispiel wird die Gefahr deutlich, die eine unkritische Übertragung von Begriffen der Umgangssprache wie „Vergewaltigung" in soziobiologische Zusammenhänge ergibt (Estep & Bruce, 1981). Die beschriebene Erklärung ist nicht als sozialdarwinistische Billigung von Gewalt gegen Frauen gemeint, kann jedoch leicht in dieser Weise mißverstanden werden. Ein beschreibender Begriff wie „erzwungene Kopulation" (Gowaty, 1982) ist besser geeignet auch zur Vermeidung der Verwechslung von proximaten und ultimaten Erklärungen.

3.2. Spermien-Wettbewerb

Als ‚sperm competition' faßt man eine Reihe von Strategien zusammen, die noch nach der Kopulation durch die Keimzellen Rivalen wirken. Bei manchen Libellen, die während der Kopulation das auffallende Paarungsrad bilden, wischt das Männchen mit seinem Begattungsorgan Spermien von Rivalen aus der weiblichen Samenvorratsblase (Waage, 1979). Das bedeutet, daß dasjenige Männchen die größte Reproduktionschance aufweist, das sich als letztes vor der Eiablage mit einem Weibchen paart. Bei anderen Libellenarten bleiben die Partner nach der Samenübertragung verpaart bis zur Eiablage. Auch bei anderen Insekten sind Strategien beschrieben, die einerseits die intrasexuelle Konkurrenz zwischen Männchen anzeigen und zugleich sicherstellen, daß männliches Investment nicht nutzlos geleistet wird. Bei Totengräberkäfern *(Necrophilus)* hilft das Männchen beim Verscharren und Bewachen von Futterobjekten für die schlüpfenden Larven. Paarungen finden zwar auch unabhängig von Futterobjekten statt, jedoch erfolgt die Eiablage nur auf Tierkadaver, so daß helfende Männchen ihren Fortpflanzungserfolg durch wiederholte Kopulationen vergrößern können (Müller & Eggert, 1989). Bei Heckenbraunellen *(Prunella modularis)* wurde beobachtet, daß vor der Kopulation das Männchen das Weibchen in der Kloakenregion pickt. Darauf sondert sie einen Flüssigkeitstropfen ab, der Samenzellen enthält. Da sich Heckenbraunellen mit mehreren Männchen paaren, stammen diese Spermien wahrscheinlich von einem Rivalen (Davies, 1983).

Einen Überblick über Fälle von ‚sperm competition' bei monogamen Vögeln gibt Birkhead (1988). Die Spermienwettbewerbstheorie erlaubt die Formulierung von prüfbaren Hypothesen, darunter diejenige, wonach die Anzahl der Spermien im Ejakulat und das Risiko einer Paarung des Weibchens mit einem anderen Männchen positiv korrelieren (Baker & Bellis, 1989). Gestützt wird diese Hypothese durch die Beobachtung, daß Menschenaffen in promisken Paarungssystemen (wie z.B. Schimpansen) größere Hoden entwickeln und eine größere Ejakulatmenge mit mehr Spermien aufweisen, als die monandrisch lebenden Arten (Gorilla und Orang Utan) (Short, 1979; Harcourt, Harbey, Larson & Short, 1980). Daraus läßt sich allerdings nur folgern, daß Strategien der ‚sperm competition' während der evolutiven Entwicklung (Eberhard, 1985) die Morphologie der äußeren männlichen Geschlechtsorgane und die Physiologie der Keimzellen beeinflußt haben. Zur Entstehung der Variabilität im Verhalten von Individuen ist keine Aussage möglich. Da Kopulationen einer Frau mit mehreren Männern vorkommen, ist auch mit ‚sperm competition' beim Menschen zu rechnen (Smith, 1984). Dieser Autor diskutiert eine Hypothese, wonach das Hymen (Jungfernhaut) in der Vagina im Zusammenhang mit der Spermienkonkurrenz entstanden ist. Die Anzahl der Spermien im Ejakulat von Männern, wird größer, wenn eine Konkurrenz mit anderen Männern besteht (Baker & Bellis, 1989). Die Spermienzahl im Ejakulat korreliert negativ mit der Zeit, die Paarpartner zwischen Kohabitationen zusammen verbracht haben. Auch der hohe Anteil an defekten Spermien im Ejakulat von Männern ist funktional zu verstehen. Defekte Spermien können die Eileiter gegenüber nachfolgenden Spermien anderer Männer verschließen (Small, 1989).

3.3. Intersexuelle Selektion (Weibliche Zuchtwahl)

Von der natürlichen Zuchtwahl, die wesentlich von Umweltfaktoren abhängt, unterschied Darwin eine geschlechtliche Zuchtwahl, wobei überwiegend soziale Faktoren oder auch die optisch auffallenden sekundären Geschlechtsmerkmale von Männchen als Auswahlkriterien dienen. Ob z. B. in den dichten Laichpopulationen von Fröschen und Kröten eine

aktive Auswahl der Männchen durch die Weibchen erfolgt, bedarf einer eingehenden Beweisführung. Zum Nachweis eines adaptiven Mechanismus muß nach Halliday (1983) gezeigt werden, daß die Paarung
- nicht zufällig erfolgt,
- als Folge einer weiblichen Wahl und nicht als Konsequenz der Rangelei unter den Männchen um die Weibchen geschieht, und daß
- weibliche Paarungsmuster einen adaptiven Wert haben, indem sie den Weibchen einen größeren Fortpflanzungserfolg ermöglichen.

Bei Vögeln ist in bezug auf die weibliche Auswahl ein Extremfall bekannt, wobei die Männchen einer fremden Art denen der eigenen vorgezogen werden, so daß es zum Aussterben einer Art kommen kann. Brodsky, Ankney & Dennis (1988) berichten von den Weibchen der schwarzen Wildente *(Anas rubripes)* in Nordamerika, die bei ihrer Anwesenheit die Männchen der Stockente *(Anas platyrhynchos)* bevorzugen. Tomlinson (1988) erörtert die Frage welche Auswahlkriterien bei der Partnerwahl von den Weibchen angewendet werden und benennt mehrere Faktoren, die eine Rolle spielen darunter:
1. die Anzahl der vor der Wahl in Erwägung gezogenen Männchen (Bewerber werden gegen einen inneren Standard oder untereinander verglichen),
2. die Qualität der zur Auswahl benutzten Eigenschaft (die Auswahl erfolgt nach dem Alles-oder-Nichts-Prinzip oder graduell abgestuft),
3. die Gelegenheit eine Wahl treffen zu können (die eigene Fitness und die Häufigkeit des Aufeinandertreffens von potentiellen Partner bestimmen die Wahlmöglichkeit),
4. Auswahl nach spezifischen (etwa die Größe der Augenzeichnung auf den Schwanzfedern beim Pfau) oder unspezifischen Kriterien (wie der Kopfkamm beim Schneehuhn *(Lagopus mutus)*.

Vermutlich wird die Ausprägung bestimmter Gestalt- oder Verhaltens-Merkmale von den Weibchen als Auswahlkriterium bei der Partnerwahl benutzt, wobei möglicherweise ein angeborener Standard ausschlaggebend für die Wahl ist. Ein unspezifisches Auswahlmerkmal zur Abschätzung der genetischen Eignung von Männchen durch die Weibchen könnte die Körpergröße gewesen sein. Durch die weibliche Auswahl sind dann möglicherweise extreme Bildungen bedingt worden wie die entfaltbaren Hautkämme bei Anolis-Echsen oder die Prachtgefieder vieler Vogelmännchen, die ihre Träger größer erscheinen lassen.

Weibliche Zuchtwahl impliziert, daß weibliche Tiere bei der Partnerwahl einen Vorteil davontragen. Dieser Gewinn kann sehr unterschiedliche Aspekte umfassen und sich unmittelbar oder aber erst auf lange Sicht manifestieren.

Eine Reihe von Insekten überreichen während der Paarung Beutetiere als **Hochzeitsgeschenk** (von Frisch, 1967). Bei mehreren Laubheuschreckenarten setzen die Männchen proteinreiche Spermatophoren ab, die teilweise von den Weibchen aufgefressen werden. Werden im Experiment die Spermatophoren nach der Spermienübertragung entfernt, ist die Zahl und Masse der dann abgelegten Eier vermindert. Dies zeigt, daß das Protein zur Eiproduktion verwendet wird. Die Männchen einiger Laubheuschreckenarten produzieren sehr große Spermatophoren. Proteinreicher Pollen, den die Männchen zur Spermatophorenproduktion aufnehmen müssen, steht im Laufe des Jahres nicht immer in ausreichender Menge zur Verfügung. Sind viele Weibchen paarungsbereit, kann es zu einem Rollenwechsel bei der Partnerwahl kommen, wobei die Weibchen untereinander um die dann wählerischen Männchen konkurrieren (Gwynne, 1984). Im Experiment ist es möglich, einen Rollenwechsel im Wahlverhalten zwischen den Geschlechtern herbeizuführen, wenn die Proteinquelle für Männchen künstlich verknappt wird, so daß ihr Investment größer wird. Gleichzeitig suchen die Weibchen sich häufiger zu paaren, um das zur Eiproduktion notwendige Protein zu erlangen (Gwynne & Simmons, 1990). Auslösend für den Rollenwechsel ist demnach nur die relative Zunahme des männlichen Beitrages zum elterichen Investment und nicht etwa eine veränderte Populationsdichte.

Hartung (1982) wies beim Menschen eine Korrelation nach zwischen der Höhe des Brautpreises, der von der Familie des Bräutigams gezahlt werden muß und dem Heiratssystem: Während in monogamen Gesellschaften oft gar keine Brautpreise gezahlt werden, sind diese in polygynen Kulturen besonders hoch, da ein Mann mehrere Frauen monopolisiert und diese dadurch verknappt werden. Eine Analyse der vielfältigen afrikanischen Heiratssysteme unter dem Gesichtspunkt der evolutionären Ökologie versucht Draper (1989).

Territorien: Die Rivalität der Männchen führt häufig zu räumlichen Verteilungsmustern mit exklusiven Nutzungsrechten. Überwachte und verteidigte Territorien können durch Ausschluß der geschlechtsreifen männlichen Rivalen (also bis zur Hälfte der Population) eine verbesserte Nahrungsversorgung gewähren.

Männliche Brutpflegeleistung: Wie in einem späteren Abschnitt noch besprochen wird, gibt es Hinweise dafür, daß die Monogamie ebenso wie der Sexualdimorphismus beim Menschen durch weibliche Zuchtwahl entstanden sind, indem von Generation zu Generation Männer bevorzugt worden sind, welche bereit waren, bei der Versorgung der sehr lern- und zuwendungsbedürftigen Nachkommen mitzuhelfen. Nach der Entstehung eines solchen monogamen Brutpflegesystems können geschlechtsspezifische Arbeitsteilungen evoluieren, welche das System weiter stabilisieren, indem sie die Kooperation von Männern und Frauen zusätzlich begünstigen.

Erbanlagen: Bei vielen Tierarten (einschließlich vieler Säugetiere) kümmern sich die Männchen nicht um die Nachkommen. Ihr Beitrag besteht in der Lieferung von Keimzellen. Weibchen sollten in diesen Fällen

Männchen auswählen, deren Erbanlagen die Überlebenschancen ihrer Kinder maximieren. Hamilton und Zuk (1982) haben eine These aufgestellt, wonach von Weibchen sekundäre Geschlechtsmerkale der Männchen zur Einschätzung der Widerstandskraft gegenüber Parasiten benutzt werden. Belegt haben die Autoren dies mit einer Untersuchung an 109 Paradiesvogelarten, deren Gefiederpracht eine Korrelation mit der Parasitenanfälligkeit aufweist. Diese Hypothese ist von Read (1987) bei Vögeln einer experimentellen Überprüfung unterzogen und bestätigt worden. Bei Wasservögeln hängt das Ausmaß des Gefiederdimorphismus davon ab, ob nur saisonale oder lebenslange Monogamie das Paarungssystem kennzeichnet (Scott & Clutton-Brock, 1989). Bei Hühnern wird der rot gefärbte Kamm als Auswahlkriterium benutzt, der bei Parasitenbefall an Auffälligkeit verliert. In anderen Fällen wird die weibliche Wahl von Merkmalen bestimmt, die allgemein Lebensfähigkeit anzeigen. So hängt beim Jagdfasan *(Phasianus colchicus)* die Wahl des Weibchens von der Länge der Beinsporen beim Männchen ab (von Schantz, Göransson, Anderson, Fröberg et al., 1989). Bei Moorhühnern *(Centrocerus urophasianus)* kann der Befall mit Läusen an Hämatomen auf dem aufgeblasenen Kehlsack erkannt werden. Außerdem wird die Balz über zwei bis drei Tage hingezogen. In diesem Zeitraum kann eine sonst nicht erkennbare Malariainfektion von Männchen in einem Krankheitsschub manifest und der Balztanz dann schlechter aufgeführt werden (Pomiankowski, 1989). Neuerdings ist auch bei Fischen eine weibliche Bevorzugung von nichtparasitierten Männchen nachgewiesen. Bei Stichlingen *(Gasterosteus aculeatus)* korreliert die rote Paarungsfärbung der Männchen mit deren Gesundheitszustand und in Auswahlexperimenten werden intensiv gefärbte Männchen bevorzugt. Wird das Experiment dagegen bei komplementärfarbenem, grünem Licht wiederholt, werden die Männchen nur zufällig gewählt, obwohl die Intensität ihrer Balzbemühungen unverändert bleibt (Milinski & Bakker, 1990). Es haben sich auch direkte Hinweise für eine Auswahl nach genetisch fixierten Merkmalen finden lassen. Bei Rauchschwalben weisen die Männchen einen auffällig gegabelten Schwanz auf. Durch künstliches Stutzen oder Verlängern der Gabelspitzen konnte die Attraktivität von Männchen manipuliert werden (Møller, 1990).

Evolutionsbiologische Argumente: Balzzeremonien objektivieren also die Auswahl leistungsstarker Partner bei Organismen, die sich nicht individuell kennen. Einen Extremfall bildet in dieser Hinsicht die Arenabalz, die bei Kampfläufern und Birkhühnern vorkommt, bei Säugetieren bei Kobantilopen, Damhirschen und dem Hammerkopf-Flughund (Bradbury & Gibson, 1985; Schaal, 1986). Dieses Fortpflanzungssystem ist für die Männchen sehr aufwendig. Sie erobern benachbarte Kleinstterritorien, die nicht einmal genug Wasser oder Nahrung für die balzenden Männchen selbst bieten. Meist sind bestimmte Bezirke, etwa im Zentrum der Balzarena, besonders begehrt und umkämpft, da sie von den Weibchen bevorzugt aufgesucht werden. Dort vermögen sich auch starke Männchen nur kurze Zeit zu halten und werden immer wieder kurzzeitig verdrängt. Durch den Ausgang dieses Wettbewerbes um zentrale Territorien gewinnen Weibchen Informationen, die ihnen zur Beurteilung der Fitness der Bewerber dienen.

Ein für das Verständnis des Auswahlverhaltens interessantes Balzverhalten zeigen die Arenavögel, zu denen die beiden Unterfamilien der Paradiesvögel *(Parasidaeinae)* (Beehler, 1990) und der Laubenvögel *(Ptilonorhynchinae)* gehören. Die Männchen dieser Familie beteiligen sich ähnlich wie der Pfau nicht am Brutgeschäft. Wahrscheinlich besteht hier ein Zusammenhang mit der Entwicklung des bunten männlichen Federkleides bei den Paradiesvögeln. Die Laubenvögel dagegen errichten zur Balzzeit aus Blättern und Zweigen arttypische Bauten, die nicht als Nest verwendet werden. Je weniger farbig das Balzfederkleid einer Laubenvogelart ist, desto aufwendiger wird dieser Bau, der durch farbige Früchte und Schneckenschalen oder auch mit menschlichen Artefakten dekoriert werden. Zur Erklärung dieser Entwicklung werden verschiedene Modelle diskutiert (Borgia, 1986):
1. ‚gute Gene' (good genes),
2. ‚Weglauf-Modell' (run-away-model),
3. ‚unmittelbarer Nutzen' (proximate-benefit),
4. ‚passive Auswahl' (passive-choice).

Gemeinsam setzen alle Modelle voraus, daß die Darbietung den Weibchen Kriterien für die Auswahl liefern. Beim Modell 1 und 2 wird eine aktive Wahl des Weibchens angenommen. Beim Modell der ‚guten Gene' wird angenommen, daß die Weibchen den Aufwand eines Männchens zur Einschätzung seiner vererbbaren Eigenschaften benutzen. Die Auswahl kann entweder nach Alter oder Dominanz erfolgen, wofür die Beobachtung spricht, daß Männchen die Lauben anderer zu zerstören trachten. Beim ‚run-away'-Modell wird angenommen, indem das weibliche Auswahlkriterium sich durch Selbstverstärkung unter den Weibchen ausbreitet zusammen mit den männlichen Kennzeichen, auf denen es basiert. Eine Population bestehe aus Männchen, die durch eine rote Schwanzfeder auffallen und solchen ohne derartige Schmuckfeder. Von den Weibchen paaren sich einige nur mit geschmückten Männchen, während andere keine Wahl treffen. Demnach können sich die geschmückten Männchen mit beiden Weibchentypen paaren, während die ungeschmückten nur von den gleichgültigen angenommen werden. Der Anteil geschmückter Männchen wird in den folgenden Generationen der Population zwangsläufig zunehmen. Die Söhne aus Verbindungen von geschmückten Männchen und wählerischen Weibchen übertragen einen überzufälligen Anteil von Genen, die zu dem wählerischen Verhalten von Weibchen führen. Wegen des größeren Paarungserfolges geschmückter Männchen wächst der Anteil von Merkmalen, die mit dem wählerischen Verhalten verbunden sind. Hypothese 1 und 2 unterscheiden sich also hinsichtlich des Zustandekommens von extremen sekundären Geschlechtsmerkmalen. Beide Hypothesen sind nicht durch Versuche überprüft worden.

Modell 3 beruht auf der Annahme, daß das Weibchen von seiner Wahl einen unmittelbaren Nutzen beispielsweise durch die Vermeidung von Kontakt mit einem unansehnlichen, weil parasiteninfizierten, Männchen hat. Beim ‚passive-choice' Modell wird angenommen, daß ein auffallendes Federkleid oder der Bau einer Balzlaube eine reine Werbemaßnahme darstellt und lediglich dazu führt, daß die Wahrscheinlichkeit erhöht wird, von einem Weibchen, das selbst gar keine eigene Wahl trifft, bemerkt und dabei auch akzeptiert zu werden. Der erforderliche höhere Aufwand zahlt sich durch den größeren Paarungserfolg für das Männchen aus. Diese Strategie erinnert an das Vorgehen bei Werbefeldzügen in manchen Industriebranchen. Experimentelle Eingriffe, bei denen die Laubendekorationen entfernt werden, zeigen, daß der Fortpflanzungserfolg ihrer Erbauer, verglichen mit demjenigen von ungestört belassenen, meßbar vermindert wird. Vermutlich schätzen Weibchen dominante Männchen, die ihre Laube gegenüber Rivalen verteidigen können. Möglicherweise spielt auch das Alter der Männchen eine Rolle, da die Gestaltung der Laube mit wachsender Erfahrung besser wird. Das Modell der ‚guten Gene' wird durch die Versuche nicht gestützt. Ein unmittelbarer Nutzen ist möglich und auch das ‚run-away' kann nicht ganz ausgeschlossen werden.

Beim monogamen Rebhuhn *(Perdix perdix)*, das in Feldfluren mit wenig Deckung lebt und von vielen Freßfeinden bedroht wird, berichtet Dahlgren (1990) über ein gänzlich anderes Auswahlmerkmal der Weibchen. Der Fortpflanzungserfolg der Weibchen steigt, wenn sie ihre vegetarische Kost mit Insekten anreichern. Voraussetzung ist, daß sie bei dieser Futtersuche vom Männchen vor der Annäherung von Räubern gewarnt werden. Auch wenn die nestflüchtenden Jungen geführt werden, hilft das Männchen durch seine Wachsamkeit. Durch Auswahlexperimente im Labor war es möglich zu zeigen, daß die Weibchen diejenigen Männchen bevorzugen, die dieses Vigilanzverhalten ausgeprägt zeigen.

Deutliche Hinweise, daß weibliches Auswahlverhalten genetisch fixiert sein kann, haben Majerus, O'Donald, Kearns und Ireland (1986) an Zweipunkt-Marienkäfern zeigen können. Abweichend von den überwiegend in natürlichen Populationen auftretenden Männchen mit roten Flügeldecken (Elytren), die mit schwarzen Punkten dekoriert sind, treten vereinzelt solche mit schwarzen Elytren mit roten Punkten auf. Trotz dieses abweichenden Habitus werden derartige Männchen bei der Balz von Weibchen erkannt oder sogar bevorzugt. In Wildpopulationen beträgt die Bevorzugungsrate 20 %, läßt sich aber durch künstliche Selektion auf 50 % steigern. Die genetische Analyse des Stammes mit der durch Selektion gesteigerten Bevorzugungsrate zeigt, daß ein einzelnes Gen die weibliche Wahl kontrolliert.

Neben den oben ausgeführten, ultimat begründeten Hinweisen auf das Bestehen eines weiblichen Auswahlverhaltens gibt es direkte Beobachtungen des menschlichen Werbeverhaltens, die auf einen proximaten bestimmenden Einfluß durch die Frau in einer heterosexuellen Dyade schließen lassen. Unter dem Aspekt zielgerichteten Handelns und dem Treffen von Entscheidungen wird menschliches Werbeverhalten erstmals konsequent von Grammer (1989) betrachtet. In einem der wenigen bislang veröffentlichten, experimentellen Ansätze untersuchte Grammer (1990) die Situation „Fremde(r) trifft Fremde(n)". Bei der Kontaktaufnahme in einer solchen Situation lassen sich verschiedene Phasen unterscheiden:

1. Aufmerksamkeitsphase (nur körpersprachliche Äußerung der Partner),
2. Kontaktaufnahme (über kurze Blickkontakte),
3. Interaktionsphase (Einleitung einer Unterhaltung),
4. Erregungsphase (Synchronisation von Körperhaltung und Bewegung bei Sympathie).

Ein wesentlicher Befund von Grammer ist, daß die Frau durch nonverbale Mitteilungen den Ablauf eines einmal begonnenen Gespräches und das Verhalten des Mannes kontrolliert.

Ergänzt werden sollten die vorstehenden Ausführungen durch die Feststellung, daß weibliche Zuchtwahl nur einen Teilfaktor aus einem Bündel gleichzeitig an der Entstehung von Sexualdimorphismen mitwirkenden Faktoren darstellt. Insbesondere können geschlechtsspezifische, ökologische Bedingungen (z.B. der Ernährung) ausschlaggebend für deren Zustandekommen sein (Shine, 1989). Ist das Investment der Männchen in die Brutpflege sehr groß, kann es zu einem Rollentausch kommen, wobei dann die Männchen wählerisch sind und die Weibchen um Männchen konkurrieren. Bei der Kleinen Schlangennadel *(Nerophis ophidion)*, einem Verwandten des Seepferdchens, wählen die Männchen unter den ein Balzkleid tragenden Weibchen ein Partnerin aus (Rosenqvist, 1990). Beim Teichhuhn *(Gallinula chloropus)* besorgen die Männchen das Brutgeschäft. Die Weibchen konkurrieren untereinander um besonders kleine und fette Männchen, die mit dieser Energiereserve mehrere Bruten hintereinander betreuen können (Petrie, 1983).

3.4. Kin Recognition

Die biologischen Partnerauswahlkriterien lassen sich formal unter der Leitlinie klassifizieren, ob ein Partner bezüglich spezifischer Meßparameter dem suchenden Individuum phänotypisch ähnlich oder unähnlich ist (‚assortative vs. disassortative mating'; ‚phenotype matching') oder wie eng die Partner verwandt sind. Über das verbreitete Vermögen der Erkennung von Verwandtschaftsnähe (‚kin recognition') über phänotypische Signale sind beide Suchbildtypen mechanistisch verknüpft (Hepper,

1986; Fletcher & Michener, 1987; Waldman, 1987). Ein wesentliches Merkmal bei der Partnerwahl ist die genetische Ähnlichkeit mit dem „Selbst" (Rushton, 1988).

Bei der **allelischen Erkennung** werden interindividuelle genetische Unterschiede direkt wahrgenommen und dienen - das Verhalten determinierend - als Entscheidungsgrundlage. Entscheidungsversuche im Olfaktometerlabyrinth haben gezeigt, daß Mäuse Geruchsunterschiede an ihren Artgenossen wahrnehmen, welche auf individuelle Allelkombination des Haupthistokompatibilitätskomplexes (MHC) zurückgehen. Dieses Gensystem ist ausgesprochen polymorph, und die große Zahl von Allelen an mehreren Genorten bewirkt eine Kombinationsmöglichkeit, die mehrfach größer ist als die Anzahl der Individuen einer Art, so daß praktisch jedes Individuum einer nicht ingezüchteten Population einen charakteristischen MHC-Typ aufweist. Mäusemännchen bevorzugen den Geruch von Weibchen, welche andere als die eigenen MHC-Allele aufweisen (Beauchamp, Yamazaki & Boyse, 1985; Boyse, Beauchamp & Yamazaki, 1983): Im Labyrinthversuch folgen sie Urinspuren solcher Weibchen bevorzugt, auch dann, wenn statt Urin daraus gereinigte MHC-Proteine angeboten werden (Singh, Brown & Rosner, 1987). Nach experimenteller Transplantation von Knochenmark ändert sich auch das Auswahlverhalten (Ferstl, Luszyk, Eggert et al., 1987). Die Bevorzugung jeweils fremder MHC-Typen trägt dazu bei, die Variabilität des polymorphen Gensystems in der Population zu bewahren. Dem MHC-Polymorphismus kommt Bedeutung in der immunologischen Abwehr von Krankheitserregern zu, denn die auf Zelloberflächen lokalisierten MHC-Proteine müssen zur Aktivierung von Immunzellen mit eingedrungenen Erregermolekülen (Antigenen) assoziieren und daher mit einer großen Zahl von chemischen Substanzen interagieren können. Mäuseweibchen treiben in der Präimplantationsphase der Schwangerschaft die Keime zu 90 % ab, wenn sie nur noch Geruchsstoffen eines - fremden - Mäusebockes ausgesetzt werden, dessen MHC-Allele sich von denen des Erzeugers der Föten unterscheiden (Yamazaki, Beauchamp, Wysocki, Bard et al. 1983; Yamazaki, Beauchamp, Matsuzaki, Kupniewski et al. 1986).

Partnerwahl aufgrund sozialen Lernens: Dieser verbreitete Mechanismus induziert Partnersuchbilder aufgrund der Integration einer großen Zahl von sozialen Erfahrungen. Es ist noch unklar, wie Primaten die Verwandtschaftsverhältnisse in der Gruppe ermitteln; aber die meisten Primatologen geben das Erlernen der Sozialkontakte im Verband als Erklärung an. Möglicherweise werden Verhaltensaktionen der Gruppengenossen mit einem Referenzindividuum zugrunde gelegt, etwa der eigenen Mutter oder sich selbst (Walters, 1987). Eine Fülle von sozialen Verhaltensweisen, welche in Abhängigkeit von der Verwandtschaft zum Interaktionspartner in unterschiedlicher Intensität ausgeführt werden, wie Allianzbildung oder soziale Fellpflege (grooming), zeigen jedenfalls an, daß viele Primatenarten zur Diagnose zumindest näherer Verwandten fähig sind.

Entsprechendes ist in vielen Studien an Säugern, einigen Vögeln, Kaulquappen von Froschlurchen und Lachsen gezeigt worden, sowie an einer Reihe von Wirbellosenarten. Bei den Wirbeltieren scheinen Lernerfahrungen für die ‚kin recognition' durchweg von Bedeutung zu sein, wenn auch einfachere Systeme von Erkennungsallelen hinzutreten mögen. Dabei wird auch pränatale Erfahrung diskutiert. Die Amnionflüssigkeit, die die Embryonen umgibt und die Stoffwechsel-Ausscheidungsprodukte von evtl. vorhandenen Mehrlingspartnern aufnimmt, könnte erste Erfahrungen mit Verwandten liefern (Hepper, 1987).

Die Erfahrungen aus sozialem Lernen an über längere Zeit bekannten Individuen können auch auf fremde Sozialgenossen übertragen werden, die den gekannten Individuen ähnlich sehen. Der Begriff des ‚phenotype matching' beschreibt die Beobachtung, daß offensichtlich ein potentieller Partner an einer Matrize erlernter Auslöser gemessen und ‚bewertet' wird (Lacy & Sherman, 1983), letztlich also ein Schließen von phänotypischer Ähnlichkeit auf genotypische Übereinstimmung.

Beide Möglichkeiten - Erkennungsallele und soziales Lernen - sind natürlich schwierig zu trennen; bei ihrer Differenzierung scheint das Anlage-Umwelt-Problem durch. Genetisch determinierte Entscheidungskriterien können, und das dürfte bei Wirbeltieren die Regel sein, durch Erfahrungen abgewandelt werden.

Obwohl paarungsgestimmte Mäusemännchen MHC-differierende Weibchen aufsuchen, zeigt dieser Grundmechanismus eine Abhängigkeit vom MHC-Typ der Eltern, so daß modifizierende chemosensorische Lernprozesse zu vermuten sind (Beauchamp, Yamazaki & Boyse, 1985). Auf der anderen Seite können genetisch mitbestimmte Lerndispositionen vorliegen. Die Sekrete der Säugerduftdrüsen, denen große Bedeutung im Sozialbereich zukommt (Territorialität, Sexualität) sind meist komplexe Duftstoffgemische, deren individuelle Komponente von spezifischen Mischungsverhältnissen abhängt, welche nur durch Lernerfahrung zu erfassen sind. Selbst Menschen als Mikrosmatiker erkennen ihre Partner (und sich selbst) geruchlich weit besser, als das einer Zufallserwartung entspräche. Menschliche Neugeborene können die Mutter nach 6 Tagen am Geruch der Brust erkennen (Schleidt, Hold & Attili, 1981). Menschliche Sexualpheromone sind noch nicht mit Sicherheit nachgewiesen, doch könnte das moschusartig riechende Androstenol aus männlichem Schweiß und Urin dazugehören (Schleidt, 1985). In vielen Kulturen werden zu festlichen Anlässen Gruppengerüche erzeugt (Weihrauch).

Bei wenig mobilen Organismen kann die *räumliche Entfernung* zum Revier eines Sozialpartners ‚Rückschlüsse' auf die Verwandtschaft und damit die genetische Übereinstimmung gestatten.

3.5. Inzest-Tabu

Inzestuöse Verbindungen kommen in allen menschlichen Gesellschaften vor. Allerdings stellen diese Ausnahmen dar und sind zumeist mit Sanktionen bedroht. Für das Auftreten des Inzesttabus sind vielfältige Erklärungen angeführt worden (Mellen, 1981), z. B. die Konfliktminimierung in Familien oder die günstigen sozialen Folgen von Heiraten zwischen Nachbarn, wie etwa das Inbesitzhalten eines ertragreichen Territoriums. In der psychodynamischen Theorie ist das Inzesttabu in der Oedipusproblematik thematisiert. Allerdings ging Freud bei der Suche nach den Ursachen ungeachtet seines ursprünglich biologischen Ausgangspunktes nur zu den Mythen zurück (Holder, 1976). In der Verhaltensbiologie ist ein Eltern-Kind-Konflikt im Zusammenhang mit der Trennung von den Eltern bekannt. Der Konflikt ergibt sich nach Trivers (1972) aus den Interessen von Eltern, die, sobald die gerade aufzuziehenden Nachkommen ohne weitere elterliche Aufwendungen überleben können, zur Steigerung der eigenen Fitness besser in neue Nachkommen investieren. Die Kinder dagegen können ihre Gesamteignung steigern, wenn sie dennoch weitere Zuwendungen erlangen können. Offenkundig wird der Konflikt neben dem Zeitpunkt der Beendigung der Fütterung der Jungtiere beim Eintritt der Geschlechtsreife, wobei es bei einigen Arten zu einer Auswanderung der Jungen aus dem Elternrevier kommt. Gleichzeitig wird damit die Wahrscheinlichkeit von Inzucht verringert (Shields, 1987). Nach der ethologischen Ödipushypothese hängt es vom Paarungssystem einer Art ab, ob beide Geschlechter in gleicher Weise dispergieren oder vorwiegend Töchter oder Söhne auswandern (Liberg & von Schantz, 1985).

Beim Menschen tritt eine erste sexuelle Phase um das 5. Lebensjahr auf, zu einem Zeitpunkt, an dem ein selbständiges Leben noch unmöglich ist. Der ödipale Konflikt, den Freud für das männliche Kind beschrieben hat, und der komplementäre Elektrakomplex beim weiblichen sollte aus ethologischer Sicht überprüft werden. Jonas & Jonas (1975) weisen darauf hin, daß viele ursprüngliche psychodynamische Formulierungen auch im Licht neuerer ethologischer Erkenntnisse Bestand haben, ohne daß diese Kenntnisse den Originalautoren bereits zur Verfügung gestanden haben. Die funktionale Bedeutung der Inzestvermeidung liegt in der Unterdrückung der bei Inzucht unvermeidlich eintretenden Anreicherung rezessiver Allele, die unter natürlichen Bedingungen die Vitalität einer Population bis zu deren Untergang mindern können (Bischof, 1972 und 1985). Vogel & Motulsky (1986) referieren über inzuchtbedingte Schäden beim Menschen (physische: Krankheitsanfälligkeit, Fertilitätsminderung, Mortalitätszunahme; und psychische: verminderte Intelligenz und schulische Leistung, Zunahme von geistigen Störungen). Die Wahrscheinlichkeit von Inzuchtdepression durch Verwandtenehen ist jedoch in unterschiedlichen Populationen sehr differenziert zu beurteilen; denn sie hängt ab vom Ausmaß der genetischen Variabilität in einer Population, die ihrerseits mit der Populationsgröße, ihrer Sozialstruktur, dem Heiratsradius, der

Zahl der Gründerindividuen und weiteren historischen Einflüssen korreliert. Wenn eine Population durch genügend lange Inzucht von ungünstigen Allelen befreit wurde (auf Kosten derjenigen Individuen, in denen rezessive Defektallele phänotypisch manifest wurden), ist es möglich, daß weitere Verwandtenehen keine negativen Auswirkungen mehr haben, ja daß sogar ein Vorteil gegenüber einer ausgezüchteten Population besteht (in welcher rezessive Allele ‚versteckt' enthalten sind und sich unter bestimmten Umständen negativ bemerkbar machen können).

Shields (1982) zitiert die, allerdings wenigen, bekannten Beispiele dieses ‚inbreeding enhancement' bei Tieren. Verallgemeinernde Aussagen zur „Inzuchtproblematik" ohne eine umfassende populationsgenetische Analyse des Einzelfalles sind schwierig, denn - aus rein populationsgenetischer Sicht - kann die optimale Partnerwahl in verschiedenen Populationen einer Art auf einen anderen durchschnittlichen Grad entfernter Verwandtschaft fallen. Die Inzestverbote in menschlichen Gesellschaften richten sich vorwiegend gegen Verbindungen nicht unmittelbar Verwandter wie etwa Cousins. Von Thornhill wird daher die These aufgestellt, daß derartige Regeln und Verbote von gesellschaftlichen Führern erlassen wurden mit dem Zweck, ihren Einfluß zu sichern durch die Verhinderung der Anhäufung von Macht und Vermögen in Händen weniger Familien (Thornhill, 1990).

Bündel verschiedener Faktoren machen die biologische Barriere aus, die sexuelle Beziehungen zwischen Verwandten behindern. Räumliche Nähe von Menschen-, aber auch Schimpansenkindern scheint eine spätere sexuelle Hemmung zwischen gemeinsam aufgewachsenen Individuen zu induzieren (Shepher, 1971; van der Berghe, 1983). Es sind wenige Heiraten zwischen Menschen beobachtet worden, die in den ersten sechs Lebensjahren in israelischen Kibbutzim zusammengelebt hatten. Gleichfalls werden eine erniedrigte Kinderzahl und eine erhöhte Rate sexuellen Betrugs aus Ehen gemeldet, die in Taiwan nach dem ‚simpua'-Heiratssystem geschlossen worden waren, dabei wird die spätere Braut als Kleinkind von den Eltern des späteren Bräutigams adoptiert (Wolf & Huang, 1980; Bischof, 1985). Nichtmenschliche Primaten zeigen als Jungtiere zwar durchaus sexuelle Verhaltensweisen mit der Mutter, aber in sehr vielen Studien wurde gezeigt, daß sie sich nach der Reife, wenn überhaupt, sehr viel weniger häufig mit ihr paaren als mit anderen Weibchen. In einer Anzahl von Primatenarten wurde beobachtet, daß fremde Artgenossen offensichtlich eine erhöhte sexuelle Anziehungskraft ausüben (Zitate bei Walters, 1987). Neben dem Auswahlmechanismus selbst kommt der räumlichen Entfernung des Ortes der Partnerfindung vom Geburtsort eine erhebliche Bedeutung zu. Wie viele Säuger wandern auch bei Primaten vor allem Männchen aus der Geburtsgruppe aus und suchen sich Partner in weniger nahe verwandten Verbänden (bei Vögeln emigrieren eher die Weibchen). Mehrfach wurde bei Pavianen beschrieben, daß diese Dispersion selbst nach Erreichen eines hohen Ranges in der Ausgangsgruppe, trotz der damit verbundenen Fortpflanzungsmöglichkeit, erfolgte (Packer, 1979). Männliche Japanmakaken wandern trotz Fehlens reifer Männchen in der Ausgangsgruppe ab (Sugiyama, 1976). Ein Ausbleiben der Männchendispersion wurde bei Pavianen nach Gruppenfusion und Import fremder Weibchen beschrieben (Altmann, 1980). Dennoch wurde hin und wieder Inzest bei freilebenden Primaten beobachtet, und eine quantitative populationsgenetische Analyse von freilebenden Primatengruppen steht noch aus.

3.6. Homogamie - Heterogamie (Assortative Mating)

„Gleich und gleich gesellt sich gern" sowie „Gegensätze ziehen sich an" sind volkstümliche Deutungen von möglichen Strategien bei der Partnerwahl. In der Populationsgenetik ist das Konzept von Homogamie und Heterogamie zur quantitativen Erfassung derartiger Konstellationen entwickelt worden. Es dient zur Charakterisierung von Fällen, in denen sich Individuen mit ähnlichem/unähnlichem Phänotyp überzufällig häufig zu Paaren finden. Inhaltlich davon zu trennen sind die Begriffe „Inzucht" und „Auszucht". Diese sind geprägt für die Fälle, in denen die Ähnlichkeit des Genotyps ausschlaggebend für die Bevorzugung eines Partners ist. Aus den Definitionen ergibt sich nach Burley (1983), daß die wissenschaftlichen Begriffe nur statistische Kennzeichnungen eines durchschnittlichen Verhaltensmusters bezogen auf eine Population sind. Schwierigkeiten ergeben sich allerdings bei dem Versuch, aus einem so erhaltenen statischen Muster auf den zugrundeliegenden dynamischen Prozeß zurückzuschließen oder Aussagen in bezug auf das Verhalten in Einzelfällen abzuleiten. Formal betrachtet sind zwei unterschiedliche Fälle von Abweichungen möglich:
1. Unterschiedliche Prozesse führen zu ähnlichen Mustern (Äquifinalität).
2. Ähnliche Prozesse führen zu unterschiedlichen Mustern (Multifinalität).

Nach Burley (1983) wird im Zusammenhang mit ‚assortative mating' nur auf Grund der Ähnlichkeit der Partner das Vorliegen einer homotypischen Präferenz angenommen. Übersehen wird dabei, daß eine Typpräferenz vorliegen kann, wobei alle Individuen jeweils übereinstimmend den geeignetsten Phänotyp bevorzugen. Im Verein mit einem aktiven Wahlverhalten beider Geschlechter kann eine Typpräerenz zum gleichen Auswahlmuster wie bei homotypischer Präferenz führen. Die ‚begehrtesten' Phänotypen paaren sich dabei untereinander, während die weniger begünstigten notgedrungen einander auswählen. Die Folgerung Burleys besteht darin, daß es für die Untersuchung solcher Auswahlprozesse nicht ausreicht, Inferenzen aus Datenmustern zu ziehen, sondern es vielmehr erforderlich ist, die Mechanismen des Auswahlprozesses selbst zu untersuchen. In Anbetracht dieser Situation ist es voreilig, formale Modelle festlegen und testen zu wollen.

‚Assortative mating' tritt auf bei anthropometrischen Merkmalen wie Körpergröße aber auch psychischen Eigenschaften wie dem IQ. Auch hinsichtlich psychischer Erkrankungen wie Depressionen (Reich, Van-Erdewegh, Rice, Mullanez, Endicott & Klerman, 1987) oder Schizophrenie (Parnas, 1988) kommt es zu einer bevorzugten Paarbildung zwischen Partnern, die prämorbide Verhaltensmerkmale zeigen. In panmiktischen Populationen, in denen die Paarungspartner sich rein stochastisch finden, ist die Evolutionsrate sehr gering. Abkehr von - bezüglich des Genotyps der Partner - zufälliger Verpaarung ist eine der westlichen Voraussetzungen populationsgenetischer Veränderungen. Falls ‚assortative mating' genetisch determinierte Charaktere betrifft, wird es zu einer Zunahme von Homozygotie und bei rezessiven oder polygenen Erbgängen mit Schwelleneffekten überhaupt erst zu einer phänotypischen Manifestation eines Merkmals führen. Dadurch entmischt sich eine Population genetisch und phänotypisch, während die Allelfrequenzen in der Gesamtbevölkerung insgesamt zunächst unverändert bleiben (solange die Selektion nicht einsetzt). Umgekehrt verhindert ‚disassortment' solche differenzierenden Entwicklungen, es führt zu erhöhter Mischerbigkeit und bewirkt dadurch gleichzeitig, daß weniger Extremphänotypen entstehen. Da solche extremen Typen am ehesten durch die Umweltselektion gefördert oder benachteiligt werden, verringert ‚disassortment' die Möglichkeit zu gerichteter Evolution. Diese, die interindividuelle Variabilität in Populationen prägend beeinflussenden Unterschiede gelten ungeachtet dessen, ob die persönliche Entscheidung zu mehr oder weniger ähnlichen Fortpflanzungspartnern genetisch bedingt ist (vgl. Uringeruch der Maus) oder tradierten Leitbildern folgt. Ebenso ist für diese Konsequenzen gleichgültig, ob assortment oder disassortment tatsächlich aufgrund individueller Entscheidungen gezielt erfolgt, oder ob weniger attraktive Individuen „notgedrungen" Partner wählen, welche ebenfalls weniger begünstigt sind.

4. Balzverhalten

Das Balzverhalten dient der Gewinnung von Fortpflanzungspartnern, die in genetischer, physiologischer und psychologischer Sicht aufeinander abgestimmt sind. Balz kann aber auch selbst physiologische Änderungen induzieren (z.B. hormonale Folgen von Balz bei Vögeln, Überwinden des „Sprödigkeitsverhaltens" als Aufgabe der Balz).

Nach hoher oder niedriger beobachteter Paarungsfrequenz wurden zwei Hühnerstämme selektioniert. Es zeigte sich, daß Selektion auf männliches Paarungsverhalten das Sexualverhalten der weiblichen Hühner nicht beeinflusste und ebenso, daß bestimmte morphologische Merkmale des Kammes mit Sexualverhaltensweisen gekoppelt waren (Cook & Siegel, 1973; Siegel & Cook, 1975).

Nicht eindeutig geklärt ist die Frage, was das Balzverhalten bei den Männchen auslöst. Die naheliegendste Lösung, wonach das Balzverhalten an die Gonadenaktivität gekoppelt ist, wird in Frage gestellt durch Fälle wie dem der Gewöhnlichen Strumpfbandnatter *(Thamnophis sirtalis parietalis)*. Die Angehörigen dieser Art verharren bis zu sechs Monaten im Winterschlaf. Nach dem Erwachen im Frühjahr kommt es zur Balz und zu Paarungen. Zu dieser Zeit sind die männlichen Gonaden inaktiv, und gekoppelt damit sind auch die Blutspiegel von Sexualhormonen niedrig. Spermien werden erst im Sommer gebildet, die dann bis zur nächsten Paarungsperiode gespeichert werden. Das Balzverhalten der Männchen wird durch ein Dotterprotein (Vitellogen) ausgelöst, das während der Eibildung in Gefäßen und Hautzellen von Weibchen erscheint und dann gleichzeitig als Pheromon wirkt (Garstka & Crews, 1982).

Eingehender läßt sich diese Frage an Insekten untersuchen, bei denen Individuen experimentell erzeugt werden können, die mosaikartig aus männlichen und weiblichen Zellgruppen aufgebaut sind wie etwa bei der Fruchtfliege *(Drosophila)*. Solche Mosaikindividuen zeigen nur dann das eindeutig erkennbare männliche Balzverhalten (Verfolgen der Weibchen mit der charakteristischen Form des Flügelschwirrens), wenn bestimmte Gehirnareale aus männlich determinierten Zellen bestehen. Die Form der am Kopf befindlichen Antennen kann dabei männlich oder weiblich sein, hat aber keinen Einfluß auf die Ausprägung des Balzverhaltens. Männliches Sexualverhalten wird auch dann gezeigt, wenn weibliche Geschlechtsorgane und Pheromonrezeptoren ausgebildet sind. Mosaiktiere mit cytogenetisch männlichem Gehirn kopulieren mit anderen „Männchen", falls nur deren Abdomen weiblich ist (Hotta & Benzer, 1979; Siegel, Hall, Gailey & Kyriacou, 1984).

Interessant ist in diesem Zusammenhang auch der Fall der im Südwesten der USA vorkommenden Rennechsen *(Cnemidophorus)*. Von 45 bekannten Arten pflanzen sich 15 durch Parthenogenese fort. Männchen treten bei den letzteren Arten nicht auf (Cole, 1984). Bisexualität ist offenbar nicht mehr erforderlich, da einzeln gehaltene Weibchen ohne vorausgegangene Kopulation Eier legen, aus denen entwicklungsfähige ausschließlich weibliche Jungtiere schlüpfen. Dies wird möglich durch eine Veränderung in der Meioseteilung (Cole, 1984). Der Fortpflanzungserfolg wird aber größer, wenn Gruppen von Weibchen zusammengehalten werden. Dabei zeigen diese abhängig vom Ovulationszyklus abwechselnd weibliches und männliches Balzverhalten (Crews, 1987). Dieses Pseudosexualverhalten ist offenbar der Auslöser für die größere Anzahl von abgelegten Eiern. Dadurch wird die funktionale Bedeutung des Pseudosexualverhaltens unmittelbar verständlich. Weiter wird deutlich, daß das Balzverhalten eine wesentliche Bedeutung in Form der Stimulation der Ovarien hat. Paarbildungen unter Weibchen zur Brutzeit sind auch von Wildvögeln (Möwen, Seeschwalben und Gänsen) bekannt (Diamond, 1989). Dabei brüten und verteidigen zwei Gänse ein gemeinsames Gelege, das unterschiedliche Väter hat. Bis auf die Balzfütterung werden Paarverhaltensweisen wie bei heterosexuellen Paare gezeigt. Der adaptive Wert dieser Paarbildung von Weibchen liegt in dem dauernden Schutz der Eier gegenüber Kolonienachbarn, die unbewachte Gelege sonst zerstören. Als zusätzliche Ursache kommt noch ein Männchenmangel in der Kolonie in Frage.

Neben der Funktion der Territorialmarkierung hat der Vogelgesang eine Bedeutung beim Wettbewerb der Männchen um die Weibchen (Orians, 1969) und bei der Stimulierung der Ovulation. Letzteres konnte durch Untersuchungen am Morgengesang der Kohlmeise *(Parus major)* gezeigt werden (Mace, 1987). Bereits 1911 wies Craig nach, daß bei Tauben der Anblick eines balzenden Männchens die Eibildung auslöst. Experimentell ist eine Steigerung der Intensität des Morgengesanges bei der Amsel *(Turdus merula)* erreichbar, wenn eine künstliche Zufütterung den Ernährungszustand gegenüber Rivalen, die mit der selbst erworbenen Futterration auskommen müssen, verändert (Cuthill & Macdonald, 1990). Bei vielen Säugetieren begleiten die Männchen ihr Balzverhalten gleichfalls mit hörbaren Lautäußerungen. Neben der bei Vögeln nachgewiesenen Wirkung zur Anlockung von Weibchen war bislang bei Säugern nur eine Bedeutung bei Rivalenkämpfen bekannt.

Die Koordination von Ovulation und Zeugung wird durch vielfältige Mechanismen bei Tieren bewirkt. Beim Seeotter löst ein Biß des Männchens in die Nase des Weibchens die Ovulation aus (Crews & Moore, 1986). Bei Katzen trägt die vaginale Stimulation während der Paarung zur Ovulation bei. Um eine mögliche Förderung der Ovulation bei Weibchen nachzuweisen, wurden Experimente mit in Gehegen gehaltenen Rothirschen unternommen (McComb, 1987), in denen gezeigt werden konnte, daß durch regelmäßiges Ausstoßen von Brunftlauten der Eintritt der Ovulation beschleunigt und damit der Fortpflanzungserfolg erhöht werden kann. Dabei wurden zur Paarungszeit drei Herden von Hirschkühen gebildet, die 14 Tage lang unterschiedlichen experimentellen Bedingungen ausgesetzt waren.

Gruppe 1 wurde isoliert gehalten und vom Tonband mit Brunftlauten von Rothirschen beschallt.
Gruppe 2 wurde mit einem durch Vasektomie unfruchtbar gemachten Hirsch zusammen gehalten, um die Wirkung der Anwesenheit und des Treibens der Herde durch den Hirsch untersuchen zu können.
Gruppe 3 wurde isoliert gehalten ohne Brunftlauten ausgesetzt zu sein.

Daran anschließend wurden die Hirschkühe zufällig auf drei neu zusammengestellte Harems mit je einem fertilen Männchen verteilt, um eine mögliche Synchronisierung des Oestruseintrittes innerhalb der alten Gruppe auszuschalten, was die Wirkung der Vorbehandlung vermindern könnte. Innerhalb der Gruppen, die Brunftlauten ausgesetzt waren, tritt die Empfängnis verglichen mit der Kontrollgruppe früher ein.

5. Adaptiver Wert von Partnerauswahlmechanismen

Genetische Argumente: Wie oben diskutiert, birgt die Entscheidung zugunsten nahe verwandter Partner oft das Risiko der Inzuchtdepression durch phänotypische Manifestation homozygot gewordener rezessiver Defektallele. Verschiedene theoretische Genetiker vermuten darüber hinaus, daß auch die Fortpflanzung mit einem genetisch sehr unähnlichen Artgenossen ebenfalls fitnessmindernd wirken kann, da zu starke Mischerbigkeit zu Schwierigkeiten bei der Interaktion der Genprodukte unterschiedlicher Allele führen können (Shields, 1982; Partridge, 1983). Daher schlug u. a. Bateson (1983) ein Konzept vor, nach dem die optimale Partnerwahl dem Auffinden eines Sozialgenossen mit mittlerer genetischer Übereinstimmung gleichkomme. Er entwickelte das Konzept nach Befunden an Wachteln, die in Laborversuchen bevorzugt die Nähe von Cousins und Cousinen suchten. Solche Überlegungen sind bislang weitgehend hypothetisch, denn der Annahme von Fitnessverlusten durch Fortpflanzung genetisch unähnlicher Individuen innerhalb einer Population kommen erst sehr wenig empirische Belege zu (siehe Shields, 1982). Dagegen kann Vermischung von längere Zeit isolierten Populationen zu ‚outbreeding depression' führen. Gut belegt ist, daß Zucht über die Artgrenze in aller Regel nicht erfolgreich ist, Artbastarde entweder gar nicht lebensfähig oder aber steril sind. Die wenigen Ausnahmen von freilebenden Arthybriden bei Vögeln und Säugern (also Tieren mit innerer Befruchtung) betreffen Arten ohne lange Bindungsperiode der Partner; polygame Arten mit Arenabalz kommen bei seltenen Arten mit Partnermangel vor.

Soziobiologische Argumente: Die Bedeutung der Auswahl von psychologisch harmonierenden Partnern wächst mit der Zeitdauer und dem Aufwand, welchen die Eltern zur Brutpflege aufbringen. Nach der Theorie der Verwandtenselektion ist der durchschnittliche Verwandtschaftsgrad in einer Population sehr wichtig für das Ausmaß an altruistischem bzw. aggressivem Verhalten. Individuen können ihre Gene in der Population außer über Individualegoismus auch über - abgestuften - Verwandtenaltruismus verbreiten, da mit zunehmender Verwandtschaft der Anteil übereinstimmender Erbanlagen anwächst. Mit zunehmender genetischer Ähnlichkeit in der Gruppe wird nach dieser Theorie die soziale Kohäsion steigen (Breden & Wade, 1981). Die Umkehr dieses Konzeptes erklärte gleichzeitig soziale Schwierigkeiten mit genetisch sehr unähnlichen Gruppen. (Da Fremdenangst und Rassismus weit in ideologische Bereiche führen, sollten Ausführungen solcher Modelle empirisch geprüft werden). Shields (1982) nennt weitere soziale Vorteile von Inzucht durch die Möglichkeit zu relativer Ortstreue (Philopatrie). Nach diesem Konzept sollten die Partner nur so weit in unbekannte Territorien hinein dispergieren, wie aus genetischen Gründen nötig ist, um die Vorteile der Heimatkenntnis nicht zu riskieren.

6. Mechanismen der Paarbindung

6.1 Bonding vs. Beziehung

Die Partnerwahl führt nicht notwendigerweise zur Bildung einer Dauerbeziehung. Es müssen daher zusätzliche Mechanismen bestehen, die zur Aufrechterhaltung einer eingegangenen Partnerschaft beitragen. Wesentlich dafür sind offenbar Prozesse, die nach Bowlby (1975) als ‚bonding' bezeichnet werden. Jungtiere und Kinder zeigen bei Trennung von den Eltern Verhaltensreaktionen wie Weinen und Trauer, die auf eine bestehende Bindung hinweisen. Diese Anhänglichkeit wird als komplementäre Entwicklung zum elterlichen Pflegeverhalten gegenüber ihren Nachkommen angesehen. Der ‚attachment-theory' zufolge sind viele Anteile des Verhaltens zwischen Mutter und Kind durch natürliche Auslese gestaltet (Hinde & Stevenson-Hinde, 1990). Das Bindungsverhalten an vertraute Partner ändert sich zumeist in der Pubertät. Danach werden fremde Partner als anziehender empfunden.

Die Verhaltensweisen von Paarpartnern sind nicht mehr als die einfache Summe derjenigen von Individuen zu erklären. Bessere Untersuchungsmöglichkeiten liefert das Konzept der Bipersonalität nach Christian (1989), das auf dem „Gestaltkreis" Victor von Weizsäckers aufbaut. Ähnlich wie im Gestaltkreis wird die Kohärenz von Wahrnehmung und Bewegung behandelt. Dabei wird die Entstehung einer proleptisch handelnden Überperson postuliert. Dynamische Regelprozesse im Partnerverhalten lassen sich modellhaft etwa im Kräfteverlauf bei gemeinsamer körperlicher Arbeit (Baumsägen) aufzeigen. Ähnliche Feststellungen sind auf physiologischer Ebene im Arzt-Patienten-Gespräch in der Momentanherzfrequenz in Form von Konkordanzen und Diskordanzen zu treffen (Janus-Stanek, 1979). Bei Pärchen von Meerschweinchen ist ein Einfluß des Zykluszustandes des weiblichen Partners auf das Körpergewicht des männlichen nachweisbar (Czaja, McCaffrey & Butera, 1983). Auch andere zoologische Beispiele lassen sich dazu anführen, wie fixierte Verhaltensweisen zu überindividuellen Funktionszusammenhängen führen: Während junge Reptilien selbständig und den Erwachsenen sehr ähnlich aus dem Ei schlüpfen, sind junge Vogelküken mit zunehmender Evolutionshöhe immer unreifer, bis schließlich bei den nesthockenden Singvögeln Elterndyaden und Triaden aus Jungen und Eltern entstehen, als deren essentielles Element eine Verhaltensweise vermittelt: Das Sperren des Kükens und das angeborene Suchbild der Eltern, auf den geöffneten Schnabel mit Füttern zu reagieren. Die Beschreibung eines Jungreptils auf der Ebene des Individuums mag hinreichend sein, wogegen ein Nesthockerküken nur als Teil einer umfassenden Einheit zu verstehen ist; nicht nur ist das Küken alleine nicht lebensfähig, sein Wegfall bewirkt auch bei den Eltern physiologische Umstellungen, welche zu Nachgelege führen, womit die Triade wiedergeschaffen wird. Das belegt die Bedeutung der Bedienung angeborener Suchbilder, ohne welche der normale Verhaltenszusammenhang gestört wird. Zentrales Konstrukt hierbei sind angeborene oder erworbene auslösende Mechanismen. Portmann (1950) wies auf die Gemeinsamkeiten - und Unterschiede - dieses biologischen Konstrukts mit den Archetypen von C.G. Jung hin. Ritualisierte Verhaltensweisen und Riten beim Menschen können als Gefügelinien von Sozialstrukturen gelten, welche im erforderlichen Falle das Verhalten von Individuen so koordinieren oder bündeln, daß über das Individuum hinausgehende Einheiten entstehen, welche zur Lösung einer Umweltaufgabe oder zur Konfliktminimierung nötig sind.

Aus der soziobiologischen Theorie ergibt sich, daß die Festigkeit der Beziehungen von Ehepartnern abhängt von der Vorhersagbarkeit des Einkommensstromes. Soziale Klassenunterschiede und Rassenunterschiede hinsichtlich der Festigkeit von Paarbindungen lassen sich mittels dieser Hypothese erklären (Weinrich, 1977).

Der arterielle Blutdruck, der wesentlich genetisch bestimmt wird, zeigt nach Befunden von Speers, Kasl, Freeman & Ostfeld (1986) bei Ehepaaren eine mit der Dauer des Zusammenlebens wachsende Korrelation. Keine ausreichende Erklärung für diese Erscheinung stellt dabei nach Angaben der Autoren die Salzaufnahme, gemeinsames Sporttreiben oder gleiche Rauchgewohnheiten dar. Variablen, die in zukünftigen Untersuchungen zu berücksichtigen sein werden, sind der Kommunikationsstil zwischen den Partnern, insbesondere das Konfliktlösungsverhalten. Ähnliche positive korrelative Zusammenhänge finden sich beim Cholesterinspiegel (Friedlander, Kark & Stein, 1988). Linguistische Untersuchungen (Leisi, 1978) sprachlicher Äußerungen zwischen Paarpartnern haben insbesondere Elemente einer Privatsprache ergeben.

6.2. Romantische Liebe

Wie Vergleiche der Beschreibungen romantischer Liebe zeigen, ist dieses ‚Syndrom' über die Zeit erstaunlich konstant geblieben. Kennzeichnend für diesen Zustand sind nach Rizley (1980):
1. Die Plötzlichkeit des Auftretens (Liebe auf den ersten Blick).
2. Die Festigkeit, die auch unter äußeren Widrigkeiten anhält (Romeo und Julia).
3. Romantische Liebe überbrückt auch gravierende Unterschiede zwischen Partnern (etwa Bildungsgrad, geistige Interessen oder den Glauben),
4. und sie tritt auf zwischen unverwandten Individuen.

Biologisch betrachtet stellt romantische Liebe eine Orientierungsreaktion gegenüber dem Liebesobjekt dar. Die adaptive Bedeutung liegt in der Überwindung der Vorbehalte gegenüber Fremden, speziell nicht zur Familie gehörenden. Rizley (1980) weist auf die Parallelen zwischen romantischer Liebe und dem Verlustschmerz hin. Beides sind vorprogrammierte physiologische und psychologische Reaktionen, deren adaptive Bedeutung in der Festigung von sozialen Bindungen besteht und die ungeachtet kultureller Überformungen ablaufen. Entsprechend der Bindung zwischen Mutter und Kind sensu Bowlby (1975) handelt es sich bei romantischer Liebe sowohl um einen biologischen als auch einen sozialen Prozeß, der im Nervensystem angelegt ist (Hazan & Shaver, 1987). Abweichend vom Freudschen Ansatz handelt es sich bei der Bindung nicht um eine regressive Entwicklung oder Fixierung auf einer frühen Stufe, sondern um eine fortlaufende Entwicklung. Untersuchungen zur Einstellung der Geschlechter zu romantischer Liebe haben Ergebnisse erbracht, die mit ihren funktionellen Unterschieden übereinstimmen. Frauen bevorzugen demnach einen wirtschaftlich gutsituierten Partner, während Männer in bezug auf künftige Partnerinnen mehr emotionale Faktoren berücksichtigen (Dion & Dion, 1985, s. dazu auch Amelang in diesem Band). Männer zeigen bei ihrer Werbung den Besitz von Ressourcen und werden auch danach ausgewählt. Im Gegensatz dazu betonen Frauen Merkmale, die körperliche Gesundheit erkennen lassen und damit indirekt ihre Fortpflanzungsfähigkeit anzeigen. Entsprechend gibt es bei Frauen eine Neigung zur Hypergamie (Verheiratung mit einem Partner, der vermögender ist). Birbaumer, Elbert, Rockstroh & Lutzenberger (1989) schlagen psychophysiologische Experimente vor zur Prüfung von Fragen nach Analogien zwischen leidenschaftlicher Liebe und Amphetaminabhängigkeit oder nach den physiologischen Veränderungen beim Übergang von leidenschaftlicher Liebe zu Freundschaft. Allerdings werden lediglich proximate Mechanismen untersucht, während die funktionale Bedeutung dieser Verhaltensweisen unberücksichtigt bleibt.

Bösch (1988) weist daraufhin, daß die Phase der Verliebtheit in ihrer Bedeutung für den Aufbau einer Paarbeziehung bislang wenig untersucht worden ist. Symbiose und Idealisierung werden in der Tradition der Paartherapie vorwiegend negativ konnotiert und eher den pathologischen Phänomenen zugerechnet.

6.3. Sexuelle Liebe

Innere Befruchtung ist bei sehr vielen Tiergruppen konvergent entstanden. Fast durchweg bildet dabei das männliche Geschlecht die Begattungsorgane aus und transferiert seine Keimzellen in die Weibchen. Die äußeren männlichen Geschlechtsorgane und mit ihnen das Kopulationsverhalten sind oft sehr komplex ausgebildet. Häufig bestehen auffällige morphologische und ethologische Unterschiede zwischen nahe verwandten Arten. Eberhard (1985) entwickelte die Theorie, daß die geschlechtstypischen Rollen bei der Kopulation mit den unterschiedlichen Fortpflanzungsinteressen der Geschlechter korrelieren, wobei die Männchen aufgrund ihrer geringeren Aufwendungen bei der Fortpflanzung offensiver vorgehen sollten. In der Tat sind im Paarungsspiel bei Säugern aggressiv getönte Verhaltensweisen rituell übernommen worden (z.B. der Nackenbiß der Raubkatzen), und viele männliche Begattungsorgane sind mit Haken, Klammervorrichtungen und Injektionsapparaten ausgestattet. Wenige Wirbeltierarten, bei denen ausnahmsweise bei der Kopulation Eier ins Männchen übertragen und dort befruchtet werden, belegen, daß prinzipiell auch die nicht motilen Eizellen übertragen werden können. Beim Seepferdchen findet die Befruchtung der Eier in einer Bruttasche des Männchens statt. Placentare Strukturen sind an der Ernährung der Jungtiere beteiligt. Beim „Geburtsvorgang" platzt die verwachsene Hautduplikatur auf (was dem Mänchen vermutlich Schmerzen bereitet). Die geschlüpften Jungtiere werden vom Männchen betreut.

Das Paarungsverhalten hat neben der bloßen Übertragung von Keimzellen weitere Funktionen, die für die spätere Befruchtung und die Keimesentwicklung wesentlich sind. Sehr häufig wird der Samen in Geschlechtsgängen oder Samenvorratsbehältern (Spermatheken) abgesetzt, anstatt direkt bei den Eiern. In vielen Fällen findet die Befruchtung Tage oder Wochen nach der Begattung statt. Menschliche Samenzellen bleiben für einige Tage in den Geschlechtsgängen der Frau beweglich. Solche Zeitverzögerungen bieten vielfältige Möglichkeiten der Einflußnahme durch die Weibchen, etwa durch Paarungen mit weiteren Männchen oder durch physiologische Mechanismen. Nach Hunter (1975) hat bei Säugerweibchen die sexuelle Stimulation während der Kopulation einen Einfluß auf die Wahrscheinlichkeit, daß Samenzellen zu den Ovarien transportiert werden. Ungewohnte Begleitumstände während artifizieller Insemination, wie Störungen oder die Anwesenheit von Hunden verringern bei Schafen den Prozentsatz der zu den Eierstöcken gelangenden Spermien, ebenso wie Adrenalingaben (Robinson, 1975). Bei einigen Tieren wurde der Abbau von Spermien im Weibchen beobachtet. Schließlich induziert die Erregung der Kopulation bei mehreren Säugern erst die Ovulation oder die Vorbereitung der Uterusschleimhaut für die Nidation des Keims. Nach Diamond (1970), der Mäuse mit künstlichen Begattungsorganen stimulierte, üben die Details der vaginalen Reizung nachweisliche Einflüsse auf die Induktion des Lutealzyklus aus. Rattenweibchen transportierten weniger Spermien zu den Ovarien, wenn sie vor der Ejakulation weniger als vier Intromissionen erlebt haben (McGill, 1977). Eine funktionale Bedeutung hat vielleicht auch die postkoitale Depression von Mäusemännchen. Die erzwungene Ruhe gewährleistet den Vollzug der Eibefruchtung. Kopulationen ohne Samenübertragung konnten bei mehreren Arten nachgewiesen werden; sie belegen sekundäre Funktionen des Paarungsverhaltens. Angesichts solcher Hinweise schlug Eberhard (1985) vor, daß die z. T. abenteuerlichen Konstruktionen der männlichen Begattungsorgane maßgeblich durch weibliche Zuchtwahl entstanden sind, indem stimulierende Abweichungen erhöhte Reproduktionserfolge erbringen. Im Gegensatz zu anderen Beispielen solcher sexuell selektionierter Merkmale, wie Prachtgefieder oder andere

Imponierorgane, besteht in diesem Fall vielleicht kaum Gegenselektion, etwa durch den Zwang zur Unauffälligkeit gegenüber Freßfeinden. Jedenfalls ist die rasche Evolution von artcharakteristischen Begattungsorganen bei vielen Tiergruppen erstaunlich.

Die Kopulationsfrequenz von Weibchen ist bei vielen Arten nicht ausreichend bekannt, wiederholte Paarungen mit mehreren Männchen sind aber häufig beobachtet worden. Dabei ist zu bedenken, daß ein Ejakulat genügend Keimzellen enthielte, um alle Eizellen zu befruchten. Manche Arthropodenmännchen verschließen die weibliche Geschlechtsöffnung mit Sekretpfropfen (bei Bienendrohnen reißen die Genitalien ab), was aber wegen der Entfernung dieser Verschlüsse durch nachfolgende Männchen oder die Weibchen selbst selten zur Monogamie zu verpflichten scheint.

Ein spezielles Verhaltensmerkmal in der sexuellen Liebe stellt der Orgasmus dar. Eine Besonderheit der Befunde von Masters und Johnson (1966) ist, daß die Lustgefühle bei Mann und Frau nur auf Haut und Muskeln zurückgeführt werden (Konner, 1988). Dies stellt einen Rekurs auf das Emotionsmodell von James und Lange dar, wonach Affekte und Ärger nicht primäre Empfindungen, sondern nur sekundäre Reaktionen auf physiologische Veränderungen sind (Birbaumer & Schmidt, 1990). An Patienten, denen aus therapeutischen Gründen Elektroden im limbischen System implantiert waren, gelang Heath (1972) der Nachweis von elektrischer Hirnaktivität in diesem Areal. Diese Aktivität tritt zeitlich vor dem Auftreten des Orgasmus auf. Mit einer ‚bipolaren Theorie' suchte Davidson (zitiert nach Konner, 1988) die bekannten physiologischen und psychologischen Tatsachen über den Orgasmus zu vereinigen. Er betonte dabei, daß der Orgasmus einen veränderten Bewußtseinszustand darstellt mit einem Wegfall von Hemmungen und einem veränderten Empfinden für Raum und Zeit.

6.4. Partnerretention

Mechanismen, die exklusive Paarbeziehungen wie Monogamie bei Säugern stabilisieren, sind gegenseitiges Beschnüffeln und Nachlaufen, Körperberührungen sowie -pflege. Bei Stachelschweinen könnten heftige Rivalenkämpfe aufgrund des Stachelkleides zu Verletzungen der Männchen führen. Kämpfe unterbleiben, wenn Paare in Monogamie leben, wie dies bei einem Stachelschwein *(Hystrix indica)* der Fall ist. Es werden täglich, auch während der Trächtigkeit, wiederholte Kopulationen beschrieben, die zur Aufrechterhaltung der Partnerschaft beitragen (Sever & Mendelssohn, 1988). Beim Menschen ist ein Indikator funktionierender Ehepartnerschaften der gegenseitige Blickkontakt zwischen Partnern, wobei die Initiative vorwiegend von der Frau ausgeht. Eine spezielle Situation ergibt sich bei länger dauernden Partnerschaften, da sich Abwanderungstendenzen einstellen können. Der Zusammenhalt der Partner wird dann erforderlichenfalls auch aktiv gefördert. Eingehende Untersuchungen beim Menschen fehlen, jedoch sind überwiegend subtile Verhaltensweisen zum Halten des Partners ausgebildet wie Wachsamkeit zum Fernhalten von Nebenbuhlern, die fortgesetzte Zuwendung zum Partner oder sogar die Herabsetzung des Partners für die Augen von Konkurrenten. Eine extreme Taktik zum Halten des Partners stellt die Eifersucht dar (Daly, Wilson & Weghorst, 1982). Bereits die Entwicklung dieser Verhaltensweise wie auch die geschlechtsspezifisch unterschiedliche Heftigkeit der Reaktion wird wieder mit der Ungewißheit über die Vaterschaft erklärt. Viele Säuger verfügen über exklusive Fortpflanzungsterritorien, aus denen, zumindest während der Paarungszeit, fremde Männchen ausgeschlossen werden. Das Phänomen der menschlichen Eifersucht ist ebenfalls vor diesem Blickwinkel interpretiert worden: Es ist spekuliert worden, daß Eifersucht bei Männern eher eine direkt sexuell getönte Wurzel haben sollte als bei der Frau, die eher wegen mangelnder Zuwendung und Betreuung eifersüchtig sein sollte. Eifersuchtstaten von Männern und Frauen gegenüber ihren Partnern werden nicht nur auf Grund der geringeren Körperkraft der Frauen unterschiedlich beurteilt. Das wird auch in den Rechtssystemen verschiedener Kulturen berücksichtigt (Daly, Wilson & Weghorst, 1982; Daly & Wilson, 1988). In der Tat fällt auf, daß verschiedene kulturelle Erscheinungen, welche in diesem Zusammenhang gesehen werden könnten, viele Kulturen und Millionen von Menschen betreffen: Verschleierung und Verbot öffentlicher Auftritte von Frauen, „Beschneidung" der äußeren weiblichen Genitalien (Klitorektomie) oder das Verstümmeln durch Zusammenbinden der Füße von Frauen im alten China. Schließlich gibt es vielerlei Anstandsregeln („was man als Dame tut"), welche in einem Verbergen der sexuellen Rolle einer Frau resultieren. Nach soziobiologischer Sicht sind alle diese kulturellen Phänome vom Reproduktionsinteresse der Männer mit induziert worden und damit analog einem drüsensekret- und urinmarkierten Paarungsterritorium einer Antilope.

Mangelnder Bruterfolg kann allerdings auch zur Trennung der Partner führen. Dies ist von Harris, Safriel, Brooke, & Britton (1987) am Austernfischer *(Haematopus ostralegus)* beobachtet worden ist.

7. Territorialität/Revierverteidigung

Die Selektion begünstigt räumliche Verteilungsmuster, die die individuelle Gesamtfitness maximieren. Zwischen Artgenossen werden art- und geschlechtsspezifische Individualdistanzen eingehalten. Beim Menschen sind kultur- und situationsabhängige Unterschiede bezüglich des Individualraumes bekannt (Hall, 1966; Barash, 1980). Ein ökologischer Ansatz zur Rekonstruktion der Phylogenie des Sozialverhaltens von Hominiden wird von Foley & Lee (1989) vorgeschlagen. Danach wird die maximal mögliche Nachkommenzahl für Weibchen und Männchen durch unterschiedliche Faktoren begrenzt. Bei Weibchen ist die zur Verfügung stehende Nahrungsmenge der limitierende Faktor, während aus Sicht der Männchen der Zugang zu Weibchen begrenzend wirkt. Demnach sollten sich Weibchen so in ihrem Lebensraum verteilen, daß sie optimalen Zugang zur Nahrung haben. Männchen dagegen sollten sich so verteilen, daß sie möglichst viele Weibchen erreichen können. Die Verteilung adulter Weibchen oder Männchen in ihrem Habitat läßt sich aus soziobiologischer Sicht durch wenige besonders wichtige Zustände beschreiben. Bezogen auf Geschlechtsgenossen treten sie entweder als a) Einzelgänger, b) im Verband mit Verwandten oder c) mit Nichtverwandten auf.

7.1. Monogamie

Der Begriff der Einehe wird in zwei unterschiedlichen Bedeutungen benutzt. Einmal wird darunter lediglich das beständige exklusive Zusammenleben zweier heterosexueller Individuen in einem sozialen System verstanden. Die Zeugung und Pflege gemeinsamer Nachkommen ist nicht notwendig damit verbunden. Unterschieden werden muß davon eine Partnerschaft, die primär zu dem Zweck der Zeugung gemeinsamer Nachkommen gebildet wird, während außerhalb der eigentlichen Fortpflanzungszeit mit anderen Partnern zusammengelebt wird (Wickler & Seibt, 1981). Wie die definitorische Unschärfe bereits andeutet, entsteht Monogamie sicher nicht monokausal. Es ist vielmehr damit zu rechnen, daß jeweils ein Bündel von gleichzeitig wirkenden Faktoren dazu führt (Shepher, 1978). Monogamie von Kleinantilopen ist mit Territorialität der Paare und gemeinsamer Feindbeobachtung der Partner verbunden. Klippspringer *(Oreotragus oreotragus)* besiedeln für kleine Antilopen ungewöhnlich offene Felshabitate mit geringen Versteckmöglichkeiten. Die Verhaltenskoordination der Partner, die den größten Teil des Tages gemeinsam Wache stehen, ist außergewöhnlich (Schreiber, 1986). Beim Klippspringer leistet eine feste Einehe, was in analogen Fällen größere Sozialverbände durch spezialisierte Wachtposten übernehmen (z.B. Murmeltier oder Präriehund). Nähere Untersuchungen der ökologischen Bedingungen bei monogam lebenden Arten zeigen, daß diese Paarungsart innerhalb einer Art fakultativ oder obligat auftreten kann (Kleiman, 1977). Fakultative Monogamie resultiert, wenn die Individuendichte einer Art in einem von ihr bewohnten Habitat so gering ist, daß nur jeweils zwei gegengeschlechtliche Individuen aufeinandertreffen. Obligate Monogamie dagegen tritt auf, wenn einzeln lebende Weibchen Nachwuchs ohne Hilfe von Artgenossen nicht aufzuziehen vermögen. Als typische Merkmale bei beiden Monogamieformen sind zu verzeichnen, daß Erwachsene nur einen geringen Sexualdimorphismus aufweisen und außer in der Findungsphase die Partner nur geringe soziosexuelle Aktivitäten zeigen. Nur bei obligater Monogamie nimmt der Vater an der Aufzucht der Jungen teil, teilweise werden auch noch nicht geschlechtsreife Jungtiere als Helfer eingesetzt, deren Reifung dadurch verzögert wird.

Bei der strengen Einehe gilt, daß das elterliche Investment für beide Partner gleich ist (Nur, 1989). Dies ergibt sich aus der Definition des parentalen Investments sensu Trivers (1972), das durch die Fähigkeit zu Aufwendungen für zusätzliche Kinder gemessen wird.

Paarbeziehungen, die als Einehe bezeichnet werden können, finden sich bei etwa 90% der Paarungssysteme von Vögeln. Monogamie ist auch bekannt von Fischen und Krebsen. Dagegen tritt sie unter Säugetieren nur bei etwa 3% der Paarungsgemeinschaften auf (Kleiman, 1977). Der wesentliche Faktor, der zur Entwicklung von Einehen beiträgt, ist der Zuwendungsbedarf der Nachkommen. Vogelmütter sind nur bedingt allein zur Aufzucht der Jungen befähigt. Die Beteiligung beider Elternteile an der Aufzucht fördert die Überlebenschancen des Nachwuchses, was die adaptive Bedeutung der Monogamie belegt (Barash, 1980).

Theoretische Untersuchungen von Peck & Feldman (1988) an einem bigenischen Modell (wobei ein Genlokus das weibliche Partnerverhalten, der andere die Neigung der Nachkommen gegenüber Geschwistern altruistisches Verhalten zu zeigen, kontrolliert) haben interessante Ergebnisse erbracht. Danach ist oft die genetische Variabilität am Altruismuslokus hinreichend, die Allelfrequenz zu erhöhen, die Weibchen dazu bringt, alle Nachkommen mit einem Männchen zu erzeugen. Dies beruht auf der Entwicklung nicht zufälliger Verknüpfungen beider Genloci. Erklärbar werden dadurch Fälle von Monogamie, in denen gar keine Brutpflege erfolgt (z.B. Wickler & Seibt, 1981).

Für die Fälle, in denen Monogamie und Brutpflege gemeinsam vorkommen, kann angenommen werden, daß die Einehe zuerst entwickelt worden ist. Brutpflege ist erst entstanden, nachdem durch die Einehe die Unsicherheit bezüglich der Vaterschaft verringert worden war. Nach den Thesen von Lovejoy (1981) waren neben der Verlängerung der Kindheit (die einhergeht mit intensiveren Geschwisterinteraktionen) die Entwicklung von Einehe und väterliche Beteiligung an der Nachkommenaufzucht notwendige Schritte in der Hominisation. Der Mensch teilt mit nur wenigen Säugern die Monogamie (z. B. Biber, Stachelschwein, Schakale, Krallenäffchen, Gibbons). Fast alle Primaten (darunter seine nächsten Verwandten) sind mehr oder weniger polygyn: Gorillas leben in von einem dominanten Mann angeführten Kleinverbänden, Schimpansen in größeren Verbänden mit mehreren Männern und Promiskuität (Harcourt, Harvey, Larson & Short, 1980). Als Folge der unterschiedlichen Sozialstrukturen sind auch anatomische Veränderungen an den Genitalien beider Geschlechter festzustellen (Short, 1979; Moller, 1988). Die besondere Stellung des Menschen, der meist als monogame Art mit mehr oder weniger ausgeprägter Tendenz zu Polygynie angesehen wird, erklärt sich am plausibelsten mit den gewaltigen Brutpflegeanstrengungen: Portmann (1953, 1969, 1970) spricht davon, daß der Mensch einen Teil der ‚Embryonalentwicklung' außerhalb des mütterlichen Körpers durchmacht (vielleicht weil der Durchmesser des Beckens eines aufrechtgehenden Primaten dem Kopfdurchmesser bei der Geburt Schranken setzt). Die stammesgeschichtliche Entwicklung der Säugetierontogenese läßt interessante Parallelen zur frühkindlichen Entwicklung des Menschen erkennen. Ursprüngliche plazentale Säuger gebären wenig entwickelte Nesthocker, die morphologisch weit vom Elterntier entfernt sind. Auch wesentliche Teile der Gehirnentwicklung und der Ausgestaltung der Sinnesorgane erfolgen erst postnatal. Besonders verschiedene Huftiere, aber auch die Primaten gebären weit fortgeschrittene Nestflüchter. Der Mensch unterscheidet sich von verwandten Primaten durch einen sekundären Trend zum wenig entwickelten Kleinkind („hilfloser Nestflüchter", physiologische Frühgeburt). Zwar öffnen sich bereits im 5. Schwangerschaftsmonat die im 3. Monat verwachsenen Augenlider, was ebenso wie die weitgehende Markumscheidung der Pyramidenbahnnerven und die gleichrangige Entwicklung von Vorder- und Hinterextremitäten die Nestflüchtervergangenheit anzeigt. Jedoch erreichen menschliche Babies die allgemeine Reife neugeborener Menschenaffen erst nach einem Jahr. Während der nachgeburtliche Massenvermehrungsfaktor des Menschenaffengehirns nur bei 1,6 - 2,4 liegt, beträgt er beim Menschen 4,3. Wesentliche menschliche Eigenschaften wie aufrechter Gang oder Sprache entwickeln sich erst nach der Geburt, weshalb auch die Schlagworte vom extrauterinen Foetaljahr und von der Bedeutung des „sozialen Uterus" geprägt wurden (Portmann, 1970). Körperliche und verhaltensbiologische Entwicklung eines Menschenkindes verlaufen, selbst im Vergleich zu den nächsten Verwandten, stark retardiert (v.a. vom ersten Lebensjahr bis zur Pubertät), was sehr lange und intensive Brutpflegeanstrengungen erfordert. Die Bewährung der Polygynie für Männchen stößt dann an Grenzen, wenn die betreffenden Frauen ihre Kinder nicht alleine optimal aufziehen können und der Vater nicht wesentliche Leistungen für alle Nachkommen erbringen kann, wie Abwehr von Gefahren oder Versorgung mit Nahrung.

Ein wichtiger physiologischer Unterschied zwischen Mensch und Tierprimaten besteht in dem unauffälligen Oestrus der Menschenfrau. Viele Primatenweibchen zeigen durch Schwellung und Rötung der äußeren Genitalien ihre empfängnisbereiten Tage deutlich an. Beim Menschen ist die Reaktion der Genitalregion auf schwankende Oestrogengehalte verloren gegangen. Verschiedene Hypothesen sind zur Erklärung angeführt worden (Burley, 1979; Hrdy, 1979; Symons, 1979), von denen aus biologischer Sicht folgende am plausibelsten erscheint (Alexander & Noonan, 1979; Strassman, 1981): Von den beiden (kaum wirklich zu trennenden) reproduktiven Aufwandsleistungen, die ein Primatenweibchen vom Vater ihres Kindes erwarten kann, nämlich dem genetischen Beitrag und den erbrachten Ressourcen, ist bei der polygynen Stammform die letztere von untergeordneter Bedeutung. Das Weibchen sollte also versuchen, sich mit möglichst dominanten (d.h. von der Gruppe und den anderen

Männern als überlegen akzeptierten) Männern zu paaren. Da diese mehrere Weibchen „besitzen", ist es sinnvoll, die empfängnisbereiten Tage anzuzeigen. Wird mit Höherentwicklung des Gehirns und damit einhergehender Komplexität der Brutpflege der langfristige Pflegebeitrag des Männchens relativ sehr viel wichtiger, ist dagegen ein langfristiges monogames Zusammenleben adaptiv. „Verbergen" des Zyklus erfordert Kopulationen über längeren Zeitraum mit der gleichen Frau. Andererseits erfordert auch die konstante Kontrolle des Weibchens die räumliche Nähe des Mannes und damit die Monogamie, um Vaterschaften durch Rivalen auszuschließen (anstatt vorher nur über wenige Tage das Weibchen zu kontrollieren). Die Versorgung von fremden Kindern ist die wirksamste Störgröße in diesem Erklärungsansatz, da sie die Erfolgsaussicht auf Durchsetzung einer Strategie, welche den Fortpflanzungserfolg über Brutpflegemaximierung sucht (K-Strategie), drastisch absenkt. Dieses Risiko sollte minimiert werden, damit sich ein monogames System durchsetzen kann. Erwähnt sei in diesem Zusammenhang, daß Freud (1971) die Entstehung der Sitte der Couvade (Männerkindbett) bei verschiedenen Völkern als Beschwichtigungshandlung infolge der Unsicherheit um die Vaterschaft deutet.

Mehrere hormonale, sinnesphysiologische (optische und akustische Fähigkeiten) und psychologische Meßgrößen zeigen bei der Menschenfrau zyklische Schwankungen. Es ist unklar, ob dieses als Rudiment an stärkere Oestrusschwankungen zu deuten ist, oder ob hierin weitergehende Mechanismen ihren Ausgang haben (so sollten Frauen eigentlich zwar die Brutpflegeleistungen weniger dominanter Männer in Anspruch nehmen, aber dennoch am sexuellen Betrug an den aussichtsreichsten Tagen mit dominanteren Männern interessiert sein). Selbst nach diesem rein biologischen Szenario ist trotz starker Prämiierung der Brutpflegeleistungen kein völliges Verschwinden der Polygynie zu erwarten, da je nach Ressourcenlage und Konstellation der in Frage kommenden Männer eine polygyne Strategie adaptiver sein kann. Beobachtungen von mehr als 4.000 Paaren (und Ermitteln ihres Alters) in Einkaufszentren erbrachten, daß junge Erwachsene bevorzugt in Paaren ähnlichen Alters der Partner beobachtet werden, während mit zunehmendem Alter des Mannes die Begleiterinnen relativ jünger werden (Lockard & Adams, 1981; Mellen, 1981). Frauen wurden nur selten mit jüngeren Männern gesehen. Solche Erhebungen korrelieren mit Analysen von Heirats- und Scheidungsstatistiken, welche ergeben, daß in jungen Jahren die Heiratspartner ähnliches Alter aufweisen, während ältere Männer oft jüngere Frauen heiraten. Ab einem Lebensalter der Partner von 39-41 Jahren nahmen die gleichaltrigen Dyaden ab und danach die Dyaden zu mit Männern, welche 3-9 Jahre älter waren als die Partnerin. Ältere Männer haben Kinder oft mit sehr viel jüngeren Frauen. Das läßt unterschiedliche Heiratsstrategien vermuten, welche beim Mann als Trend zur „serialen Polygynie" mit jüngeren Partnerinnen bezeichnet wurden, während die

Frau versuchen soll, während ihrer reproduktiven Phase einen Mann zu halten. Ein kritischer Moment scheint der Beginn der Menopause der Frau zu sein.

Die Rückbildung des Sexualdimorphismus beim Menschen ist kein Einzelfall: Sehr viele monogame Vogelarten weisen keinen sichtbaren Sexualdimorphismus (oder bildeten eine solchen zurück), besonders bei Arten, die gesellig in Verbänden leben. Tauben erkennen das Geschlecht von Artgenossen offenbar erst nach längerer Bekanntschaft und können fremde Artgenossen zunächst geschlechtlich nicht einordnen. Fremde Tauber werden auch wie Weibchen angebalzt (Burley, 1981).

7.2. Polygamie

Polygynie impliziert, daß die Varianz des Reproduktionserfolges bei Männchen größer ist als bei Weibchen. Daher müssen Mechanismen entwickelt werden, nach welchen die limitierende Ressource „Weibchen" verteilt wird. Aus der Sicht der Weibchen beschränkt sich der Beitrag der Männchen auf möglichst „erfolgversprechende Gene" für das Fortkommen der gemeinsamen Jungtiere, da Brutpflegebeiträge für das einzelne Weibchen naturgemäß gering ausfallen. Häufige Folge sind daher Rivalenkämpfe im männlichen Geschlecht, die sich langfristig auswirken in einem morphologischen und verhaltensbiologischen Sexualdimorphismus, etwa durch Zunahme der Körpergröße der Männchen, dem Erwerb von Waffen (Geweihe, Hörner usw.) und dem Erkämpfen von Paarungschancen vermittelnden räumlichen Territorien oder Rangstufen im Sozialverband. Weibchen wiederum zeigen ihren Oestruszustand an und ermöglichen damit genetisch erfolgreichen Männchen die Paarung an aussichtsreichen Tagen.

Männchen können in polygamen Paarungssystemen außer offener Konkurrenz um Weibchen auch andere Strategien zeigen. Bei einigen Froschlurchen rufen einige große Männchen mit Lockrufen Weibchen herbei. Diese paaren sich dann aber mit gleichfalls wartenden, jedoch wegen ihrer geringeren Körpergröße nicht konkurrrenzfähigen ‚Satellitenmännchen'. Diese setzen sich auch nicht der Gefahr aus, von parasitischen Fliegen befallen zu werden, die gleichfalls auf die rufenden Männchen aufmerksam werden und diese mit Maden belegen (Perrill, Gerhardt & Daniel, 1978). Bei Dickhornschafen haben die Paarungsversuche von Satellitenmännchen, die in die vom Territoriumsinhaber bewachten Weibchenherden eindringen, geradezu den Charakter von Vergewaltigungen (Hogg, 1987). Als ‚female mimicry' wird von Gadgil (1972) die Strategie nichtdominanter Männchen bezeichnet, sich ähnlich wie Weibchen zu verhalten, geduldet zu werden und sich so Verpaarungsmöglichkeiten zu verschaffen.

Die regelmäßige Paarung mit mehreren Männchen kann sowohl aufgrund von männlichem Zwang (Vergewaltigung) als auch auf die Initiative der Weibchen hin erfolgen. In auffälliger Weise häufig paaren sich manche Bienen- und Kolibriweibchen, um Zugang zu Nektar oder Pollen in von Männchen kontrollierten Blüten zu erlangen. Dieses Verhalten wird als ‚prostitution polyandry' beschrieben (Wolf, 1975; Alcock, Eickwort & Eickwort, 1977). Bei manchen Arten mit vom Männchen angebotenen Hochzeitsgeschenken wurden ebenfalls erhöhte Paarungsfrequenzen beobachtet. Die wenigen polyandrischen menschlichen Ethnien häufen sich im südasiatischen Raum (Indien, Himalayastaaten, Sri Lanka). Polyandrie scheint ansonsten bei Säugern nicht vorzukommen. Das Phänomen ist von Soziobiologen untersucht worden, ohne daß eine plausible Erklärung hervorsticht. Immerhin ist bemerkenswert, daß die Ehemänner, welche sich in diesen Gemeinschaften eine Frau teilen, oft Brüder sind. Versuche, hier die Verwandschaftsselektionstheorie als Erklärung des unerwarteten Phänomens zu Rate zu ziehen, sind angestellt worden. So soll unter bestimmten Rahmenbedingungen, welche für ein erfolgreiches Aufwachsen von Kindern ungünstig sind, vorteilhafter sein, Kinder des eigenen Bruders aufzuziehen, als vor der Alternative zu stehen, als einziger Mann eine Familie versorgen zu müssen.

8. Brutpflege

Eine wesentliche Ungleichheit der Geschlechter außer bei der Gametenbildung besteht, wie mehrfach angesprochen, in einem unterschiedlichen Investment der beiden Eltern in die Nachkommenschaft bei der Aufzucht der Jungen. In der Regel ist das mütterliche Investment bei Säugetieren allein durch das Austragen der Jungen und die anschließende Brutpflege bereits größer als das väterliche. Aufgrund dieser Tatsache wird allzu leicht geschlossen, daß die Last immer einseitig bei den Weibchen liegt. Vielmehr nehmen äußere Faktoren Einfluß auf die Höhe des von den gegengeschlechtlichen Partnern zu erbringenden Investments, wie sich bei einem Vergleich der in verschiedenen Tiergruppen entwickelten Strategien zeigt. Es ist daher auch unsinnig, bei der Höhe des Brutpflegeaufwandes von allgemein gültigen „natürlichen" Verhältnissen zu sprechen. Bei Säugetieren hängt die Aufzucht weitgehend an den Weibchen, bei Vögeln sind meist beide Partner in der Pflicht. Etwa 85 der 495 bekannten Familien von Knochenfischen betreiben Brutpflege entweder an den abgelegten Eiern oder auch durch Bewachen der Jungfische. Bei 60% der brutpflegenden Arten sind ausschließlich die Männchen damit beschäftigt (Gittleman, 1981).

Eine Beschränkung auf weniger Nachkommen, als rein numerisch pro Elternpaar möglich wären, ist nach der soziobiologischen Theorie nicht lediglich durch zeitweilige Nahrungsengpässe bedingt, sondern wird auch durch das langfristige Fortpflanzungsinteresse der Eltern bewirkt.

Nach verbreiteter Ansicht wird die Zahl der Nachkommen reguliert durch den Aufwand für Brutpflege und die Verfügbarkeit von Nahrung, um Nachkommen mit ausreichender Fitness aufziehen zu können, die ihrerseits eine genügende Aussicht auf eigene Fortpflanzungschancen aufweisen. Das Auftreten von Brutpflege ist meist mit der Erzeugung weniger Nachkommen korreliert. Säugerweibchen haben aufgrund beträchtlichen Schwangerschafts- und Brutpflegeleistungen eine besonders niedrige Nachkommenzahl. Sie sollten daher geeignete Strategien entwickeln, ihre Fortpflanzungskapazität nicht einzuschränken.

Vom Schwein ist bekannt, daß Schwangerschaften spontan beendet werden, wenn nicht einer Mindestzahl von befruchteten Eiern die Nidation im Uterus gelingt. Dabei handelt es sich keineswegs um eine willkürliche Handlung der Mutter. Bestimmend ist vielmehr der Blutspiegel von Schwangerschaftshormonen (Polge, Rowson & Chang, 1966).

Nach Peters (1948) unterscheidet man Eltern-, Vater- und Mutterfamilien, je nach dem Beitrag der Elterntiere. Bei Säugern herrscht die Mutterfamilie vor, wohl weil das mütterliche Investment durch das Austragen der Jungen größer ist als das des Vaters. Elternfamilien kennt man von monogamen Säugern, von Vögeln und Fischen. Die Rolle des Vaters kann wirklich auf die Jungen zentriert sein, so daß es keine spezifisch väterliche oder mütterliche (sondern nur elterliche) Leistungen gibt. Bei der Vater-Mutter-Familie teilen sich die elterlichen Aufgaben derart, daß fast stets die Mutter direkte Brutpflege betreibt und der Vater Nahrung besorgt und Schutz gewährt. Bei der Mann-Mutter-Familie ist wie beim Erpel der Mann lediglich an die Geschlechtsgenossin gebunden, kümmert sich aber nicht direkt um die Nachkommen. Der umgekehrte Fall der Weibchen-Vater-Familie ist von Labyrinthfischen bekannt. Er leitet über zur echten Vaterfamilie, wo allein der Mann die Brutpflege betreibt und das Weibchen nur Eizellen liefert. Man findet diese Sozialform bei einigen Vögeln und vielen Fischen. Bei Fischen mit Vaterfamilien baut das Männchen meist ein Nest, und zu diesem fühlen sich die Jungfische hingezogen. Personalisierte Beziehungen zum Vater scheinen nicht vorzukommen. Dagegen sind Jungfische aus Mutterfamilien meist auf die Mutter zentriert, und isoliert Aufgezogene flüchten bei Gefahr zu einer Weibchenattrappe. Junge maulbrütender Weibchen ziehen sich auch nach dem Schlüpfen noch häufig in den Schutz des mütterlichen Mundes zurück, was bei Arten mit maulbrütenden Vätern nicht vorzukommen scheint. Bei Vätern besteht die Brutpflegeleistung in der Gewährung geschützten Obdaches. Interessanterweise sind bei Fischen, in denen die Väter allein den Nachwuchs betreuen, auch die Balzleistungen „verkehrt", indem sich die Weibchen den nestbauenden Männchen nähern.

Die Weibchen vieler Vogelarten sind zur Erbringung von Ersatzgelegen befähigt, nachdem das Erstgelege zerstört wurde. Das trifft besonders dann zu, wenn die ersten Eier noch nicht allzu lange bebrütet worden waren. Selbst die Zahl der Eier kann ein bestimmender Reiz sein; wiederholte Wegnahme eines Eies führt in manchen Fällen zum Nachlegen der fehlenden Eier. Solche Nachgelege beweisen, wie stark Sinneseindrücke und Brutverhalten über noch ungeklärte physiologische Wege die Reproduktionsphysiologie beeinflussen. Im Tauber löst der Anblick eines brütenden Weibchens die Bildung von Kropfmilch aus (Patel, 1936).

Auch bei Säugern ist die Brutpflege nicht allein unter den Aspekten Schutz, Ernährung und Erziehung der Jungen zu verstehen (Harper, 1970). Nicht nur beeinflussen die Jungtiere Mobilitätsmuster, Nahrungswahl und Sozialleben der Eltern, sondern es werden über die erhöhte Spiel- und Explorationsbereitschaft der Nachkommen neue Verhaltensmuster ausprobiert, die zu Veränderungen von Traditionen führen können. Da Jungtiere ohnehin einer oft erhöhten Mortalität unterliegen, sind Verhaltensexperimente bei ihnen für Populationen weniger aufwendig, als wenn sie von Erwachsenen ausgetestet würden, die bereits viele Selektionshürden genommen haben. Brutpflegeleistungen müssen also nicht nur als einseitiges Investment betrachtet werden.

Bei Hirschkühen wird vermutet, daß sie je nach Lebensalter bevorzugt Nachkommen eines bestimmten Geschlechtes hervorbringen (Clutton-Brock, Guinness & Albon, 1982; Clutton-Brock, 1985). Auch sollten Mütter polygyner Arten verstärkt in Söhne investieren, da bei solchen Arten praktisch alle Töchter, aber nur einzelne besonders kräftige männliche Nachkommen zur Fortpflanzung gelangen. Beim polygamen Damhirsch (und vielen weiteren Arten) werden die Söhne bedeutend schwerer geboren als Töchter (Braza, San José & Blom, 1988). Gemäß einer Kosten-Nutzen-Betrachtungsweise versuchen Väter, ihren Aufwand gering zu halten, da sie keine absolute Gewähr dafür haben, daß die von ihnen eventuell mit betreuten Kinder tatsächlich von ihnen gezeugt und damit verwandt sind (pater numquam certus). Unter bestimmten ökologischen Konstellationen kann es dann sogar zum Infantizid kommen. Fälle von Kindstötung sind immer wieder anekdotisch berichtet worden, sind jedoch als abnormal, manchmal verursacht durch Störungen des Brutgeschäftes, erklärt worden. Unter dem Einfluß soziobiologischer Betrachtung ist die Frage aufgeworfen worden, ob Infantizid nicht auch einen adaptiven Wert haben kann (Mennella & Moltz, 1988). In diesem Sinne ist er als Form der männlichen Zuchtwahl anzusehen (Hrdy, 1979). Brutpflegende Säugermännchen laufen Gefahr, in Nachkommen anderer Männchen zu investieren, falls die Vaterschaft nicht restlos geklärt ist. Infantizid wurde verschiedentlich bei freilebenden Säugern, auch bei Primaten, beobachtet (Hrdy, 1979; Struhsaker & Leland, 1986). Er wurde in Situationen beschrieben, wenn neu eintretende, dominante Männchen die von Vorgängern gezeugten Jungen töten. Daraufhin werden die Weibchen rascher wieder oestrisch, als wenn sie die fremden Kinder säugten und aufzögen. Es wird berichtet, daß Mißhandlungen von Menschenkindern besonders häufig von Stiefeltern ausgehen (Lightcap, Kurland & Burgess,

1982). Mütter und Mitglieder ihrer Familien sollen besonderen Wert darauf legen, Ähnlichkeiten im Aussehen zwischen Kleinkind und nominellem Vater aufzufinden (Daly & Wilson, 1982).

Sehr viel häufiger als Kindestötung ist der Geschwistermord. Viele Vögel, u.a. Greife und Reiher, beginnen mit dem Brüten, sobald das erste Ei abgelegt ist, auch wenn das Gelege noch nicht vollzählig ist. Dadurch schlüpfen die Jungen nicht gleichzeitig. Da beim Füttern der Jungen diejenigen bevorzugt werden, welche am aktivsten um Nahrung betteln, bleiben die jüngsten Küken schwach und werden häufig von den älteren Nestgenossen getötet. Der zum Geschwistermord führende Unterschied im Entwicklungsstand wird durch das Brut- und Fütterverhalten der Eltern indirekt erst ermöglicht. Experimentelles Zusammensetzen gleichkräftiger Jungvögel in ein Nest führt beim Kuhreiher zum Ausbleiben des Geschwistermordes, aber gleichzeitig zu einem Absinken der Zahl flügge werdender Junge, da die Nahrung nicht für alle ausreichte (Mock & Ploger, 1987). Offensichtlich liegt das Abtöten der Geschwister, die als Reservenachkommen in ernährungsmäßig günstigen Jahren erbrütet werden, im Fortpflanzungsinteresse der Altvögel.

Weibliche Ratten produzieren vermutlich während der Schwangerschaft ein Pheromon, das die Neigung männlicher Ratten zum Infantizid dämpft (Mennella & Moltz, 1988). Mäusemännchen kümmern sich nur um ihre Brut, wenn das Weibchen nach dem Wurf der Jungen dominant ist.

Voland und Engel (1989) haben das Schicksal von 870 ostfriesischen Kindern aus dem 17.-19. Jahrhundert anhand von Kirchenbucheinträgen rekonstruiert. Das Sterberisiko der Erstgeborenen von jungen Witwen erwies sich dabei als überproportional groß. Als Erklärung ist offenbar die bessere Wiederverheiratungschance von kinderlosen Witwen von Bedeutung, ohne daß eine absichtliche Kindstötung nachweisbar ist.

In menschlichen Gesellschaften, in denen keine festen ehelichen Beziehungen bestehen, ist mehrfach unabhängig eine in der Anthropologie als Avunculat bezeichnete Erbfolge entwickelt worden. Dabei vererben Männer ihren Besitz an die Kinder ihrer Schwestern (mit denen sie 25 % der Gene gemeinsam haben), nicht jedoch an die Kinder der mit ihnen zusammenlebenden Partnerinnen, die andere Väter haben können. Die Entwicklung des Avunculates wird mit dieser Unsicherheit der Vaterschaft erklärt (Gaulin & Schlegel, 1980). Derartige Verhältnisse sind u.a. bei Huronen-Indianern beschrieben worden.

Mütter freilebender Tiere helfen einander bei der Aufzucht ihrer Jungen in der Regel nicht. Vereinzelte Beobachtungen zeigen jedoch, daß durchaus fremde Jungtiere gesäugt werden. Durch radioaktive Markierung konnte gezeigt werden, daß Rentierkitze nennenswerte Milchmengen von fremden Weibchen erhielten („thief-sucking") (Lent, 1974). Kollektives Säugen auch von Fremdjungen kann bei Mäusen zu schnellerem Wachstum führen (Sayler & Salmon, 1971). Systematische Untersuchungen zu dieser Tatsache aus soziobiologischer Sicht stehen noch aus, doch konnte durch serologische Abstammungsuntersuchungsanalysen gezeigt werden, daß bei in Großgruppen ablammenden Hausschafen bis zu 10 % der Jungtiere von fremden Weibchen adoptiert und gesäugt werden. Als Gründe kommen ‚mismothering' und ‚lamb migration' in Frage (Finger, Schmid, Jatsch, Sabo & Flach, 1982). Die Adoption erfolgt in der ersten Zeit nach der Geburt. Schreiber & Matern (1989) bestätigen dieses Phänomen auch bei einem Wildtier, dem Mähnenspringer *(Ammotrages lervia).* Im Falle von Verwechslungen finden solche Adoptionen wohl statt, bevor die Prägung der Lämmer auf die Mutter erfolgte. Aktive Konkurrenz um fremde Kinder ist auch von Nutztiermüttern, z.B. von Rindern bekannt, deren Brutpflegetrieb sehr unterschiedlich ausgebildet sein kann. Stark brutpflegend gestimmte Kühe können vor der eigenen Niederkunft Fremdkälber von sozial unterlegenen Müttern adoptieren. Gute Ammentauglichkeit kann zur Minderentwicklung der eigenen Kälber beitragen (Sambraus, 1978). Gezieltes Unterschieben von Jungtieren zu Ammenmüttern (z. B. Glucken) ist ein in Nutztierzucht geläufiges Verfahren. Es gelingt bei verschiedenen Arten unterschiedlich einfach. Manchmal sind Maßnahmen erforderlich wie das Einreiben der Adoptivjungen mit Milch oder Amnionflüssigkeit der Mutter; bei Rindern wird Einreiben der Kälber mit einem Salz-Anis-Gemisch empfohlen. Auch artübergreifende Adoption kann so bewirkt werden (Sambraus, 1978; Bogner & Grauvogl, 1984).

Fälle echter Adoptionen bei Wildtieren sind erst wenige bekannt und kaum soziobiologisch analysiert worden. Sapin-Jaloustre (1952) beschrieb ein außergewöhnliches Verhalten beim Kaiserpinguin, der seine Eier - unter einer Hautfalte geschützt - auf dem antarktischen Inlandeis stehend erbrütet. Bei dieser Art ist der Antrieb zur Brutpflege so stark ausgeprägt, daß Jungvögel, welche sich vom Elterntier entfernen, sofort von kükenlosen Alttieren angegangen werden. Diese versuchen, fremde Küken auf ihre Füße und unter ihre Brutfalte zu bewegen. Regelrechtes Gedränge und Kampf um Küken ist beobachtet worden, wobei Jungpinguine verletzt oder getötet wurden. Beispiele kurzfristiger Adoptionen sind häufiger, so die zeitweise Beschäftigung von Affenweibchen mit Kindern von Sozialgenossinnen („alloparental care"). Kindergartenverbände, in denen alle Jungtiere einer Gemeinschaft zusammen von einzelnen Weibchen beaufsichtigt werden, kommen bei mehreren Säugern vor. Die unfreiwillige Aufzucht fremder Junger durch Brutparasitismus ist bei mehreren Vogelgruppen (Kuckuck (Familie *Cuculidae)* und Honiganzeiger (Familie *Indicatoridae))* gut belegt. Weniger sicher ist dagegen, in welchen Fällen das bei verschiedenen Fischen verbreitete Bewachen und Pflegen artfremder Jungen zusammen mit den eigenen Nachkommen auf parasitischer Ausnutzung der Eltern durch fremde Arten oder auf gegenseitigen Nutzen zurückgeht (Übersicht bei McKaye, 1981). Typisierungen solcher Fälle in Brutparasitismus und Symbiose kann in die Irre führen, wie das Beispiel des Riesenkuhstärling *(Scaphidura oryziphora)* zeigt: Die Jungen dieses Brutparasiten säubern die Küken der Wirtsvögel von Larven parasitierender Fliegen, so daß die „brutparasitierte" Gelege erfolgreicher sind (Smith, 1968). Dagegen gibt es bei Wildtieren zahlreiche Beispiele für altruistisches Helferverhalten von Jungtieren, die den eigenen Eltern bei der Aufzucht von nachgeborenen Geschwistern helfen.

9. Freundschaften

Innerhalb von Tiergruppen finden einzelne Individuen zu intensiveren Zweierbeziehungen zusammen. Einerseits hängt dies mit ökologischen Randbedingungen etwa der Populationsdichte oder der Güte des Lebensraumes zusammen. Andererseits setzt es individuelles Erkennen voraus. Reptilien beispielsweise zeigen immer ein Mißtrauen, wahrscheinlich weil entsprechende Hirnzentren nicht vorhanden sind. Brutpflege von Jungtieren nach dem Schlüpfen kommt praktisch nicht vor. Nach Cheney, Seyfarth und Smuts (1986) tragen die komplexen sozialen Beziehungen unter Primaten zum individuellen Fortpflanzungserfolg bei. Nach Grammer (1988) wird beim Menschen unter dem Begriff „Freundschaft" im allgemeinen die eindeutige Wahl eines Sozialpartners verstanden. Zur objektiven Messung wird die Interaktionsfrequenz zwischen Gruppenmitgliedern benutzt. Interaktionsfrequenz-Untersuchungen bei Kindern zeigen nach Grammer, daß Partner nach Alter und Geschlecht ausgewählt werden. Jungen spielen dabei häufiger in Gruppen von 3-4 Kindern, während Mädchen öfter in Zweiergruppen anzutreffen sind.

Dagegen untersuchten Soziobiologen mehrfach Männerallianzen. Männerkoalitionen zum Erwerb von Weibchen werden von Säugern und Vögeln beschrieben. Löwen- und Pavianmännchen verbünden sich zuweilen, um gemeinsam dominante Männchen aus dem Verband zu vertreiben oder um sich die Paarungsrechte zu sichern (Packer, 1977; Packer & Pusey, 1982; Smuts, 1985). Bei Löwen sind die Koalitionäre oft Brüder, die in Jungmännergruppen gemeinsam die Herrschaft in fremden Löwenrudeln zu übernehmen trachten (Barash, 1980). In diesem Fall wird die Verwandtschaftstheorie zur Erklärung herangezogen. Im Gegensatz zu Löwen wechseln Pavianmännchen einzeln den Verband, so daß direkte Verwandtschaftsbeziehungen zwischen Koalitionspartnern nicht zu erwarten sind. Als Mechanismus für diese Fortpflanzungstaktik ist daher eine soziale Strategie in Form von reziprokem Altruismus angenommen worden, also einem gegenseitigen Nutzen für die Partner (Packer, 1977). Umfangreiche Feldbeobachtungen an Anubispavianen *(Papio anubis)* legen jedoch die alternative Erklärung nahe, wonach es sich um die Verfolgung jeweils ureigener Interessen handelt (Bercovitch, 1988). Wer von den beiden Verbündeten ein Weibchen, dessen ursprünglicher Partner vertrieben worden ist, für sich beanspruchen kann, ist völlig offen. In der

Regel bleibt auch in der Koalition eine klare Dominanzbeziehung bestehen und untergeordnete Verbündete dürfen sich nicht ohne weiteres nach dem Sieg selbst paaren (nur bei Löwen werden recht wenige Auseinandersetzungen zwischen Koalitionären beobachtet, die allerdings wahrscheinlich Brüder waren). Beim Langschwanzpipra *(Chiroxiphia linearis)* werden die Weibchen durch Rufgesänge zum Balzplatz gelockt (Foster, 1977; Alcock, 1989). Dazu rufen zwei Männchen synchron bis zu 300mal pro Stunde. Angelockte Weibchen werden dann von beiden Männchen durch gewagte Schauflugspiele umbalzt. Ist das Weibchen paarungswillig, entfernt sich der subordinierte männliche Partner und das dominante Männchen gelangt zur Paarung. Es werden verschiedene Erklärungen vorgebracht, weshalb auch subordinierte sich an Koalitionen beteiligen, die ihnen selbst kaum Paarungsrechte einbringen: Es könnte sein, daß in der Gesamtbilanz trotz der Gegenwart von dominanten Bündnispartnern eine erhöhte Fortpflanzungswahrscheinlichkeit resultiert im Vergleich zu Strategien ohne Bündnis. Bei Langschwanzpipras scheint es eine Karriere zu geben, von nicht balzrufenden Männchen, über rufende Juniorpartner zu Alphatieren. Möglicherweise steigert die vorherige Teilnahme als nicht paarungsberechtigter Balzpartner die Wahrscheinlichkeit, selbst einmal dominant zu werden.

Auch beim Menschen ist eine funktionale Bedeutung von Freundschaften zwischen Männern zumindest bei Naturvölkern anzunehmen, z.B. bei der Jagd, wo bei koordiniertem Vorgehen der Erfolg verbessert werden kann. Auffallend ist die gleichzeitig betriebene strikte Geschlechtertrennung bei solchen Völkern. Als Auswahlkriterium der Partner bei solchen Männerfreundschaften dient offenbar gleichfalls die genetische Ähnlichkeit, wie durch die Untersuchung von Blutgruppen gezeigt werden kann (Rushton, 1989).

Zur Homosexualität wurden mehrere stark umstrittene Hypothesen vorgelegt, die darin übereinstmmen, daß diesem Verhalten ein adaptiver Wert zugesprochen wird. Überraschend sind Erklärungen zur Homosexualität, die von Schmidt und Maaß (1989, S. 345) aus Schriften Schopenhauers zitiert und als Vorwegnahme soziobiologischer Denkweisen angesehen werden. Demzufolge wird von Schopenhauer Homosexualität als Mittel der Natur gedeutet, um „unglücklichen Zeugungen vorzubeugen". Als Beispiele werden dazu die pädophilen Neigungen vorwiegend älterer Männer und die homosexuellen Ambitionen Jugendlicher aufgeführt. In moderner Formulierung wird Homosexualität als besondere Form von Altruismus bei der Fortpflanzung gedeutet. Dabei stellt die inclusive Fitness einen Ausgleich für die ausbleibenden eigenen Nachkommen dar (Weinrich, 1987).

Ein zentrales Thema für soziobiologische Forschung ist die Untersuchung von Entwicklungsbedingungen für altruistisches Verhalten. Selbst die Aufopferung von Individuen für das Überleben von Stockgenossen in sozialen Staaten der Bienen und Ameisen ist als Folge der besonderen Verwandtschaftsbeziehungen zwischen der Königin und den sterilen Arbeiterinnen erkannt worden. Die Reduzierung sozialen Verhaltens auf den Gesichtspunkt der Fitneßmaximierung wie in dem oben ausführlich dargestellten soziobiologischen Ansatz fördert den Eindruck, daß auch menschliches Verhalten letztlich nur egoistisch motiviert ist. Einerseits wird hier das Mißverständnis vom Wirken einer proximaten, bewußten Absicht im Individuum deutlich, die mit den populationsbezogenen Aussagen der Soziobiologie nicht bewiesen werden kann. Andererseits muß klargestellt werden, daß auch viele Ansätze der Sozialpsychologie die Existenz eines Sozialegoismus beinhalten (Batson, 1990). Wie Batson klarstellt, beruhen Theorien zu zwischenmenschlichem Verhalten wie etwa die ‚social exchange'-Theorie von Homans (1961), die ‚equity'-Theorie von Walster, Berscheid und Walster (1973) oder auch das ‚interdependence'-Modell (Berscheid, 1983) auf einem Eigeninteresse der Partner in ihren sozialen Beziehungen.

Eingewendet wird gegen die biologische Sicht von Partnerwahlmechanismen, daß beim Menschen eine starke kulturelle Überformung seines Verhaltens stattgefunden habe. In der Biologie sind Überlegungen für eine kognitive Ethologie entwickelt worden (Griffin,1978), mit der die Vorstellungen von Tieren als bloßen Reaktionsautomaten erweitert werden sollen durch die Suche nach Anzeichen für ein wenn auch einfaches Bewußtsein. Während die bei Insekten vorkommende Anlockung von Männchen durch weibliche Duftstoffe allein als Folge physiologischer Vorgänge verstanden werden kann, legen Beobachtungen an Primaten nahe, daß (proximate) kognitive Prozesse bei der Partnerwahl ablaufen (Griffin, 1985). Freilandbeobachtungen an Schimpansen haben Hinweise erbracht, daß die Paarungsbereitschaft der Weibchen nicht allein Ausdruck des physiologisch kontrollierten Oestrus ist. Vielmehr findet ein Austausch von komplexen Kommunikationssequenzen zwischen den möglichen Partnern statt, wobei diese etwas über die Absichten in ihrem Gegenüber erfahren, was ihre Wahl beeinflußt (de Waal, 1982). Empathische Fähigkeiten sind vermutlich von Prähominiden beim Übergang von Pflanzenkost zur Jagd auf Großtiere entwickelt worden, solange keine sprachliche Verständigung möglich war. Mitglieder einer Jagdgesellschaft, die sich in die Absichten von Gruppengenossen einfühlen und dadurch zu einem Gemeinschaftshandeln kommen, jagen erfolgreicher als im Alleingang (Bischof-Köhler, 1989). Empathische Fähigkeiten sind bei Menschenaffen aus Konfrontationsversuchen mit ihrem eigenen Spiegelbild zu erschließen. Beispielsweise wird versucht, eine auf der Stirn aufgebrachte Farbmarke abzuwischen (Lethmate & Dücker, 1973). Niedere Primaten reagieren auf das eigene Spiegelbild lediglich wie auf einen Artgenossen. Bei Menschenkindern tritt in der Entwicklung spontan Empathie auf (erkennbar an zunächst nur averbalem Zeigen von Anteilnahme am Befinden anderer), sobald sie fähig sind, das eigene Spiegelbild zu identifizieren. Empathie hat nach Ansicht von Bischof-Köhler einen primär emotionalen Charakter, ohne nur Gefühlsansteckung zu sein. Diese Zusammenhänge werden bei einseitig kognitivistischer Betrachtung häufig übersehen. Obwohl noch offen ist, inwieweit in der menschlichen Partnerwahl neben egoistischen auch soziale oder sogar altruistische Motive mitspielen (Batson, 1990), eröffnet die Einbeziehung phylogenetischer Betrachtungen neue Untersuchungsmöglichkeiten für die differentielle Psychologie.

Literatur

Alcock, J. (1989[4]). *Animal behaviour - an evolutionary approach.* Sunderland (Mass.): Sinauer.

Alcock, J., Eickwort, G.C. & Eickwort, K.R. (1977). The reproductive behaviour of *(Anthidium maculosum)* and the evolutionary significance of multiple copulations by females. *Behavioral Ecology and Sociobiology, 2,* 385-396.

Alexander, F. (1925). Einige kritische Gedanken zu Ferenczis Genitaltheorie. *Internationale Zeitschrift für Psychoanalyse, XI,* 444-456.

Alexander, R.D., Noonan, K.M. (1979). Concealment of ovulation, parental care, and human social evolution. In N.A. Chagnon & W.G. Irons (eds.). *Evolutionary biology and human social behaviour: An anthropological perspective.* North Scituate, (Mass.): Duxbury.

Altmann, J. (1980). *Baboon mothers and infants.* Cambridge (Mass.): Harvard University Press.

Baker, R.R. & Bellis, M.A. (1989). Number of sperm in human ejaculates varies in accordance with sperm competition theory. *Animal Behaviour, 37,* 867-868.

Barash, D.P. (1980). *Soziobiologie und Verhalten.* Berlin: Parey.

Bateson, P. (1983). Optimal outbreeding. In Bateson, P. (ed.). *Mate choice* (pp. 257-277). Cambridge (Mass.): Cambridge University Press.

Batson, C.D. (1990). How social an animal? The human capacity for caring. *American Psychologist, 45,* 336-346.

Beauchamp, G. K., Yamazaki, K. & Boyse, E. A. (1985). The chemosensory recognition of genetic individuality. *Scientific American, 253* (1), 66-72.

Beecher, M.D. & Beecher, I.M. (1979). Sociobiology of bank swallows: reproductive strategy of the male. *Science, 205,* 1282-1285.

Beehler, B.M. (1990) Paradiesvögel: Ökonomie als Evolutionsfaktor. *Spektrum der Wissenschaft,* (2), 114-124.

Bercovitch, F.B. (1988). Coalitions, cooperation and reproductive tactics among adult male baboons. *Animal Behaviour, 36,* 1198-1209.

Bernstein, H., Hopf, F.A. & Michod, R.E. (1989). The evolution of sex: DNA repair hypothesis. In A.E. Rasa, Chr. Vogel & E. Voland (eds.). *The sociobiology of sexual and reproductive strategies* (pp. 3-18). London: Chapman and Hall.

Berscheid, E. (1983). Emotion. In H.H. Kelley, E. Berscheid, A. Christensen, J.H. Harvey, T.L. Huston, G. Levinger, L.A. McClintock & D.R. Peterson (eds.). *Close relationships* (pp. 110-168). San Francisco, CA: Freeman.

Berscheid, E. (1985[3]). Interpersonal attraction. In G. Lindzey & E. Aronson (eds.). *Handbook of socialpsychology* (Vol. II, pp. 413-484). New York: Random House/Erlbaum.

Birbaumer, N., Elbert, B., Rockstroh, B. & Lutzenberger, W. (1989). Biological psychology of love and passion: Suggestions for experiments. *Journal of Psychophysiology, 3,* 313-314.

Birbaumer, N & Schmidt, R.F. (1990). *Biologische Psychologie.* (S. 592). Berlin: Springer.

Birkhead, T.R. (1988). Behavioral aspects of sperm competition in birds. In J.S. Rosenblatt, C. Beer, M.-C. Busnel & P.J.B. Slater (eds.). *Advances in the study of behavior* (Vol. 18, pp. 35-72). San Diego: Academic Press.

Bischof, N. (1972). Inzuchtbarrieren in Säugetiersozietäten. *Homo, 23,* 330-351.

Bischof, N. (1985). *Das Rätsel Ödipus.* München: Piper

Bischof-Köhler, D. (1989). *Spiegelbild und Empathie. Die Anfänge der sozialen Kognition.* Bern: Huber.

Bogner, H. & Grauvogl, A. (1984). *Verhalten landwirtschaftlicher Nutztiere.* Stuttgart: Ulmer.

Bösch, J. (1988). Sind Verliebtheit, Symbiose und Idealisierung für den Aufbau einer Paarbeziehung wichtig? *Familiendynamik, 13,* 116-126.

Borgia, G. (1986). Sexual selection in bowerbirds. *Scientific American, 254* (6), 70-79.

Bowlby, J. (1975). *Bindung. Eine Analyse der Mutter-Kind-Beziehung.* München: Kindler.

Boyse E. A., Beauchamp, G. K. & Yamazaki, K. (1983). The sensory perception of genotypic polymorphism of the major histocompatibility complex and other genes: some physiological and phylogenetic implications. *Human Immunology, 6,* 177-183.

Bradbury, J.W. & Gibson R.M. (1985). Leks and mate choice. In P. Bateson (ed.). *Mate choice* (pp. 109-138). Cambridge, Mass.: Cambridge University Press.

Braza, F., San José, C. & Blom, A. (1988). Birth measurements, parturition dates; and progeny sex ratio of Dama dama in Donana, Spain. *Journal of Mammology, 69 (3),* 607-610.

Breden, F., Wade, M.J. (1981). Inbreeding and evolution by kin selection. *Ethology and Sociobiology, 2,* 3-16.

Brodsky, L., Ankney, C.D. & Dennis, D.G. (1988). The influence of male dominace on social interactions in black ducks and mallards. *Animal Behaviour, 36,* 1371-1378.

Brun, R. (1923). Selektionstheorie und Lustprinzip. (Betrachtungen anläßlich der Lektüre von Erich Wasmanns Monographie über die

Gastpflege der Ameisen.) *Internationale Zeitschrift für Psychoanalyse, IX,* 182-200.

Burley, N. (1979). The evolution of concealed ovulation. *American Naturalist, 114* (6), 835-858.

Burley, N. (1981). The evolution of sexual indistinguishability. In R.D. Alexander & D.W. Tinkle (eds.). *Natural selection and social behavior: Present research and new theory* (pp. 121-137). New York: Chiron Press.

Burley, N. (1983). The meaning of assortative mating. *Ethology and Sociobiology, 4,* 191-203.

Buss, J. M. (1988a). The evolution of human intersexual competition: tactics of male attraction. *Journal of Personality and Social Psychology, 54,* 616-628.

Buss, J. M. (1988b). From vigilance to violence. Tactics of mate retention in American undergraduates. *Ethology and Sociobiology, 9,* 291-317.

Buss, J. M. (1989). Sex differences in human mate preferences: Evolutionary hypotheses tested in 37 cultures. *Behavioral and Brain Sciences, 12,* 1-49.

Cheney, D., Seyfarth, R. & Smuts, B. (1986). Social relationships and social cognition in nonhuman primates. *Science, 234,* 1361-1366.

Christian, P. (1989). *Anthropologische Medizin. Theoretische Pathologie und Klinik psychosomatischer Krankheitsbilder.* Berlin: Springer.

Clutton-Brock, T.H., Guinness, F.E. & Albon, S.D. (1982). *Red deer - behavior and ecology of two sexes.* Edinburgh: Edinburgh University Press.

Clutton-Brock, T. H. (1985). Reproductive success in red deer. *Scientific American, 252 (2),* 68-74. Übersetzt: (1985). Fortpflanzung beim Rothirsch: Kosten-Nutzen-Prinzip. *Spektrum der Wissenschaft,* (4), 114-121.

Cole, C. J. (1984). Unisexual lizards. *Scientific American, 254* (1), 84-90.

Cook, W.T., Siegel, P.B. (1973). Interrelationship of comb loci and mating behaviour in chickens. *Canadian Journal of Genetics and Cytology, 15,* 533-543.

Craig, W. (1911). Oviposition induced by the male in pigeons. *Journal of Morphology, 22,* 299-305.

Crews, D. & Moore, M.D. (1986). Evolution of mechanisms controlling behavior. *Science, 231,* 121-125.

Crews, D. (1987). Courtship in unisexual lizards: A model for brain evolution. *Scientific American, 257 (6), (6),* 72-77. Übersetzt: (1988). Pseudosexualverhalten eingeschlechtlicher Rennechsen. *Spektrum der Wissenschaft,* (2), 86-91.

Cuthill, I.C. & Macdonald, W.A. (1990). Experimental manipulation of the dawn and dusk chorus in the blackbird *(Turdus merula). Behavioral Ecology and Sociobiology, 26,* 209-216.

Czaja, J.A., McCaffrey, T.A. & Butera P.C. (1983). Effects of female hormonal condition on body weight of male partners: Dependence on testicular factors. *Behavioral Neuroscience, 97,* 984-993.

Dahlgren, J. (1990). Females choose vigilant males: an experiment with the monogamous grey partridge, *(Perdix perdix)*. *Animal Behaviour, 39*, 646-651.

Daly, M. & Wilson, M. I. (1982). Whom are newborn babies said to resemble? *Ethology and Sociobiology, 3,* 69-78.

Daly, M. & Wilson, M. (1988). Evolutionary social psychology and family homicide. *Science, 242,* 519-524.

Daly, M., Wilson, M. & Weghorst, S. J. (1982). Male sexual jealousy. *Ethology and Sociobiology, 3,* 11-27.

Darwin, Ch. (1871). *The descent of man, and selection in relation to sex.* London: Murray.

Davies, N.B. (1983). Polyandry, cloaca-pecking and sperm competition in dunnocks. *Nature, 302,* 334-336.

Deegener, P. (1918). *Die Formen der Vergesellschaftung im Tierreiche.* Leipzig.

Diamond, M. (1970). Intromission pattern and species vaginal code in relation to induction of pseudopregnancy. *Science, 169,* 995-997.

Diamond, J.M. (1989). Goslings of gay geese. *Nature, 340,* 101.

Dion, K.K. & Dion K.L. (1985). Personality, gender, and the phenomenology of romantic love. In P. Shaver (ed.). *Review of personality and social psychology. Vol. 6. Self, situations, and social behavior* (pp. 209-239). Beverly Hills: Sage.

Draper, P. (1989). African marriage systems: Perspectives from evolutionary ecology. *Ethology and Sociobiology, 10,* 145-169.

Eberhard, W.G. (1985). *Sexual selection and animal genitalia.* Cambridge (Mass.): Harvard University Press.

Emlen, S.T. & Wrege, P.H. (1986). Forced copulations and intra-specific parasitism: two costs of social living in the white-fronted bee-eater. *Ethology, 71,* 2-29.

Estep, D.Q. & Bruce, K.E.M. (1981). The concept of rape in non-humans: A critique. *Animal Behaviour, 29,* 1271-1273.

Ferenczi, S. (1924). *Versuch einer Genitaltheorie.* Wien: Internationaler Psychoanalytischer Verlag.

Ferstl, R., Luszyk, D., Eggert, F., Blank, M. & Müller-Ruchholtz, W. (1987). Changing the scent of mice by fully allogeneic bone marrow transplantation. *Journal of Psychophysiology, 1,* 298-299.

Finger, K.H., Schmid, D.O., Jatsch, O., Sabo, I., Flach, D. (1982). Untersuchungen zur Genauigkeit von Abstammungsangaben in züchterisch bearbeiteten Schafherden. *Züchtungskunde, 54,* (1), 63-69.

Fletcher, J. C. & Michener, C. D. (1987). *Kin recognition in animals.* Chichester: Wiley.

Foley, R.A. & Lee P.C. (1989). Finite social space, evolutionary pathways, and reconstructing hominid behavior. *Science, 243,* 901-906.

Foster, M.S. (1977). Odd couples in manakins: a study of social organization and cooperative breeding in *(Chrioxiphia linearis)*. *American Naturalist, 111,* 845-853.

Freud, S. (1971). *Drei Abhandlungen zur Sexualtheorie* (S. 151). Frankfurt: Fischer.
Friedlander, Y., Kark, J. D. & Stein Y. (1988). Biological and environmental sources of familial aggregation of blood pressure: the Jerusalem Lipid Research Clinic. *International Journal of Epidemiology, 17,* 70-76.
Frisch, von K. (1967). Symbolik im Reich der Tiere. In Frisch, von K. (Hrsg.). *Ausgewählte Vorträge 1911 bis 1969.* München: BLV. Nachdruck in K.R. Scherer, A. Stahnke & P. Winkler (Hrsg. unter Mitarbeit von K. Immelmann & C. Vogel). *Psychobiologie. Wegweisende Texte der Verhaltensforschung von Darwin bis zur Gegenwart* (S. 237-250). München: dtv.
Gadgil, M. (1972). Male dimorphism as a consequence of sexual selection. *American Naturalist, 106,* 574-580.
Garstka, W.R. & Crews, D. (1982). Female control of male reproductive function in a Mexican snake. *Science, 217,* 1159-1160.
Gaulin, S.J.C. & Schlegel, A. (1980). Paternal confidence and paternal investment: A cross-cultural test of a sociobiological hypothesis. *Ethology and Sociobiology, 1,* 301-309.
Gittleman, J.L. (1981). The phylogeny of parental care in fishes. *Animal Behaviour, 29,* 936-941.
Gläser, H.-J. (1985). Zur Bedeutung der sexuellen Fortpflanzung in der Evolution. *Biologisches Zentralblatt, 104,* 385-402.
Gowaty, P.A. (1982). Sexual terms in sociobiology: Emotionally evocative and paradoxically, jargon. *Animal Behaviour, 30,* 630-631.
Grammer, K. (1988). *Biologische Grundlagen des Sozialverhaltens.* Dimensionen der modernen Biologie 5. Darmstadt: Wissenschaftliche Buchgesellschaft.
Grammer, K. (1989). Human courtship behaviour: biological basis and cognitive processing. In A.E. Rasa, C. Vogel & E. Voland (eds.). *The sociobiology of sexual and reproductive strategies* (pp. 147-169) London: Chapman and Hall.
Grammer, K. (1990). Zur Ethologie des Flirts. Strategien der Selbstdarstellung. In H.C. Ehalt (Hrsg.). *Sexualität zwischen Natur und Kultur.* Wien: Bohlau.
Griffin, D.R. (1978). Prospects for a cognitive ethology. *Behavioral and Brain Sciences, 4,* 527-538.
Griffin, D.R. (1985). *Wie Tiere denken: Vorstoß ins Bewußtsein der Tiere.* München: BLV Verlagsgesellschaft.
Gwynne, D.T. (1984). Courtship feeding increases female reproductive success in bush-crickets. *Nature, 307,* 361-363.
Gwynne, D.T. & Simmons, L.W. (1990). Experimental reversal of courtship roles in an insect. *Nature, 346,* 172-174.
Haken, H. (1988). Entwicklungslinien der Synergetik, I. *Naturwissenschaften, 75,* 163-172.
Hall, E. T. (1966). *The hidden dimension.* Garden City, N.Y.: Doubleday.

Halliday, T. (1983). Do frogs and toads choose their mates? *Nature, 306,* 226-227.

Hamilton, W. D. (1967). Extraordinary sex ratios. *Science, 156,* 477-488.

Hamilton, W. D. & Zuk, M. (1982). Heritable true fitness and bright birds: A role for parasites? *Science, 218,* 384-387.

Harcourt, A.H., Harvey, P.H., Larson, S.G. & Short, R.V. (1980). Testis weight, body weight and breeding system in primates. *Nature, 293,* 55-57.

Harper, L.V. (1970). Ontogenetic and phylogenetic functions of the parent-offspring relationship in mammals. *Advances in the study of behaviour, 3,* 75-117.

Harris, M.P., Safriel, U.N., Brooke, M. De L. & Britton, C.K. (1987). The pair bond and divorce among Oystercatchers *(Haematopus ostralegus)* on Skokholm Island, Wales. *Ibis, 129,* 45-57.

Hartung, J. (1981). Genome parliaments and sex with the red queen. In R.D. Alexander & D.W. Tinkle (eds.). *Natural selection and social behaviour* (pp. 382-402). New York: Chiron Press.

Hartung, J. (1982). Polygyny and inheritance of wealth. *Current Anthropology, 23,* 1-12.

Hausfater, G. (1975). Dominance and reproduction in baboons *(Papio cynocephalus):* a quantitative analysis. *Contributions in Primatology, 7,* 1-150.

Hazan, C. & Shaver, P. (1987). Romantic love conceptualized as an attachment process. *Journal of Personality and Social Psychology, 52,* 511-524.

Heath, R. G. (1972). Pleasure and brain activity in man. *Journal of mental and nervous Disease, 154,* 3-19.

Hepper, P.G. (1986). Kin recogniton: functions and mechanisms. A review. *Biological Review, 61,* 63-93.

Hepper, P.G. (1987). The amniotic fluid: an important priming role in kin recognition. *Animal Behaviour, 35,* 1343-1346.

Hill, E. M., Nocks, E. S. & Gardner, L. (1987). Physical attractiveness: manipulation by physique and status displays. *Ethology and Sociobiology, 8,* 143-154.

Hinde, R.A. & Stevenson-Hinde J. (1990). Attachment: Biological, cultural and individual desiderata. *Human Development, 33,* 62-72.

Hogg, J.T. (1987). Intrasexual competition and male choice in Rocky Mountain bighorn sheep. *Ethology, 75,* 119-144.

Hölldobler, B. (1971). Communications between ants and their guests. *Scientific American, 224 (3),* 86-93.

Holder, A. (1976). Der Ödipuskomplex. In D. Eicke (Hrsg.). *Die Psychologie des 20. Jahrhunderts. Bd. XI. Freud und die Folgen.* Zürich: Kindler.

Homans, G.C. (1961). *Social behavior: its elementary forms.* New York: Harcourt, Brace & World.

Hotta, Y. & Benzer, S. (1979). Courtship in *Drosophila* mosaics: sex-specific foci for sequential action patterns. *Proceedings of the National Academy of Science (USA), 73*, 4154-4158.

Hrdy, S. B. (1979). Infanticide among animals: a review, classification and examination of the implications for the reproductive strategies of females. *Ethology and Sociobiology, 1*, 13-40.

Hunter, R.H.F. (1975). Transport, migration and survival of spermatozoa in the female genital tract: Species with intrauterine deposition of semen. In E.S.E. Hafez & C.G. Thibault (eds.). *The biology of spermatozoa*. New York: Karger.

Janus-Stanek, B. (1979). Anwendung der Telemetrie in der Psychotherapieforschung. *Medizintechnik, 99*, 123-126.

Jonas, D. & Jonas, D. (1975). A biological basis for the Oedipus complex: an evolutionary and ethological approach. *American Journal of Psychiatry, 132*, 602-606.

Kenrick, D.T. & Keefe, R.C. (1989). Time to integrate sociobiology and social psychology. Kommentar zu J.M. Buss. *Behavioral and Brain Sciences, 12*, 24-26.

Kinsey, A. C., Pomeroy, W. B. & Martin, C. E. (1948). *Sexual behavior in the human male*. Philadelphia: Saunders. Übersetzt: (1963). *Das sexuelle Verhalten des Mannes*. Frankfurt: Fischer.

Kinsey, A. C., Pomery, W. B., Martin, C. E. & Gebhard, P. H. (1953). *Sexual behavior in the human female*. Philadelphia - London: Saunders. Übersetzt: (1963). *Das sexuelle Verhalten der Frau*. Berlin - Frankfurt: Fischer.

Kleiman, D. G. (1977). Monogamy in mammals. *Quarterly Review of Biology, 52*, 39-69.

Kolata, G. B. (1976). Primate behavior. Sex and the dominant male. *Science, 191*, 55-56.

Konner, M. (1988). Is orgasm essential? *The Sciences, 28*, 4-7.

Lacy, R. C. & Sherman, P. W. (1983). Kin recognition by phenotype matching. *American Naturalist, 121*, 489-512.

Leisi, E. (1978). *Paar und Sprache*. UTB 824, Heidelberg: Quelle & Mayer.

Lent, P.C. (1974). Mother-infant relationships in ungulates. In V. Geist & F. Walter (eds.). *The behavior of ungulates and its relation to management*. Morges: IUCN.

Lethmate, J. & Dücker, G. (1973). Untersuchungen zum Selbsterkennen im Spiegel bei Orang-Utan und einigen anderen Affenarten. *Zeitschrift für Tierpsychologie, 33*, 248-269.

Liberg, O. & von Schantz, T. (1985). Sex-biased philopatry and dispersal in birds and mammals: The Oedipus hypothesis. *American Naturalist, 126*, 129-135.

Lightcap, J. L., Kurland, J. A. & Burgess, R. L. (1982). Child abuse: a test of some predicitions from evolutionary theory. *Ethology and Sociobiology, 3*, 61-67.

Lockard, J.S. & Adams, R. (1981). Human serial polygyny: demographic, reproductive, marital, and divorce data. *Ethology and Sociobiology, 2,* 177-186.

Lorenz, K. (1978). *Vergleichende Verhaltensforschung - Grundlagen der Ethologie.* Wien: Springer.

Lovejoy, C. O. (1981). The origin of man. *Science, 211,* 341-350.

Mace, R. (1987). The dawn chorus in the Great Tit *(Parus major)* is directly related to female fertility. *Nature, 330,* 745-746.

Majerus, M. E. N., O'Donald, P., Kearns, P. W. E. & Ireland, H. (1986). Genetics and evolution of female choice. *Nature, 321,* 164-167.

Masters, W. H. & Johnson, V. E. (1966). Human sexual response. Boston (Mass.): Little, Brown & Company. Übersetzt: (1967). *Die sexuelle Reaktion.* Reinbek: Rowohlt.

McComb, K. (1987). Roaring by red deer stags advances the date of oestrus in hinds. *Nature, 330,* 648-649.

McGill, Th.E. (1977). Reproductive isolation, behavioural genetics, and function of sexual behaviour in rodents. In J.S Rosenblatt, & B.R. Komisaruk (eds.). *Reproductive behaviour and evolution.* New York: Plenum.

McKaye, K.R. (1981). Natural selection and the evolution of interspecific brood care in fishes. In R.D. Alexander & D.W. Tinkle (eds.). *Natural selection and social behavior: Present research and new theory* (pp. 173-183). New York: Chiron Press.

Mellen, S.L.W. (1981). *The evolution of love.* Oxford: Freeman.

Mennella, J. A. & Moltz, H. (1988). Infanticide in rats: male strategy and female counter-strategy. *Physiology & Behavior, 42,* 19-28.

Milinski, M. & Bakker T.C.M. (1990). Female sticklebacks use male coloration in mate choice and hence avoid parasitized males. *Nature, 344,* 330-333.

Mock, D.W. & Ploger, B.J. (1987). Parental manipulation of optimal hatch asynchrony in cattle egrets: An experimental study. *Animal Behaviour, 35,* 150-160.

Møller, A. P. (1990). Male tail length and female mate choice in the monogamous swallow *(Hirundo rustica). Animal Behaviour, 39,* 458-465.

Moller, P. & Bauer, R. (1973). „Communication" in the weakly electric fish, *(Gnathonemus petersii) (Mormyridae).* II. Interaction of electric organ discharge activities of two electric fish. *Animal Behaviour, 21,* 501-512.

Moller, A.P. (1988). Ejaculate quality, testes size and sperm competition in primates. *Journal of Human Evolution, 17,* 479-488.

Müller, J.K. & Eggert A.-K. (1989). Paternity assurance by „helpful" males: adaptations to sperm competition in burying beetles. *Behavioral Ecology and Sociobiology, 24,* 245-249.

Nur, N. (1989). The sociobiology of human mate preference: On testing evolutionary hypotheses. Kommentar zu J.M. Buss. *Behavioral and Brain Sciences, 12,* 28-29.

Orians, G. H. (1969). On the evolution of mating systems in birds and mammals. *American Naturalist, 103,* 589-603. Reprint in T.H. Clutton-Brock & P.H. Harvey (eds.). *Readings in Sociobiology* (pp. 115-132). Reading: Freeman.

Packer, C. (1977). Reciprocal altruism in *(Papio anubis). Nature, 265,* 441-443.

Packer, C. (1979). Male dominance and reproductive activity in Papio anubis. *Animal Behaviour, 27,* 37-45.

Packer, C., & Pusey, A.E. (1982). Cooperation and competition within coalitions of lions: kin selection or game theory? *Nature, 296,* 740-742.

Parnas, J. (1988). Assortative mating in schizophrenia: results from the Copenhagen High-Risk Study. *Psychiatry, 51,* 58-64.

Partridge, L. (1983). Non-random mating and offspring fitness. In P. Bateson (ed.). *Mate choice* (pp. 227-255). Cambridge, Mass.: Cambridge University Press.

Patel, M.D. (1936). The physiology of the formation of pigeons-milk. *Physiological Zoology, 9,* 129-152.

Peck, J. R. & Feldman M. W. (1988). Kin selection and the evolution of monogamy. *Science, 240,* 1672-1674.

Perrill, S.A., Gerhardt, H.C. & Daniel R. (1978). Sexual parasitism in the green frog *(Hyla cinerea). Science, 200,* 1179-1180.

Peters, H.M. (1948). *Grundfragen der Tierpsychologie. Ordnungs- und Gestaltprobleme.* Stuttgart: Enke.

Peters, H.M. (1950). Zum Problem der Gemeinschaft in der Tiersoziologie. *Studium Generale, 3,* 410-418.

Petrie, M. (1983). Female moorhens compete for small fat males. *Science, 220,* 413-415.

Polge, C., Rowson, L.E.A. & Chang, M.C. (1966). The effect of reducing the number of embryos during early stages of gestation on the maintenance of pregnancy in the pig. *Journal of Reproduction and Fertility, 12,* 395-397.

Pomiankowski, A. (1989). Choosing parasite-free mates. *Nature, 338,* 115-116.

Portmann, A. (1950). Das Problem der Vorbilder in biologischer Sicht. *Eranos-Jahrbuch 18,* 413-432.

Portmann, A. (1953). *Das Tier als soziales Wesen.* Zürich: Rhein.

Portmann, A. (1968). Dualität der Geschlechter: Einheit und Vielfalt. *Eranos-Jahrbuch, 36,* 443-476.

Portmann, A. (1969³). *Biologische Fragmente zu einer Lehre vom Menschen.* Basel-Stuttgart: Schwabe.

Portmann, A. (1970). Anthropologische Deutung der menschlichen Entwicklungsperiode. In A. Portmann (Hrsg.). *Entläßt die Natur den Menschen?* (S. 186-199). München: Piper. Nachdruck aus H. Stutte, H. Harbauer & S. Karger (Hrsg.). (1967). *Concilium Paedopsychiatricum.* Verhandlungen des 3. Europäischen Kongreß für Paedopsychiatrie (S. 21-32). Wiesbaden.

Read, A. F. (1987). Comparative evidence supports the Hamilton and Zuk hypothesis on parasites and sexual selection. *Nature, 328,* 68-70.

Reich, T., Van-Erdewegh, P., Rice, J., Mullaney, J., Endicott, J., & Klerman, G.L. (1987). The familial transmission of primary major depressive disorder. *Journal of Psychiatric Research, 21,* 613-624.

Ritvo, L.B. (1965). Darwin as the source of Freud's neo-Lamarckianism. *Journal of the American Psychoanalytical Association, 13,* 499-517.

Ritvo, L.B. (1972). Carl Claus as Freud's professor of the new Darwinian biology. *International Journal of Psycho-Analysis, 53,* 277-283.

Rizley, R. (1980). Psychobiological bases of romantic love. In K.S. Pope & Associates (eds.). *On love and loving. Psychological perspectives on the nature* and experience of romantic love (pp. 104-113). San Francisco: Jossey-Bass.

Robinson, T.J. (1975). Contraception and sperm transport in domestic animals. In E.S.E. Hafez & C.G. Thibault (eds.). *The biology of spermatozoa.* New York: Karger.

Rosenqvist, G. (1990). Male mate choice and female-female competition for mates in the pipefish *Nerophis ophidion. Animal Behaviour, 39,* 1110-1115.

Rushton, J.P. (1988). Genetic similarity, mate choice, and fecundity in humans. *Ethology and Sociobiology, 9,* 329-333.

Rushton, J. P. & Nicholson, I. R. (1988). Genetic similarity theory, intelligence, and human mate choice. *Ethology and Sociobiology, 9,* 45-57.

Rushton, J.P. (1989). Genetic similarity in male friendships. *Ethology and Sociobiology, 10,* 361-373.

Sambraus, H.H. (1978). *Nutztierethologie. Das Verhalten landwirtschaftlicher Nutztiere: Eine angewandte Verhaltenskunde.* Berlin: Parey.

Sapin-Jaloustre, J. (1952). Découverte et déscription de la „rookery" du manchot empereur *(Aptenodytes forsteri)* de Pointe Géologie (Terre Adélie). *L'Oiseau et R.F.O., 22,* 143-260.

Sapolsky, R.M. (1990). Stress in freier Natur. *Spektrum der Wissenschaft,* (3), 114-121.

Sayler, A. & Salmon, M. (1971). An ethological analysis of communal nursing by the house mouse *(Mus musculus). Behaviour, 40,* 62-89.

Schaal, A. (1986). Mise en évidence d'un comportment de réproduction en arène chez le daim d'Europe *(Dama d. dama). Comptes Rendues de l'Académie des Sciences, Paris, 303,* 729-732.

Schantz, von T., Göransson, G., Andersson, G., Fröberg, I., Grahn, M., Helgée, A. & Wittzell, H. (1989). Female choice selects for a viability-based male trait in pheasants. *Nature, 337,* 166-169.
Schleidt, M. (1985). Beziehungen zwischen Riechen, Pheromonen und Abhängigkeit. In W. Keup (Hrsg.). *Biologie der Sucht.* (S. 322-333). Berlin: Springer.
Schleidt, M., Hold, B. & Attili, G. (1981). A cross-cultural study on the attitude towards personal odors. *Journal of chemical Ecology, 7,* 19-31.
Schmidt, H.-D. & Maaß, F.U. (1989). Soziobiologische Ideen bei Arthur Schopenhauer. *Zeitschrift für Psychologie, 197,* 341-350.
Scott, D.K. & Clutton-Brock, T.H. (1989). Mating systems, parasites and plumage dimorphism in waterfowl. *Behavioral Ecology and Sociobiology, 26,* 261-273.
Schreiber, A. (1986). Einige Beobachtungen zum Sozialverhalten des Klippspringers *((Oreotragus oreotragus)* Zimmermann, 1783). *Zeitschrift des Kölner Zoos, 29* (3), 117-123.
Schreiber, A. (1989). Der Bedeutungsüberschuß der Evolutionstheorie als Ordnungsprinzip in der Biologie und seine Eignung als Leitlinie für die Psychologie. In H.-J. Ahrens & M. Amelang (Hrsg.). *Brennpunkte der Persönlichkeitsforschung. Bd. 2. Biologische Funktionen individueller Differenzierung. Beiträge zum Verhältnis von Psychologie und Biologie* (S. 45-77). Göttingen: Hogrefe.
Schreiber, A. & Matern, B. (1989). Genetic investigations and pedigree analysis in zoo-living Barbary sheep *(Ammotragus lervia Pallas 1777). Zoo Biology, 8 (3),* 253-264.
Schwartz, M.F., Money, J. & Robinson K. (1981). Biosocial perspectives on the development of the proceptive, acceptive and conceptive phases of eroticism. *Journal of Sex & Marital Therapy, 7,* 243-255.
Sever, Z. & Mendelssohn H. (1988). Copulation as a possible mechanism to maintain monogamy in porcupines, *(Hystrix indica). Animal Behaviour, 36,* 1541-1542.
Shepher, J. (1971). Mate selection among second generation kibbutz adolescents and adults: incest avoidance and negative imprinting. *Archives of Sexual Behavior, 1,* 293-307.
Shepher, J. (1978). Reflections on the origin of the human pair-bond. *Journal Social Biological Structure, 1,* 253-264.
Shields, W. (1982). *Philopatry, inbreeding and the evolution of sex.* Albany: State University of New York Press.
Shields, W. (1987). Dispersal and mating systems: investigating their causal connections. In B.D. Chepko-Sade & Z.T. Haldin (eds.). *Mammalian dispersal patterns.* (pp. 3-24). Chicago: The University of Chicago Press.
Shine, R. (1989). Ecological causes for the evolution of sexual dimorphism: a review of the evidence. *Quarterly Review of Biology, 64,* 419-461.

Short, R.V. (1979). Sexual selection and its component parts, somatic and genital selection, as illustrated by man and the great apes. In J.S. Rosenblatt, R.A. Hinde, C. Beer & M.-C. Busnel (eds.). *Advances in the study of behavior* (Vol. 9, pp. 131-158). New York: Academic Press.

Siegel, P.B. & Cook, W.T. (1975). Sexual responses of pullets to selection for mating behaviour in male chickens. *Applied Animal Ethology, 1,* 225-228.

Siegel, R.W., Hall, J.C., Gailey, D.A. & Kyriacou, C.P. (1984). Genetic elements of courtship in *Drosophila* mosaics and learning mutants. *Behaviour Genetics, 14,* 383-410.

Singh, P. B., Brown, R. E. & Rosner, B. (1987). MHC antigens in urine as olfactory recognition cues. *Nature, 327,* 161-164.

Small, M.F. (1989). Aberrant sperm and the evolution of human mating patterns. *Animal Behaviour, 38,* 544-546.

Smith, N.G. (1968). The advantage of being parasitized. *Nature, 219,* 690-694.

Smith, R.L. (1984). Human sperm competition. In R.L. Smith (ed.). *Sperm competition and the evolution of animal mating systems* (pp. 601-660). Orlando: Academic Press.

Smuts, B.B. (1985). *Sex and friendship in baboons.* Hawthorne, New York: Aldine.

Speers, M. A., Kasl, S. V., Freeman, D. H. & Ostfeld, A. M. (1986). Blood pressure concordance between spouses. *American Journal of Epidemiology, 123,* 818-829.

Strassmann, B.I. (1981). Sexual selection, parental care, and concealed ovulation in humans. *Ethology and Sociobiology, 2,* 31-40.

Struhsaker, T. T. & Leland, L. (1986). Colobines: male replacement and infanticide. In B. Smuts, D.L. Cheney, R.M. Seyfarth, R.W. Wrangham & T.T. Struhsaker (eds.). *Primate societies.* Chicago: University of Chicago Press.

Sugiyama, Y. (1976). Life histories of male Japanese monkeys. *Advances in the Study of Behavior, 7,* 255-284.

Symons, D. (1979). *The evolution of human sexuality.* New York: Oxford University Press.

Tembrock, G. (1983). *Spezielle Verhaltensbiologie.* Jena, Stuttgart: Fischer.

Thornhill, N.W. (1990). The evolutionary significance of incest rules. *Ethology and Sociobiology, 11,* 113-129.

Tomlinson, I. (1988). How females choose a mate. *Nature, 335,* 13-14.

Trivers, R.L. (1972). Parental investment and sexual selection. In B. Campbell (ed.). *Sexual selection and the descent of man.* Hawthorne, New York: Aldine.

Van der Berghe, P. L. (1983). Human inbreeding avoidance: Culture in nature. *Behavioural and Brain Sciences, 61,* 91-123.

Van Valen, L. (1973). A new evolutionary law. *Evolutionary Theory, 1,* 1-30.

Vogel, F. & Motulsky, A. G. (1986²). *Human genetics - problems and approaches.* Berlin: Springer.

Voland, E. & Engel, C. (1986). Women's reproduction and longevity in a premodern population. (Ostfriesland, Germany, 18th century). In A.E. Rasa, C. Vogel & E. Voland (eds.). *The sociobiology of sexual and reproductive strategies* (pp. 194-205). London: Chapman and Hall.

Vrba, E.S. (ed.) (1985). *Species and speciation.* Transvaal Museum Monogr. 4. Pretoria: Transvaal Museum.

Waage, J.K. (1979). Dual function of the damselfly penis: sperm removal and transfer. *Science, 203,* 916-918.

Waal, F. de (1982). *Chimpanzee politics, power and sex among apes.* New York: Harper & Row.

Waldmann, B. (1987). Mechanisms of kin recognition. *Journal of Theoretical Biology, 128,* 159-185.

Walster, E., Berscheid, E. & Walster, G.W. (1973). New directions in equity research. *Journal of Personality and Social Psychology, 25,* 151-176.

Walters, J.R. (1987). Kin recognition in non-human primates. In D.J. Fletcher & C.D. Michener (eds.). *Kin recognition in animals.* Chichester: Wiley.

Weinrich, J. D. (1977). Human sociobiology: pair-bonding and resource predictability (effects of social class and race). *Behavioral Ecology and Sociobiology, 2,* 91-118.

Weinrich, J. D. (1987). A new sociobiological theory of homosexuality applicable to societies with universal marriage. *Ethology and Sociobiology, 8,* 37-47.

Wickler, W. & Seibt, U. (1981). Monogamy in crustacea and man. *Zeitschrift für Tierpsychologie, 57,* 215-234.

Wilson, E.O. (1975). *Sociobiology. The new synthesis.* Cambridge (Mass.): Belknap.

Wolf, A. P. & Huang, C. (1980). *Marriage and adoption in China 1845-1945.* Stanford: Stanford University Press.

Wolf, L.L. (1975). „Prostitution" behavior in a tropical hummingbird. *Condor, 77,* 140-144.

Yamazaki, K., Beauchamp, G. K., Wysocki, C. J., Bard, J., Thomas, L. & Boyse, E. A. (1983). Recognition of H-2 types in relation to the blocking of pregnancy in mice. *Science, 221,* 186-188.

Yamazaki, K., Beauchamp, G. K., Matsuzaki, O., Kupniewski, D., Bard, J., Thomas, L. & Boyse, E. A. (1986). Influence of a genetic difference confined to mutation of H-2K on the incidence of pregnancy block in mice. *Proceedings of the National Academy of Sciences (USA), 83,* 740-741.

Theorien und Determinanten der zwischenmenschlichen Anziehung

Gerold Mikula und Wolfgang Stroebe

Das Gebiet der zwischenmenschlichen Anziehung war ursprünglich einmal Teil der Kleingruppenforschung und wurde in Kapiteln zur Gruppenkohäsion abgehandelt. Mit dem Niedergang der Kleingruppenforschung in den sechziger Jahren vollzog sich ein Wandel in der Konzeptualisierung der zwischenmenschlichen Anziehung. Seit dieser Zeit werden „zwischenmenschliche Anziehung" als positive zwischenmenschliche Einstellungen verstanden. Zwischenmenschliche Anziehung stellt somit eine gelernte Bereitschaft dar, gegenüber einer bestimmten anderen Person mit positiven Meinungen, positiven Gefühlen und positivem Verhalten oder Verhaltensabsichten zu reagieren. Als Einstellung beruht Anziehung auf drei Arten von Lernprozessen (Zanna & Rempel, 1988), nämlich kognitivem Lernen (Nutzung von Informationen), affektivem Lernen (z.B. durch klassisches Konditionieren) und Lernen am Verhalten (z.B. durch Selbstwahrnehmung oder instrumentelles Konditionieren).

Die Metamorphose der zwischenmenschlichen Anziehung zur Einstellung blieb nicht ohne grundlegende Auswirkungen auf die Attraktionsforschung. Die Theorien und Methoden der Kleingruppenforschung wurden durch Theorien und Methoden der Einstellungsforschung ersetzt. Da einer der Schwerpunkte der Einstellungsforschung auf der Untersuchung der Wirkungen von einstellungsdiskrepanten Informationen lag, die in Form geschriebener oder gesprochener persuasiver Kommunikationen dargeboten wurden, war es naheliegend, diese Forschungsstrategien auch auf die Untersuchung der zwischenmenschlichen Anziehung anzuwenden. Statt die Entwicklung zwischenmenschlicher Beziehungen im Rahmen der Bildung von Kleingruppen zu verfolgen, wurden die Versuchspersonen einer positiven oder negativen Kommunikation über andere Personen ausgesetzt, deren Wirkung auf die Anziehung anschließend erfaßt wurde (Stroebe, 1981). Diese Forschungsstrategien, die eine tatsächliche Interaktion mit anderen überflüssig machten, führten zu dem, was wir im Vorwort eines gemeinsam herausgegebenen Bandes über „Sympathie, Freundschaft und Ehe" (Mikula & Stroebe, 1977) als die „Beziehungslosigkeit" der Forschung zur zwischenmenschlichen Anziehung kritisierten, nämlich die „Vernachlässigung der Beziehungsspezifität von Determinanten der zwischenmenschlichen Anziehung" sowie die „Vernachlässigung des Prozeßcharakters" der Entwicklung von Beziehungen.

Im letzten Jahrzehnt kam es zu einer völligen Neuorientierung, die unsere Kritik gegenstandslos machte. Während sich mehr als zwei Drittel der zwischen 1972 und 1976 veröffentlichten Untersuchungen auf Eindrücke bezog, wie sie aufgrund von Informationen über andere Personen oder kurzen Begegnungen gebildet werden (vgl. Huston & Levinger,

1978), ist seit Ende der siebziger Jahre eine deutliche Zunahme von Untersuchungen zur Entwicklung und Dynamik lang andauernder Beziehungen festzustellen. Neben der traditionellen Attraktionsforschung bildete sich in diesen Jahren ein neues interdisziplinäres Forschungsgebiet heraus, das als „Beziehungsforschung" (personal relationship) bezeichnet wird (Mikula, 1988).

Gegenwärtig genießen zwischenmenschliche Beziehungen als Forschungsthema eine enorme Popularität, was sich an folgenden Daten belegen läßt. Laut Duck (1988, S 13; siehe auch Mikula, 1988) sind seit 1978 mindestens 25 einschlägige Bücher veröffentlicht worden. Zusätzlich zu einer neuen Zeitschrift *(Journal of Personal Relationships)* wurde vor wenigen Jahren eine Serie **Advances in Personal Relationships** etabliert, deren erster Band 1987 erschienen ist (Jones & Perlman, 1987). Jährlich finden alternierend eine von zwei Konferenzen zum Thema „Personal Relationships" statt, und es haben sich auch zwei wissenschaftliche Vereinigungen gebildet, die das explizite Ziel verfolgen, diese Art von Forschung zu fördern *(International Society for the Study of Personal Relationships, Iowa Network on Personal Relationships).*

Der immense Umfang der Forschungstätigkeit in diesem Bereich macht es unmöglich, im Rahmen eines Kapitels sowohl die Fragestellungen der traditionellen Attraktionsforschung sowie jene der neuen Beziehungsforschung zu behandeln. Der Schwerpunkt unserer Darstellung wird auf jenem Teil der Attraktionsforschung liegen, der sich mit der Entstehung zwischenmenschlicher Anziehung im Rahmen kurzfristiger Kontakte und flüchtiger Begegnungen beschäftigt. Untersuchungen, die sich mit Beziehungsbildung, also der Aufnahme, Entwicklung und Aufrechterhaltung längerfristig bestehender Sozialbeziehungen befassen, werden, abgesehen von einigen wenigen Ausnahmen, vernachlässigt.

Im ersten Teil des Kapitels werden die relevanten Theorien und Modelle der zwischenmenschlichen Anziehung dargestellt. Im zweiten Teil folgt eine kritische Darstellung der Forschung über Determinanten der zwischenmenschlichen Anziehung. In dieser Diskussion werden wir auch auf die Frage eingehen, in welchen Phasen der Entwicklung zwischenmenschlicher Beziehung sich die verschiedenen Faktoren auswirken. In einem abschließenden dritten Teil werden wir dann Probleme und Schlußfolgerungen diskutieren, die sich aus dieser Forschung ergeben.

1. Theorien der zwischenmenschlichen Anziehung

Die hier zu besprechenden Theorien der zwischenmenschlichen Anziehung lassen sich in vier Kategorien einordnen: Informationsverarbeitungstheorien, Konsistenztheorien, Verstärkungstheorien und Theorien des sozialen Austauschs.

Theorien der Informationsverarbeitung sehen Anziehung, also die Entwicklung einer positiven Einstellung gegenüber einer Person, als Ergebnis von positiven Informationen über diese Person. Die konsistenztheoretischen Ansätze erklären zwischenmenschliche Anziehung als Folge unserer Neigung, Konsistenz in der Wahrnehmung unserer Umwelt und unserer zwischenmenschlichen Beziehungen herzustellen. Die Verstärkungstheorien interpretieren die Entwicklung positiver Einstellungen zu anderen Menschen hingegen als Ergebnis von Verstärkungen, die wir von diesen Personen erhalten haben. Diese Annahme wird auch von austauschtheoretischen Ansätzen geteilt, die Interaktionen in Analogie zum ökonomischen Verhaltensmodell (z.B. Frey & Stroebe, 1980; Stroebe & Frey, 1980) als Austausch von Verhaltensergebnissen interpretieren, bei dem die Partner bemüht sind, ihren Nutzen zu maximieren.

1.1. Theorien der Informationsverarbeitung

Ansätze, die auf Informationsverarbeitung beruhen, gehen davon aus, daß die Anziehung einer Person *p* gegenüber einer anderen Person *o* von den Informationen bestimmt wird, die *p* über *o* besitzt. Sind diese Informationen hauptsächlich positiv, dann wird *p o* sympathisch finden, sind sie eher negativ, dann wird *p o* nicht mögen. Im Sinne dieser Theorien ist also die Information, die *p* über *o* hat, die einzige direkte Determinante der Anziehung zu *o*. Andere Faktoren können Attraktion nur beeinflussen, wenn sie entweder die Informationslage oder die Informationsverarbeitung verändern.

Im Rahmen der Forschung zur Informationsverarbeitung (z.B. Ajzen, 1977; Anderson, 1965, 1970) wurden Modelle entwickelt, die erlauben, das Ausmaß der Anziehung bei Kenntnis der Informationsgrundlage präzise vorherzusagen. Nach dem von Anderson (1965, 1970) entwickelten „Informations-Integrations-Modell" läßt sich jede Information über eine Person durch zwei Parameter darstellen: Einen Skalenwert, der die Position der Einzelinformation auf der Bewertungsdimension angibt, und ein Gewicht, das den Einfluß reflektiert, den diese Information auf den Gesamteindruck hat. Wenn wir etwa in einem Empfehlungsschreiben lesen, daß *o* extrem intelligent ist, dann hängt unser Gesamteindruck von *o* sowohl davon ab, für wie positiv wir diese Eigenschaft halten (Skalenwert), als auch davon, wie wichtig diese Eigenschaft im gegebenen Kontext oder wie glaubhaft der Autor des Empfehlungsschreibens für uns ist (Gewicht).

Anderson (1965, 1970) konnte in einer Vielzahl von Untersuchungen zeigen, daß sein quantitatives Modell präzise Vorhersagen über die Integration von Einzelinformationen zu einem Gesamteindruck ermöglicht. Allerdings ist dabei zu berücksichtigen, daß die verwendeten Einzelinformationen bereits aus Persönlichkeitsbeschreibungen bestehen. Ajzen (1977) hat deshalb kritisiert, daß dieser Ansatz Menschen als passive Informationsempfänger betrachtet, deren Gesamteindruck völlig durch die vorgelegten Informationen bestimmt wird.

Als Gegenposition zu diesem „mechanistischen" Ansatz formulierte Ajzen einen konstruktivistischen Ansatz, der von einer aktiven Informationsverarbeitung ausgeht. Nach diesem Ansatz hängt die Einschätzung einer Person weniger von den vorgelegten Informationen ab, als von den Meinungen, die aufgrund dieser Informationen gebildet werden. Diese Meinungen werden als subjektive Wahrscheinlichkeiten definiert, mit der einer Person bestimmte Eigenschaften zugeschrieben werden. Die Bewertung einer Person hängt somit von der Bewertung der ihr zugeschriebenen Attribute ab sowie davon, für wie wahrscheinlich man es erachtet, daß diese Person diese Eigenschaften besitzt. Mit diesem Ansatz, der Anziehung im Sinne eines Erwartung x Wert-Modells formuliert, trägt Ajzen (1977) der Tatsache Rechnung, daß Anziehung als zwischenmenschliche Einstellung definiert wird.

1.2. Theorien der kognitiven Konsistenz

Die Konsistenztheorien postulieren ein Grundbedürfnis nach kognitiver Konsistenz. Menschen sind bemüht, ihre Kognitionen, also die Meinungen und Einstellungen, die sie zu anderen Menschen oder Gegenständen haben, in einer konsistenten Beziehung zu erhalten. Inkonsistenz wird als unangenehm empfunden und motiviert zur Wiederherstellung von Konsistenz. Da Sympathie oder Antipathie wichtige Kognitionen darstellen, lassen sich aus allen Konsistenztheorien Folgerungen für die Entwicklung zwischenmenschlicher Anziehung ableiten. Wir werden uns allerdings auf die Darstellung der Ansätze von Heider (1946, 1958) und Newcomb (1953, 1961) beschränken, die sich für die Attraktionsforschung als besonders fruchtbar erwiesen haben.

1.2.1. Die Gleichgewichtstheorie von Heider

Die Gleichgewichtstheorie von Heider befaßt sich mit der Konsistenz in den Beziehungen, die eine Person *(p)* zwischen sich und einer anderen Person *(o)* sowie gewissen Elementen *(x)* wahrnimmt. Bei *x* handelt es sich um Gegenstände, Ideen oder Ereignisse. Man kann für *x* aber auch Persönlichkeitseigenschaften oder Verhaltensweisen von *p* oder *o* setzen. Nach dieser Theorie wird die Anziehung, die *p* gegenüber *o* verspürt, wesentlich vom Gleichgewicht der Beziehungen beeinflußt, die *p* zwischen sich, der Person *o* und den Elementen *x* wahrnimmt. Heider geht davon aus, daß dieses Beziehungsgefüge nur dann stabil ist, wenn es von *p* als im Gleichgewicht befindlich wahrgenommen wird. Besteht hingegen Ungleichgewicht, empfindet *p* dies als unharmonisch und wird eine oder mehrere Beziehungen ändern, um Gleichgewicht wiederherzustellen. Heider unterscheidet zwischen Gefühlsbeziehungen (z.B. mögen, bewundern, lieben, nicht mögen, ablehnen, hassen) und Einheitsbeziehungen (z.B. Nähe, Besitz, Mitgliedschaft, bzw. die Abwesenheit solcher Faktoren), die jeweils positiv oder negativ sein können. Während negative Gefühlsbeziehungen das Gegenteil von positiven Beziehungen darstellen, sind negative Einheitsbeziehungen durch die Abwesenheit positiver Einheitsbeziehungen gekennzeichnet.

Heider diskutiert sowohl den Fall des dyadischen *(p-o)* als auch des triadischen *(p-o-x)* Gleichgewichts. Im dyadischen Fall ist Gleichgewicht immer dann gegeben, wenn alle Beziehungen zwischen *p* und *o* das gleiche Vorzeichen haben. So sollte die Wahrnehmung von *p*, daß *o* ihn oder sie mag, zur Entwicklung einer positiven Gefühlsbeziehung zu *o* beitragen. Weiterhin sollte *p* eine Person *o* mögen, mit der ihn oder sie eine Einheitsbeziehung verknüpft. Zum Beispiel wäre eine Situation im Gleichgewicht, wenn *p* einen *o* sympathisch findet, der Mitglied desselben Kegelklubs ist oder im Großraumbüro den benachbarten Schreibtisch besetzt (Einheitsbeziehungen). Die Situation ist hingegen nicht im Gleichgewicht (und damit auch nicht angenehm), wenn wir einen Kegelbruder oder Kollegen nicht ausstehen können.

Im triadischen Beziehungsgefüge besteht dann Gleichgewicht, wenn die Beziehungen von *p* zu *o*, von *p* zu *x* und von *o* zu *x* positive Vorzeichen aufweisen oder wenn nur eine der Beziehungen positiv ist. Alle anderen Konstellationen sind nicht im Gleichgewicht und damit instabil. Nach der von Cartwright und Harari (1956) eingeführten Multiplikationsregel ist eine Triade immer im Gleichgewicht, wenn das Produkt der Vorzeichen positiv ist.

Man kann sich leicht an einigen Beispielen verdeutlichen, daß Beziehungsgefüge, die nach diesen Regeln im Gleichgewicht sind, auch tatsächlich als harmonischer empfunden werden als ungleichgewichtige Situationen. Wenn *p* das Kleid *x* gefällt, das seine Frau *o* gekauft hat oder wenn *p*, dessen bester Freund Atomkraftgegner ist, selbst auch Atomkraftwerke ablehnt, dann ist dies für ihn sicherlich harmonischer und angenehmer, als wenn *p* das Kleid seiner Frau scheußlich findet, beziehungsweise Atomkraft für die Energie der Zukunft hält. Eine Situation ist also dann im Gleichgewicht, wenn *p* und *o* einander sympathisch sind und sich beide in ihren Einstellungen zu einem *x* gleichen. Wenn sich *p* und *o* hingegen unsympathisch sind, besteht Gleichgewicht, wenn sie verschiedene Einstellungen zu *x* haben.

Heiders Vorhersage, daß im Gleichgewicht befindliche Triaden als harmonischer und spannungsfreier empfunden werden als solche, die nicht im Gleichgewicht sind, wurde in einer Reihe von Untersuchungen empirisch überprüft (z.B. Aderman, 1969; Insko, Songer & McGarvey, 1974; Jordan, 1953; Rodrigues, 1967). Versuchspersonen in diesen Untersuchungen mußten Beschreibungen von ausgeglichenen und unausgeglichenen *p-o-x*-Triaden nach dem Grad der Harmonie oder Spannungsfreiheit beurteilen. Generell wurde festgestellt, daß sich die Vorhersage der

Gleichgewichtstheorie nur für solche Triaden bestätigen ließen, bei denen eine positive Beziehung zwischen *p* und *o* bestand. Unter diesen Bedingungen wurden gleichgewichtige Triaden als eindeutig harmonischer und spannungsfreier beurteilt. Für Triaden, bei denen die Beziehung zwischen *p* und *o* negativ war, wurde hingegen kein entsprechender Unterschied festgestellt. Diese Ergebnisse veranlaßten Newcomb zu einer Revision der Gleichgewichtstheorie.

1.2.2. Die Gleichgewichtstheorie von Newcomb

Im Gegensatz zu Heider geht Newcomb (1961, 1971) davon aus, daß sich die Einstellungen, die wir zu anderen Menschen haben, also das Ausmaß der zwischenmenschlichen Anziehung, in einem wichtigen Aspekt von unseren Einstellungen zu Gegenständen oder Ideen unterscheiden. Die Anziehung, die wir gegenüber einer anderen Person *o* empfinden, wird nämlich wesentlich davon abhängen, ob wir glauben, daß *o* unsere Sympathie erwidert. Newcomb (1971) argumentierte, daß die Sympathie von *p* für *o* stärker sein wird, wenn *p* glaubt, daß seine Gefühle erwidert werden. Die Tatsache, daß die Fragen der Reziprozität von Gefühlen für unsere Einstellungen gegenüber unpersönlichen Entitäten keine Rolle spielen, sieht Newcomb als ausreichende Begründung dafür an, Attraktion und Einstellungen unterschiedlich zu behandeln.

Während für Heider negative Vorzeichen dieselbe Wirkung haben, gleichgültig wo sie im triadischen Beziehungsgeflecht auftreten, unterscheidet Newcomb zwischen negativer Anziehung und negativer Einstellung. Er argumentierte, daß der Fall von zwei Menschen, die sich bei unähnlichen Einstellungen gegenseitig ablehnen, einen Spezialfall bildet. Eine derartige Triade, die sich nach Heider im Gleichgewicht befinden würde, ist nach Newcomb weder im Gleichgewicht noch im Ungleichgewicht. Sie ist in einem Zustand, den er als Nicht-Gleichgewicht (Non-Balance) bezeichnete. Nicht-Gleichgewicht wird weder als angenehm noch als unangenehm empfunden und motiviert damit nicht zur Veränderung des Beziehungsgefüges.

Im Unterschied zu Heiders Ansatz erlaubt Newcombs Theorie auch Vorhersagen über das Ausmaß an Ungleichgewicht, das in einer Triade herrscht. Weiterhin unterscheidet er eine Reihe von unterschiedlichen Strategien, durch die Ungleichgewicht reduziert werden kann. Bei positiver Beziehung zwischen *p* und *o* hängt die Stärke der durch mangelnde Übereinstimmung in den Einstellungen erzeugten Spannung und damit auch die Tendenz zur Herstellung eines Gleichgewichtszustandes von zwei Faktoren ab: (1) der Wichtigkeit von *o* und *x* für *p* und (2) der gemeinsamen Relevanz von *x* für *p* und *o*. Unähnlichkeit in den Einstellungen sollte geringere Spannung erzeugen, wenn *p* *o* nur leicht sympathisch findet oder wenn der Einstellungsgegenstand *x* nur von geringer Bedeutung ist, als wenn es sich bei *o* um die Ehefrau von *p* handelt und bei *x* um etwas relativ Wichtiges. Das Ausmaß der Relevanz des Einstellungsgegenstandes für die beiden Akteure hängt von ihrer Interdependenz in bezug auf das *x* ab. Wenn *p* und *o* ein Ehepaar sind, erzeugt mangelnde Übereinstimmung über das Ziel der **gemeinsamen** Urlaubsreise mehr Spannung als mangelnde Übereinstimmung in der Frage der bei der nächsten Wahl zu wählenden Partei. Allerdings kann die Entscheidung über die zu wählende Partei, die geringe gemeinsame Relevanz besitzt, da sie von beiden Partnern unabhängig getroffen werden kann, natürlich für politisch engagierte Paare von großer Wichtigkeit sein. Uneinigkeit würde hier dennoch große Spannungen bewirken.

Nach Newcomb gibt es eine Vielzahl von Strategien, um Ungleichgewicht zu beseitigen. Man kann zuerst versuchen, den anderen von seiner Meinung abzubringen. Gelingt dies nicht, kann man auch seine eigene Meinung ändern. Eine weitere Möglichkeit besteht darin, daß man die Meinung von *o* falsch wahrnimmt und Übereinstimmung sieht, wo tatsächlich Uneinigkeit besteht. So überschätzen viele Ehepartner das Ausmaß der gemeinsamen Übereinstimmung, und diese Fehleinschätzung ist in glücklichen Ehen größer als in unglücklichen (Levinger & Breedlove, 1966). Eine weitere Reaktion auf Ungleichgewicht, die allerdings zu Nicht-Gleichgewicht führen kann, besteht in der Änderung der Einstellungen gegenüber *o*. Wie Schachters (1951) Untersuchungen zur Reaktion von Gruppenmitglieder auf einen Abweichler gezeigt haben, reagierten die Gruppenmitgliedern nach Scheitern ihrer Überredungsversuche mit Ablehnung.

1.3. Verstärkungstheorien

Obwohl Theorien der kognitiven Konsistenz einen gewichtigen Beitrag zur Attraktionsforschung geleistet haben, wurde dieses Forschungsgebiet doch immer von Verstärkungsmodellen und den mit Verstärkungsmodellen verwandten Austauschtheorien dominiert (Berscheid, 1985). So argumentierte selbst Newcomb in der ersten Arbeit, in der er sich mit Fragen der Attraktion auseinandersetzte, daß das Ausmaß der Anziehung, die *p* gegenüber *o* empfindet, von der Häufigkeit abhängt, mit der *o* von *p* positive Verstärkungen empfangen hat. Newcomb vermutete weiter, daß das Ausmaß, mit dem *p o* verstärkt, von der Häufigkeit abhängt, mit der *o p* verstärkt. Wie Berscheid (1985) argumentiert, waren es diese Überlegungen über die Reziprozität von positiven Verstärkungen, die Newcomb zu der Hypothese veranlaßten, daß Anziehung als Funktion der Einstellungsähnlichkeit variieren sollte, da Einstellungsähnlichkeit und die kognitive Konsistenz, die oft mit dieser Ähnlichkeit einhergeht, als belohnend empfunden wird. Da Konsistenztheorien von der Annahme ausgehen, daß Konsistenz als angenehm und Inkonsistenz als unangenehm empfunden wird, betonen sie eine Klasse von Verstärkungen, die Personen sich gegenseitig vermitteln (Berscheid, 1985).

Die beiden Autorengruppen, die sich mit der Rolle von Verstärkungsprozessen in der zwischenmenschlichen Anziehung am intensivsten auseinandergesetzt haben, waren Byrne und Clore (Byrne & Clore, 1970; Clore & Byrne, 1974; Clore & Itkin, 1977) und Lott und Lott (1960, 1974). Ihren Modellen ist die Annahme gemeinsam, daß sich die Anziehung gegenüber einer anderen Person immer dann entwickelt, wenn man *in Gegenwart* dieser Person positiv verstärkt wird, unabhängig davon, ob die Person für die Verstärkung verantwortlich ist oder nicht.

Die Theorien von Byrne und Clore (1970) und Lott und Lott (1960, 1974) sind sich so ähnlich, daß sie hier gemeinsam dargestellt werden sollen. Beide Theorien gehen davon aus, daß positive Verstärkungen positive affektive Reaktionen erzeugen. Positive Verstärkungen stellen also unkonditionierte Reize dar, die zu positiven Affekten als unkonditionierter Reaktion führen. Diese unkonditionierte Reaktion wird auf jeden diskriminierbaren Reiz konditioniert, der zum Zeitpunkt der Verstärkung zugegen ist. Damit wird eine Person, die mit diesem unkonditionierten Reiz assoziiert wird, sei es, weil sie die Verstärkung verursacht hat oder weil sie nur zufällig zugegen war, als die Verstärkung eintrat, zum Auslöser der unkonditionierten Reaktion, also dem positiven affektiven Zustand.

Wenn wir beispielsweise in Gegenwart eines Kollegen die Mitteilung erhalten, daß ein Manuskript bei einer angesehenen wissenschaftlichen Zeitschrift zum Abdruck angenommen wurde, wird die durch die Nachricht ausgelöste positive affektive Reaktion auch auf den Kollegen übertragen (konditioniert). Durch die zufällige Assoziation mit der positiven affektiven Reaktion erwirbt der Kollege selbst die Eigenschaft, bei uns in Zukunft positive affektive Reaktionen auszulösen. Da Reize, die positiven Affekt hervorrufen, gemocht werden, sollte dieses Ereignis unsere Sympathie für den Kollegen erhöhen.

Die Vorhersage, daß wir uns zu Menschen hingezogen fühlen, nur weil diese zugegen waren, als wir positiv verstärkt wurden, wurde in einer Reihe von Untersuchungen überprüft und bestätigt (z.B. Griffitt & Guay, 1969; Lott & Lott, 1960; Mikula & Egger, 1974; Veitch & Griffitt, 1976). In der Untersuchung von Veitch und Griffitt (1976) wurden Versuchspersonen, die eine zweite Person aufgrund von Informationen über deren Einstellungen beurteilen mußten, vor der Beurteilung einer sehr positiven oder einer sehr negativen Nachrichtensendung ausgesetzt. Die Versuchspersonen, die den schlechten Nachrichten ausgesetzt worden waren, gaben nicht nur an, sich schlechter zu fühlen, sondern sie fanden den Fremden auch wesentlich weniger sympathisch als Versuchspersonen, die eine positive Nachrichtensendung gehört hatten.

Während die Tatsache, daß uns Menschen, die positive Verstärkungen vermitteln, sympathischer sind als solche, die für Bestrafungen verantwortlich sind, auch mit Informationsverarbeitungsansätzen vereinbar ist, schienen Befunde wie die von Veitch und Griffit (1976) gegen die Grundannahme des Informationsverarbeitungsansatzes zu verstoßen, daß Anziehung nur über Informationen beeinflußt werden kann. Neuere kognitionspsychologische Untersuchungen zur Kongruenz von Stimmung und Bewertung (Bower, 1981; Forgas & Bower, 1988; Spies & Hesse, 1986) ermöglichen jedoch eine kognitionspsychologische Erklärung dieser Befunde. Nach den Verfügbarkeits- oder Priming-Theorien stimmungkongruenten Erinnerns (z.B. Bower, 1981; Clark & Isen, 1984) sollte es deshalb zu stimmungsabhängig unterschiedlichen Attraktionsurteilen kommen, weil je nach der beim Beurteiler vorherrschenden Stimmung anderes (stimmungskongruentes) Material leichter verfügbar ist und bei der Enkodierung und Interpretation der zu beurteilenden Personen herangezogen wird. Empirische Belege für diese These finden sich etwa bei Forgas und Bower (1988). Im Fehlattributionsmodell von Schwarz und Clore (1983, 1988; Schwarz, 1988) würden stimmungsbedingte Attraktionsunterschiede damit erklärt werden, daß der Beurteiler seine augenblickliche Stimmung (zumindest wenn ihm deren Ursachen nicht unmittelbar einsichtig sind) als Hinweis auf seine gefühlsmäßige Reaktion gegenüber der Person interpretiert und zur Grundlage seiner Beurteilung macht.

1.4. Theorien des sozialen Austauschs

Die Austausch- und Interdependenztheorien (Blau, 1964; Homans, 1961; Thibaut & Kelley, 1959; Kelley & Thibaut, 1978; für einen Überblick siehe Mikula, 1985) befassen sich nicht primär mit der Entstehung zwischenmenschlicher Anziehung, sondern allgemeiner mit sozialen Interaktionen und der Aufnahme, Gestaltung, Aufrechterhaltung und Dynamik zwischenmenschlicher Beziehungen. Trotz einiger Unterschiede haben diese Theorien wichtige Gemeinsamkeiten. Sie gehen alle von einer Analogie zwischen ökonomischen und anderen Arten von Transaktionen aus. Indem sie soziale Gruppen mit ökonomischen Märkten vergleichen, stellen sie eine Anwendung des ökonomischen Verhaltensmodells auf soziales Verhalten dar (vgl. Stroebe, 1987). Sie interpretieren zwischenmenschliche Interaktion als Austausch von Handlungen und der damit verbundenen Belohnung und Kosten. Ausgehend von dem Postulat, daß der Mensch bestrebt ist, ein Maximum an Befriedigung durch Belohnung bei einem Minimum an Kosten zu erlangen, wird angenommen, daß belohnende Interaktionen wiederholt und nur solche Beziehungen eingegangen werden, die erwarten lassen, daß sie belohnend sind. Die Entwicklung bestehender Beziehungen hängt von der Qualität des erzielten Nettoergebnisses ab, das sich aus der Differenz von Belohnung und Kosten bestimmt. Da eine Beziehung nur so lange aufrecht erhalten wird, wie sie für alle Beteiligten befriedigende Ergebnisse liefert, erfährt das individuelle Streben nach Ergebnismaximierung eine Einschränkung: Jeder muß darauf achten, daß auch der Partner „auf seine Rechnung kommt".

1.4.1. Die Theorie von Thibaut und Kelley

Für die in diesem Kapitel im Vordergrund stehende Thematik der Determination zwischenmenschlicher Anziehung sind die Theorie von Thibaut und Kelley (1959) und ihre Aussagen zur Attraktivität von Interaktionen und Beziehungen von besonderem Interesse. Die Autoren betonen, daß für diese Attraktivität nicht die absolute Güte des (erwarteten oder tatsächlichen) Nettoergebnisses entscheidend ist, sondern vielmehr dessen relative Stellung zu einem dem Anspruchsniveau ähnlichen Vergleichsstandard oder Vergleichsniveau. Dieses Vergleichsniveau kann als gewichteter Mittelwert von Interaktionsergebnissen aufgefaßt werden, die eine Person in der Vergangenheit selbst erzielt und bei anderen Personen beobachtet hat. Es bestimmt die Ergebnisqualität, die der Person ihrer Meinung nach zusteht, auf die sie einen Anspruch zu haben glaubt. Je höher ein tatsächlich erzieltes oder antizipiertes Ergebnis über diesem Vergleichsniveau liegt, desto attraktiver und zufriedenstellender wird die jeweilige Interaktion oder Beziehung erlebt. Interaktionen und Beziehungen, deren Ergebnis geringer als das Vergleichsniveau sind, werden dagegen als unbefriedigend und unattraktiv beurteilt.

Thibaut und Kelley (1959) haben neben diesem Vergleichsniveau noch einen zweiten Bewertungsstandard, das Vergleichsniveau für Alternativen, unterschieden. Seine Höhe hängt von der Güte des Ergebnisses der besten Alternativen ab, die der Person zur Verfügung steht, wenn sie sich nicht an der aktuellen Interaktion oder Beziehung beteiligt. (Diese Alternative kann sowohl in der Interaktion oder Beziehung mit einer anderen Person als auch im Alleinsein bestehen.) Die Relation des aktuellen Ergebnisses zum Vergleichsniveau für Alternativen bestimmt die Abhängigkeit der Person von der Beziehung. Je schlechter das in der besten Alternative erzielbare Ergebnis (das Vergleichsniveau für Alternativen) verglichen zum Ergebnis in der aktuellen Beziehung ist, desto abhängiger ist die Person von dieser Beziehung, desto stärker ist die Bindung an sie[1].

Mit zwischenmenschlicher Anziehung hat das theoretische Konzept des Vergleichsniveaus für Alternativen zweifellos nicht unmittelbar zu tun. Dennoch waren die diesbezüglichen Aussagen von Thibaut und Kelley (1959) für die Attraktions- und Beziehungsforschung wichtig, weil sie deutlich machten, daß für die Dynamik von Beziehungen neben der zwischenmenschlichen Anziehung auch noch andere Variablen von entscheidender Bedeutung sind und die zwischenmenschliche Anziehung und die Zufriedenheit mit einer Interaktion oder Beziehung weder notwendige noch hinreichende Bedingungen für deren Fortbestand sind.

---

[1] Mit steigender Abhängigkeit von der Beziehung sinkt gleichzeitig die Macht, die eine Person über ihren Partner besitzt.

1.4.2. Das Investitionsmodell von Rusbult

Genau dies wird in dem auf Thibaut und Kelley (1959; Kelley & Thibaut, 1978) aufbauenden Investitionsmodell von Rusbult (1980a) noch deutlicher herausgearbeitet. Als entscheidende Determinanten der Bindung einer Person an eine Beziehung werden das Ausmaß ihrer Zufriedenheit mit der Beziehung, die Höhe ihres Vergleichsniveaus für Alternativen sowie die Investitionen der Person in die Beziehung erachtet[2].

Die Beziehungszufriedenheit hängt laut Rusbult wie bei Thibaut und Kelley von der relativen Stellung des erzielten Nettoergebnisses zum Vergleichsniveau ab. Unter Investitionen werden Faktoren verstanden, die das Beenden einer Beziehung kostspielig machen, weil sie dann verloren gehen. Laut Rusbult lassen sich zwei Kategorien von Investitionen unterscheiden: Beziehungsintrinsische Elemente wie zum Beispiel die in die Beziehung investierte Zeit oder dem Partner gegenüber geäußerte intime Informationen und extrinsische Faktoren, die mit der Beziehung verbunden sind, wie etwa gemeinsame Freunde oder Besitztümer.

Die älteren Austausch- und Interdependenztheorien wurden zwar von vielen Autoren als nützliche theoretische Perspektive angesehen und auch der Formulierung von deskriptiven Modellen der Beziehungsentwicklung zugrundegelegt (z.B. Altman & Taylor, 1973; Huesman & Levinger, 1976; Levinger, 1976, 1979; Levinger & Snoek, 1972; Levinger & Huesman, 1980), aber keiner direkten empirischen Überprüfung unterzogen. Im Gegensatz dazu wurde das Investitionsmodell von Rusbult in einer Reihe von unterschiedlich konzipierten Untersuchungen an verschiedenartigen Stichproben geprüft (Rusbult, 1980b, 1983; Rusbult, Johnson & Morrow, 1986; Sprecher, 1988), wobei es vergleichsweise erfolgreich abschnitt. Wenngleich auf diese Untersuchungen nicht im Detail eingegangen werden kann, scheinen dazu doch zumindest zwei Bemerkungen angebracht. Erstens muß gesagt werden, daß das als wichtige Determinante der Beziehungszufriedenheit postulierte Konzept des Vergleichsniveaus in allen Untersuchungen unberücksichtigt blieb und nur die Belohnungen und Kosten erhoben wurden. Dies wird damit erklärt, daß es den Versuchsteilnehmern schwerfällt, eine klare Unterscheidung zwischen ihren tatsächlichen Belohnungen und Kosten und den dem Vergleichsniveau zugrundeliegenden verallgemeinerten Erwartungen zu treffen. Zweitens ist zu erwähnen, daß die postulierte Bedeutung der Kosten-

---

[2] Ähnliche Überlegungen finden sich u.a. auch in Levingers (1976, 1979) Diskussionen der Auflösung von Paarbeziehungen aus austauschtheoretischer Sicht, wo die Attraktion zum Partner die einer Beziehungsbeendigung entgegenstehenden Barrieren und die Qualität der zur Verfügung stehenden Alternativen als entscheidende Variablen angesehen werden.

variable für die Beziehungszufriedenheit und -bindung weniger eindeutig und konsistent bestätigt wird als jene der anderen Parameter[3].

2.4.3. Die Equitytheorie von Walster, Berscheid und Walster

Von allen am Modell des sozialen Austausches orientierten Theorien hatte die Equitytheorie von Walster, Berscheid und Walster (1973; Walster, Walster & Berscheid, 1978) den stärksten Einfluß auf die empirische Forschung. Nach dieser Theorie hängt die Zufriedenheit mit zwischenmenschlichen Beziehungen davon ab, wie ausgewogen (equitabel), gerecht oder fair sie wahrgenommen werden. Dies sollte für Freundschafts-, Liebes- und Ehebeziehungen gleichermaßen wie für andere Sozialbeziehungen gelten (vgl. Walster, Utne & Traupman, 1977). Die Bewertung der Ausgewogenheit erfolgt anhand der Beiträge, die von den Partnern in die Beziehung eingebracht werden, und der Erträge, die sie als Folge ihrer Beteiligung an der Beziehung erhalten. Ausgewogenheit oder Gerechtigkeit im Sinne der Equitytheorie besteht dann, wenn die relativen Nettoergebnisse der Partner (d.h. die auf die eingebrachten Beiträge bezogenen Differenzen von Erträgen minus Beiträgen) als gleich groß wahrgenommen werden. Wenn Personen der Meinung sind, daß sie sich in einer unausgewogenen Beziehung befinden, entsteht bei ihnen ein Unbehagen, das umso stärker ist, je unausgewogener die Beziehung wahrgenommen wird. Die von einer Person wahrgenommene Unausgewogenheit kann für sie vorteilhaft oder nachteilig sein. Laut Equitytheorie wird sowohl vorteilhafte wie auch nachteilige Unausgewogenheit als unangenehm erlebt, allerdings sollte das resultierende Unbehagen und die Unzufriedenheit im Falle vorteilhafter Inequity geringer sein als im Falle einer nachteiligen Unausgewogenheit. Personen, die Unausgewogenheit wahrnehmen, werden versuchen, das daraus resultierende Unbehagen durch eine Wiederherstellung der Ausgewogenheit abzubauen, wobei dies entweder durch eine tatsächliche Veränderung der Beiträge und/oder Erträge oder aber „psychologisch", in Form einer kognitiven Neueinschätzung dieser Variablen geschehen kann. Wenn eine Wiederherstellung der Ausgewogenheit nicht möglich ist, kann es auch zu einem Abbruch der Beziehung kommen.

Empirische Überprüfungen der equitytheoretischen Annahmen in Form von Erhebungen bei Angehörigen von Freundschafts-, Liebes- und Ehebeziehungen haben tatsächlich vielfach gezeigt, daß ausgewogene Beziehungen als besser, zufriedenstellender, intimer und sexuell befriedigender beurteilt werden und auch stabiler sind als unausgewogene Beziehungen (für Zusammenfassungen vgl. Walster et al., 1978; Hatfield,

---

[3] Auch andere Autoren haben in letzter Zeit auf die unklare und teilweise widersprüchliche Rolle von Kosten in Beziehungen hingewiesen (z.B. Hays, 1985; Clark & Reis, 1988).

Traupman, Sprecher, Utne & Hay, 1985). Allerdings ist die Befundlage keineswegs völlig eindeutig (vgl. z.B. Berg & McQuinn, 1986; Lujanski & Mikula, 1983). Zum Teil hängt dies vermutlich mit unterschiedlichen Operationalisierungen der untersuchten Variablen und im besonderen mit der Verwendung verschiedener Unausgewogenheitsmaßen zusammen, die nur gering miteinander korrelieren (vgl. Lujanski & Mikula, 1982; Michaels, Edwards & Acock, 1984; Van Yperen & Buunk im Druck).

Gegenwärtig scheint es weniger eine Frage zu sein, ob Equity eine Rolle für die Qualität und Stabilität von Beziehungen spielt, als vielmehr **wann** dies der Fall ist. Dementsprechend wird es eine wichtige Aufgabe für die zukünftige Forschung sein, die Bedingungen herauszuarbeiten, unter denen sich Menschen überhaupt mit der Ausgewogenheit ihrer Beziehung befassen, und die einen Zusammenhang zwischen wahrgenommener (Un)Ausgewogenheit und verschiedenen Indizes der Beziehungsqualität erwarten lassen. Clark und Mills (1979; Mills & Clark, 1982) haben beispielsweise argumentiert und in mehreren Untersuchungen nachzuweisen versucht, daß Ausgewogenheit im Sinn des Equityprinzips nur für bestimmte, nämlich durch eine Austauschorientierung der Partner gekennzeichnete Beziehungen, wie sie eher zwischen Fremden, Bekannten und Geschäftspartnern existieren, eine wichtige Rolle spielt.

Demgegenüber sollte in gemeinschaftsorientierten („communal") Beziehungen, wie sie z.B. zwischen Freunden, Verliebten und Familienmitgliedern herrschen, die wechselseitige Verantwortung für das Wohlergehen und das Eingehen auf die Bedürfnisse des Partners wichtiger sein[4]. Es erscheint auch plausibel anzunehmen, daß die Bedeutung der Ausgewogenheit zu verschiedenen Zeitpunkten und in verschiedenen Phasen einer Beziehung unterschiedlich groß ist. Rubin (1973) und Leik und Leik (1976) haben beispielsweise vermutet, daß sie in frühen Beziehungsstadien eine wichtigere Rolle spielt als in späteren. Entsprechend dazu haben Cate, Lloyd und Long (1988) kürzlich gezeigt, daß Maße der wahrgenommenen Ausgewogenheit für die Vorhersage der Beziehungszufriedenheit und -involviertheit zu verschiedenen Erhebungszeitpunkten unterschiedlich viel leisten[5]. Eine weitere plausibel erscheinende Möglichkeit

---

[4] Befunden von Buunk und van Yperen (1990) zufolge scheinen auch interindividuelle Unterschiede in der Austauschorientierung entscheidend dafür zu sein, ob equitytheoretische Annahmen in Untersuchungen an Angehörigen intimer Sozialbeziehungen Bestätigung finden oder nicht. Ähnliche Überlegungen finden sich auch bei Murstein (z.B. Murstein, Cerreto & McDonald, 1977; Murstein & Azar, 1986).

[5] Zwischen den zwei Erhebungsterminen in der Untersuchung von Cate et al. (1988) liegt ein Zeitraum von drei Monaten. Das erhobene Ausgewogenheitsmaß leistet nur bei der ersten, nicht aber bei der zweiten Erhebung einen signifikanten Beitrag zur Vorhersage der Beziehungszufriedenheit. In Anbetracht

ist schließlich, daß sich Menschen hauptsächlich dann mit der Ausgewogenheit ihrer Beziehung auseinanderzusetzen beginnen und eine Unausgewogenheit wahrnehmen, wenn sie mit der Beziehung nicht vollständig glücklich und zufrieden sind. Damit soll der von den Enquitytheoretikern postulierte gegenteilige Kausalzusammenhang keineswegs geleugnet werden. Es ist aber ohne weiteres denkbar, daß sowohl die Wahrnehmung von Unausgewogenheit Unzufriedenheit nach sich zieht als auch Unzufriedenheit die Wahrnehmung von Unausgewogenheit fördert (vgl. Huston & Burgess, 1979; Van Yperen & Buunk, 1990). Nachdem alle vorliegenden Untersuchungen korrelativer Natur sind, läßt sich der vielfach nachgewiesene Zusammenhang zwischen Unausgewogenheit und Beziehungszufriedenheit jedenfalls in den meisten Fällen auf beide Arten interpretieren[6].

Frühe Untersuchungen zur Überprüfung equitytheoretischer Annahmen haben sich darauf beschränkt, Zusammenhänge zwischen der von den Beziehungsbeteiligten wahrgenommenen (Un)Ausgewogenheit und verschiedenen Beziehungsqualitätsindizes zu analysieren. Demgegenüber haben neuere Untersuchungen zusätzlich mehrere verschiedene austauschtheoretische Variablen erhoben und sie in ihrer Bedeutung für die Beziehungszufriedenheit und -stabilität verglichen. Dabei wurden neben der Ausgewogenheit im Sinne der Equitytheorie im besonderen auch absolute Gleichheit, die Summe der in einer Beziehung erhaltenen Belohnungen, das Ausmaß der Kosten, die Höhe des Vergleichsniveaus und des Vergleichsniveaus für Alternativen berücksichtigt (z.B. Berg, 1984; Berg & McQuinn, 1986; Cate, Lloyd & Long, 1988; Michaels, Edwards & Acock, 1984; Sprecher, 1988). Bei derartigen Arbeiten zeigte sich, daß Ausgewogenheit im Sinne der Equitytheorie zwar zur Vorhersage von Beziehungsqualitätsindizes geeignet ist, ihre Prädiktorqualität aber etwa jener der absoluten Gleichheit entspricht und geringer als jene der beiden Vergleichsniveaus ist (z.B. Michaels et al., 1984; Cate et al.,

---

des relativ geringen Zeitabstands erscheint es unangemessen, die beiden Erhebungstermine als frühe und späte Beziehungsphasen zu interpretieren. Dementsprechend ist der Befund eher als Hinweis auf die unterschiedliche Bedeutung der Ausgewogenheit zu verschiedenen Zeitpunkten denn als Bestätigung für die Annahme zu interpretieren, daß die (Un)Ausgewogenheit in frühen Phasen einer Beziehung eine wichtigere Rolle spielt als in späteren.

[6] Die hier vorgeschlagene alternative Kausalinterpretation gilt nicht für die wenigen Längsschnittuntersuchungen, in denen zu einem Zeitpunkt t_1 erhobene Equityindizes mit zu einem späteren Zeitpunkt t_2 erhobenen Beziehungszufriedenheitsmaß in Beziehung gesetzt wurden, wohl aber für die vielen Querschnittstudien, in denen die wahrgenommene Ausgewogenheit und die Zufriedenheit mit der Beziehung zu ein und demselben Zeitpunkt gemessen wurden. Darüber hinaus ist die vorgeschlagene Interpretationsanalyse natürlich nur im Falle nachteiliger, nicht aber vorteilhafter Unausgewogenheit plausibel.

1988; Berg, 1984; Berg & McQuinn, 1986; Sprecher, 1988). Dies legt die interessante Möglichkeit nahe, daß das ursprüngliche austauschtheoretische Modell von Thibaut und Kelley (1959) und sogar noch einfachere Verstärkungsmodelle zur Erklärung von Pänomenen der Attraktivität, Dynamik und Aufrechterhaltung zwischenmenschlicher Interaktionen und Beziehungen zumindest ebenso gut und vielleicht besser geeignet sind als die Equitytheorie.

1.5. Schlußfolgerungen und Implikationen

Die vier Arten von theoretischen Ansätzen, die in diesem Abschnitt dargestellt wurden, führen die Entwicklung zwischenmenschlicher Attraktion auf sehr unterschiedliche Ursachen zurück. In Abhängigkeit von der theoretischen Perspektive erklärt man die gegenüber einer anderen Person empfundene Anziehung durch positive Informationen über diese Person, die Befriedigung des Bedürfnisses nach Konsistenz, positive Verstärkungen durch den anderen oder befriedigende Interaktionen mit der anderen Person. Bei diesen Unterschieden in den Grundannahmen mag es verwundern, daß sich zwischen den dargestellten Theorien kaum Unterschiede in den empirischen Vorhersagen ergeben. Wenn zum Beispiel *p* *o* sympathisch findet, weil *o* immer lacht, wenn *p* eine witzige Bemerkung macht, dann wäre dieser Zusammenhang für alle Ansätze leicht erklärbar. Für die Informationsverarbeitungsansätze wäre diese Reaktion eine positive Information für *p*. Durch sein Lachen zeigt *o* nach Meinung von *p*, daß er Sinn für Humor hat und daß er auch subtile Scherze versteht. Diese positiven Informationen sollten die Bewertung von *o* durch *p* verbessern. Für die Gleichgewichtstheorien impliziert das Lachen eine positive Gefühlsbeziehung zwischen *o* und den witzigen Anmerkungen von *p*, während *p* mit den von ihm erzählten Anekdoten eine positive Einheitsbeziehung verbindet. Diese *p-o-x*-Triade wäre dann im Gleichgewicht, wenn *p* eine positive Gefühlsbeziehung zu *o* entwickeln würde. Nach den Konditionierungstheorien stellt die positive Reaktion, die *o* auf die Witze von *p* zeigt, eine positive Verstärkung dar, die bei *o* eine positive affektive Reaktion hervorruft. Durch die Assoziation von *o* mit dieser Reaktion wird diese auf *o* konditioniert. Für die Austauschtheorien stellt das Gelächter von *o* für *p* ein positives Handlungsergebnis dar, das dazu beitragen mag, daß seine Ergebnisse in dieser Interaktion über seinem allgemeinen Vergleichsniveau zu liegen kommen.

Diese Übereinstimmung ist jedoch weniger überraschend, wenn man bedenkt, daß positive Verstärkungen oder Interaktionen in der Regel auch positive Informationen implizieren. Umgekehrt erwartet man von jemand, über den man positive Informationen hat, daß er auch positive Verstärkungen vermittelt oder daß die Interaktion mit dieser Person zu überdurchschnittlich guten Ergebnissen führt. Lange Zeit galten allerdings Befunde, die zeigten, daß Anziehung auch dann entstehen kann, wenn andere nur zufällig mit einer positiven Verstärkung assoziiert waren (z.B. Veitch & Griffitt, 1976), sowohl mit Informationsverarbeitungstheorien als auch mit austauschtheoretischen Ansätzen als unvereinbar (vgl. Stroebe, 1981). Dieser Widerspruch läßt sich aber inzwischen unter Anwendung von Verfügbarkeits- oder Priming-Theorien stimmungskongruenten Erinnerns lösen (z.B. Bower, 1981; Clark & Isen, 1982).

2. Determinanten zwischenmenschlicher Anziehung

Die folgende Besprechung einiger der besonders häufig untersuchten Variablen, die für die Entstehung von Sympathie und Antipathie bedeutsam sind, befaßt sich entsprechend der in diesem Kapitel vorgenommenen Beschränkung (siehe Einleitung) schwerpunktmäßig mit solchen Variablen, die auch oder sogar primär bei kurzfristigen Kontakten und flüchtigen Begegnungen wirksam werden können. Damit soll nicht gesagt werden, daß diese Variablen für die interpersonale Attraktion in längerfristig bestehenden und tiefer gehenden bzw. engen Beziehungen bedeutungslos sind. Es ist allerdings anzunehmen, daß in solchen Beziehungen zusätzlich zu den hier besprochenen noch andere Variablen dafür entscheidend sind, ob und wie stark sich Partner zueinander hingezogen fühlen.

Die für die Entstehung interpersonaler Attraktion gegenüber einer anderen Person bedeutsamen Variablen lassen sich in mehrere Gruppen ordnen (vgl. Clore, 1976). Zum einen handelt es sich um Charakteristika (d.h. Merkmale, Eigenschaften oder Verhaltensweisen) der anderen Person. Eine zweite wichtige Gruppe von Determinanten beruht auf bestimmten Konstellationen von oder Beziehungen zwischen Merkmalen des Individuums und der anderen Person wie zum Beispiel Ähnlichkeit und Komplementarität. Eine dritte Gruppe umfaßt Merkmale der Situation beziehungsweise des Kontexts, in dem Personen miteinander zusammentreffen und interagieren. Eine vierte und letzte Gruppe schließlich betrifft Charakteristika des Individuums selbst, die Einfluß auf dessen Attraktion gegenüber einer anderen Person nehmen. Im folgenden sollen für jede dieser vier Klassen von Determinanten zwischenmenschlicher Anziehung Beispiele genannt und besprochen werden. Das primäre Kriterium, nach dem die berücksichtigten Variablen ausgewählt wurden, ist die Intensität der dazu durchgeführten Forschung und deren Popularität in der Attraktionsliteratur. Keinesfalls wird ein Anspruch auf Vollständigkeit erhoben. Die Ausführlichkeit, mit der über die einzelnen Themen berichtet wird, variiert relativ stark und richtet sich danach, ob und wieviel in den Jahren seit dem Erscheinen umfassender Darstellungen der Attraktionsliteratur (z.B. Berscheid & Walster, 1978; Clore, 1976; Duck, 1977; Huston, 1974; Huston & Levinger, 1978; Mikula & Stroebe, 1977) dazu geforscht und veröffentlicht wurde. Themen, zu denen in den letzten

Jahren keine wesentlichen Entwicklungen stattfanden, werden eher kurz abgehandelt.

2.1. Charakteristika der anderen Person

Als Beispiele für Charakteristika der anderen Person, die als Attraktionsdeterminanten von Bedeutung sind, sollen einerseits die physische Attraktivität und andererseits Beurteilungen und Bewertungen behandelt werden, die von der anderen Person über einen abgegeben werden.

2.1.1. Physische Attraktivität

Gutes Aussehen ist sozialpsychologischen Befunden zufolge ein wichtiges Merkmal von Personen, das sich auf eine Vielzahl von Urteilen auswirkt, die weit über den Bereich der gegengeschlechtlichen Attraktion und Beziehungsbildung hinausreichen (für neuere umfassende Darstellungen der Forschung zur physischen Attraktivität vgl. Bull & Rumsey, 1988; Hatfield & Sprecher, 1986; Patzer, 1985). So berichteten etwa Dion, Berscheid und Walster (1972) in einem Aufsatz mit dem bezeichnenden Titel „Was schön ist, ist gut" Befunde einer Untersuchung, in der studentische Versuchspersonen aufgrund von Fotografien eine umfassende Beurteilung der Eigenschaften von physisch attraktiven und wenig attraktiven Männern und Frauen vornehmen mußten. Die Probanden glaubten, daß attraktive im Vergleich zu wenig attraktiven Personen über positivere Persönlichkeitseigenschaften verfügten, bessere Aussichten auf eine gute Stellung hätten, bessere Ehepartner abgeben und insgesamt ein glücklicheres Leben führen würden. Vergleichbare Befunde waren auch schon von Miller (1970) berichtet worden. Da in diesen Untersuchungen sowohl Beurteiler als auch Beurteilte junge Männer und Frauen waren, blieb unklar, ob sich das Attraktivitätsstereotyp auch bei älteren Personen auswirkt. Inzwischen wurde aber die Wirkung des Attraktivitätsstereotyps auch für ältere Beurteilerstichproben und Altersgruppen nachgewiesen (z.B. Adams & Huston, 1975; vgl. auch Adams, 1977; Dion, 1986).

Weitere Befunde belegen die Vorteile guten Aussehens für eine Vielzahl von Lebensbereichen. So zeigten Untersuchungen, daß besser aussehende Personen über größere soziale Fähigkeiten verfügten (Goldman & Lewis, 1977), größeren Erfolg bei Stellenbewerbungen hatten (Cash, Gillen & Burns, 1977; Dipboye, Arvey & Terpstra, 1977; Dipboye, Fromkin & Wiback, 1975) und für identische schriftliche Leistungen bessere Bewertungen erhielten (Landy & Sigall, 1974; Maruyama & Miller, 1980) als weniger gutaussehende Personen, obwohl dieser letzte Effekt hauptsächlich dann aufzutreten scheint, wenn männliche Versuchspersonen die Leistungen von Frauen beurteilen. Bei simulierten Geschworenenurteilen wurden physisch unattraktive Angeklagte häufiger härter beurteilt (z.B. Efran, 1974; Stewart, 1980), ein Effekt, der möglicherweise von der Art des

Vergehens abhängt (z.B. Sigall & Ostrove, 1975). Schließlich fanden Clifford und Walster (1973), daß Lehrer aufgrund von Unterlagen, die bis auf die Fotografie des fiktiven Schulkindes identisch waren, die Intelligenz sowie die schulischen Aussichten von gutaussehenden Schülern oder Schülerinnen etwas höher einschätzten als die von weniger gutaussehenden Personen. Wie allerdings Bull und Rumsay (1988) in ihrer umfassenden Übersicht über diese Forschung betonen, ist die Wirkung des Aussehens auf diese Art von Urteile gewöhnlich minimal und weitaus geringer als die der für die Beurteilung relevanten Faktoren. Weiterhin kamen Eagly, Ashmore, Makhijani und Kennedy (im Druck) aufgrund einer Metananalyse der Ergebnisse von 76 Untersuchungen zu der Schlußfolgerung, daß die Stärke der Wirkung der physischen Attraktivität von der Urteilsdimension abhängt. Die größten Unterschiede fanden sich bei Urteilen über soziale Kompetenz. Hier wurden gutaussehende im Vergleich zu weniger gutaussehenden Personen deutlich positiver eingeschätzt. Wesentlich geringere Unterschiede ergaben sich bei der Einschätzung intellektueller Fähigkeiten. Urteile über Selbstlosigkeit und Altruismus wurden hingegen vom Aussehen der Zielperson kaum mehr beeinflußt.

Angesichts des mit physischer Attraktivität verbundenen positiven Stereotyps kann es kaum überraschen, daß sich gutes Aussehen - insbesondere bei gegengeschlechtlichen Beziehungen - positiv auf die zwischenmenschliche Anziehung auswirkt. Dies wurde erstmals von Walster, Aronson, Abrahams und Rottman (1966) gezeigt. Diese Autoren veranstalteten einen Tanzabend für erstsemestrige Studenten und Studentinnen einer amerikanischen Universität, bei denen Paare angeblich aufgrund von zuvor ausgefüllten Intelligenz- und Persönlichkeitstests von einem Computer zusammengebracht werden sollten. Tatsächlich erfolgte die Zusammenstellung jedoch zufallsmäßig. Sowohl die Sympathie für den Partner oder die Partnerin als auch die Absicht, die Beziehung fortzusetzen, ließ sich ausschließlich aufgrund der physischen Attraktivität vorhersagen: Je besser das Aussehen einer Person, umso mehr wurde diese gemocht und umso eher bestand der Wunsch nach weiteren Kontakten. Andere Untersuchungen bestätigten den positiven Zusammenhang von physischer Attraktivität und zwischenmenschlicher Anziehung (z.B. Brislin & Lewis, 1968; Byrne, Ervin & Lamberth, 1970; Curran & Lippold, 1975; Kleck & Rubenstein, 1975; Stroebe, Insko, Thompson & Layton, 1971). Allerdings fanden sich vielfach Hinweise darauf, daß die physische Attraktivität von Frauen wichtiger ist als jene von Männern (z.B. Berscheid, Dion, Walster & Walster, 1971; Stroebe et al., 1971, Walster, Aronson, Abrahams & Rottman, 1966; White, 1980). Im Gegensatz dazu berichteten Reis und Mitarbeiter (Reis, Nezlek & Wheeler, 1980; Reis, Wheeler, Spiegel, Kernis, Nezlek & Perri, 1982), die Studenten über einen Zeitraum von mehreren Monaten mittels eines standardisierten Fragebogens Buch über ihre Interaktionen führen ließen, nur für Männer, nicht aber für Frauen, einen signifikanten Zusammenhang zwischen ihrem Aussehen und der Häufigkeit von Kontakten mit dem anderen Geschlecht.

Der Einfluß der physischen Attraktivität scheint auch in späteren Phasen der Beziehungsentwicklung weiterzubestehen. So fand Mathes (1975) bei Studentenpaaren, die sich mehrmals trafen, keine Belege für eine Abnahme des Einflusses der physischen Attraktivität auf die Attraktion. Die Bedeutung der physischen Attraktivität in späteren Phasen der Beziehungsentwickung wird weiterhin durch Befunde gestützt, die zeigen, daß die Ähnlichkeit in dem Ausmaß der physischen Attraktivität von romantischen Partnern die Weiterentwicklung dieser Beziehungen fördert (Folkes, 1982; White, 1980).

2.1.2. Persönliche Beurteilung und Bewertung

Die Bewertung oder Beurteilung der eigenen Person durch andere bzw. die Wertschätzung, die einem von anderen entgegengebracht wird, ist eine weitere als Attraktionsdeterminante viel diskutierte und untersuchte Variable. Die bereits relativ früh einsetzende einschlägige Forschung (z.B. Backman & Secord, 1959; Deutsch & Solomon, 1959; Dittes, 1959) wurde überwiegend von zwei verschiedenen theoretischen Positionen, von Konsistenztheorien und Selbstwerttheorien, geleitet, die teilweise widersprüchliche Vorhersagen treffen. Aus selbstwerttheoretischen Ansätzen läßt sich ableiten, daß gegenüber Personen, die einen positiv beurteilen, mehr Attraktion empfunden wird als gegenüber Personen, die einen weniger positiv oder sogar negativ beurteilen. Nach konsistenztheoretischer Sicht sollte dies jedoch nur für den Fall gelten, daß die beurteilte Person sich auch selbst positiv beurteilt. Für den Fall einer negativen Selbsteinschätzung wird hingegen vorhergesagt, daß ein Beurteiler, der einen positiv bewertet, nicht mehr oder sogar weniger gemocht wird als ein negativer Beurteiler[7].

In der Zwischenzeit liegen mehrere Sammelreferate vor, in denen die einschlägigen Forschungen kritisch gesichtet werden (z.B. Jones, 1973; Mettee & Aronson, 1974; Shrauger, 1975; Stroebe, 1977). Ihre weitgehend übereinstimmende Schlußfolgerung lautet, daß der selbstwerttheoretische Standpunkt durch die vorliegende empirische Evidenz insgesamt

---

[7] Von den Konsistenztheorien ist genaugenommen nur die „stärkere" Version der Hypothese abzuleiten, wonach ein Beurteiler, dessen Urteil von der (negativen) Selbsteinschätzung eines Individuums in positiver Richtung abweicht, weniger gemocht wird als einer, dessen negatives Urteil mit dieser Selbsteinschätzung übereinstimmt. Zur „schwächeren" Version gelangt man, wenn man wie z.B. Deutsch & Solomon (1959) annimmt, daß neben dem Kongruenz- auch ein Positivitätseffekt wirksam ist.

gesehen deutlich mehr Bestätigung erfährt als der konsistenztheoretische. Allerdings variieren die Ergebnisse teilweise, je nachdem ob die in den Untersuchungen verwendeten Beurteilungen eher globaler oder spezifischer Natur waren und ob ihre Gültigkeit und Glaubwürdigkeit als gegeben angenommen werden konnte oder anzuzweifeln war. Selbstwerttheoretische Vorhersagen finden primär dann Bestätigung, wenn die Beurteilungen eher globale Bewertungen oder Sympathieaussagen darstellen. Demgegenüber scheint eine Bestätigung konsistenztheoretischer Annahmen vorauszusetzen, daß die Bewertungen sehr spezifische Eigenschaften oder Leistungen des Individuums betreffen. Wie Mettee und Aronson (1974) plausibel argumentieren, könnten in diesen Fällen die positiven Beurteilungen ihre attraktionsfördernde Wirkung deshalb verloren haben, weil ihre Gültigkeit und Glaubwürdigkeit angezweifelt wurden. Darüber hinaus erscheint es nicht unwahrscheinlich, daß die bei den beurteilten Personen erhobenen Einschätzungen der Beurteiler in den beiden Fällen unterschiedliche inhaltliche Bedeutung besitzen und im Falle spezifischer Bewertungen eher die Kompetenz und Glaubwürdigkeit des Beurteilers betreffen als daß sie zum Ausdruck bringen, wie sehr der Beurteiler gemocht wird (vgl. Shrauger, 1975). Generell ist zu diesem Forschungsbereich zu sagen, daß seine Klarheit und Aussagekraft vermutlich wesentlich gesteigert werden könnte, wenn mehr Augenmerk auf die Spezifität und den Inhalt der verwendeten Beurteilungen gelegt würde und evtl. auch verschiedene Aspekte der Attraktion (z.B. Mögen, Respekt etc.) parallel erhoben würden.

2.2. Beziehungen zwischen Merkmalen zweier Personen

2.2.1. Einstellungsähnlichkeit

Unter den vielen attraktionsfördernden Bedingungen, die bisher festgestellt und näher erforscht wurden, hat die zwischen Personen bestehende Einstellungsähnlichkeit eindeutig am meisten Beachtung gefunden. Einschlägige Untersuchungen waren sehr unterschiedlich konzipiert. Bei einem Teil handelt es sich um Felduntersuchungen in Form von relativ ausgedehnten Längsschnittstudien an entstehenden Freundschaftsbeziehungen (z.B. Newcomb, 1961) oder Untersuchungen an für eine beschränkte Zeit zusammenlebenden Personen (z.B. Griffitt & Veitch, 1974). Newcomb führte seine Untersuchung an Studenten durch, die für sechzehn Wochen gemeinsam in einem Wohnheim lebten. Die Versuchsteilnehmer bei Griffitt und Veitch waren 13 männliche Freiwillige, die zehn Tage gemeinsam in einem Raum unter simulierten Atombunker-Bedingungen verbrachten. In beiden Untersuchungen wurden bei den Versuchsteilnehmern, bevor sie miteinander zusammentrafen, Einstellungsmessungen vorgenommen, und dann die vor dem Kennenlernen bestehende Einstellungsähnlichkeit mit den zu verschiedenen Zeitpunkten erhobenen Attraktionsmaßen in Beziehung gesetzt.

Zusätzliche Befunde stammen aus Laborstudien an zu Versuchszwecken miteinander kurzfristig konfrontierten Personen (z.B. Aronson & Worchel, 1966; Byrne & Griffitt, 1966). Der weitaus überwiegende Teil dieser Untersuchungen verwendete eine von Byrne und Mitarbeitern (vgl. Byrne, 1971) entwickelte experimentelle Versuchsanordnung, die als „Paradigma von anonymen Fremden" bekannt geworden ist: Die Probanden haben bereits längere Zeit vor dem eigentlichen Versuch einen Einstellungsfragebogen ausgefüllt. Beim Versuch selbst erhalten sie den gleichen, angeblich von einer anderen Person (dem „anonymen Fremden") ausgefüllten Fragebogen vorgelegt. Nachdem dem Versuchsleiter die Einstellungen des Probanden bekannt sind, ist es ihm möglich, die (angebliche) Beantwortung des Fragebogens durch den „anonymen Fremden" so zu gestalten, daß sie je nach Versuchsbedingung jener durch den Probanden mehr oder weniger ähnlich ist. Aufgabe des Probanden ist es, die Person aufgrund ihrer Antworten hinsichtlich verschiedener Kriterien, worunter sich auch zwei Attraktionsmaße befinden, zu beurteilen.

Trotz der unterschiedlichen Untersuchungskonzeptionen weisen die gewonnenen Befunde konsistent auf einen positiven linearen Zusammenhang zwischen dem Grad der zu einer anderen Person bestehenden bzw. wahrgenommenen Einstellungsähnlichkeit und der ihr gegenüber empfundenen Zuneigung, Anziehung oder Sympathie hin: Personen mit ähnlichen Einstellungen und Werthaltungen, wie man sie selbst besitzt, werden im allgemeinen mehr gemocht und als sympathischer beurteilt als Personen, deren Einstellungen den eigenen unähnlich sind. Allerdings muß gesagt werden, daß zumindest in jenen Fällen, wo die Probanden mit den zu beurteilenden Personen tatsächlich Kontakt hatten, der Unterschied in der Einstellungsähnlichkeit zu gemochten und nicht gemochten Personen im allgemeinen nicht sehr groß war (z.B. Griffitt & Veitch, 1974).

Während die Existenz eines Zusammenhangs zwischen Einstellungsähnlichkeit und interpersonaler Attraktion kaum mehr ernsthaft bezweifelt wird, gibt es nach wie vor Diskussionen darüber, *wie* die attraktionsfördernde Wirkung von Einstellungsähnlichkeit zu erklären ist. Byrne und Mitarbeiter (1967) meinen, daß Einstellungsähnlichkeit als Bestätigung eigener Standpunkte erlebt wird und das „Effektanz"-Motiv befriedigt, also das Bedürfnis, die eigene Umwelt und darin ablaufende Ereignisse zu verstehen und richtig zu interpretieren. Für andere Autoren (z.B. Aronson & Worchel, 1966; und in letzter Zeit Condon & Crano, 1988) steht demgegenüber im Vordergrund, daß der andere einen mögen wird. Wieder andere Autoren meinen, daß aufgrund übereinstimmender Einstellungen konfliktfreie und belohnende Interaktionen erwartet werden (z.B. Davis, 1981). Forscher, die stärker den Informationsverarbeitungstheorien zugeneigt sind (z.B. Ajzen, 1977), verstehen schließlich den Standpunkt, daß man einstellungsähnlichen Personen positive Eigenschaften zuschreibt und letztlich diese zugeschriebenen Eigenschaften ausschlaggebend dafür sind, daß man einstellungsähnliche Personen gegenüber Sympathie entwickelt. Die verschiedenen für den Zusammenhang zwischen Einstellungsähnlichkeit und Attraktion vorgeschlagenen Erklärungen schließen sich gegenseitig natürlich in keiner Weise aus. Vielmehr können die in ihnen beschriebenen Mechanismen auch nebeneinander ablaufen und sich ergänzen (vgl. Insko, Thompson, Stroebe, Shaud, Pinner & Layton, 1973). Daher erscheint es auch wenig nützlich, die vorgeschlagenen Ansätze weiterhin gegeneinander zu testen. Es sollte eher versucht werden, die Bedingungen herauszuarbeiten, unter denen sie jeweils angemessen sind.

Grundlegendere Zweifel an der bisherigen Interpretation des Ähnlichkeits-Attraktions-Zusammenhangs hat kürzlich Rosenbaum (1986a) angemeldet, indem er überhaupt in Frage stellt, daß Einstellungsähnlichkeit (abgesehen von einigen Sonderfällen) zu Sympathie führe. Er behauptet demgegenüber und hat empirisch nachzuweisen versucht, daß der zwischen Einstellungsähnlichkeit und Attraktion festgestellte Zusammenhang vielmehr eine Folge davon sei, daß Unähnlichkeit Abneigung nach sich ziehe. Die daran anschließende Diskussion (vgl. Byrne, Clore & Smeaton, 1986; Rosenbaum, 1986b; Smeaton, Byrne & Murnen, 1989) hat der eher in Agonie liegenden Attraktionsforschung zumindest kurzfristig wieder etwas von dem Leben eingehaucht, durch das sie in den 60er und 70er Jahren ausgezeichnet war.

Darüberhinaus - und zweifellos wichtiger - haben die Diskussionsbeiträge (und die durchgeführten Untersuchungen) auf einige bisher wohl tatsächlich zu wenig beachtete Punkte hingewiesen. Zum Beispiel, daß Personen, wenn sie keine Informationen über eine andere Person haben, in Übereinstimmung mit der vielfach nachgewiesenen Tendenz zur Konsensüberschätzung (z.B. Ross, Greene & House, 1977) im allgemeinen eher von der Annahme bestehender Einstellungsähnlichkeit ausgehen, und sich daher (erwartungsdiskrepante) Information über tatsächliche Einstellungsähnlichkeit wesentlich stärker auswirkt als solche über tatsächliche Einstellungsähnlichkeit.

Weiterhin hat die Diskussion zur Formulierung eines Zweistufenmodells der Beziehungsentwicklung geführt (wie es übrigens von anderen Autoren, wie z.B. von Rodin, 1982, schon früher vorgeschlagen wurde). In derartigen Modellen wird postuliert, daß zunächst in einem ersten Schritt Personen aufgrund negativ bewerteter Charakteristika (wie z.B. Einstellungsähnlichkeit, mangelnder physischer Attraktivität, unfreundlichen Verhaltens, Zugehörigkeit zu einer abgelehnten Rasse) aus dem Kreis potentieller Freunde oder Partner ausgeschieden werden, und dann in einem zweiten Schritt unter den Verbleibenden eine Auswahl aufgrund positiver Merkmale (wie z.B. Einstellungsähnlichkeit) stattfindet.

2.2.2. Ähnlichkeit in der physischen Attraktivität

Als ein weiteres Beispiel dafür, daß bestimmte Konstellationen von Merkmalen beider Partner für die zwischenmenschliche Anziehung und die Entstehung und Entwicklung von Beziehungen bedeutsam sind, kann die Übereinstimmung von Partnern im Ausmaß ihrer physischen Attraktivität genannt werden. Die einschlägige Forschung wurde durch die sog. „matching-Hypothese" angeregt, die besagt, daß die Partner innerhalb gegengeschlechtlicher Beziehungen einander im Ausmaß ihrer Attraktivität entsprechen. Wie Kalick und Hamilton (1986) betonen, lassen sich drei verschiedene strenge Versionen der matching-Hypothese unterscheiden. In der „schärfsten" Fassung der Hypothese wird postuliert, daß Partner mit gleicher Attraktivität, wie man sie selbst besitzt, bevorzugt und daher gewählt werden. Nach der „mittleren" Hypothesenversion resultiert die Wahl von Partnern gleichen Attraktivitätsniveaus aus einem Kompromiß zwischen dem Streben nach einem möglichst attraktiven Partner und verschiedenen Überlegungen, die einen dazu veranlassen, diesen Anspruch auf ein „realistisches Niveau" herunterzuschrauben (wie z.B. die Befürchtung, daß man von einer Person, die einem in der Attraktivität deutlich überlegen ist, als Partner zurückgewiesen werden könnte). Die schwächste Version der matching-Hypothese sagt schließlich bloß, daß Partner in gegengeschlechtlichen Beziehungen ein ähnliches Attraktivitätsniveau aufweisen, ohne dies mit einem Streben nach Ähnlichkeit und entsprechenden Entscheidungen in Verbindung zu setzen. Wie weiter unten noch gezeigt wird, gelangt man von einem ökonomischen Verhaltensmodell ausgehend zu Aussagen, die mit der dritten, evtl. aber auch mit der zweiten Hypothesenversion übereinstimmen (vgl. Stroebe, 1981).

In der einschlägigen empirischen Forschung (für eine Übersicht vgl. Feingold, 1988; Kalick & Hamilton, 1986) ist bisher noch keine klare Unterscheidung zwischen den genannten Versionen der matching-Hypothese erfolgt. Die Befunde aus experimentellen Untersuchungen sind uneinheitlich und bieten, abgesehen von einigen wenigen Ausnahmen (z.B. Stroebe, Insko, Thompson & Layton, 1971), bestenfalls eine schwache Stützung der Hypothese. Demgegenüber erbrachten nichtexperimentelle Felduntersuchungen, in denen die physische Attraktivität der Partner in tatsächlich bestehenden Beziehungen miteinander verglichen wurden (z.B. Cavior & Boblett, 1972; Murstein, 1972; Murstein & Christie, 1976; Price & Vandenberg, 1979; White, 1980), übereinstimmend signifikante Korrelationen zwischen der physischen Attraktivität der Partner.

Derartige Untersuchungen zeigen auch, daß das Ausmaß der Übereinstimmung der Partner in ihrer physischen Attraktivität bei Ehepaaren größer ist als bei bloß befreundeten Paaren (Cavior & Boblett, 1972; Murstein & Christie, 1976) und auch für die Entwicklung und Stabilität der Beziehung von Bedeutung sein kann. So fand z.B. White (1980) in einer Längsschnittuntersuchung an unverheirateten Paaren, daß die zum ersten Meßzeitpunkt festgestellte Ähnlichkeit der Partner im Ausmaß ihrer physischen Attraktivität hoch mit verschiedenen, neun Monate später erhobenen Maßen für die Weiterentwicklung der Beziehung korrelierte. Je größer die Ähnlichkeit, umso stabiler erwies sich die Beziehung und umso größer war die Wahrscheinlichkeit, daß eine Weiterentwicklung stattgefunden hatte. Unter jenen Paaren, die sich in der Zwischenzeit getrennt hatten, waren solche mit großer Diskrepanz im Attraktivitätsniveau überrepräsentiert. Auch Folkes (1982) berichtet aus einer Untersuchung, in die sie die Beziehungsentwicklung von Paaren analysierte, die von einem computerisierten Partnerservice (Computerdating) Gebrauch gemacht hatten, einen signifikanten Zusammenhang zwischen Ähnlichkeit der Attraktivität und der Wahrscheinlichkeit eines Fortschritts in der Beziehungsentwicklung.

2.2.3. Weiterführende Überlegungen: Ähnlichkeit von Partnern als Folge von Verfügbarkeit, Konkurrenz und Verträglichkeit

Die in diesem Abschnitt behandelte attraktionsdeterminierende Wirkung der Ähnlichkeit von Menschen in verschiedenen Merkmalen darf nicht unabhängig von der von Soziologen (z.B. Kerckhoff, 1974), Psychologen (z.B. Feingold, 1988) und auch Verhaltensgenetikern (vgl. Johnson, Nagoshi & Ahern, 1987) im Zusammenhang mit der Partnerwahl belegten *Homogamie,* d.h. Übereinstimmung der Gatten in einer Vielzahl von Merkmalen, gesehen werden. Es liegen viele Belege dafür vor, daß Ehepartner in zahlreichen Charakteristika (z.B. Alter, sozioökonomischer Status, Bildungsstand, Intelligenz, physische Attraktivität, Einstellungen) überzufällige Ähnlichkeit aufweisen. Wie im Fall der strengsten Version der matching-Hypothese mag es verlockend erscheinen, diese Ähnlichkeit ausschließlich als Folge von Wahl- und Entscheidungsprozessen zu interpretieren, bei denen ähnliche Personen bevorzugt werden. Wenngleich die attraktionsfördernde Wirkung der Ähnlichkeit in bestimmten Merkmalen (z.B. in Einstellungen und Werthaltungen) als gesichert angesehen werden kann, ist es aber vermutlich doch wohl eher so, daß die vielfach nachgewiesene Homogamie das Resultat von drei verschiedenen Einflußgrößen ist, nämlich der differentiellen Verfügbarkeit von Partnern, dem Konkurrenzkampf auf dem „Partnermarkt" und der beziehungsförderlichen Wirkung verträglicher Merkmalskonstellationen (vgl. Stroebe, 1987).

Verfügbarkeit. Eine der notwendigen Voraussetzungen für die Entwicklung romantischer Beziehungen besteht darin, daß sich potentielle Partner in Situationen treffen, die die Entwicklung persönlicher Beziehungen erlauben. Damit wird die Partnerwahl durch all jene räumlichen und sozialen Faktoren begünstigt, die die Wahrscheinlichkeit erhöhen, daß sich zwei Personen in für die Beziehungsentwicklung förderlichen Situationen begegnen. Empirisch wurde dies insbesondere für den Einfluß der räumlichen Nähe belegt. Schon Bossard (1932) fand in einer Analyse der Adressen von späteren Ehepartnern, daß die Wahrscheinlichkeit einer Eheschließung mit zunehmender Entfernung der vorehelichen Wohnadressen der Partner abnahm. Dieser Zusammenhang wurde in mehr als einem Dutzend späterer Untersuchungen bestätigt (für eine Übersicht vgl. Catton & Smircich, 1964; Katz & Hill, 1958).

Der Zusammenhang von räumlicher Nähe und der Wahrscheinlichkeit von Eheschließungen läßt sich hauptsächlich auf zwei Prozesse zurückführen. Mit abnehmender Distanz steigt die Wahrscheinlichkeit, daß sich zwei potentielle Partner begegnen, während die Kosten der Aufrechterhaltung einer Beziehung geringer werden. So ist es in der Regel nicht nur wahrscheinlicher, daß sich Menschen, die in derselben Nachbarschaft wohnen, eher kennenlernen als solche, die in verschiedenen Städten oder gar Ländern leben. Es ist für sie auch wesentlich weniger aufwendig, sich nach Aufnahme der Beziehung weiterhin regelmäßig zu treffen.

Räumliche Nähe ist aber nur einer von mehreren Faktoren, die die Wahrscheinlichkeit der Begegnung und differentielle Verfügbarkeit potentieller Partner beeinflussen. Spätere Partner lernen einander nicht nur in ihrer Wohngemeinschaft, sondern auch in Schulen oder Universitäten, am Arbeitsplatz oder bei Freizeitaktivitäten kennen. Da Wohngebiete sich nach der Höhe der Mieten unterscheiden, Schulen und Arbeitsplätze nach den erforderlichen (aus)bildungsmäßigen Voraussetzungen, und die Beteiligung an Freizeitattraktivitäten wie Tennis, Golf oder Fußball zumindest teilweise vom verfügbaren Einkommen abhängt, ist die Wahrscheinlichkeit groß, daß so zusammentreffende Personen einander in soziodemographischen Merkmalen (wie z.B. Bildung, Schichtzugehörigkeit, Einkommen) und in weiterer Folge auch in anderen damit zusammenhängenden psychologischen Merkmalen (z.B. Einstellungen und Werthaltungen) ähneln.

Zum Beispiel verbringen Studenten und Studentinnen ihr Studium in einem Umfeld, in dem sich über Jahre hinweg viele Kontaktmöglichkeiten mit anderen Studierenden ergeben. Aufgrund der hohen Verfügbarkeit ist die Wahrscheinlichkeit der Entwicklung romantischer Beziehungen innerhalb dieser Population sehr groß. Da sich aber Studenten auch in vielen anderen Merkmalen wie Alter, Intelligenz und sozialen Einstellungen ähnlich sind, führt die Verfügbarkeit zur Homogamie in diesen Charakteristiken.

Konkurrenzkampf und Marktprozesse. Der Konkurrenzkampf auf dem Partnermarkt bewirkt weitere Einschränkungen bei der Partnerwahl, die vor allem zu Homogamie in kulturell wertbesetzten Charakteristiken beitragen. In unserem Kulturkreis ziehen wohl die meisten Menschen einen gutaussehenden, vermögenden und intelligenten Partner gegenüber einem physisch unattraktiven, armen und unintelligenten vor. Da Partnerschaft eine gegenseitige Wahl voraussetzt, müßte der Konkurrenzkampf um möglichst attraktive Partner dazu führen, daß Partnerschaften umso wahrscheinlicher werden, je ähnlicher sich zwei Personen im Ausmaß sind, in dem sie bestimmte positiv bewertete Charakteristiken besitzen. Diese Ähnlichkeit wäre nicht auf eine Präferenz für ähnliche Partner, sondern auf den auf dem Partnermarkt herrschenden Konkurrenzkampf zurückzuführen (Stroebe, 1987). Auf die Übereinstimmung von Partnern in ihrer physischen Attraktivität bezogen, entspricht diese Überlegung der weiter oben diskutierten dritten und schwächsten Version der matching-Hypothese. Aber auch deren zweite Version, wonach die Entscheidung für einen gleich attraktiven Partner Folge eines Kompromisses zwischen dem Wunsch nach einem maximal attraktiven Partner und der Furcht vor Mißerfolg und Zurückweisung ist, erscheint mit dem ökonomischen Modell vereinbar. Schließlich wäre es für einen auf dem Partnermarkt tätigen Akteur durchaus sinnvoll, seine Bemühungen und beschränkten Ressourcen nicht auf völlig unrealistische Möglichkeiten zu verschwenden.

Verträglichkeit. Als dritter Faktor, der zu Homogamie von Ehepartnern führt, ist schließlich die beziehungsfördernde Wirkung verträglicher Konstellationen von Partnermerkmalen zu nennen. Ob Beziehungen aufgenommen, weitergeführt oder abgebrochen werden, hängt im allgemeinen wesentlich davon ab, wie gut die Partner zusammenpassen und miteinander auskommen oder zumindest von den diesbezüglichen Erwartungen. Da eine zwischen den Partnern bestehende Ähnlichkeit (wenn auch nicht für alle, so doch für viele Merkmale wie z.B. auch für Einstellungen) für die Verträglichkeit und die Beziehung förderlich ist, ist die zwischen Ehepartnern nachgewiesene Homogamie zumindest teilweise sicherlich auch Folge der erhöhten Verträglichkeit.

Zum Beispiel wäre nach austauschtheoretischen Erwägungen zu erwarten, daß Partner, die sich in Ihren Freizeitinteressen ähneln, in diesem Bereich belohnendere Interaktionen erfahren werden als solche, die unähnliche Interessen haben. Wenn sich etwa zwei Ehepartner, die ihre Abende gerne zusammen verbringen, in ihren Interessen völlig unterscheiden (z.B. einer liebt Konzerte und haßt Filme, der andere ist unmusikalisch und bevorzugt das Kino) werden die Ergebnisse aus gemeinsamen Freizeitaktivitäten gewöhnlich weniger positiv sein als bei Partnerschaften, in denen beide Musikliebhaber oder Kinofans sind. Im Gegensatz zu den beiden zuvor diskutierten Faktoren ist es hier tatsächlich so, daß die überzufällig große Ähnlichkeit von Partnern zumindest teilweise auch eine Folge expliziter Bevorzugungen von und Entscheidungen für ähnliche Personen ist.

2.3. Merkmale des situativen Kontexts

Untersuchungen zur attraktionsbeeinflussenden Wirkung von Merkmalen des situativen Kontexts, in dem Personen zusammentreffen und interagieren, haben sich hauptsächlich auf negative Kontextbedingungen konzentriert. Ein Teil der einschlägigen Untersuchungen wurde aufbauend auf dem Reinforcement-Affekt Modell von Byrne und Clore (1970; Clore & Byrne, 1974) durchgeführt und verwendete auch das in dieser Forschungstradition (vgl. Byrne, 1971) entwickelte und bereits weiter oben beschriebene Paradigma des „anonymen Fremden". Der situative Kontext wurde über die Temperatur und die Beengtheit (Griffitt, 1970; Griffitt & Veitch, 1971) oder über Gerüche im Versuchsraum (Rotton, Barry, Frey & Soler, 1978) unterschiedlich angenehm gestaltet. Die in diesen Untersuchungen gewonnenen Befunde lassen einen deutlichen Einfluß der Beschaffenheit des Kontexts auf die Attraktionsbeurteilung erkennen: Je angenehmer die Situation, desto sympathischer wird der anonyme Fremde beurteilt, je unangenehmer die Situation, desto negativer fallen auch die Urteile aus.

Die Befundlage erwies sich allerdings doch widersprüchlicher als es zunächst erschien. Untersuchungen, in denen die zu beurteilende Person in einer aversiven Situation mit dem Probanden tatsächlich gemeinsam anwesend war (z.B. Dutton & Aron, 1974), ergaben nämlich, daß die Person im aversiven Kontext verglichen zu einer Kontrollbedingung positiver und nicht negativer beurteilt wird. Kenrick und Johnson (1979) vermuten und liefern auch experimentelle Belege dafür, daß der entscheidende Unterschied in der tatsächlichen Anwesenheit der zu beurteilenden Person liegt. Unter aversiven Bedingungen tatsächlich anwesende Personen werden verglichen zu einer affektiv neutralen Kontrollbedingung positiver, bloß symbolisch repräsentierte Personen hingegen negativer beurteilt. Gegenwärtig hat es den Anschein, daß der attraktionsfördernde Effekt negativer Kontextbedingungen tatsächlich nur dann auftritt, wenn die Anwesenheit der anderen Person dazu führt, daß die Situation als weniger aversiv erlebt wird. Dies läßt sich mit dem Reinforcement-Effekt Modell insofern vereinen, als die anwesende Person als negativer Verstärker fungiert und deshalb beim Individuum einen positiven Affektzustand hervorruft (vgl. Kenrick & Cialdini, 1977).

Unabhängig davon, ob man bereit ist, diesen spezifischen Erklärungsansatz zu akzeptieren, scheint es auf jeden Fall plausibel, daß die attraktionsbeeinflussende Wirkung von Merkmalen des situativen Kontexts über Veränderungen in der Stimmung und Erregung des Individuums vermittelt werden. Daher soll sofort zur Besprechung der Bedeutung dieser beiden Variablen als Determinanten interpersonaler Attraktion übergegangen werden. Im Anschluß daran werden auch alternative Erklärungen der beobachteten Effekte im Sinne der neueren Forschung zur sozialen Informationsverarbeitung diskutiert werden.

2.4. Merkmale des Individuums

2.4.1. Erregung

Berscheid und Walster (1974; Walster & Berscheid, 1971) haben aufbauend auf der Gefühlstheorie von Schachter (1964) argumentiert, daß es zum Erleben von leidenschaftlicher Liebe, worunter sie (1974, p. 357) eine Kombination von romantischer Liebe und sexueller Anziehung verstehen, einerseits einer erhöhten physiologischen Erregung bedarf und es andererseits erforderlich ist, daß die gegebenen situativen Umstände für eine Interpretation des Erregungszustands als Liebe angemessen sind. Da die physiologischen Symptome, die verschiedenen Emotionen zugrundeliegen, unspezifisch sind, kann es zu Fehlattributionen und -interpretationen derart kommen, daß ein Erregungszustand, der tatsächlich von etwas anderem ausgelöst wurde, auf eine anwesende Person zurückgeführt, und in weiterer Folge, sofern diese Person andersgeschlechtlich und attraktiv ist, als leidenschaftliche Liebe fehlinterpretiert wird. Unabhängig von Berscheid und Walster (1974), aber ebenfalls auf Schachter (1964) aufbauend, haben Dutton und Aron (1974) postuliert und experimentell nachgewiesen, daß männliche Versuchsteilnehmer, die aufgrund furchtauslösender Umstände (wie z.B. die Überquerung einer schaukelnden Brücke über einem tiefen Abgrund bzw. die Erwartung schmerzhafter elektrischer Schläge) emotional stark erregt sind, stärkere Attraktion gegenüber einer attraktiven Frau zum Ausdruck bringen als Männer, die weniger erregt sind. Das Modell leidenschaftlicher Liebe von Berscheid und Walster und die genannten Untersuchungen von Dutton und Aron haben eine Kette von Experimenten nach sich gezogen, in denen die Auswirkung erhöhter Erregung beim Zusammentreffen mit einer anderen Person auf die ihr gegenüber empfundene Attraktion überprüft wurde (Kenrick, Cialdini & Lindner, 1979; Riordan & Tedeschi, 1983; White, Fishbein & Rutstein, 1981; White & Kight, 1984; Allen, Kenrick, Linder & McCall, 1989). Der Versuchsaufbau war in der Mehrzahl aller Untersuchungen sehr ähnlich: Männliche Versuchsteilnehmer werden durch die Ankündigung unterschiedlich starker elektrischer Schläge je nach Versuchsbedingung in unterschiedlich hohe körperliche Erregung versetzt. Dann werden sie gebeten, eine attraktive weibliche Person, die gleichzeitig mit ihnen am Versuch teilnimmt, hinsichtlich verschiedener Aspekte zu beurteilen. Die gewonnenen experimentellen Befunde sprechen mit wenigen Ausnahmen (Kenrick et al., 1979) dafür, daß es bei erhöhtem Arousal tatsächlich zu intensiveren Attraktionsreaktionen kommt.

Weniger Einigkeit als in den Befunden besteht allerdings darüber, wie die beobachteten Effekte zu erklären sind. Zunächst herrschte die Überzeugung vor, daß die situativ verursachten Erregungssteigerungen fälschlicherweise auf die anwesende attraktive Person zurückgeführt werden. Diese Interpretation der Befunde wurde jedoch von Kenrick und Cialdini

(1977) in Zweifel gezogen. Sie argumentierten, daß eine derartige Fehlattribution nur dann wahrscheinlich sei, wenn die tatsächliche Ursache für die Erregungssteigerung uneindeutig ist[8], was aber in der Mehrzahl der einschlägigen Untersuchungen nicht der Fall gewesen sei. Vielmehr ist anzunehmen, daß in diesen Situationen, wo die Erregungssteigerung durch aversive Stimulation (wie z.B. bei Dutton und Aron (1974) durch das Überqueren einer schwankenden Brücke bzw. die Androhung starker elektrischer Schläge) induziert wurde, den Probanden die Ursache ihrer Erregung sehr wohl klar war. Wie im Abschnitt über Kontexteffekte bereits erwähnt, könnte die in den Untersuchungen festgestellte Intensivierung der Anziehung gegenüber Personen, die in der (aversiven) Situation mit anwesend sind, ebenso plausibel als Folge von negativer Verstärkung interpretiert werden (vgl. Kenrick & Cialdini, 1977). Unterstützende Befunde für das Modell der negativen Verstärkung liefern Untersuchungen von Kenrick und Johnson (1979) und Riordan und Tedeschi (1983). Die letztgenannten Autoren können auch zeigen, daß die Anwesenheit einer anderen Person tatsächlich die durch eine aversive Situation ausgelöste Erregung zu reduzieren vermag.

Das Konzept der negativen Verstärkung kann allerdings nur einen sehr begrenzten Teil der Befunde zum Zusammenhang zwischen Attraktion und erhöhtem Arousal erklären. Spätere Untersuchungen (z.B. White et al., 1981; White & Kight, 1984) haben nämlich auch dann eine Intensivierung von Attraktion bei erhöhter Erregung festgestellt, wenn die Erregungssteigerung nicht mittels aversiver Stimulation, sondern über affektiv neutrale oder affektiv positive Bedingungen (z.B. Laufen am Strand bzw. Anhören einer Bandaufzeichnung mit lustigen Texten) induziert wurde. Dieses Ergebnis kann zweifellos nicht mit negativer Verstärkung erklärt werden, ist aber (zumindest wenn die tatsächliche Quelle der Erregungssteigerung nicht salient ist) mit der Fehlattributionshypothese gut vereinbar. Schwierigkeiten für das Konzept der negativen Verstärkung ergeben sich auch bei einem weiteren Befund von White et al. (1981), wonach ein erhöhtes, verglichen zu einem normalen Arousal nicht nur die Attraktion (von Männern) gegenüber attraktiven Frauen *erhöht,* sondern auch die Attraktion gegenüber unattraktiven Frauen reduziert[9].

---

[8] Vgl. diesbezüglich auch Zillmans (1978; Cantor, Zillman & Bryant, 1975) Erregungstransferhypothese.

[9] Die Untersuchung von White et al., (1981) ist übrigens noch in einer weiteren Hinsicht von theoretischem Interesse. Es zeigt sich nämlich, daß affektiv negative erregende Bedingungen (lustige vs. grausame Texte) gleichermaßen zu einer Attraktionssteigerung führen, was dafür spricht, daß nicht die Qualität des Affekts, sondern das Ausmaß der Erregung entscheidend ist.

Somit sind beide in der Literatur hauptsächlich diskutierten theoretischen Ansätze nur beschränkt zufriedenstellend, weil sie jeweils nur einen Teil der vorliegenden Befunde zu erklären in der Lage sind.

Allen, Kenrick, Linder und McCall (1989) haben kürzlich ein response-facilitation-Modell im Sinne der Hullschen Theorie (Hull, 1943) vorgeschlagen, um die vorliegenden, teilweise widersprüchlichen Befunde innerhalb eines einzigen theoretischen Rahmens integrieren und erklären zu können. Nach dieser Perspektive wird durch die erhöhte Erregung das Auftreten der in der jeweiligen Situation dominanten Reaktion gefördert[10].

Die Ergebnisse zweier Experimente der Autoren, in denen sie dieses Erklärungsmodell der Fehlattributionshypothese gegenüberstellen und testen, stimmen mit den Vorhersagen überein, wenngleich sie natürlich keinen eindeutigen Beweis für die Angemessenheit der response-facilitation-Erklärung zu liefern imstande sind. Abgesehen von der allgemeinen Schwierigkeit von response-facilitation-Ansätzen bei der a priori-Festlegung dessen, was in einer konkreten Situation die dominante Reaktion darstellt, ist dem von Allen et al. (1989) vorgeschlagenen Erklärungsmodell zumindest zu attestieren, daß es den alternativen Ansätzen dahingehend überlegen ist, als es alle bisher vorliegenden Befunde innerhalb einer theoretischen Konzeption zu erklären vermag.

2.4.2. Stimmung

Entsprechend der großen Popularität, die lerntheoretische Erklärungen der Entstehung interpersonaler Attraktion aufgrund von Verstärkung und klassischer Konditionierung in den 60er und frühen 70er Jahren genossen haben, wurde in einer Vielzahl von Untersuchungen der affektive Zustand oder die Stimmung des Beurteilers als potentielle Attraktionsdeterminante analysiert. Anders als bei zuvor besprochenen Determinanten, wie z.B. der physischen Attraktivität oder der Einstellungsähnlichkeit, deren Wirkung von Verstärkungstheoretikern ebenfalls über die beim Beurteiler ausgelösten affektiven Zustände erklärt werden, ist hier von Stimmungen (bzw. affektiven Zuständen) die Rede, die beim Beurteiler unabhängig von der Eigenart oder vom Verhalten der beurteilten Person vorhanden sind.

Eine erste Gruppe einschlägiger Untersuchungen ist im Zusammenhang mit der Attraktionstheorie von Lott und Lott (1968, 1972, 1974) entstanden. In diesen Untersuchungen (z.B. Lott & Lott, 1960; James & Lott, 1964; Lott, Lott & Matthews, 1969; Mikula & Egger, 1974) wurde den Versuchsteilnehmern bei Spielen oder Problemlösungsaufgaben Erfolg oder Mißerfolg vermittelt und die entstehende Attraktion gegenüber Personen

---

[10] Für eine ähnliche Erklärung der Wirkung des Gehalts an negativen Ionen in der atmosphärischen Elektrizität auf die interpersonal Attraktion vgl. Baron (1987).

gemessen, die mit dem Versuchsteilnehmer gemeinsam in der Situation anwesend waren, aber in keinerlei funktionalen oder Kausalbeziehung mit dessen Erfolg (bzw. Mißerfolg) standen. Es konnte gezeigt werden, daß Personen, die raum-zeitlich mit einer Belohnung in Form eines Erfolgs assoziiert waren, anschließend verglichen mit Personen, die mit keinem Erfolg (bzw. Mißerfolg) assoziiert waren, positiver beurteilt oder als Partner für weitere Aktivitäten bevorzugt wurden. Wenngleich in diesen Untersuchungen die Stimmung der Versuchsteilnehmer nicht gemessen wurde, liegt es doch nahe anzunehmen, daß durch die vermittelten Erfolgs- oder Mißerfolgserlebnisse positive bezw. negative Stimmungen bei den Versuchsteilnehmern induziert wurden.

Eine zweite Gruppe einschlägiger Untersuchungen wurde im Zusammenhang mit dem Reinforcement-Affekt-Modell von Byrne und Clore (1970; Clore & Byrne, 1974) durchgeführt und verwendete das Paradigma des „anonymen Fremden". Der affektive Zustand der Versuchsteilnehmer wurde durch das Vorspielen lustiger und trauriger Filmausschnitte (Gouaux, 1971) oder unterschiedlich erfreulicher Radionachrichten (Veitch & Griffitt, 1976) beeinflußt. Auch diese Befunde sind sehr konsistent und stimmen mit lerntheoretischen Vorhersagen gut überein: Die Qualität der Bewertungen des „anonymen Fremden" entspricht dem affektiven Zustand der Versuchsteilnehmer; je positiver dieser Zustand, desto sympathischer wird er beurteilt, je negativer die Stimmung, desto negativer fallen auch die Urteile aus[11].

Nachdem die Untersuchungen zu Stimmungs- und Kontexteinflüssen auf die zwischenmenschliche Anziehung in jenem lerntheoretischen Rahmen dargestellt und interpretiert wurden, in dem sie auch tatsächlich durchgeführt wurden, sei nochmals darauf hingewiesen, daß sich die Befunde natürlich ebensogut unter Zuhilfenahme von Theorien und Befunden der Forschung zum Einfluß von Stimmungen auf evaluative Urteile (für zusammenfassende Darstellungen vgl. z.B. Forgas & Bower, 1988; Schwartz & Clore, 1988; Sherman, Judd & Park, 1989; Spieß & Hesse, 1986) erklären lassen, wenngleich dies unseres Wissens bisher noch nicht in systematischer Weise geschehen ist.

---

[11] Befunde von Griffitt und Mitarbeiter (Griffitt & Guay, 1969; Griffitt & Veitch, 1971) zeigen, daß derartige durch die Stimmung beeinflußten Bewertungsunterschiede nicht spezifisch für interpersonale Attraktion sind, sondern sich auch bezüglich anderer in der jeweiligen Situation vorhandener diskriminierbarer Reize zeigen.

3. Abschließende Bemerkungen

Wenn man neuere Abhandlungen über Beziehungsforschung liest, gewinnt man leicht den Eindruck, daß die Attraktionsforschung durch die Beziehungsforschung abgelöst wurde und nur mehr als skurriles Relikt einer verfehlten Forschungstradition zu betrachten ist. Wir hoffen, durch dieses Kapitel gezeigt zu haben, daß dieser Eindruck keineswegs gerechtfertigt ist. Wenn sie sich auf ihre eigentliche Aufgabe beschränken, haben beide Forschungsrichtungen ihre Berechtigung und ergänzen einander sehr gut.

Eine Attraktionsforschung, die sich mit Ursachen und Auswirkungen erster Eindrücke und oberflächlicher Sympathien befaßt, wie sie bei kurzfristigen Kontakten und flüchtigen Begegnungen entstehen können, erscheint uns aus verschiedenen Gründen nach wie vor wichtig (vgl. Mikula, 1981). Erstens geht der weitaus größere Teil unserer Sozialkontakte nie über dieses erste und oberflächliche Stadium hinaus. Zweitens bilden diese frühen Eindrücke und oberflächlichen Sympathien und Antipathien eine Grundlage für die Entscheidung, ob weitere Kontakte und damit die Aufnahme engerer Beziehungen angestrebt oder vermieden werden. Drittens schließlich schlagen sich unsere Ersteindrücke von anderen Menschen in unserem diesen Personen gegenüber gezeigten Verhalten nieder und können somit den Anfang eines komplexen Aufschaukelungsprozesses bilden, da unser Verhalten in weiterer Folge das Verhalten der anderen uns gegenüber und dieses wiederum unsere Meinung beeinflußt. Die große Fruchtbarkeit der Attraktionsforschung läßt sich an der in den vorangegangenen Teilen des Kapitels dargestellten Forschung über die Wirkung der Determinanten zwischenmenschlicher Anziehung erkennen. In diesen Untersuchungen konnte die attraktionsfördernde Wirkung einer Vielzahl von Merkmalen, Konstellationen von Merkmalen, Kontextfaktoren oder Charakteristiken der Person selbst empirisch belegt werden.

Die Kritik an der traditionellen Attraktionsforschung wurde vermutlich dadurch ausgelöst, daß häufig der Anspruch erhoben wurde, die Ergebnisse dieser Forschung könnten nicht nur die Entstehung zwischenmenschlicher Einstellungen, sondern auch die Aufnahme, Entwicklung und Stabilität überdauernder Beziehungen erklären. Diesem Anspruch kann aber die Attraktionsforschung aus mehreren Gründen nicht gerecht werden. Erstens ist zwischenmenschliche Anziehung zwar eine wichtige Determinante der Beziehungsbildung, aber sie ist nur ein Faktor unter vielen. Menschen bilden Beziehungen aus vielen Gründen, von denen manche recht wenig mit Sympathie für den anderen oder positiver Bewertung von dessen Qualitäten zu tun haben (Berscheid, 1985). Zweitens ergeben sich bei der Anwendung der Befunde der Attraktionsforschung auf die Beziehungsentwicklung Schwierigkeiten, da der Einfluß bestimmter Determinanten der Attraktion in der überwiegenden Mehrzahl dieser Untersuchungen nur zu einem Zeitpunkt und meist in den ersten Stadien der Beziehung überprüft wurde. Es ist aber zu vermuten, daß unterschiedliche Faktoren die Attraktion in unterschiedlichen Phasen der Beziehungsentwicklung beeinflussen. So gehen etwa die sogenannten „Filtertheorien" (z.B. Duck, 1977; Kerckhoff & Davis, 1962; Levinger & Snoek, 1977; Stroebe, 1981) davon aus, daß in unterschiedlichen Phasen einer Beziehung unterschiedliche Kritierien (Filter) für die Partnerwahl herangezogen werden und daß ein Fortschritt in der Beziehungsentwicklung nur dann auftritt, wenn die Partner den vorangegangenen „Filterprozeß" erfolgreich durchlaufen haben. Derartige Fragen können aber nur durch Untersuchungen der Anziehung in andauernden Beziehungen geklärt werden.

Ein weiteres Problem für die Übertragung der Befunde der Attraktionsforschung auf die Beziehungsbildung ergibt sich dadurch, daß sich kaum eine der Untersuchungen über Determinanten der zwischenmenschlichen Anziehung mit der Wirkung von mehr als zwei Attraktionsdeterminanten befaßte. Dies ist insofern problematisch, als Akteure auf dem Partnermarkt gewöhnlich gezwungen sind, Kompromisse zu schließen. Viele von uns mögen einmal vom idealen Partner geträumt haben, einer Person, die gutaussehend, intelligent, sozial kompetent, gebildet und nicht unvermögend sein sollte. Während manche das Glück hatten, einen solchen Partner nicht nur zu finden, sondern diese Person auch zu einer Eheschließung zu überreden, müssen andere Abweichungen von ihrem Idealbild hinnehmen. Sie müssen sich entscheiden, welche Kriterien unabdinglich sind und wo sie Abstriche akzeptieren können. Ökonomen nennen dies „Substitution" und gehen davon aus, daß Menschen immer bereit sind, etwas von einem Gut aufzugeben, um mehr von einem anderen Gut zu erhalten. Diese Überlegungen lassen vermuten, daß die empirischen Belege für Homogamie in der Partnerwahl noch weitaus stärker wären, wenn die Forschung, statt sich auf einzelne Determinanten zu beschränken, die Ähnlichkeit der Partner über eine Vielzahl von Determinanten der Attraktion hinweg überprüft hätte.

Mit der Neuorientierung in diesem Bereich von einer Attraktionsforschung, die sich hauptsächlich mit den frühen Phasen der Beziehungsentwicklung befaßte, zu einer Beziehungsforschung, die in Felduntersuchungen die Entwicklung bestehender Beziehungen untersucht, werden immer mehr Studien durchgeführt, die Antworten auf die hier gestellten Fragen liefern können. Erst aus der Integration der meist experimentalpsychologischen Forschung zur zwischenmenschlichen Anziehung und den nichtexperimentellen Felduntersuchungen zur Beziehungsentwicklung wird sich ein vollständiges Bild der Rolle der zwischenmenschlichen Anziehung in der Entwicklung von Beziehungen ergeben.

Literatur

Adams, G.R. (1977). Physical attractiveness research: Toward a developmental social psychology of beauty. *Human Development, 20,* 217-239.

Adams, G.R. & Huston, T.L. (1975). Social perception of middle-aged persons varying in physical attractiveness. *Developmental Psychology, 11,* 657-658.

Aderman, D. (1969). Effects of anticipating future interaction on the preference for balanced states. *Journal of Personality and Social Psychology, 11,* 214-219.

Ajzen, J. (1977). Information processing approaches to interpersonal attraction. In S.W. Duck (ed.). *Theory and practice in interpersonal attraction.* London: Academic Press.

Allen, J., Kenrick, D., Linder, D. & McCall, M. (1989). Arousal and attraction: A response-facilitation alternative to misattribution and negative-reinforcement models. *Journal of Personality and Social Psychology, 57,* 261-270.

Altman, I. & Taylor, D.A. (1973). *Social Penetration: The development of interpersonal relationships.* New York: Holt, Rinehart & Winston.

Anderson, N.H. (1965). Averaging versus adding as a stimulus-combination rule in impression formation. *Journal of Experimental Psychology, 70,* 394-400.

Anderson, N.H. (1970). Functional measurement and psycho-physical judgement. *Psychological Review, 77,* 153-170.

Aronson, E. & Worchel, P. (1966). Similarity versus liking as determinants of interpersonal attractiveness. *Psychonomic Science, 5,* 157-158.

Backman, C.W. & Secord, P.F. (1959). The effect of perceived liking on interpersonal attraction. *Human Relations, 12,* 379-384.

Baron, R.A. (1987). Effects of negative ions on interpersonal attraction: Evidence for intensification. *Journal of Personality and Social Psychology, 52,* 547-553.

Berg, J.H. (1984). Development of friendship between roommates. *Journal of Personality and Social Psychology, 46,* 2, 346-356.

Berg, J.H. & McQuinn, R.D. (1986). Attraction and exchange in continuing and noncontinuing dating relationships. *Journal of Personality and Social Psychology, 50,* 942-952.

Berscheid, E. (1985). Interpersonal attraction. In G. Lindzey & E. Aronson (eds.). *The Handbook of Social Psychology* (Vol. 1, pp. 413-485). New York: Random House.

Berscheid, E., Dion, K., Walster, E. & Walster, G. (1971). Physical attractiveness and dating: A test of the matching hypothesis. *Journal of Experimental Psychology, 7,* 173-189.

Berscheid, E. & Walster, E.H. (1974). A little bit about love. In T.L. Huston (ed.). *Foundations of interpersonal attraction.* New York: Academic Press.

Berscheid, E. & Walster, E.H. (1978). *Interpersonal attraction, 2nd edn.:* Reading, MA: Addison-Wesley.

Blau, P.M. (1964). *Exchange and power in social life.* New York: John Wiley.

Bossard, J.H.S. (1932). Residential propinquity as a factor in mate selection. *American Journal of Sociology, 38,* 219-224.

Bower, G.H. (1981). Mood and Memory. *American Psychologist, 36,* 129-148.

Brislin, R. & Lewis, S. (1968). Dating and physical attractiveness: Replication. *Psychological Reports, 22,* 976.

Bull, R. & Rumsey, N. (1988). *The social psychology of facial appearance.* New York: Springer.

Buunk, B. & van Yperen, N. (in press). Referential comparison, relational comparison and exchange orientation: Their relation to marital satisfaction. *Personality and Social Psychology Bulletin.*

Byrne, D. (1971). *The attraction paradigm.* New York: Academic Press.

Byrne, D. & Clore, G.L. (1967). Effectance arousal and attraction. *Journal of Personality and Social Psychology, 6,* (Whole No. 638).

Byrne, D. & Clore, G.L. (1970). A reinforcement model of evaluative responses. *Journal of Personality, 2,* 103-128.

Byrne, D., Clore, G. & Smeaton, G. (1986). The attraction hypothesis: Do similar attitudes affect anything. *Journal of Personality and Social Psychology, 51,* 1167-1170.

Byrne, D. & Griffitt, W. (1966). A develompental investigation of the law of attraction. *Journal of Personality and Social Psychology, 4,* 699-702.

Byrne, D., Ervin, C. & Lamberth, J. (1970). Continuity between the experimental study of attraction and real-life computer dating. *Journal of Personality and Social Psychology, 16,* 157-165.

Cantor, J., Zillman, D. & Bryant, J. (1975). Enhancement of experienced sexual arousal in response to erotic stimuli through misattribution of unrelated residual excitation. *Journal of Personality and Social Psychology, 32,* 69-75.

Cartwright, D. & Harari, F. (1956) Structural balance: A generalization of Heider's theory. *Psychological Review, 63,* 277-293.

Cash, T., Gillen, B. & Burns, S. (1977). „Sexism" and „beautyism" in personnel consultant decision making. *Journal of Applied Psychology, 62,* 301-310.

Cate, R.M., Lloyd, S.A. & Long, E. (1988). The role of rewards and fairness in developing premarital relationships. *Journal of Marriage and the Family, 50,* 5, 443-452.

Catton, W.R. & Smircich (1964). A comparison of mathematical models of the effect of resident propinquity on mate selection. *American Sociological Review, 29,* 522-529.

Cavior, N. & Boblett, P.J. (1972). Physical attractiveness of dating versus married couples (Summary). *Proceedings of the 80th Annual Convention of the American Psychological Association, 7,* 175-176.

Clark, M. & Isen, A. (1984). Toward understanding the relationship between feeling states and social behavior. In A. Hastorf & A. Isen (eds.). *Cognitive social psychology.* North-Holland, N.Y.: Elsevier.

Clark, M.S. & Mills, J. (1979). Interpersonal attraction in exchange and communal relationships. *Journal of Personality and Social Psychology, 37,* 1, 12-24.

Clark, M. & Reis, H.T. (1988). Interpersonal processes in close relationship. *Annual Review of Psychology, 39,* 609-672.

Clifford, M. & Walster, E. (1973). Research note: The effects of physical attractiveness on teacher expectations. *Sociology of Education, 46,* 248-258.

Clore, G.L. (1976). Interpersonal attraction: An overview. In J.W. Thibaut, J.T. Spence & R.C. Carson (eds.). *Contemporary topics in social psychology.* Morristown: General Learning Press.

Clore, G.L. & Byrne, D. (1974). A reinforcement-affect model of attraction. In T. Huston (ed.). *Foundations of interpersonal attraction.* New York: Academic Press.

Clore, G.L. & Itkin, S.M. (1977). Verstärkungsmodelle der zwischenmenschlichen Anziehung. In G. Mikula & W. Stroebe (Hrsg.). *Sympathie, Freundschaft und Ehe: Psychologische Grundlage zwischenmenschlicher Beziehungen.* Bern:Huber.

Condon, J. & Crano, W. (1988). Inferred evaluation and the relation between attitude similarity and interpersonal attraction. *Journal of Personality and Social Psychology, 54,* 789-797.

Curran, J. & Lippold, S. (1975). The effect of physical attractiveness and attitude similarity on attraction in dating dyads. *Journal of Personality, 43,* 528-539.

Davis, D. (1981). Implications for interaction versus effectance as mediators of similarity-attraction relationship. *Journal of Experimental Social Psychology, 17,* 96-116.

Deutsch, M. & Solomon, L. (1959). Reactions to evaluations by others as influenced by self-evaluation. *Sociometry, 22,* 93-112.

Dittes, J. (1959). Attractiveness of group as function of self esteem and acceptance by group. *Journal of Abnormal Psychology, 59,* 77-82.

Dion, K.K. (1986). Stereotyping based on physical attractiveness: Issues and conceptual perspectives. In C.P. Herman, M.P. Zanna & E. Higgins (eds.) *Physical appearance, stigma, and social behavior: The Ontario Symposium.* Hillsdale, NJ.: Erlbaum.

Dion, K.K., Berscheid, E. & Walster, E. (1972). What is beautiful is good. *Journal of Personality and Social Psychology, 24,* 285-290.

Dipboye, R., Arvey, R. & Terpstra, D. (1977). Sex and physical attractiveness of rathers and applicants as determinants of resume evaluations. *Journal of Applied Psychology, 52,* 288-294.

Dipboye, R., Fromkin, H. & Wiback, K. (1975). Relative importance of applicant sex attractiveness and scholastic standing in evaluation of job applicant resumes. *Journal of Applied Psychology, 60,* 39-43.

Duck, S.W. (ed.). (1977). *Theory and practice in interpersonal attraction.* London: Academic Press.

Duck, S. (1988). *Relating to others.* Great Britain: Open University Press.

Duck, S., Hay, D.F., Hobfoll, S.E., Ickes, W. & Montgomery, B.M. (eds.). (1988). *Handbook of Personal Relationships.* Chichester: Wiley.

Dutton, D. & Aron, A. (1974). Some evidence for heightened sexual attraction under conditions of high anxiety. *Journal of Personality and Social Psychology, 30,* 510-517.

Eagly, A.H. & Makhijani, M.G. (in press). What is beautiful is good, but...: A meta-analytic review of research on the physical attractiveness stereotype. *Psychological Bulletin.*

Efran, M. (1974). The effectt of physical appearance on the judgment of guilt, interpersonal attraction, and severity of recommended punishment in a simulated jury task. *Journal of Research in Personality, 8,* 45-54.

Feingold, A. (1988). Matching for attractiveness in romantic partners and same-sex friends: A meta-analysis and theoretical critique. *Psychological Bulletin, 104,* 226-235.

Folkes, V.S. (1982). Forming relationships and the matching hypothesis. *Personality and Social Psychology Bulletin, 8,* 631-636.

Forgas, J.P. & Bower, G.H. (1988). Affection in social and personal judgement. In K. Fiedler & J.P. Forgas (eds.). *Affect, Cognition and Social Behavior.* Toronto: Hogrefe.

Frey, B.S. & Stroebe, W. (1980). Ist das Modell des Homo Oeconomicus „unpsychologisch"? *Zeitschrift für die gesamte Staatswissenschaft, 136,* 82-97.

Goldman, W. & Lewis, P. (1977). Beautiful is good: Evidence that the physically attractive are most socially skilful. *Journal of Experimental Social Psychology, 13,* 125-130.

Gouaux, C. (1971). Induced affective states and interpersonal attraction. *Journal of Personality and Social Psychology, 20,* 37-43.

Griffitt, W. (1970). Environmental effects on interpersonal affective behavior. *Journal of Personality and Social Psychology, 15,* 240-244.

Griffitt, W. & Guay, P. (1969). „Object"evaluation and conditioned affect. *Journal of Experimental Research in Personality, 4,* 1-8.

Griffitt, W. & Veitch, R. (1971). Hot and crowded: Influences of population density and temperature on interpersonal affective behavior. *Journal of Personality and Social Psychology, 17,* 1, 92-98.

Griffitt, W. & Veitch, R. (1974). Preacquaintance attitude similarity and attraction revisited: Ten days in a fall-out shelter. *Sociometry, 37,* 2, 163-173.

Hatfield, E. & Sprecher, S. (1986). *Mirror, mirror: The importance of looks in everyday life.* Albany: State University of New York Press.

Hatfield, E., Traupman, J., Sprecher, S., Utne, M. & Hay, J. (1985). Equity and intimate relations: Reasent research. In W. Ickes (ed.). *Compatible and incompatible relationships.* (pp. 91-118) New York: Springer.

Hays, R.B. (1985). A longitudenal study of friendship development. *Journal of Personality and Social Psychology, 48,* 909-924.

Heider, F. (1946). Attitudes and cognitive organization: *Journal of Psychology, 21,* 107-112.

Heider, F. (1958). *The psychology of interpersonal relations.* New York: Wiley.

Homans, G. (1961). *Social behavior.* New York: Harcourt.

Huesmann, L.R. & Levinger, G. (1976). Incremental exchange theory: A formal model for progression in dyadic social interaction. In L. Berkowitz & E. Walster (eds.). *Advances in Experimental Social Psychology.* (Vol. 9, pp. 191-229). New York: Academic Press.

Hull, C.L. (1943). *Principles of behavior.* New York: Appleton.

Huston, T. (ed.). (1974). *Foundations of interpersonal attraction.* New York: Academic Press.

Huston, T.L. & Burgess, R.L. (1979). Social exchange in developing relationships: An overview. In R.L. Burgess and T.L. Huston (eds.). *Social exchange in developing relationships.* (pp. 3-28). New York: Academic Press.

Huston, T.L. & Levinger, G. (1978). Interpersonal attraction and relationships. *Annual Review of Psychology, 29,* 115-156.

Insko, C.A., Songer, E. & McGarvey, W. (1974). Balance, positivity, and agreement in the Jordan paradigm: A defense of balance theory. *Journal of Experimental Social Psychology, 10,* 53-83.

Insko, C.A., Thompson, V.D., Stroebe, W., Shaud, K., Pinner, B. & Layton, B.D. (1973). Implied-evaluation and the similarity attraction effect. *Journal of Personality and Social Psychology, 25,* 297-308.

James, G. & Lott, A.J. (1964). Reward frequency and the formation of positive attitudes toward group members. *Journal of Social Psychology, 62,* 111-115.

Johnson, R.C., Nagoshi, C.T. & Ahern, F.M. (1987). A reply to Heath et al. on assortative mating for educational level. *Behavior Genetics, 17,* 1-7.

Jones, S. (1973). Self- and interpersonal evaluations: Esteem theories versus consistency theories. *Psychological Bulletin, 79,* 185-199.

Jones, W.H. & Perlman, D. (eds.). (1987). *Advances in Personal Relationships.* Greenwich: JAI Press.

Jordan, N. (1953). Behavioral forces that are a function of attitude and cognitive organization. *Human Relations, 6,* 273-287.

Kalick, S.M. & Hamilton, T.E. (1986). The matching hypothesis reexamined. *Journal of Personality and Social Psychology, 51,* 673-682.

Katz, A.M. & Hill, R. (1958). Residential propinquity and marital selection: a review of theory, method and fact. *Marriage and the Family Living, 20,* 27-35.

Kelley, H.H. & Thibaut, J.W. (1978). *Interpersonal relations: a theory of interdependence.* New York: Wiley.

Kenrick, D. & Cialdini, R. (1977). Romantic attraction: misattribution versus reinforcement explanations. *Journal of Personality and Social Psychology, 35,* 381-391.

Kenrick, D. & Johnson, G. (1979). Interpersonal attraction in aversive environments: A problem for the classical conditioning paradigm? *Journal of Personality and Social Psychology, 37,* 572-579.

Kenrick, D., Cialdini, r. & Lindner, D. (1979). Misattribution under fear-producing circumstances: Four failures to replicate. *Personal and Social Psychology Bulletin, 5,* 329-334.

Kerckhoff, A.C. (1974). The social context of interpersonal attraction. In T.L. Huston (ed.). *Foundations of interpersonal attraction.* (pp. 61-78). New York: Academic Press.

Kerckhoff, A.C. & Davis, K.E. (1962). Value consensus need complementarity in mate selection. *American Sociological Review, 27,* 295-303.

Kleck, R.E. & Rubenstein, C. (1975). Physical attractiveness, perceived attitude similarity and interpersonal attraction in an opposite-sex encounter. *Journal of Personality and Social Psychology, 31,* 107-114.

Landy, D. & Sigall, H. (1974). Beauty is talent: Task evaluation as a function of the performer's physical attractiveness. *Journal of Personality and Social Psychology, 29,* 299-304.

Leik, R.K. & Leik, S.K. (1976). Transition to interpersonal commitment. In R.L. & J.H. Kunkel (eds.). *Behavioral Theory in Sociology.* New Brunswick, N.J.: Transaction.

Levinger, G. (1976). A social psychological perspective on marital dissolution. *Journal of Social Issues, 32,* 21-47.

Levinger, G. (1979). A social exchange view of the dissolution of pair relationships. In R.L. Burgess & T.L. Huston (eds.). *Social exchange in developing relationships.* (pp. 169-193). New York: Academic Press.

Levinger, G. & Breedlove, J. (1966). Interpersonal attraction and agreement: A study of marriage partners. *Journal of Personality and Social Psychology, 3,* 367-372.

Levinger, G. & Snoek, J.D. (1972). *Attraction in relationships: A new look at interpersonal attraction.* Morristown, NJ: General Learning Press.

Levinger, G. & Huesman, L.R. (1980). An incremental exchange perspective on the pair relationship. Interpersonal reward and level of involvement. In K.J. Gergen, M.S. Greenberg & R.H. Willis (eds.). *Social exchange: Advances in theory and research.* New York: Plenum.

Lott, A. & Lott, B. (1960). The formation of positive attitudes toward groupmembers. *Journal of Abnormal Social Psychology, 61,* 297-300.

Lott, A.J. & Lott, B.E. (1968). A learning theory approach to interpersonal attitudes. In A.G. Greenwald, T.N. Brock & A.G. Ostrom (eds.). *Psychological foundations of attitudes.* (pp. 67-88). New York: Academic Press.

Lott, A.J. & Lott, B.E. (1972). The power of liking: Consequences of interpersonal attitudes derived from a liberalized view of secondary reinforcement. In L. Berkowitz (ed.). *Advances in Experimental Social Psychology.* (Vol. 6, pp. 109-147). New York: Academic Press.

Lott, A.J. & Lott, B.E. (1974). The role of reward in the formation of positive interpersonal attitudes. In T. Huston (ed.). *Foundations of interpersonal attraction.* (pp. 171-192). New York: Academic Press.

Lott, A.J. & Lott, E.B. & Matthews, G.M. (1969). Interpersonal attraction among children as a function of vicarious reward. *Journal of Educational Psychology, 60, 4,* 274-283.

Lujansky, H. & Mikula, G. (1982). Can equity theory explain the quality and the stability of romantic relationships? *The British Journal of Social Psychology, 22,* 101-112.

Maruyama, G. & Miller, N. (1980). Physical attractiveness, race and essay evaluation. *Personality and Social Psychology Bulletin, 6,* 384-390.

Mathes, E. (1975). The effects of physical attractiveness and anxiety on heterosexual attraction. *Journal of Marriage and the Family, 37,* 769-773.

Mettee, D. & Aronson, E. (1974). Affective reactions to appraisal from other. In T. Huston (ed.). *Foundations of interpersonal attraction.* (pp.236-284). New York: Academic Press.

Michaels, J.W., Edwards, J.N. & Acock, A.C. (1984). Satisfaction in intimate relationships as a function of inequality, inequity, and outcomes. *Social Psychology Quarterly, 47,* 347-357.

Mikula, G.C. (1981). Zwischenmenschliche Anziehung. In H. Werbik & H.J. Kaiser (Hrsg.). *Kritische Stichwörter zur Sozialpsychologie* (S. 371-386).

Mikula, G. (1985). Psychologische Theorien des sozialen Austausches. In G. Frey & M. Irle (Hrsg.). *Theoretische Perspektiven der Sozialpsychologie* (S. 273-305). Bern: Huber.

Mikula, G. (1988). Von zwischenmenschlicher Attraktion zu zwischenmenschlichen Beziehungen: Die Entwicklung eines Forschungsgebietes. Berichte aus dem Institut für Psychologie der Karl-Franzens-Universität Graz.

Mikula, G. & Egger, J. (1974). Der Erwerb positiver Einstellungen gegenüber ursprünglich neutralen Personen. *Zeitschrift für Experimentelle und Angewandte Psychologie, 21, 1,* 132-145.

Mikula, G. & Stroebe, W. (Hrsg.) (1977). *Sympathie, Freundschaft und Ehe. Psychologische Grundlagen zwischenmenschlicher Beziehungen.* Bern: Huber.

Miller, A. (1970a). The role of physical attractiveness in impression formation. *Psychonomic Science, 19,* 241-243.

Miller, A. (1970b). Social perception of internal-external control. *Perceptual and Motor Skills, 30,* 103-109.

Mills, J. & Clark, M.S. (1982). Exchange and communal relationships. In L. Wheeler (ed.). *Review of Personality and Social Psychology.* (pp. 121-144). Beverly Hills: Sage.

Murstein, B.I. (1972). Physical attractiveness and marital choice. *Journal of Personality and Social Psychology, 22,* 8-12.

Murstein, B. & Azar, J.A. (1986). The relationship of exchange-orientation to friendship. *Small Group Behavior, 17,* 3-17.

Murstein, B.I., Cerreto, M. & MacDonald, M.G. (1977). A theory and investigation of the effect of exchange-orientation on marriage and friendship. *Journal of Marriage and the Family, 39,* 543-548.

Murstein, B.I. & Christie, P. (1976). Physical attractiveness and marriage adjustment in middle-aged couples. *Journal of Personality and Social Psychology, 34,* 537-542.

Newcomb, T.M. (1953). An approach to the study of communicative acts. *Psychological Review, 60,* 393-404.

Newcomb, T.M. (1961). *The acquaintance process.* new York: Holt, Rinehart & Winston.

Newcomb, T.M. (1971). Dyadic balance as a source of clues about interpersonal attraction. In B.I. Murstein, *Theories of Attraction-and Love.* (pp. 31-45). New York: Springer.

Patzer, G.L. (1985). *The physical attractiveness phenomenon.* New York: Plenum.

Price, R.A. & Vandenberg, S.G. (1979). Matching for physical attractiveness in married couples. *Personality and Social Psychology Bulletin, 5,* 398-400.

Reis, H., Nezlek, J. & Wheeler, L. (1980). Physical attractiveness in social interaction. *Journal of Psychology and Social Psychology, 38,* 604-617.

Reis, H., Wheeler, L., Spiegel, N., Kernis, M., Nezlek, J. & Perri, M. (1982). Physical attractiveness in social interaction II: Why does appearance affect social experience? *Journal of Personality and Social Psychology, 43,* 979-996.

Riordan, C. & Tedeschi, J, (1983). Attraction in aversive environments: some evidence for classical conditioning and negative reinforcement. *Journal of Personality and Social Psychology, 44,* 683-692.

Rodin, M.J. (1982). Non-engagement, failure to engage, and disengagement. In S. Duck (ed.). *Personal relationships 4: Dissolving personal relationships* (p. 31-51). London: Academic Press.

Rodriques, A. (1967). Effects of balance, positivity, and agreement in triadic social relations. *Journal of Personality and Social Psychology, 5,* 472-476.

Rosenbaum, M. (1986a). The repulsion hypothesis: On the nondevelopment of relationships. *Journal of Personality and Social Psychology, 51,* 1156-1166.

Rosenbaum, M. (1986b). Comment on a proposed two-stage theory of relationship formation: First, repulsioni then, attraction. *Journal of Personality and Social Psychology, 51,* 1171-1172.

Ross, L., Greene, D. & House, P. (1977). The „false consensus effect": An egocentric bias in social perception and attribution. *Journal of Experimental Social Psychology, 13,* 279-301.

Rotton, J., Barry, T., Frey, J. & Soler, C. (1978). Air pollution and interpersonal attraction. *Journal of Applied Social Psychology, 8,* 57-71.

Rubin, Z. (1973). *Liking and Loving.* New York: Holt, Rinehart & Winston.

Rusbult, C.E. (1980a). Satisfaction and commitment in friendships. *Representative Research in Social Psychology, 11,* 96-105.

Rusbult, C.E. (1980 b). Commitment and satisfaction in romantic associations: A test of the investment model. *Journal of Experimental Social Psychology, 16,* 172-186.

Rusbult, C.E. (1983). A longitudinal test of the investment model: The development (and deterioration) of satisfaction and commitment in heterosexual involvements. *Journal of Personality and Social Psychology, 45,* 1, 101-117.

Rusbult, C.E., Johnson, D.J. & Morrow, G.D. (1986). Predicting satisfaction and commitment in adult romantic involvements: An assessment of the generalizability of the investment model. *Social Psychology Quarterly, 49,* 1, 81-89.

Schachter, S. (1951). Deviation, rejection, and communication. *Journal of Abnormal and Social Psychology, 46,* 190-207.

Schachter, S. (1964). The interaction of cognitive and physiological determinants of emotional state. In Berkowitz (ed.). *Advances in Experimental Social Psychology.* (Vol. 1, pp. 49-81). New York: Academic Press.

Sigall, H. & Ostrove, N. (1975). Beautiful but dangerous: Effects of offender attractiveness and nature of crime on juridic judgment. *Journal of Personality and Social Psychology, 31,* 410-414.

Schwarz, N. (1988). Stimmung als Information. Zum Einfluß von Stimmungen und Emotionen auf evaluative Urteile. *Psychologische Rundschau, 39,* 148-159.

Schwarz, N. & Clore, G. (1983). Mood, misattribution, and judgements of well-being: Informative and directive functions of affective states. *Journal of Personality and Social Psychology, 45,* 513-523.

Schwarz, N. & Clore, G.L. (1988). How do I feel about it? The informative function of affective states. In K. Fiedler & J.P. Forgas (eds.). *Affect, cognition and social behavior.* Toronto: Hogrefe.

Sherman, S.J., Judd, C.M. & Park, B. (1980). Social Cognition. *Annual Review of Psychology, 40,* 281-326.

Shrauger, J.S. (1975). Responses to evaluation as a function of initial self-perception. *Psychological Bulletin, 82,* 581-596.

Smeaton, G., Byrne, D. & Murnen, S. (1989). The repulsion hypothesis revisited: similarity irrelevance or dissimilarity bias? *Journal of Personality and Social Psychology, 56,* 54-59.

Spieß, K. & Hesse, F.W. (1986). Interaktion von Emotion und Kognition. *Psychologische Rundschau, 37,* 75-90.

Sprecher, S. (1988). Investment model, equity, and social support determinants of relationship commitment. *Social Psychology Quarterly, 51,* 4, 318-328.

Steward, J. (1980). Defendant's attractiveness as a factor in the outcome of criminal trials: An observational study. *Journal of Applied Social Psychology, 10,* 348-361.

Stroebe, W. (1977). Ähnlichkeit und Komplementarität der Bedürfnisse als Kriterien der Partnerwahl: Zwei spezielle Hypothesen. In G. Mikula & W. Stroebe (Hrsg.). *Sympathie, Freundschaft und Ehe.* (S. 77-107). Bern: Huber.

Stroebe, W. (1981). Theorien und Determinanten der zwischenmenschlichen Anziehung: Ein Überblick. In W. Stroebe (Hrsg.). *Sozialpsychologie II: Gruppenprozesse.* (S. 3-55). Darmstadt: Wissenschaftliche Buchgesellschaft.

Stroebe, W. (1987). The social psychology of interpersonal attraction and partner choice. In H. Todt (Hrsg.). *Die Familie als Gegenstand sozialwissenschaftlicher Forschung.* (S. 47-60).

Stroebe, W. & Frey, B.S. (1980). In defense of economic man: Towards an integration of economics and psychology. *Schweizerische Zeitschrift für Volkswirtschaft und Statistik,* 119-148.

Stroebe, W., Insko, C., Thompson, V. & Layton, B. (1971). Effects of physical attractiveness, attitude similatrity, and sex on various aspects of interpersonal attraction. *Journal of Personality and Social Psychology, 18,* 79-91.

Thibaut, J.W. & Kelley, H.H. (1959). *The social psychology of groups.* New York: Wiley.

Van Yperen, N. & Buunk, B. (1990). A longitudinal study of equity and satisfaction in intimate relationships. *European Journal of Social Psychology.*

Veitch, R. & Griffitt, W. (1976). Good news-bad news: Affective and interpersonal effects. *Journal of Applied Social Psychology, 6, 1,* 69-75.

Walster, E. & Berscheid, E. (1971). Adrenaline makes the heart grow fonder. *Psychology Today, 5,* 46-50.

Walster, E., Berscheid, E. & Walster, G.W. (1973). New direction in equity research. *Journal of Personality and Social Psychology, 25,* 151-176.

Walster, E., Utne, M.K. & Traupman, J. (1977). Equity Theorie und intime Sozialbeziehungen. In G. Mikula & W. Stroebe (Hrsg.). *Sympathie, Freundchaft und Ehe.* (S. 193-220). Bern: Huber.

Walster, E., Walster, G.W. & Berscheid, E. (1978). *Equity: Theory & Research.* Boston: Allyn and Bacon.

Walster, E., Aronson, E., Abrahams, D. & Rottman, L. (1966). The importance of physical attractiveness in dating behavior. *Journal of Personality and Social Psychology, 4,* 508-516.

White, G.L. (1980). Physical attractiveness and courtship progress. *Journal of Personality and Social Psychology, 39,* 660-668.

White, G., Fishbein, S. & Rutstein, J. (1981). Romantic attraction: Misattribution of arousal on secondary reinforcement. *Journal of Personal Social Psychology, 41,* 56-62.

White, G. & Kight, T. (1984). Misattribution of arousal and attraction: Effects of salience of explanations for arousal. *Journal of Experimental Social Psychology, 20,* 55-64.

Zanna, M.P. & Rempel, J.K. (1988). Attitudes: A new look at an old concept. In D. Bar-Tal & A. Kruglanski (eds.). *The social Psychology of knowledge.* (S. 315-334). New York: Cambridge University Press.

Zillman, D. (1978). Attribution and misattribution of excitatory reactions. In J. Harvey, W. Ickes & R.F. Kidd (eds.). *New directions in attribution research.* (Vol. 2, pp. 335-368). Hillsdale, N.J.: Erlbaum.

Zugehörigkeit zu Gruppen und Gruppenprozessen als Einflußgrößen für Attraktion und Zuneigung

Ulrich Wagner[1]

Das Ausmaß an Sympathie und Attraktion, das Personen füreinander empfinden, hängt mit ihren Gruppenmitgliedschaften zusammen: Die Zugehörigkeit zu einer gemeinsamen Gruppe geht häufig mit einer gesteigerten gegenseitigen Zuneigung der Gruppenmitglieder einher. Im vorliegenden Beitrag möchte ich Bedingungen und Ursachen für den Zusammenhang von Gruppenmitgliedschaft und Sympathie näher analysieren.

Das Thema dieser Arbeit - Attraktion und Zuneigung in Gruppen - läßt sich aus verschiedenen Betrachtungsperspektiven heraus beschreiben und erklären. Aus der Sicht der Psychologie kann man mindestens drei Analyseebenen unterscheiden (vgl. auch Billig, 1976, S. 8, und Doise, 1986, S. 10 ff.): Eine *intrapersonale* Ebene, auf die die angesprochenen Phänomene mit Mechanismen im einzelnen Individuum erklärt werden (vgl. Shaw, 1971, S. 155 ff.; Clark & Reis, 1988). Hierzu gehören beispielsweise Überlegungen aus der Social-Cognitions-Forschung, die die Attraktion oder Ablehnung gegenüber Mitgliedern von Minderheitengruppen auf fehlerhafte Mechanismen der Informationsverarbeitung bei den Mitgliedern der Majorität zurückzuführen (vgl. z.B. Hamilton, 1981). Die *interpersonale* Perspektive reduziert die unterschiedlichen Formen von Attraktion in Gruppen auf Interaktionsverläufe zwischen Individuen (vgl. dazu auch Berscheid, 1985). Die *intergruppale* Erklärungsebene schließlich sieht in den Gruppenzugehörigkeiten von Personen selbst und den relativen Positionen dieser Gruppen eine Ursache für Sympathieempfindungen und Partnerwahlen. Ich möchte mich hier auf solche sozialpsychologischen Modelle zur Erklärung von Attraktion und Zuneigung zwischen Gruppenmitgliedern beschränken, die sich auf der zweiten und dritten Erklärungsebene ansiedeln. Die interpersonale Ebene wird im ersten Teil behandelt. Am Beispiel einiger empirischer Arbeiten soll das Vorgehen der klassischen, vornehmlich experimentell orientierten Kleingruppenforschung verdeutlicht werden. Die interpersonale Perspektive der Kleingruppenforschung hat Schwierigkeiten, neuere Befunde zur gegenseitigen Anziehung und Ablehnung von Mitgliedern *verschiedener* Gruppen zu erklären. Darauf will ich im zweiten Teil eingehen.

---

[1] Ich danke Michael Koller, Peter Schönbach, Jutta Wagner und Andreas Zick für ihre Kommentare zu einem ersten Entwurf der vorliegenden Arbeit.

1. Die interpersonale Perspektive

1.1. Die Reziprozität von Sympathieäußerungen

Sympathieäußerungen führen bei der angesprochenen Person häufig zu spiegelbildlichen Effekten; wer mich mag, den mag ich auch. Aus lerntheoretischer Sicht läßt sich dieses Pänomen damit erklären, daß der Ausdruck von Sympathie bei der angesprochenen Person eine positive Reaktion auslöst, die auf die Person konditioniert wird, die die Äußerung gemacht hat (vgl. z.B. Lott, 1961; Berscheid & Walster, 1969, S. 52 ff.; Byrne, 1971). Balancetheoretische Überlegungen (vgl. Heider, 1946) kommen zu derselben Prognose: Eine Sympathieäußerung entspricht der Herstellung einer „Unit"-Beziehung; die Wahrnehmungseinheit wird ausbalanciert, wenn auch die angesprochene Person mit einer Sympathieäußerung antwortet.

Aronson & Linder (1965) haben eine Untersuchung durchgeführt, die die Reziprozität von Sympathieäußerungen verdeutlichen kann. Die Versuchspersonen, Studentinnen, sollten angeblich die Rolle von Helferinnen für den Versuchsleiter übernehmen. Ihre Aufgabe bestand u.a. darin, im Wechsel mit dem Versuchsleiter mehrmals mit einer zweiten Versuchsperson, in Wahrheit einer Verbündeten des Versuchsleiters, zu reden und die Gespräche des Versuchsleiters mit dieser Versuchsperson zu protokollieren. Die zweite Versuchsperson wußte anscheinend nicht, daß ihre Gespräche mit dem Versuchsleiter mitgehört wurden. Unter einem Vorwand sollte die zweite Versuchsperson, die Komplizin, in jedem ihrer Kurzgespräche mit dem Versuchsleiter ihre Gefühle der echten Versuchsperson gegenüber beschreiben. In der einen experimentellen Bedingung machte die Verbündete durchgehend positive Äußerungen über die echte Versuchsperson, in der anderen Bedingung mußte die echte Versuchsperson hören, wie die Komplizin sie durchgehend negativ beurteilte. Zum Abschluß der Untersuchung sollte die echte Versuchsperson ihrerseits die zweite Versuchsperson beurteilen. Die Ergebnisse zeigen, daß die Urteile über die Komplizin mit deren Äußerungen kovariierten: Auf positive Äußerungen hin wurde die Komplizin als attraktiver eingestuft als auf negative Äußerungen.

Eine Reihe von Kleingruppenforschern sehen in der gegenseitigen Attraktion der Gruppenmitglieder die Grundlage für die Entstehung von Gruppen. Personen schließen sich zu einer Gruppe zusammen, wenn sie sich gegenseitig sympathisch finden (vgl. z.B. die Übersicht bei Lott & Lott, 1965). Die Reziprozität gegenseitiger Attraktion ist allerdings nicht einfach von der absoluten Höhe der anfänglichen Sympathieäußerungen abhängig. In ihrer Untersuchung haben Aronson & Linder (1965) noch zwei weitere Untersuchungsbedingungen realisiert. In einer dieser Bedingungen machte die Komplizin des Versuchsleiters zunächst negative Äußerungen über die echte Versuchsperson, dann änderte sie scheinbar ihre Meinung und beschrieb die Versuchsperson als positiv. In einer anderen Bedingung änderte die Verbündete ihre Meinung von einer anfänglich positiven in eine negative. Die echten Versuchspersonen reagierten auf diese Meinungsänderung extrem: Im Fall eines Wechsels von negativen zu positiven Äußerungen wurde die Komplizin als noch sympathischer beurteilt, als in der Bedingung, in der sie sich durchgehend positiv geäußert hatte, und bei einem Wechsel von positiven zu negativen Urteilen fiel ihre Beurteilung noch schlechter aus als bei konstant negativen Äußerungen. Offensichtlich also beeinflußt die relative **Veränderung** der Sympathieurteile das Ausmaß, in dem diese Zuneigung zurückgespiegelt wird (vgl. auch Metee & Aronson, 1974).

Weitere Untersuchungen haben auf zusätzliche Einflußfaktoren hingewiesen, die die Wirkung von Sympathieäußerungen mitbestimmen. Gewinnt der Empfänger den Eindruck, die positive Äußerung sei vom Sender nur vorgespielt, weil dieser damit andere Ziele erreichen will, stellt sich der umgekehrte Effekt ein: Die vorgetäuschte Sympathieäußerung führt eher zu Reaktionen der Zurückweisung (vgl. z.B. Berscheid & Walster, 1969, S. 62 ff.).

1.2. Gruppenziele

Aus den bislang beschriebenen Überlegungen heraus entsteht eine Gruppe, wenn die Gruppenmitglieder füreinander Zuneigung finden. Die gegenseitige Attraktion der - zukünftigen - Gruppenmitglieder ist eine unabhängige Bedingung für die abhängige Variable Gruppenbildung. Der Kausalzusammenhang von Gruppenmitgliedschaft und gegenseitiger Attraktion der Gruppenmitglieder kann natürlich auch anders betrachtet werden: Viele Kleingruppenforscher nehmen an, daß sich Personen vor allem deshalb zu Gruppen zusammenschließen, um gemeinsam ein oder mehrere Ziele zu erreichen. Unter bestimmten Umständen ergibt sich dann aus der Mitgliedschaft, daß die Gruppenmitglieder füreinander ein erhöhtes Maß an Zuneigung entwickeln. Aus dieser Sicht ist gesteigerte Sympathie in Gruppen weder Voraussetzung noch primäres Ziel der Gruppenbildung; sie ist ein Begleitphänomen.

Die klassische Untersuchung zu diesen Überlegungen stammt von Morton Deutsch (1949). An dem Experiment waren 50 studentische Versuchspersonen beteiligt, die auf zehn Gruppen von je fünf Personen aufgeteilt wurden. Die Gruppen trafen sich über ein Zeitraum von sechs Wochen insgesamt sechsmal; sie bearbeiteten während dieser Treffen Aufgaben, die der Versuchsleiter ihnen stellte. Variiert wurde das Ausmaß der Kooperation innerhalb der Gruppen. In der experimentellen Bedingung, in der die Gruppenmitglieder innerhalb der Gruppen kooperativ eine gemeinsame Aufgabe verfolgen sollten, wurde allen Mitgliedern einer Gruppe eine gleich hohe Belohnung versprochen, wenn es ihnen gelänge, im Vergleich zu den anderen Gruppen die Aufgabe am besten zu lösen. In der anderen experimentellen Bedingung verfolgten die Versuchspersonen individuelle Ziele, die sich gegenseitig ausschlossen: Belohnt wurde jeweils das Gruppenmitglied, das den besten individuellen Beitrag leistete. Anhand der Ergebnisse von unabhängigen Beobachtungen des Gruppengeschehens anhand der Urteile der Versuchspersonen selbst konnte Deutsch zeigen, daß die Versuchspersonen, die einer kooperativ arbeitenden Gruppe angehörten, mehr Gruppenorientierung („we feeling", S. 210) und mehr Zuneigung füreinander empfanden (S. 223 ff.) als die individuell-kompetitiv arbeitenden Versuchspersonen.

In der kooperativen Bedingung der Untersuchung von Deutsch (1949) verfolgten die Gruppenmitglieder alle auf demselben Weg das gemeinsame Gruppenziel, die Lösung der vom Versuchsleiter gestellten Aufgabe. Denkbar ist auch, daß die Mitglieder einer Gruppe je individuell vorgehen und eigene Ziele anstreben, die sie jedoch gemeinsam innerhalb einer Gruppe besser erreichen können als vereinzelte Individuen (vgl. z.B. Winch, 1955; Schutz, 1958, S. 105 ff.; auch Shaw, 1971, S. 205 ff.). Auch ein solcher symbiotischer Zusammenschluß sollte zu gesteigerter gegenseitiger Sympathie führen (vgl. Thomas, 1957), zumindest dann, wenn die Gruppenmitglieder ihre Ziele tatsächlich erreichen.

Viele Befunde deuten darauf hin, daß die Mitglieder erfolgreicher Gruppen sich gegenseitig attraktiver finden als Mitglieder von nicht-erfolgreichen Gruppen (vgl. z.B. die Übersichten bei Lott & Lott, 1965, und Cartwright, 1968). Nicht immer jedoch findet sich ein positiver Zusammenhang zwischen dem Gruppenerfolg und der Höhe der Attraktivität der Gruppe bzw. ihrer Mitglieder. Gruppenmitglieder finden die Gruppe nach einem Mißerfolg der Gruppe attraktiver als nach einem Erfolg, wenn sie zuvor explizit vor die Wahl gestellt wurden, ob sie an einer Gruppenarbeit teilnehmen wollten oder nicht. Gruppenmitglieder, die keine Wahlfreiheit über ihren Gruppenbeitrag perzipieren können, reagieren eher umgekehrt (Turner, Hogg, Turner & Smith, 1984; zur dissonanztheoretischen Erklärung dieses Ergebnisses vergl. den übernächsten Abschnitt).

Nicht nur die absolute Höhe des Gewinns ist verantwortlich dafür, wie eine Person sich zu einer Gruppe stellt, sondern auch der relative Gewinn, den die Mitgliedschaft in einer Gruppe verspricht. Nach der austauschtheoretischen Perspektive von Thibaut und Kelley (1959, z.B. S. 21 ff.; vgl. hierzu auch die neueren Überlegungen der Equity-Theorie, z.B. Hatfield, Traupmann, Sprecher, Utne & Hay, 1985) werden Gruppen und ihre Mitglieder dann attraktiv, wenn das Verhältnis aus Gewinn und Kosten, das eine Person aus ihrer Gruppenmitgliedschaft erzielen kann, ihr Anspruchsniveau übertrifft. Abhängig wird eine Person von einer Gruppe - ohne daß sie diese attraktiv finden muß -, wenn das Kosten-Nutzen-Verhältnis aus der gegebenen Gruppenmitgliedschaft das aus anderen potentiellen Gruppenmitgliedschaften übersteigt (vgl. auch Kelley & Thibaut, 1978).

1.3. Soziale Vergleichsprozesse

Deutsch ging in seiner Untersuchung davon aus, daß eine Gruppe gebildet wird, weil die Gruppenmitglieder hoffen, auf diese Weise gemeinsam ein materielles Ziel zu erreichen. Nach der Theorie der informellen sozialen Kommunikation von Festinger (1950) haben Gruppen jedoch nicht nur die Funktion, die Erreichung von materiellen Gruppenzielen zu ermöglichen, sondern sie haben auch die Aufgabe, ihren Mitgliedern Deutungsmuster zur Interpretation ihrer Umwelt und der eigenen Person zu liefern (vgl. auch Levine, 1980). 1954 hat Festinger in der Theorie Sozialer Vergleichsprozesse diese Funktion von Gruppen besonders herausgearbeitet. Danach suchen Menschen immer dann, wenn sie ihre Meinung und Fähigkeiten nicht an der physikalischen Realität überprüfen können, den Vergleich mit Mitgliedern ihrer Bezugsgruppe. Die Gruppenmitglieder entwickeln dabei eine Tendenz, sich in ihren Meinungen einander anzugleichen. Gruppenmitglieder, die einen solchen Prozeß der Meinungsangleichung nicht mitmachen, laufen Gefahr, als unsympathisch angesehen und von der Gruppe ausgeschlossen zu werden. Die gegenseitige Sympathie oder Antipathie von Gruppenmitgliedern hängt also nach der Theorie Sozialer Vergleichsprozesse vom Ausmaß ihrer Meinungsübereinstimmung ab (vgl. auch Byrne, 1961; Newcomb, 1956, 1961; Rokeach, 1960).

Stanley Schachter (1951) hat den Zusammenhang von Meinungsangleichung und Attraktion bzw. Zurückweisung in einer empirischen Untersuchung verdeutlicht. Seine studentischen Versuchspersonen waren eingeladen, an Aktivitäten und Freizeitgruppen teilzunehmen, die sich schwerpunktmäßig mit einer bestimmten Aufgabe beschäftigen sollten. Bevor es zur Bearbeitung dieser Aufgaben kam, wurde den Gruppen jedoch zunächst unter einem Vorwand die Geschichte eines jugendlichen Delinquenten - Johnny Rocco - vorgetragen, und jede Gruppe wurde aufgefordert, einen Vorschlag zu erarbeiten, wie Johnny Rocco durch juristische oder sozialtherapeutische Maßnahmen von einer weiteren kriminellen Karriere abgehalten werden könnte. Jede Gruppe bestand aus 8-10 Teilnehmern, darunter befanden sich jeweils drei Verbündete des Versuchsleiters. Einer dieser Verbündeten sollte sich durchgehend der Mehrheitsmeinung in der Gruppe anpassen; ein anderer Verbündeter war instruiert, grundsätzlich eine abweichende Meinung zu vertreten, und der dritte Verbündete hatte die Aufgabe, zunächst eine abweichende Meinung zu äußern, sich dann aber der Gruppenmeinung anzuschließen. Mit diesem Versuchsaufbau konnte Schachter zeigen, wie die Gruppenmitglieder auf die Abweichler einredeten, um sie zur Mehrheitsmeinung hin zu bewegen. Nach Abschluß der Diskussion wurden die Gruppen aufgefordert, Delegierte für unterschiedlich interessante Aufgaben zu benennen. Am Ergebnis dieser Wahlen wird deutlich, daß die durchgängigen Abweichler von den Gruppen abgelehnt wurden: Sie wurden vermehrt für wenig attraktive Aufgaben eingeteilt. Die Angepaßten und die Gruppenmitglieder, die sich nach einer anfänglich abweichenden Meinung von der Mehrheit überzeugen ließen, erhielten hingegen durchaus interessante Aufgaben zugesprochen. Die Versuchspersonen wurden schließlich gefragt, mit wem sie weiterhin zusammenarbeiten wollten. An den Antworten läßt sich gleiche Zurückweisung der Abweichler erkennen (vgl. auch Miller, Jackson, Mueller & Schersching, 1987).

Anhand weiterer Analysen konnte Schachter (1951) demonstrieren, daß der Druck zur Uniformität auf abweichende Gruppenmitglieder und das Ausmaß der Zurückweisung dieser Gruppenmitglieder mit der Kohäsion der Gruppe und der Bedeutung der anstehenden Urteilsaufgabe für die Gruppe zusammenhängt. Hoch-kohäsive Gruppen (das sind nach Schachter solche Gruppen, an denen die Versuchspersonen sehr interessiert sind) und Gruppen, die vorgeblich mit einem Ziel zusammengestellt waren, das mit der Beurteilung des Falls Johnny Rocco in engem Zusammenhang stand, übten einen größeren Druck auf ihre Mitglieder aus und wiesen Abweichler in stärkerem Maße zurück als wenig-kohäsive Gruppen und Gruppen, deren Gruppenziel für die Urteilsaufgabe eher irrelevant war. Später hat Schachter die Theorie Sozialer Vergleichsprozesse auf die Validierung von Emotionen ausgedehnt (vgl. Schachter, 1959). In einer Reihe von Experimenten fand er empirische Unterstützung für seine Annahme, daß Personen den Anschluß an andere suchen, um auf diese Weise Unsicherheiten über die eigenen Empfindungen zu reduzieren.

Die Theorie Sozialer Vergleichsprozesse (Festinger, 1954, vgl. auch Haisch & Frey, 1984; Goethals & Darley, 1987) geht von der Annahme aus, daß die Zuneigung, die ein Gruppenmitglied in einer Gruppe erfährt, mit dem Ausmaß seiner Bereitschaft zusammenhängt, die Mehrheitsmeinung in dieser Gruppe zu akzeptieren. Ein solcher Zusammenhang von Anpassung und Akzeptanz gilt jedoch nicht für alle Gruppenmitglieder in gleichem Maße. Herausragende Gruppenmitglieder können sich ein größeres Maß an Abweichung erlauben als „durchschnittliche" Gruppenmitglieder, ohne daß sie dafür an Sympathie verlieren. Edwin P. Hollander (1958; vgl. auch Hollander & Julian, 1978; Berger, Cohen & Zelditch, 1972) hat dazu ein Modell entwickelt. Nach seiner Auffassung vergeben Gruppen „Kredite" für Gruppenmitglieder, die sich um die Gruppe verdient gemacht und in besonderer Weise zu ihrer Zielerreichung beigetragen haben. Wegen ihrer Vorleistungen wird diesen Gruppenmitgliedern dann später das Recht eingeräumt, in begrenztem Maße eine von der Gruppenmeinung abweichende Auffassung zu vertreten und abweichendes Verhalten zu zeigen. Festingers (1954) Theorie der Sozialen Vergleichsprozesse läuft im Grunde darauf hinaus, daß Gruppen ein intern zunehmend homogenes Meinungsbild herausbilden: Abweichler werden ausgeschlossen. Mit dem Modell des Ideosynkrasie-Kredits kann Hollander erklären, wie es möglich ist, daß Gruppen diesem Effekt der totalen Meinungsangleichung entgehen und wie es zu Innovationen innerhalb von Gruppen kommt.

1.4. Dissonanzreduktion

Das Ausmaß der Sympathie, das ein Gruppenmitglied für die anderen Mitglieder seiner Gruppe empfindet, hängt nicht nur damit zusammen, wieviel an materiellem Gewinn oder wieviel an Informationsgewinn die Person aus der Gruppenmitgliedschaft erwartet oder tatsächlich bekommt. Die Sympathie für die Gruppe ist auch davon abhängig, wieviel die infragestehende Person in ihre Gruppenmitgliedschaft bereits investiert hat. Aronson und Mills (1959) konnten zeigen, daß eine Gruppe umso attraktiver erscheint, je stärker die Gruppenmitglieder sich für die Aufnahme in die Gruppe engagiert haben (vgl. auch Gerard & Mathewson, 1966). Aronson & Mills erklären diesen Befund unter Rückgriff auf Festingers (1957) Dissonanztheorie: Wenn Gruppenmitglieder feststellen müssen, daß sie sich um die Mitgliedschaft in einer Gruppe besonders bemüht haben, die sich dann als nicht besonders attraktiv erweist, entsteht Dissonanz zwischen diesen beiden Kognitionen. Ein Weg zur Lösung des unangenehmen dissonanten Zustandes ist, die Attraktivitätseinschätzung der Gruppe und ihrer Mitglieder zu verbessern. Wenn ich mich davon überzeugen kann, daß die Gruppe und ihre Mitglieder doch ein erhöhtes Maß an Interesse und Zuneigung verdienen, erscheint die erschwerte Aufnahmeprozedur gerechtfertigt. Gruppen handeln u.U. also klug, wenn sie die Barrieren zur Aufnahme neuer Gruppenmitglieder hoch ansetzen. Die Ergebnisse des o.a. Experiments von Turner et al. (1984) lassen sich auf ähnliche Weise dissonanztheoretisch erklären: In der Untersuchungsbedingung mit hoher Wahlfreiheit entstand Dissonanz zwischen dem Wissen, freiwillig an einer Gruppenarbeit teilgenommen zu haben, und dem Wissen, daß dieser Arbeitseinsatz in einem Mißerfolg endete. Die Dissonanz ließ sich reduzieren durch Hinzufügung der Kognition, daß die Gruppe besonders attraktiv sei. Bei geringer Wahlfreiheit wurde keine Dissonanz ausgelöst; die Versuchspersonen dieser experimentellen Bedingung hatten somit keine Veranlassung, die Gruppe besonders günstig zu beurteilen.

1.5. Intergruppenkonflikte

Die bislang vorgestellten Überlegungen und Untersuchungen aus dem Bereich der experimentellen Kleingruppenforschung gingen von einer paradigmatischen Situation aus, in der die Gruppe und ihre Mitglieder isoliert von anderen Gruppen betrachtet werden. Muzafer Sherif (vgl. z.B. Sherif, Harvey, White, Hood & Sherif, 1961; auch Sherif & Sherif, 1969, S. 228 ff.) konnte in seinen Ferienlageruntersuchungen zeigen, daß ein solches Paradigma wichtige Variablen vernachlässigt, die die Attraktion von Personen in Gruppen beeinflussen. Sherif und seine Mitarbeiterinnen und Mitarbeiter führten drei ähnliche Untersuchungen durch: Sie luden elfjährige Jungen zu mehrwöchigen Ferienaufenthalten in Blockhütten ein. Die Jungen wurden jeweils in zwei Gruppen aufgeteilt, die zunächst unabhängig voneinander lebten. Nach einer Eingewöhnungszeit arrangierte die Lagerleitung dann Wettkämpfe zwischen den beiden Gruppen, die so gestaltet waren, daß immer nur eine Gruppe und diese auch nur auf Kosten der anderen Gruppe gewinnen konnte. An verschiedenen Indikatoren zeigte sich, daß die Intergruppenkonflikte die Bewertungen der Mitglieder der eigenen und der fremden Gruppe veränderten: Die Mitglieder der eigenen Gruppe wurden zunehmend attraktiver beurteilt, und die Mitglieder der fremden Gruppe wurden abgewertet.

Die von Sherif künstlich geschaffenen Konflikte konstituierten für die Mitglieder jeder der beiden Gruppen ein gemeinsames Gruppenziel: Den Gewinn des Wettkampfs. Die in dieser Wettkampfsituation nachweisbare Zunahme an Intra-Gruppen Attraktion entspricht den Effekten, die auch schon Deutsch (1949) in seiner Untersuchung hatte nachweisen können. Die Abwertung der Mitglieder der fremden Gruppe in den Sherif-Untersuchungen bringt hingegen einen neuen Gesichtspunkt ins Spiel: Solche Urteile über Mitglieder fremder Gruppen können nur dann erhoben werden, wenn das Paradigma von einer interpersonalen zu einer intergruppalen Ebene wechselt.

2. Die Intergruppale Perspektive

In allen bislang geschilderten Studien hatten die Mitglieder der untersuchten Gruppen die Möglichkeit, miteinander zu interagieren. Interpersonale Interaktion wird von den meisten Vertretern der traditionellen Kleingruppenforschung als konstituierende Bedingung für die Bildung von Gruppen angesehen: Eine Gruppe entsteht, wenn zwei oder mehr Personen in ihrer Interaktion feststellen, daß sie sich gegenseitig attraktiv und sympathisch finden (Heider, 1946; Lott & Lott, 1965), daß sie einander ähnlich sind und ähnliche Überzeugungen vertreten (Festinger, 1954; Griffitt, 1974) oder daß sie zur gegenseitigen materiellen Bedürfnisbefriedigung beitragen (Deutsch, 1949; Thibaut & Kelley, 1959). Gruppenprozesse werden so auf interpersonale Prozesse reduziert. Turner (1982) hat dieses Modell der Entstehung von Gruppen als Soziales Kohäsionsmodell bezeichnet: Gruppen werden gebildet, weil die Mitglieder sich - wie die Atome in einem Molekül - gegenseitig anziehen (vgl. dazu auch Raven & Rubin, 1983, S. 405 f.).

2.1. Minimal-Group-Untersuchungen

Im Jahre 1969 führten Rabbie und Horwitz eine neue Untersuchung zur Wirkung von Intergruppenkonflikten durch. In der Konfliktsituation zeigte sich - wie schon bei Sherif - ein Ingroup-Bias, d.h. die Versuchspersonen beurteilten die eigene Gruppe und ihre Mitglieder günstiger als die Mitglieder der fremden Gruppe. Anders als bei Sherif hatten die Versuchspersonen in der Untersuchung von Rabbie und Horwitz jedoch kaum

Gelegenheit, miteinander zu interagieren. Die größte Attraktivität innerhalb der Gruppen und die Antipathie zwischen den Gruppen konnte also nicht auf die Interaktion der Gruppenmitglieder zurückgehen. Eine noch extremere Untersuchungssituation haben Henri Tajfel und seine Mitarbeiter eingeführt (Tajfel, Billig, Bundy & Flament, 1971). Diese Studie hat die Grundlage gelegt für das, was später als das Minimal-Group-Untersuchungsparadigma bekanntgeworden ist.

Tajfel et al. (1971) teilten ihre Schüler-Vpn zunächst nach Zufall in zwei Gruppen auf. Dazu wurden den Versuchspersonen Paare von abstrakten Bildern vorgeführt, von diesen Bildpaaren stammte angeblich jeweils eines vom Maler Kandinsky, das andere von Klee. Die Versuchspersonen sollten bei jedem Bildpaar individuell ihre Präferenz aufschreiben. Vorgeblich auf der Basis dieser Entscheidungen, in Wahrheit aber nach Zufall, wurden die Versuchspersonen dann in zwei Gruppen eingeteilt: Dazu wurde jeder Versuchsperson vertraulich mitgeteilt, daß sie zur Klee- bzw. Kandinsky-Gruppe gehörte. In der zweiten Versuchsphase bekamen die Versuchspersonen dann die Aufgabe, vorgegebene Geldbeträge auf zwei Personen zu verteilen. Die Versuchspersonen wußten nicht, wer konkret die beiden anderen Personen waren; jede Versuchsperson war lediglich darüber informiert, daß sie selbst nicht eine der beiden Personen war. In einer Versuchsbedingung wurde den Versuchspersonen mitgeteilt, daß die eine der beiden Zielpersonen der Klee-, die andere der Kandinsky-Gruppe angehörte. Die Ergebnisse zeigen, daß in dieser Bedingung durchgehend ein Ingroup-Bias auftrat, d.h. die Versuchspersonen neigten dazu, die Mitglieder der eigenen Gruppen zu bevorzugen und ihnen höhere Geldbeträge zuzuweisen.

Inzwischen gibt es eine erhebliche Zahl von Untersuchungen nach dem Minimal-Group-Paradigma (vgl. z.B. die Übersicht bei Hogg & Abrams, 1988, S. 48 ff.). In verschiedenen Studien konnte nachgewiesen werden, daß der Ingroup-Bias nicht nur bei der Verteilung materieller Gewinne, sondern auch bei einfachen Urteilsskalen zu beobachten ist (vgl. z.B. Mummendey & Schreiber, 1983). Mitglieder der eigenen Gruppe werden auf den Skalen gewöhnlich positiver eingeschätzt als Mitglieder fremder Gruppen.

Die Untersuchungen nach dem Minimal-Group Paradigma machen deutlich, daß eine Abwertung von Mitgliedern fremder Gruppen nicht nur dann zu beobachten ist, wenn zwischen diesen Gruppen ein Interessenskonflikt vorliegt, wie das die Untersuchungen von Sherif et al. (1961) und Rabbie & Horwitz (1969) nahelegen; die künstliche Einteilung in zwei Kategorien scheint bereits hinreichend, daß unterschiedliche Zuneigung für Mitglieder der eigenen „Gruppe" und der fremden „Gruppe" auftreten.

2.2. Die Theorie der Sozialen Identität

Die wohl bekannteste Erklärung für die Befunde aus dem Minimal-Group-Untersuchungsparadigma liefert die Theorie der Sozialen Identität von Tajfel & Turner (1979, 1986). Nach dieser Theorie kommt der Ingroup-Bias zustande, weil die Mitglieder von Gruppen einen Teil ihrer Identität, ihre Soziale Identität, aus ihrer Mitgliedschaft in Gruppen ableiten. Die Selbsteinschätzung in der Sozialen Identität ergibt sich aus der relativen Bewertung der eigenen Gruppe im Vergleich zu relevanten anderen Gruppen. Wenn die Mitglieder einer Gruppe eine positive Selbsteinschätzung in der Sozialen Identität erreichen wollen - was als Motiv unterstellt wird -, dann müssen sie versuchen, die eigene Gruppe positiv von fremden Vergleichsgruppen abzusetzen. Dieses Bemühen kommt im Minimal-Group-Paradigma darin zum Ausdruck, daß die Mitglieder der eigenen Gruppe im Vergleich zu denen der fremden Gruppe finanziell bevorzugt und günstiger bewertet werden.

Die Theorie der Sozialen Identität geht davon aus, daß die Mitglieder der eigenen Gruppe attraktiver sind und ein höheres Maß an Zuneigung erhalten als Mitglieder fremder Gruppen. Eine belgisch-portugiesische Forschergruppe hat diese Annahme kürzlich differenziert. In einer Reihe von Untersuchungen können Jose Marques, Vincent Yzerbyt und Jaques-Philippe Leyens zeigen (vgl. Marques et al., 1988; Marques & Yzerbyt, 1988), daß der von der Theorie der Sozialen Identität vorhergesagte Ingroup-Bias nur für normale oder positiv bewertete Gruppenmitglieder gilt; wenn ein Mitglied der eigenen Gruppe *a priori* unbeliebt ist, dann wird diese Person im Intergruppenkontext ungünstiger beurteilt als ein vergleichbar unbeliebtes Mitglied einer fremden Gruppe. Das unbeliebte Gruppenmitglied wird also von der Gruppe zurückgewiesen. Marques et al. erklären ihre Ergebnisse damit, daß Gruppenmitglieder, die im gesellschaftlichen Konsens eine negative Bewertung erfahren - etwa weil sie sich abweichend verhalten - die relative Position der Gruppe und damit die Selbstbewertung in der Sozialen Identität gefährden.

Eines der wesentlichen Merkmale des Minimal-Group Untersuchungsparadigmas, besonders in seiner ursprünglichen Form, wie es von Tajfel et al. (1971) eingeführt wurde, ist, daß die Gruppen auf sehr künstliche Weise kreiert werden. Die Gruppenmitglieder können nicht miteinander interagieren, sie wissen nicht einmal, wer außer ihnen selbst noch Mitglied der Gruppe ist. In den Minimal-Group-Untersuchungen wird offensichtlich ein anderer Gruppenbegriff zugrundegelegt als in der traditionellen Kleingruppenforschung. Nicht mehr die in der interpersonalen Interaktion festgestellte gegenseitige Attraktion, Ähnlichkeit und Bedürfnisbefriedigung konstituiert die Gruppe; entscheidend ist vielmehr die Übernahme einer kategorialen Mitgliedschaft als Teil der Selbstdefinition. Turner (1987) hat diesen Aspekt der Gruppenbildung in seiner Selbst-Kategorisierungs-Theorie aufgegriffen.

2.3. Selbstkategorisierung

Nach der Selbst-Kategorisierungs-Theorie der Gruppenbildung (Turner, 1987) ist eine Gruppe eine Ansammlung von Menschen, die sich selbst als zu einer gemeinsamen Kategorie gehörig wahrnehmen. Sympathie für die anderen Mitglieder einer Gruppe und die Perzeption von Ähnlichkeit mit diesen anderen Mitgliedern sind keine unabhängigen Bedingungen für die Bildung von Gruppen, sie sind vielmehr das Ergebnis eines vorgeordneten Prozesses der Selbst-Kategorisierung. Notwendig für die Entstehung von Gruppen ist die Existenz oder Ausbildung einander ausschließender Kategorien, die eine Einordnung der eigenen und anderer Personen möglich machen. Gruppen entstehen nach der Selbst-Kategorisierungs-Theorie immer nur in Abgrenzung zu Vergleichsgruppen. Die Genese von Gruppen und die Prozesse in und zwischen Gruppen sind nicht mehr das Ergebnis interpersonaler Mechanismen, sie hängen vielmehr wesentlich vom intergruppalen Kontext ab. Anders als die Kleingruppenforschung ist die Selbst-Kategorisierungs-Theorie nicht auf kleine und überschaubare Gruppen beschränkt, in denen die Gruppenmitglieder direkt miteinander interagieren. Wenn innerhalb einer Gruppe Interaktionen stattfinden, dann sind diese von den Selbst-Kategorisierungen der Gruppenmitglieder und der daran gebundenen Selbstdefinition bestimmt.

Die Ablehnung von Mitgliedern fremder Gruppen und die Bevorzugung von Mitgliedern der eigenen Gruppe ist ein häufig zu beobachtendes Phänomen, es tritt aber nicht immer auf. Nicht in allen Situationen reagieren Menschen nach Maßgabe ihrer Gruppenmitgliedschaften; es gibt hinreichend Beispiele dafür, daß Personen sich als Mitglieder von Gruppen gegenseitig ablehnen, als vereinzelte Individuen aber durchaus Sympathie füreinander empfinden können. Nach der Theorie der Sozialen Identität kann man das Interaktionsverhalten von Menschen auf einem Kontinuum anordnen und danach unterscheiden, ob es eher dem interpersonalen oder eher dem intergruppalen Pol dieses Kontinuums zuzuordnen ist. Maßgeblich dafür, welche Verhaltensform zutage tritt - eher interpersonales oder eher intergruppales Verhalten - , ist, ob die Persönliche oder die Soziale Identität der beteiligten Personen stärker angesprochen wird. Nach der Selbst-Kategorisierungs-Theorie bestimmt das Ausmaß der Salienz der Sozialen Identität, wie deutlich Personen intergruppales Verhalten zeigen. Danach ist beispielsweise zu erwarten, daß die Attraktion für Mitglieder der eigenen Gruppe und die Zurückweisung von Mitgliedern fremder Gruppen zunehmen, wenn die Salienz der relevanten Gruppenmitgliedschaft erhöht wird. Das folgende Experiment, das ich mit Unterstützung von Uwe Machleit und Andreas Zick durchgeführt habe, kann diesen Gedanken verdeutlichen. Die Untersuchung wurde bislang an keiner anderen Stelle veröffentlicht.

3. Ein Experiment

Versuchspersonen waren 68 Studierende der Psychologie der Ruhr-Universität in Bochum (darunter 29 Studentinnen). Der Versuch wurde als Einzelversuch durchgeführt. Relevante Gruppe sollte die politische Partei sein, der die Versuchspersonen sich zugehörig fühlten. Jede Versuchsperson bekam eine künstlich erstellte Zeitungsmeldung vorgelegt. - Zwei unabhängige Variablen wurden manipuliert.

1. Ingroup- vs. Outgroup-Bedingung: In die **Ingroup-Bedingung** wurden nur Versuchspersonen aufgenommen, die die Partei der GRÜNEN präferieren oder, wenn eine Aussage zur momentanen Parteipräferenz fehlte, die angaben, bei den letzten Bundestagswahlen die GRÜNEN gewählt zu haben. (Die Fokussierung der Selektion auf Sympathisanten der GRÜNEN geht darauf zurück, daß die GRÜNEN zum Untersuchungszeitraum bei den Bochumer Psychologiestudentinnen und -studenten über die größte Anhängerschaft verfügten.) Diesen Versuchspersonen wurde ein Zeitungsbericht präsentiert, in dem es hieß, daß ein prominenter Bundestagsabgeordneter der GRÜNEN sich dafür ausgesprochen habe, die Abgasvorschriften für PKWs in der Bundesrepublik an den strengen US-Vorschriften zu orientieren. Im Untersuchungszeitraum, Herbst 1985, waren auf Drängen der EG gerade die weniger strengen europäischen Abgasnormen durchgesetzt worden. Für die **Outgroup-Bedingung** wurden nur Versuchspersonen zugelassen, die sich nach den o.a. Kriterien als Sympathisanten der GRÜNEN oder der SPD bezeichneten. Diese Versuchspersonen bekamen einen Zeitungsbericht vorgelegt, in dem ein prominentes CDU-Mitglied eine strengere Überwachung von Arbeitslosen durch das Arbeitsamt forderte. Auch dieses Thema war zum Untersuchungszeitraum in der öffentlichen Diskussion. Wir nahmen an, daß die in der Ingroup-Bedingung eingeforderte Maßnahme von den Versuchspersonen als positiv und die in der Outgroup-Bedingung angesprochene Forderung als negativ angesehen werden würde.

2. Betonung der Gruppenmitgliedschaft: Die Salienz der Ingroup und der Mitgliedschaft der Versuchspersonen in dieser Gruppe wurde dadurch manipuliert, daß die Versuchspersonen entweder unmittelbar vor der Lektüre der Zeitungsnachricht oder kurz vor Abschluß des Versuchs nach ihrer Parteipräferenz und ihrem Wahlverhalten gefragt wurden. Im ersten Fall sollte die **Gruppenmitgliedschaft betont** sein (für die Dauer der Durchführung der Untersuchung), im zweiten Fall sollte die **Gruppenmitgliedschaft nicht betont** sein. In beiden Untersuchungsbedingungen waren die Fragen nach der Parteipräferenz in einen Satz demographischer Fragen eingebettet.

Die Aufgabe der Versuchspersonen bestand darin, die Zeitungsbeiträge zu lesen und dann den Politiker und seine Partei auf insgesamt sechs Skalen einzuschätzen. Wegen der Selektion der Versuchspersonen beurteilten die Versuchspersonen der Ingroup-Bedingung (Sympathisanten der GRÜNEN) die eigene Gruppe und ein Mitglied der eigenen Gruppe (einen Politiker der GRÜNEN), die Versuchspersonen der Outgroup-Bedingung (Sympathisanten der GRÜNEN oder der SPD) urteilten über eine fremde Gruppe und ein Mitglied dieser fremden Gruppe (Politiker der CDU). Auf den Antwortskalen sollten die Versuchspersonen angeben, für wie kompetent, sympathisch und glaubwürdig sie Politiker bzw. Partei hielten, der Wert -4 kennzeichnete dabei eine besonders ungünstige, der Wert +4 eine besonders günstige Bewertung. Die Einzelwerte wurden zu einem Gesamtwert der Gruppenbewertung zusammengefaßt (alpha = .94). Außerdem wurden Versuchspersonen gefragt, wie sie die angesprochene politische Maßnahme beurteilten (-4: sehr negativ, +4: sehr positiv) und, zum Abschluß, wie glaubwürdig ihnen die Nachricht erschien (-4: überhaupt nicht glaubwürdig, +4: absolut glaubwürdig). Nach Beendigung der Versuchssitzungen haben wir die Versuchspersonen über den fiktiven Charakter der Zeitungsnachrichten aufgeklärt.

Die Antworten der Versuchspersonen wurden mit Hilfe von drei Varianzanalysen mit den Faktoren Ingroup-Outgroup-Bedingung und Betonung der Gruppenmitgliedschaft ausgewertet; das Geschlecht der Versuchspersonen hatte in einer vorangegangenen Kontrollanalyse keinen Einfluß auf die Ergebnisse gezeigt. Die statistische Analyse macht zunächst deutlich, daß die politische Maßnahme aus der Ingroup-Bedingung - erwartungsgemäß - erheblich positiver erschien ($M = 2.96$) als die Maßnahme aus der Outgroup-Bedingung ($M = -3.00$; $F(1,43) = 307.91$, $MAQ_{innerhalb} = 1.35$): Strenge Abgaswerte wurden begrüßt, verschärfte Kontrollen von Arbeitslosen zurückgewiesen. - Für die abhängige Variable der Bewertung der Gruppen ergibt sich in der entsprechenden Varianzanalyse ein hochsignifikanter Haupteffekt der Variable Ingroup-Outgroup Bedingung ($F(1,43) = 2.58.10$; $MAQ_{innerhalb} = 0.84$) und eine hochsignifikante Wechselwirkung der beiden experimentell manipulierten Faktoren ($F(1,43) = 7.00$). Abbildung 1 gibt das Datenmuster wieder.

Der Unterschied zwischen der Ingroup- und der Outgroup-Bedingung entspricht dem Ingroup-Bias der Minimal-Group-Untersuchungen; ein solcher Unterschied ist darüber hinaus trivial, da in den Zeitungsnachrichten das Mitglied der eigenen Gruppe mit einer positiv bewerteten politischen Maßnahme in Verbindung gebracht worden war und das Mitglied der fremden Gruppe mit einer negativen Maßnahme. Für die Untersuchungshypothese interessant ist die Wechselwirkung der beiden experimentellen Faktoren. Die Daten entsprechen dem Muster, das nach der Theorie der Selbst-Kategorisierung zu erwarten ist. Im Vergleich zu einer Kontrollbedingung, in der die Gruppenmitgliedschaft der Versuchspersonen nicht betont ist, wird die Bewertung der eigenen Gruppe und des angeführten Mitglieds der eigenen Gruppe positiver, wenn die Gruppenmitgliedschaft betont ist ($t(43) = 1.72$, $p < .05$, einseitige Fragestellung). Für die Bewertung der fremden Gruppe und ihres Mitgliedes ergibt sich ein spiegelbildliches Datenmuster ($t(43) = 2.02$ für den Mittelwertunterschied innerhalb der Outgroup-Bedingung). Getrennte Analysen für die Bewertung der Gruppen und die Bewertung der Politiker liefern vergleichbare Datenmuster. Mit der Kontrollvariablen „Glaubwürdigkeit der Nachricht" stellt sich ein signifikanter Haupteffekt für die beiden verwendeten Nachrichten ein ($F(1,43) = 6.70$; $MQ_{innerhalb} = 4.07$): Die Nachricht über den Politiker der GRÜNEN ist glaubwürdiger ($M = 2.48$) als die über den Politiker der CDU ($M = 0.96$). Darüber hinaus gibt es keine Wechselwirkung der experimentellen Faktoren, die die Interpretation der Befunde zur Gruppenbewertung in Frage stellen könnte.

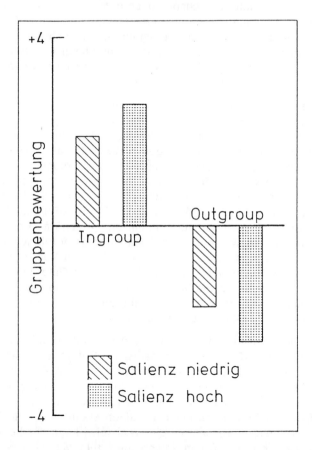

Abb. 1:
Ingroup- und Outgroup-Bewertung in Abhängigkeit von der Salienz der Gruppenmitgliedschaft.

Die Ergebnisse unterstützen die Annahme der Theorie der Selbst-Kategorisierung, daß die Attraktion einer Gruppe und ihrer Mitglieder davon abhängt, wie deutlich die Mitgliedschaft in einer Gruppe und die daran geknüpfte Soziale Identität betont ist. Wenn die Gruppenmitgliedschaft durch situative Einflüsse salient wird, verändert sich die Bewertung der eigenen Gruppe und ihrer Mitglieder gleichermaßen wie die Beurteilung einer relevanten fremden Gruppe. Nicht die Interaktion zwischen einzelnen Individuen hat diese Veränderung in der gegenseitigen Bewertung herbeigeführt, sondern Änderungen im intergruppalen Kontext. In einer Studie, die ich zusammen mit Phillip L. Ward durchgeführt habe (Wagner & Ward, in Vorbereitung), finden sich ähnliche Ergebnisse: Je stärker die Bedeutung der Gruppe und der Gruppenmitgliedschaft betont wird, umso deutlicher steigt die Sympathie für ein anderes Mitglied der eigenen Gruppe. In diesem Experiment können wir außerdem zeigen, daß ein solcher Effekt nur bei Personen zu beobachten ist, die sich mit ihrer Gruppe identifizieren, d.h. die die Gruppe zur Selbstdefinition in der Sozialen Identität heranziehen.

4. Resümee

Die neuen Theorien der Sozialen Identität (Tajfel & Turner, 1979, 1986) und der Selbst-Kategorisierung (Turner, 1987) lassen einige der Befunde der älteren experimentellen Kleingruppenforschung in anderem Licht erscheinen. Die Attraktivität von Gruppenmitgliedern hängt nicht nur davon ab, was innerhalb einer Gruppe geschieht, sie wird auch davon mitbestimmt, in welchen Gruppenkontext eine Gruppe eingebettet ist.

Weiter oben habe ich die Ergebnisse der klassischen Untersuchung von Stanley Schachter (1951) vorgestellt. Unter anderem konnte Schachter zeigen, daß Gruppenmitlieder, die konstant von der Gruppenmeinung abweichen, die Zuneigung der anderen Gruppenmitglieder verlieren und aus der Gruppe ausgeschlossen werden. Nach seiner Interpretation auf der Basis der Theorie Sozialer Vergleichsprozesse (Festinger, 1954) spiegeln die Befunde den Versuch der Meinungsangleichung in Gruppen wider. Die Theorien der Sozialen Identität und der Selbst-Kategorisierung kommen unter bestimmten Umständen zu derselben Vorhersage wie Schachter und Festinger: Abweichende Gruppenmitglieder werden ausgeschlossen. Diese Theorien begründen eine solche Vorhersage aber anders: Abweichler werden ausgeschlossen, weil sie den relativen Status der eigenen Gruppe im Vergleich zu anderen Gruppen und damit die an die Gruppe gebundene Soziale Identität gefährden. Die Interpretation der Intergruppentheorien bedingt ein neues Untersuchungsvorgehen, bei dem fremde Vergleichsgruppen in die Untersuchungssituation eingeführt werden. Schachter selbst konnte - vor seinem theoretischen Hintergrund - ein solches Untersuchungsparadigma nicht entwickeln. Diese Erweiterung des experimentellen Vorgehens wurde erst in neueren Untersuchungen möglich, beispielsweise in den geschilderten Studien von Marques et al. (Marques et al., 1988; Marques & Yzerbyt, 1988). Bei Turner (1987) und Hogg und Abrams (1988) finden sich eine ganze Reihe weiterer Beispiele dafür, wie Fragestellungen und Untersuchungsanordnungen der Kleingruppenforschung in der Intergruppenforschung neu aufgegriffen und uminterpretiert werden.

Die Kleingruppenforschung beschäftigt sich, wie der Name sagt, im wesentlichen mit kleinen Gruppen, in denen die Gruppenmitglieder miteinander interagieren. Interpersonal orientierte Kleingruppenforscher kommen in Schwierigkeiten, wenn sie kollektive Phänomene, wie Ethnozentrismus und Vorurteile Mitgliedern fremder ethnischer Gruppen gegenüber, erklären sollen (vgl. z.B. Berkowitz, 1962). Diese Formen von Attraktion und Zurückweisung sind kaum allein auf interindividuelle Interaktionen reduzierbar. Hier liegt die eigentliche Stärke der Intergruppentheorien. Diese Theorien beschäftigen sich vornehmlich mit Gegenstandsbereichen, in denen mit dem Begriff „Gruppe" numerisch sehr große Zusammenfassungen von Menschen beschrieben sind, wie ethnische oder nationale Gruppen oder Geschlechtsgruppen.

Die interpersonale und die intergruppale Erklärungsebene der Gruppenbildung stehen nach meiner Ansicht nicht unbedingt im Widerspruch zueinander. Interpersonale Interaktionen von Personen können beispielsweise dazu führen, daß diese eine Gruppe bilden und dann die neue Gruppeneinteilung als Basis für intergruppale Prozesse verwenden. Oder eine nach intergruppalen Mechanismen entstandene Gruppe kann in ihrer weiteren Entwicklung stärker durch die konkreten Interaktionen ihrer Mitglieder als durch die Auseinandersetzungen mit fremden Gruppen bestimmt werden. Für eine Erklärung der Phänomene Sympathie, Attraktion, Zuneigung in und zwischen Gruppen ist die Berücksichtigung beider Analyseebenen - der interpersonalen und der intergruppalen - sinnvoll.

Literatur

Aronson, E. & Linder, D. (1965). Gain and loss of esteem as determinants of interpersonal attractiveness. *Journal of Experimental Social Psychology, 1,* 156-171.

Aronson, E. & Mills, J. (1959). The effect of severity of initiation on liking for a group. *Journal of Abnormal and Social Psychology, 59,* 177-181.

Berger, J., Cohen, B.P. & Zelditch, M. Jr. (1972). Status characteristics and social interaction. *American Sociological Review, 37,* 241-255.

Berkowitz, L. (1962). *Aggression. A social psychological analysis.* New York: McGraw-Hill.

Berscheid, E. (1985). Interpersonal attraction. In G. Lindzey & E. Aronson (eds.). *Handbook of social psychology* (Vol. II). (S. 413-484). New York: Random House.

Berscheid, E. & Walster, E.H. (1969). *Interpersonal attraction.* Reading, Mass.: Addison-Wesley.

Billig, M. (1976). *Social psychology and intergroup relations.* London: Academic Press.
Byrne, D. (1961). Interpersonal attraction and attitude similarity. *Journal of Abnormal and Social Psychology, 62,* 713-715.
Byrne, D. (1971). *The attraction paradigm.* London: Academic Press.
Cartwright, D. (1968). The nature of group cohesiveness. In D. Cartwright & A. Zander (eds.). *Group dynamics* (3rd ed.). (S. 91-109). New York: Harper & Row.
Clark, M.S. & Reis, H.T. (1988). Interpersonal processes in close relationships. *Annual Review of Psychology, 39,* 609-672.
Deutsch, M. (1949). An experimental study of the effects of cooperation and competition upon group processes. *Human Relations, 2,* 199-231.
Doise, W. (1986). *Levels of explanation in social psychology.* London: Cambridge University Press; Paris: Editions de la Maison des Sciences de l'Homme.
Festinger,L. (1950). Informal social communication. *Psychological Review, 57,* 271-282.
Festinger,L. (1954). A theory of social comparison processes. *Human Relations, 7,* 117-140.
Festinger,L. (1957). *A theory of cognitive dissonance.* Evenston: Row, Peterson.
Gerard, H.B. & Mathewson, G.C. (1966). The effects of severity of initiation on liking for a group: A replication. *Journal of Experimental and Social Psychology, 2,* 278-287.
Goethals, G.R. & Darley, J.M. (1987). Social comparison theory: Self-evaluation and group life. In B. Mullen & G.R. Goethals (eds.). *Theories of group behavior.* (S. 21-47). New York: Springer.
Griffitt, W. (1974). Attitude similarity and attraction. In T.L. Huston (ed.). *Foundations of interpersonal attraction* (S. 285-308). New York: Academic Press.
Haisch, J. & Frey, D. (1984). Die Theorie sozialer Vergleichsprozesse. In D. Frey & M. Irle (Hrsg.). *Theorien der Sozialpsychologie* (Bd. I). (S. 75-96). Bern: Huber.
Hamilton, D.L. (1981). Illusory correlation as a basis for stereotyping. In D.L. Hamilton (ed.). *Cognitive processes in stereotyping and intergroup behavior* (S. 115-144). Hillsdale, N.J.: Erlbaum.
Hatfield, E., Traupmann, J., Sprecher, S., Utne, M. & Hay, J. (1985). Equity and intimate relations: Recent research. In W. Ickes (ed.). *Compatible and incompatible relationships* (S. 91-117). New York: Springer.
Heider, F. (1946). Attitudes and cognitive organization. *Journal of Psychology, 21,* 107-112.
Hogg, M.A. & Abrams, D. (1988). *Social identifications.* London: Routledge.
Hollander, E.P. (1958). Conformity, status, and idiosyncrasy credit. *Psychological Review, 65,* 117-127.

Hollander, E.P. & Julian, J.W. (1978). A further look at leader legitimacy, influence, and innovation. In L. Berkowitz (ed.). *Group processes* (S. 153-165). New York: Academic Press.

Kelley, H.H. & Thibaut, J.W. (1978). *Interpersonal relations.* New York: Wiley.

Levine, J.M. (1980). Reaction to opinion deviance in small groups. In P.B. Paulus (ed.). *Psychology of group influence* (S. 375-429). Hillsdale, N.J.: Erlbaum.

Lott, A.J. & Lott, B.E. (1965). Group cohesiveness as interpersonal attraction: A review of relationships with antecedent and consequent variables. *Psychological Bulletin, 64,* 4, 259-309.

Lott, B.E. (1961). Group cohesiveness: A learning phenomenon. *Journal of Social Psychology, 55,* 275-286.

Marques, J.M. & Yzerbyt, V.Y. (1988). The black sheep effect: Judgment extremity towards ingroup members in inter- and intra-group situations. *European Journal of Social Psychology, 18,* 287-292.

Marques, J.M., Yzerbyt, V.Y. & Leyens, J.P. (1988). The ‚Black Sheep Effect': Extremity of judgments towards ingroup members as a function of group identification. *European Journal of Social Psychology, 18,* 1-16.

Metee, D.R. & Aronson, E. (1974). Affective reactions to appraisal from others. In T.L. Huston (ed.). *Foundations of interpersonal attraction* (S. 235-283). New York: Academic Press.

Miller, C.E., Jackson, P., Mueller, J. & Scherschling, C. (1987). Some social psychological effects of group decision rules. *Journal of Personality and Social Psychology, 52,* 325-332.

Mummendey, A. & Schreiber, H.J. (1983). Better or just different? Positive social identity by discrimination against, or by differentiation from outgroups. *European Journal of Social Psychology, 13,* 389-397.

Newcomb, T.M. (1956). The prediction of interpersonal attraction. *American Psychologist, 11,* 575-586.

Newcomb, T.M. (1961). *The aquaintance process.* New York: Holt, Rinehart & Winston.

Rabbie, J.M. & Horwitz, M. (1969). Arousal of ingroup-outgroup bias by chance win or loss. *Journal of Personality and Social Psychology, 13,* 269-277.

Raven, B.H. & Rubin, J.Z. (1983). *Social Psychology* (2nd ed.). New York: Wiley.

Rokeach, M. (1960). *The open and closed mind.* New York: Basic Books.

Schachter, S. (1951). Deviation, rejection, and communication. *Journal of Abnormal and Social Psychology, 46,* 190-207.

Schachter, S. (1959). *The psychology of affiliation.* Stanford, Cal.: Stanford University Press.

Schutz, W.C. (1958). *FIRO: A three-dimensional theory of interpersonal behavior.* New York: Holt, Rinehart & Winston.

Shaw, M.E. (1971). *Group dynamics.* New York: McGraw-Hill.

Sherif, M., Harvey, O.J., White, B.J., Hood, W.R. & Sherif, C.W. (1961). *Intergroup conflict and cooperation. The Robbers Cave experiment.* Norman, Okl.: Institute of Group Relations, University of Oklahoma.

Sherif, M. & Sherif, C.W. (1968). *Social psycholcgy.* New York: Harper & Row.

Tajfel, H., Billig, M.G., Bundy, R.P., Flament, C. (1971). Social categorization and intergroup behaviour. *European Journal of Social Psychology, 1,* 149-178.

Tajfel, H. & Turner, J.C. (1979). An integrative theory of intergroup conflict. In W.G. Austin & S. Worchel (eds.). *The social psychology of intergroup relations* (S. 33-47). Monterey, Cal.: Brooks/Cole.

Tajfel, H. & Turner, J.C. (1986). The social identity theory of intergroup behavior. In S. Worchel & W.G. Austin (eds.). *Psychology of intergroup relations* (S. 7-24). Chicago: Nelson-Hall.

Thibaut, J.W. & Kelley, H.H. (1959). *The social psychology of groups.* New York: Wiley.

Thomas, E.J. (1957). Effects of facilitative role interdependence on group functioning. *Human Relations, 10,* 347-366.

Turner, J.C. (1982). Towards a cognitive redefinition of the social group. In H. Tajfel (ed.). *Social identity and intergroup relations* (S. 15-40). London: Cambridge University Press; Paris: Editions de la Maison des Sciences de l,Homme.

Turner, J.C. (1987). *Rediscovering the social group.* Oxford: Blackwell.

Turner, J.C., Hogg, M.A., Turner, P.J. & Smith, P.M. (1984). Failure and defeat as determinants of group cohesiveness. *British Journal of Social Psychology, 23,* 97-111.

Wagner & Ward (in Vorbereitung).

Winch, R.F. (1955). The theory of complementary needs in male selection: A test of one kind of complementaries. *American Sociological Review, 20,* 52-56.

Geschlechterdifferenzierung

Horst Pfrang

Unterschiede zwischen Mädchen und Jungen sowie Frauen und Männern zu sehen und zu schaffen heißt Geschlechterdifferenzierung. Die minimale betrifft die kognitive Unterscheidung von Mann und Frau. Eine maximal mögliche Differenzierung scheint nicht bestimmbar; sie bedeutet jedoch eine weitgehende Segregation der Lebensbereiche und enthält die Konstruktion von männlich und weiblich als sich wechselseitig ausschließende, zum Teil in komplementärem Verhältnis stehende Qualitäten in Persönlichkeitsmerkmalen, Fähigkeiten, Wissen, Verhaltensweisen, angemessenen Aufgaben und Positionen.

Ziel des Beitrags ist eine Analyse der Inkonsistenz über Situation und der Instabilität über Zeit als Indikator des Wandels zwischen minimaler und maximaler Differenzierung. An erster Stelle steht die Frage nach Unterschieden zwischen den Geschlechtern, die in der Konstruktion einer Geschlechtspersönlichkeit durch Summation von Unterschieden ihre Weiterentwicklung findet. Das Scheitern des Eigenschaftsansatzes legt nahe, daß die Relevanz des Geschlechts größtenteils eine Funktion der Erfahrung mit und der Stellungnahme zu sozialen Umwelten ist, die die Geschlechter differenzieren oder nicht (vgl. Tyrell, 1986). Mit Geschlechtsrollen und -stereotypen werden zwei Merkmale sozialer Umwelten ausführlicher behandelt. Bei allen Ansätzen sind erhebliche theoretische Mängel und ungelöste Meßprobleme festzustellen. Ein Schwerpunkt liegt daher auf der Analyse impliziter Annahmen in Meßinstrumenten, da die inhaltlichen Implikationen methodischer Entscheidungen zu wenig reflektiert scheinen.

1. Eigenschaftsunterschied oder Differentielle Reaktion auf Situation

In der klassischen Natur-Kultur-Kontroverse steht zuerst die Frage nach allgemein beobachtbaren männlichen und weiblichen Charakteristika. Für diese Merkmale ist dann zu analysieren, ob sie angeboren oder „nur" erlernt sind (Reinisch, Rosenblum & Sanders, 1987). Das Beispiel mathematische Spitzenbegabung (Benbow, 1988; Jacklin, 1989) belegt die Aktualität dieser Kontroverse. Für die biologische Geschlechtsdefinition ist aber die Vertrautheit mit dem kulturellen Produkt Mathematik kein Kriterium. Die Kultur-Natur-Frage scheint falsch gestellt und sollte durch die detaillierte Analyse der Veränderbarkeit und Trainierbarkeit von Merkmalen sowie der detaillierten Analyse der Reaktionen auf Situationen in Abhängigkeit vom Geschlecht ersetzt werden.

Während früher die mathematische Begabung der Mädchen generell bezweifelt wurde, stehen heute die unterschiedlichen Proportionen bei Spitzenbegabung zur Diskussion. Benbow und Stanley (Übersicht: Benbow, 1988) untersuchten Kinder, die nach herausragenden Leistungen in einem Mathematik-Test (die besten 2 % bis 5 % nach nationalen Normen, je nach Jahr und Untersuchung) freiwillig an weiteren Untersuchungen zur Selektion von Hochbegabten teilnahmen. Die Bearbeitung des mathematischen Teils eines schulischen Begabungstests (SAT) ergab nach Benbow den sehr unerwarteten Befund großer Unterschiede in der mathematischen Begabung zugunsten der Jungen. Das Verhältnis Jungen zu Mädchen beträgt in einer Studie 12.9 zu 1 im (Extrem-)Bereich der Verteilung zwischen 700 und 800 (maximaler Wert). Zur Interpretation werden vorsichtige Spekulationen über mögliche biologische Ursachen angestellt, da mit sozialen und psychologischen Variablen ein so großer Unterschied nicht erklärbar sei.

Die Medien verbreiteten Befunde und Interpretation stark vergröbert. Eccles und Jacobs (1986) führten gleichzeitig Untersuchungen zum Zusammenhang zwischen mathematischer Erfahrung, Kursbesuchen und der Mathematikleistung durch. Dadurch hatten sie die Möglichkeit, den Effekt der Medien auf die Einstellungen der Untersuchten zu prüfen. Während die Mütter, die die Berichte nicht kannten, glaubten, Jungen und Mädchen seien etwa gleich begabt, nahmen jene, die die Berichte registriert hatten, eine größere Schwierigkeit der Mathematik für Mädchen an, und ihre Töchter besuchten mit geringerer Wahrscheinlichkeit zusätzliche Mathematikkurse. Das Ziel der Arbeiten von Eccles (1985) besteht in der Analyse und Veränderung von Bedingungen (motivationale und soziale Faktoren), die mit der geringen Repräsentation von Frauen in Mathematik und Naturwissenschaften kovariieren, und dieses Quasi-Experiment bestätigte ihre theoretischen Annahmen.

Die Mütter der Medieninformation werden korrekterweise als fehlinformiert bezeichnet, da der Unterschied zwischen Mädchen und Jungen in nicht ausgelesenen Stichproben nicht sehr groß ist. Geschlecht korreliert mit mathematischer Begabung im SAT zwischen .17 und .25 (berechnet nach Feingold, 1988). Auch bei kleineren Mittelwertunterschieden erreicht man aber durch die Wahl einer extremen Selektionsrate extreme Geschlechtsverhältnisse, die sich einfach aus der Mittelwertsverschiebung der Verteilungen ergeben. Diese Methode könnte mit einem ähnlichen Ergebnis (unerwartet hohe Unterschiede) auf alle anderen niedrig geschlechtsdifferenzierenden Merkmale angewandt werden. Die mathematische Erfahrung und Ausbildung der Jungen und Mädchen war nur unzureichend kontrolliert, und für die biologischen Hypothesen fehlten die Daten völlig. Die Bedeutung der später vorgelegten Korrelate (Linkshändigkeit, Asthma, andere Allergien) und die langen kausalen Ketten, konstruiert als Beleg der frühen Spekulation, werden in verschiedenen Kommentaren mit widersprechenden Befunden konfrontiert (vgl. Benbow, 1988).

Die methodischen und interpretativen Fehler dieser Studie wären vermeidbar gewesen. Als Problem bleibt aber, daß mit vorliegenden Tests in der Regel nicht entschieden werden kann, ob ein Potential vorhanden, aber nicht entwickelt, oder aber vorhanden und nicht ausgedrückt wird. Sinnvoller ist es, nach dem Ausmaß der Trainierbarkeit oder Erlernbarkeit, also nach der Veränderbarkeit zu fragen. Die Unterschiede in mathematischen Teilen haben sich im Verlauf der letzten 30 bis 40 Jahre etwa halbiert, andere kognitive Unterschiede (z.B. verbale Fähigkeiten) sind heute kaum mehr nachweisbar, und bei einigen gibt es sogar eine Umkehrung der Richtung des Unterschieds („Verbal Reasoning", „Abstract Reasoning" und „Numerical Ability"; Feingold, 1988; Hyde & Linn, 1988). Hier scheint die Umwelt darüber zu entscheiden, welche Fähigkeiten von wem entwickelt werden können, da bei anderen benachteiligten Gruppen (Schwarze in den USA) keine Verbesserungen aufgetreten sind (Angoff, 1988). Die kurzfristige Trainierbarkeit mathematischer und visuell-räumlicher Fähigkeiten legt diese Interpretation nahe (z.B. Stericker & LeVesconte, 1982).

Die atheoretische Suche nach Geschlechtsunterschieden, geleitet von impliziten Stereotypen des ausgehenden 19. und beginnenden 20. Jahrhunderts, und die Beliebigkeit der post-hoc-Interpretationen im Rahmen der je aktuellen Hypothesen in einer Natur-Kultur-Kontroverse erscheint dem Problem nicht angemessen. Die Funktionen biologischer und sozialer Geschlechtsdifferenzierung zielen größerenteils auf unterschiedliche Variablen, die genauer zu bestimmen sind. Aus biologischer Perspektive gelten z.B. Kleidung, Schmuck, spezielle Körpersprache und Etikette als arbiträre Merkmale (Money, 1987). Bei der sozialen Definition des Geschlechts und des Grades an Maskulinität und Femininität sind sie von entscheidender Bedeutung. Das Kernelement biologischer Geschlechtsdefinition ist die sexuelle Reproduktion mit Sexualdimorphismus und der angenommenen besseren Anpassung des Stammes an Umwelten. Der Sexualdimorphismus beim Menschen ist im Vergleich zu anderen Spezies stark reduziert (Bischof, 1980), und als unverzichtbare Geschlechtsmerkmale gelten wie bei anderen Primaten die Imprägnation (Befruchtung) beim Mann, Ovulation, Menstruation, Gravidität und Laktation bei der Frau (Money, 1987).

Neben den mit der Reproduktion zusammenhängenden Verhaltensweisen wird kein weiterer qualitativer Unterschied im Verhaltensrepertoire der Geschlechter angenommen (Merz, 1979). Für spezifische Verhaltensweisen postuliert Money (1987) die Möglichkeit einer differentiellen Auslösbarkeit, eine unterschiedliche Schwelle (Explorations-, Dominanz-, und Territorialverhalten bei männlichen Tieren; Aggressivität bei der Verteidigung des Nachwuchses, Nestbildung, größere Responsivität auf Junge bei weiblichen Tieren, sowie mögliche Unterschiede in sexuell erregenden Reizen). Die Bedeutung dieser Merkmale für den Menschen sind umstritten (Beach, 1987). Bedeutsam erscheint aber, daß keine globalen

Eigenschaftsunterschiede, sondern situationsspezifische differentielle Auslösbarkeit angenommen wird. Nicht Aggressivität, sondern Aggression-in-Situation-Kombinationen sind zu untersuchen. In einigen Situationen gibt es Unterschiede (gleichgeschlechtliche Konkurrenz bei männlichen Tieren, Verteidigung der Jungen bei weiblichen), in anderen nicht (Begegnung mit einem nicht vertrauten Tier, Angst-ininduzierte Aggression, Überbevölkerung etc.).

Die moderierende Wirkung des Geschlechts bei Reaktion auf Reize in Situationen scheint auch bei Menschen ein deutlich brauchbareres Modell als der Bericht kleiner globaler Unterschiede bei hoher Inkonsistenz der Ergebnisse. Inhaltlich sind die meisten Untersuchungen aber in keiner Weise mit den zitierten Tierbeobachtungen vergleichbar, da es meist keine Korrespondenz der unabhängigen und abhängigen Variablen gibt. Wenn beispielsweise geprüft wird, ob Frustration im Leistungsbereich oder das Nicht-Anfahren des Vordermannes bei grüner Ampel im Verkehr die Aggressivität erhöht und als Maß der Aggressivität ein Feindseligkeitsfragebogen, das Verteilen von Elektroschocks oder das Hupen verwendet wird, so gibt es in der vergleichenden Forschung keine Entsprechungen für diese von Menschen geschaffenen Umwelten. Auch die Methoden unterscheiden sich stark. In der Verhaltensforschung bei Tieren hat die systematische Verhaltensbeobachtung und -registrierung in natürlichen Umwelten einen zentralen Stellenwert. Bei Menschen erfolgt der Einsatz häufig in der Entwicklungspsychologie (z.B. Kinder im Kindergarten), aber selten bei erwachsenen Menschen in diversen Kontexten.

Die Ergebnisse hängen aber stark von der verwendeten Erhebungsmethodik ab. Die größten Unterschiede bei Verhaltensweisen entstehen bei der Beurteilung des typischen Verhaltens, niedrigere bei der Beschreibung des eigenen Verhaltens oder des Verhaltens konkreter anderer und die geringsten, wenn unabhängige Beobachter Verhalten, Mimik oder Gestik registrieren (für Empathie: Eisenberg & Lennon, 1983; für Aggressivität: Eagly, 1987). Mit der Erhebungsmethodik ist häufig auch eine spezifische Fragestellung und die Wahl einer bestimmten Population verknüpft. Viele Ergebnisse zu Wahrnehmung, Lernen und kognitiven Fähigkeiten basieren auf Stichproben von Kindern und Heranwachsenden (Maccoby & Jacklin, 1974; Feingold, 1988). Unterschiede im Sozialverhalten (Altruismus, Konformität etc.) beziehen sich meist auf die erste Begegnung von (Psychologie-)Studenten der ersten Semester im Labor (Eagly, 1987). Bei Fragebogenuntersuchungen zu Persönlichkeitsunterschieden liegen große Untersuchungen bei Erwachsenen vor (z.B. Becker & Minsel, 1986).

Neben der materiellen Umwelt bestimmt beim Menschen ganz entscheidend die soziale Umwelt, welche Fähigkeiten entwickelt und welche Verhaltensweisen realisiert werden können (Feldman, Nash & Cutrona,

1977). Die Differenz in der Responsivität gegenüber fremden Babies, Kindern und kleinen Tieren in diversen Maßen hängt stark von der Vorerfahrung sowie den physischen und sozialen Qualitäten der Situation ab (Berman, 1980). Nach Whiting und Edwards (1988) löst das Kind selbst fürsorgliches Verhalten aus, und es ist nur eine Frage der Zeit, die ein Individuum mit dem Kind verbringt, ob er oder sie fürsorglicher wird.

Für Altruismus berichten Maccoby & Jacklin (1974; p. 223) in der Regel keinen Unterschied, wenn aber einer auftrete, dann eher in Richtung auf Mädchen und Frauen. Eagly (1987) konstatiert aufgrund der Ergebnisse einer Meta-Analyse, Männer seien etwas hilfsbereiter. Die Inkonsistenz entsteht durch die Zusammenfassung sehr unterschiedlicher situativer Einflüsse, die mit dem Geschlecht interagieren. Wird beispielsweise ein gefährlicher Auslöser verwendet (eine Person wirkt plötzlich sehr agitiert und inkohärent; ein Mann liegt mit Alkoholfahne in der U-Bahn), ist es wahrscheinlicher, daß Männer helfen. Die Differenz zugunsten des Mannes ist größer, wenn die Notsituation außerhalb der Universität in der Öffentlichkeit arrangiert wird, bei Verfügbarkeit anderer Helfer und wenn Hilfe direkt gefordert wird (Eagly, 1987).

Auch die Differrenz in aggressivem Verhalten ist stark situationsabhängig (Eagly, 1987). Die Differenzen (Männer aggressiver als Frauen) sind im Labor größer als in Felduntersuchungen, bei physischer Aggression größer als bei psychischer, wenn die Aggression erforderlich ist, größer als bei freier Wahl. Das Stereotyp läßt sich nur mit Fragebögen bestätigen und auch hier verändert sich die Selbstdarstellung über die Zeit. Die Korrelation zwischen Geschlecht und den Skalen des FPI nahm von 1965/69 bis 1982 deutlich ab. Die generellen Trends der Abnahme an Einsamkeit und Ängstlichkeit sowie der Zunahme an Selbstsicherheit und aggressiver Durchsetzung sind bei Frauen stärker ausgeprägt als bei Männern (Fahrenberg, Hampel & Selg (1984).

Das auffälligste Merkmal der Untersuchungen zu Geschlechtsdifferenzen ist die fast vollständige Vernachlässigung des Verhaltens Erwachsener in natürlichen Situationen. Begründet wird dies mit der Notwendigkeit der Kontrolle möglichst aller Einflußfaktoren außer dem Geschlecht. Unter der Zielsetzung des Findens „wahrer", nicht trivialer Unterschiede sei es wenig sinnvoll, Manager und Krankenschwestern oder auch Ehefrauen und Ehemänner zu vergleichen (Eagly, 1987), da hier Geschlecht und spezifische Rollen kovariieren. Eine kausale Interpretation der Unterschiede sei durch diese „Konfundierung" nicht möglich. Während in der natürlichen Umwelt die Geschlechter als Träger spezifischer Rollen interagieren und die soziale Bedeutung des Geschlechts sich gerade in der Stellungnahme zu diesen Rollen zeigt, soll der Einfluß dieser Rollen bei Untersuchungen zu Geschlechterdifferenzierung ausgeschlossen werden. Einige Autoren setzen den Global-Differenz-Ansatz noch durch den Vesuch fort, durch die Summation von Unterschieden eine Geschlechtspersönlichkeit zu konstruieren.

2. Mißlingen der Konstruktion einer Geschlechtspersönlichkeit

Die Existenz einer Geschlechtspersönlichkeit, von Maskulinität und Femininität, wird weiter postuliert. Meist sollen dabei neuere Ansätze (Androgynie) die Nachteile traditioneller Konzeptionen (Maskulinität versus Feminität als zwei Pole einer Dimension) überwunden haben (z.B. Bierhoff-Alfermann, 1989). In diesem Beitrag wird die These vertreten, daß die Ansätze trotz einiger Unterschiede entscheidende Defizite gemeinsam haben, so daß nur ein Schluß bleibt: Beide Ansätze sind als mißlungene Versuche der Konstruktion einer Geschlechtspersönlichkeit zu werten, und von einer weiteren Verwendung der Begriffe, Konstruktionsverfahren und Skalen ist dringend abzuraten. Umgekehrt läßt sich mit den Skalen verdeutlichen, wie das je implizite Alltagswissen oder die Stereotypen in „wissenschaftliche" Persönlichkeitskonzepte umgedeutet werden (vgl. Semin, Rosch, Krolage & Chassein, 1981) und Persönlichkeitspsychologie gleichzeitig Stereotypen fest- und fortschreibt. Sozialer Wandel als Veränderung des impliziten Alltagswissens führt in diesem Fall dazu, daß die interne Konsistenz der Skalen sinkt, sie nicht mehr als reliable Meßinstrumente bezeichnet werden können, häufig aber trotzdem weiter eingesetzt werden.

Nach der traditionellen Auffassung der Geschlechter gibt es keine Personen an sich. Es gibt nur männliche und weibliche Personen, es gibt keine menschliche Identität, die nicht von der Geschlechtsidentität mitbestimmt ist (Colley, 1959). Männer und Frauen unterscheiden sich fundamental, aber die Geschlechter sind einander polar zugeordnet, sie ergänzen sich. Der unterschiedliche Umgang mit Mensch und Welt ist nach Lersch (1950) bereits in der Tektonik des Leibes angelegt, wobei die Frau ein feinnerviges, aufnahmefähiges und aufnahmebereites Wesen, der Mann dagegen ein robustes, eindringendes, prägendes Wesen ist. Die Domänen des Mannes sind der Geist und der Kampf mit sowie die Gestaltung der Welt, während die Frau den Pol des Gemüts, der Seele, der Bewahrung repräsentiert.

Der traditionelle Ansatz zur Messung der Geschlechtspersönlichkeit entspricht obiger Konzeption insoweit, als Männlichkeit und Weiblichkeit als polare Gegensätze auf einer Dimension konstruiert werden, indem fälschlicherweise (Pfrang, in Druck) unhinterfragt und ungeprüft der Wahlzwang als Antwortmodus gewählt wird (z.B. aus Terman & Miles, 1936; „Sind Männer erfolgreicher wegen A, ihrem Aussehen oder B, ihren Fähigkeiten?") oder die im Sinne der Skala negative Antwort invertiert wird (z.B. Gough, 1957; „Ich möchte gerne Kindermädchen sein"; invers: „Ich würde die Arbeit eines Bauunternehmers lieben"). Pragmatisch werden mit der Konstruktion von MF-Skalen (M = Maskulinität; F = Feminität) meist zwei Ziele verfolgt: Die Trennung von Männern und Frauen und die Identifizierung von latenter oder manifester Homosexualität (vgl. Terman & Miles, 1936). Die Skalen basieren somit auf zwei impliziten Alltagsannahmen: Der Gegensätzlichkeit von Maskulinität und Femininität und der Konzeption der Homosexualität als Geschlechtsinversion, als Widerspruch zwischen dem biologisch angelegten Geschlecht und der Geschlechtsidentität (Heterosexualität als Teil angemessener Geschlechtsidentität). Diese Hypothese zu Homosexualität konnte bisher empirisch nicht belegt werden (Storms, 198), und bereits Terman und Miles (1936) warnen aufgrund ihrer Befunde davor, ihren Test zur Identifikation von Homosexuellen einzusetzen. Im Alltagswissen besteht die illusorische Korrelation zwischen gegengeschlechtlichem Verhalten und der Homosexualität bis heute weiter (Deaux & Lewis, 1984).

Der neue Ansatz der Androgynie (Bem, 1974) weist die polare Konzeption zurück. Vielmehr könnten viele Individuen beides sein (androgyn), maskulin und feminin, sich selbst behauptend und nachgebend, je nach den Erfordernissen der Situation. Umgekehrt sei das Verhaltensrepertoire traditionell Geschlechtstypisierter in bestimmten Situationen sehr stark eingeschränkt. Der neue Ansatz basiert so auf drei zunächst ungeprüften Annahmen: a) Maskulinität und Feminität sind zwei orthogonale und nicht eine bipolare Dimension (es wird nicht mehr interveniert, sondern maskuline und feminine Aussagen werden getrennt summiert), b) beide sind vom „biologischen" Geschlecht prinzipiell unabhängige soziale Konzepte, c) die Kombination beider ergibt als neues Geschlecht Androgynie. Aus einer bestimmten feministischen Perspektive entwickelt, gibt das Androgynie-Konzept am ehesten das dort verbreitete Stereotyp wieder (Gewinn an Maskulinität bedeutet nicht gleichzeitig Verlust an Femininität), allerdings mit dem Anspruch auf emanzipatorischen Fortschrift für alle, dem Wunsch, Geschichte, Kultur, die traditionellen Begrenzungen der Geschlechter zu transzendieren (Morawski, 1985).

Unabhängig von theoretischen Unterschieden bleiben beide Persönlichkeitsansätze (Myers & Gonda, 1982a,b). 1982a,b). Sie haben gemeinsam, daß die zentralen Begriffe nicht explizit und die zu messenden Konstrukte nicht nominal definiert sind, obwohl die möglichst exakte Definition einer Einheit der Persönlichkeit als Voraussetzung jedes Eigenschaftsansatzes gilt. Eine Eigenschaft sollte einen Bezug zu allgemeineren Theorien der Persönlichkeit oder in diesem Fall zumindest zu Geschlechtstheorien aufweisen. Dieser besteht nicht oder in einer Form, die eine empirische Prüfung der Theorien nicht zuläßt. Bem (1974) verweist z.B. auf Kohlbergs Theorie, konstruiert ihre Meßinstrumente aber so, daß entscheidende Hypothesen (z.B. Trennung von Potential und gezeigtem Verhalten; Flexibilität) nicht untersucht werden können (Schenk & Hahn, 1987). Eine Prüfung der Konstrukt-Validität oder der theorieorientierten Validität kann daher a priori nicht durchgeführt werden.

Die Itemselektion erfolgt atheoretisch nach einem empirischen Kriterium. Das gemeinsame der älteren Konstruktionsverfahren besteht darin, daß

Maskulinität-Femininität als Summe der Antworten auf Aussagen definiert wird, bei denen sich zuvor ein Unterschied zwischen den Antworten von Männern und Frauen gezeigt hatte. Nach diesem Verfahren wurden vor 1970 die meisten Skalen entwickelt (z.B. der Attitude-Interest Analysis Blank: Terman & Miles, 1936; die MF-Skalen im MMPI, CPI und FPI). Die neueren Konstruktionsverfahren werden seit Anfang der 70er Jahre eingesetzt und unterscheiden sich von den älteren dadurch, daß nicht aktuelle Geschlechtsdifferenzen, sondern Unterschiede in der Erwünschtheit eines Merkmals für die Geschlechter (Bem Sex-Role-Inventory, BSRI: Bem, 1974) oder Unterschiede in der beurteilten Typikalität für die Geschlechter bei gleicher sozialer Erwünschtheit für Männer und Frauen (Personal Attribute Questionnaire, PAQ: Spence & Helmreich, 1978) als Kriterien der Item-Selektion verwendet werden. Die älteren Skalen sind zwar bipolar und die neueren unipolar konstruiert, aber wenn kein Wahlzwang verwendet wurde, lassen sich die älteren Skalen durch getrennte Summation maskuliner und femininer Aussagen in unipolare transformieren (Heilbrun, 1976).

Alle drei Verfahren der Aussagenselektion fördern Fehlschlüsse. Es mag paradox erscheinen, daß ein Verfahren, das ausschließlich auf der Summation von Geschlechtsunterschieden aufbaut, einen logischen Fehlschluß zum Konstruktionsprinzip erhebt, den Merz (1979, S. 29) unter dem Stichwort „Vernachlässigung von Geschlechtsunterschieden" illustriert: Ebensowenig wie aus der in gemischtgeschlechtlichen Stichproben negativen Korrelation zwischen Kopfumfang (Männer haben dickere Köpfe) und dem Fettanteil im Gewebe (Frauen mehr) geschlossen werden darf „je magerer, desto dicker der Kopf", kann aus der Summation der Unterschiede (Fettanteil invertiert) und der Korrelation zwischen den beiden Variablen (Testhälften) auf ein einheitliches Konstrukt „Maskulinität" (mager mit dickem Kopf) geschlossen werden. Der fehlende Zusammenhang zwischen den Variablen (Items), die Heterogenität, wird so häufig erst dann deutlich, wenn innerhalb jedes Geschlechts interne Konsistenz und Korrelation mit Dritt-Variablen geprüft werden (Constantinople, 1973). Im Vergleich zu gemischt-geschlechtlichen Stichproben sinkt die Reliabilität drastisch, und zwar teilweise so stark, daß nicht mehr von ausreichender Zuverlässigkeit gesprochen werden kann (z.B. bei Terman & Miles, 1936). Die Korrelationen zwischen Skalen fallen deutlich ab (Beispiele: Constantinople, 1973), und es ergeben sich unterschiedliche Faktorenstrukturen für die beiden Geschlechter (Lunneborg, 1972; auch Cattell, 1957, für Premsia).

Die Ersetzung von tatsächlichen Unterschieden durch Stereotypen oder durch erwünschte Unterschiede als Selektionskriterien bedeutet in der Logik der Konstruktion keinen Fortschritt. Vielmehr kommen neue, unkontrollierbare Faktoren hinzu. Das Kriterium „signifikanter Unterschied in der Reaktion auf eine standardisierte Frage" wird durch die „Übereinstimmung der Annahmen von Studenten und Studentinnen über

Geschlechtsunterschiede in der jeweiligen Gesellschaft" oder die „Annahmen der Studenten über die Vorstellungen der Mehrheit des Volkes" ersetzt (Bem, 1974; Spence & Helmreich, 1978; Schneider-Düker & Kohler, 1988). Die Problematik des Ansatzes und des Konstruktionsverfahrens wird offensichtlich, wenn ein Transfer aus dem vertrauten Kontext Geschlecht auf das biologische Merkmal Rasse vorgenommen wird: Aus dem (Ideal-)Stereotyp des Schwarzen und des Weißen werden die Skalen „Negridität" (z.B. musikalisch, unbekümmert) und „Europidität" (z.B. intelligent, fleißig) gebildet. Diese Persönlichkeitsskalen korrelieren untereinander nicht, lösen die traditionell bipolare Konzeption des 19. Jh. (wild vs. zivilisiert, faul vs. fleißig) ab und erlauben die Erfassung unabhängig von der tatsächlichen Rassenzugehörigkeit. Die euronegride Person hat besondere Vorteile (breiterer Bereich möglicher Verhaltensweisen, flexibler) gegenüber der typisch negriden oder europiden oder einer, die keine dieser Merkmale aufweist.

Psychologische Euronegridie ist ebensowenig sinnvoll wie Androgynie (das Mannweib, der Zwitter). Als Flexibilitätsmaß im zwischenmenschlichen Verhalten ist Androgynie wenig geeignet, und es stehen bessere Alternativen zur Verfügung (Paulhus & Martin, 1988). Die diversen Verfahren zur Identifizierung des androgynen Typs (z.B. Bierhoff-Alfermann, 1989) stimmen nicht sehr hoch überein und der entscheidende Nachweis der Existenz einer androgynen Identität ist bisher nicht gelungen (Locksley & Colten, 1979). Weitaus die meisten Menschen haben eine Geschlechtsidentität als Mann oder Frau und stufen sich bei der Abgabe eines Adjektivratings als maskulin oder feminin ein. Wenn beide Adjektive getrennt beurteilt werden, ergeben sich zwei nicht überlappende Verteilungen und die Urteile korrelieren meist hoch negativ (je mehr maskulin, desto weniger feminin und umgekehrt; Pedhazur & Tetenbaum, 1979).

Das Konstrukt Androgynie basiert auf der Annahme der Existenz von orthogonalen Dimensionen, die sinnvollerweise als Maskulinität und Femininität bezeichnet werden können. Die Inhalte traditioneller MF-Skalen und der neueren Verfahren (PAQ, BSRI) sind aber so heterogen, daß Faktorenanalysen regelmäßig mehr als zwei Faktoren ergeben (Lunneborg & Lunneborg, 1970; Lunneborg, 1972; Constantinople, 1973; Beere, 1979; Pedhazur & Tetenbaum, 1979), deren Bezeichnung als Maskulinität und Femininität eher willkürlich als gerechtfertigt erscheint. Z.B. gibt es keinen Grund, Faktoren (Aussagen aus traditionellen MF-Skalen; Bernard, 1981) wie aesthetische Interessen (I), manuelle und physische Interessen (II), Hypersensitivität und Neurotizismus (III), Sentimentalität und Schüchternheit (IV) sowie Verwegenheit (V) pauschalierend mit Maskulinität bzw. Femininität zu bezeichnen, auch wenn Geschlecht damit korreliert. Dasselbe gilt für die Faktoren des BSRI oder PAQ, die zum Beispiel mit Empathie, Emotionalität, Führungsfähigkeit etc. bezeichnet werden können (z.B. Gaa, Liberman & Edwards, 1979). Die größere Zahl von Faktoren spricht gegen die Annahmen der älteren (eine bipolare Dimension) und der neueren Ansätze (primär zwei unipolare Dimensionen): Maskulinität und Femininität sind keine eigenständigen Eigenschaften, sondern eine Summation unterschiedlicher Merkmale, die mit Geschlecht korrelieren.

Von besonderem theoretischen Interesse ist ein Faktor, der sich bei Analysen der Aussagen des BSRI regelmäßig ergibt (Pedhazur & Tetenbaum, 1979; Gaa et al., 1979) und auf dem nur die Adjektive maskulin und feminin sehr hoch und entgegengesetzt laden. Er kann zurecht als MF-Faktor bezeichnet werden, widerspricht aber der neueren Konzeption und entspricht der älteren. Da mit Ausnahme von „athletisch" kein weiteres Item bedeutsam ($>$ .40) auf diesem Faktor lädt, muß davon ausgegangen werden, daß die anderen Aussagen des BSRI im Selbstverständnis der Versuchspersonen wenig mit Maskulinität und Femininität zusammenhängen. Werden Versuchspersonen direkt und ohne Antwortvorgabe nach ihrem Verständnis von Maskulinität und Femininität befragt, so nennen sie Eigenschaften aus dem BSRI oder PAQ selten. Im Vordergrund stehen physische Attribute, die generelle Erscheinung, Haltung, Bewegung und Kleidung, gefolgt von spezifischeren Rollen wie Dame, Mutter, Beschützer, Versorger (Myers & Gonda, 1982a,b; Spence & Sawin, 1984). Für College-Studenten haben Eigenschaften eine größere Bedeutung als für unausgelesene Museumsbesucher (Myers & Gonda, 1982b), aber generell sind sie eher ein peripherer Bestandteil impliziter Theorien von Maskulinität und Femininität. Entsprechend niedrig korrelieren die Adjektive mit der Summe der restlichen Adjektive und bei der Entwicklung von Kurzskalen verzichtete Bem (1979) ganz auf sie, aber ohne die Skalenbezeichnungen aufzugeben.

Die Rechtfertigung dieser starken Diskrepanz zwischen dem Alltagsverständnis und den Inhalten von Persönlichkeitsskalen mit dem Verweis auf ähnliche Diskrepanzen in anderen Bereichen wissenschaftlicher Terminologie erscheint nicht angemessen (z.B. Bierhoff-Alfermann, 1989), da für die inhaltlichen Dimensionen von MF-Skalen andere und treffendere Bezeichnungen zur Verfügung stehen und die gefundenen Dimensionen im besten Fall als geschlechtskorreliert bezeichnet werden können (z.B. Bernard, 1981; Pedhazur & Tetenbaum, 1979). Es wird vorgeschlagen, die Begriffe Maskulinität und Femininität als Bezeichnungen für breite Persönlichkeitsdimensionen aus der wissenschaftlichen Terminologie zu streichen, da sie sich der präzisen inhaltlichen Bestimmung entziehen und normative Implikationen haben. Die Favorisierung der Androgynie durch Schneider-Düker und Kohler (1988) bedeutet z.B., daß der/die deutsche Androgyne fröhlich, glücklich und bescheiden, empfänglich für Schmeicheleien, verspielt und abhängig, romantisch, weichherzig, feinfühlig und sinnlich sein soll (Aussagen aus Femininität)? Hier werden traditionelle Stereotypen konserviert und als „wissenschaftlich" erwiesene Ideal-Norm stabilisiert, obwohl die Mehrzahl der Aussagen in dieser

Skala nicht einmal hinreichend trennscharf sind und sich schon von daher ein Einsatz verboten hätte.

Ein erster Schritt weg von der Fortschreibung der Stereotypen besteht in der möglichst präzisen Benennung des manifesten Inhalts der Skalen. Die Benennungen Instrumentalität und Expressivität, „Agency and Communion", Dominanz und Wärme/-Fürsorge, Durchsetzungsvermögen und Einfühlung sind präziser und stimmen mit den Korrelaten der Skalen überein, wobei Instrumentalität („Maskulinität") stärker mit persönlicher und sozialer Anpassung und Leistungsvariablen korreliert, während Expressivität („Femininität") stärker mit der Effizienz in und der Freude über soziale Interaktionen und der Zufriedenheit mit den eigenen zwischenmenschlichen Beziehungen korreliert (Runge, Frey, Gollwitzer, Helmreich & Spence, 1981; Taylor & Hall, 1982; Schenk & Pfrang, 1983; Bierhoff & Kraska, 1984; Bierhoff, Blanz & Buck, 1984; Schenk & Heinisch, 1986; Orlofsky & O'Heron, 1987). Damit wird auch „Androgynie" weder als Ziel noch als psychologischer Begriff benötigt: Die allseitige Entwicklung von Kompetenzen im Umgang mit anderen Menschen und in der Bewältigung von Sachproblemen für jeden Menschen löst geschlechtsspezifische Zielsetzungen ab (Pfrang, 1987).

Die Instabilität der Ergebnisse der Aussagenselektion bei den neueren Skalen (Pedhazur & Tetenbaum, 1979; Schneider-Düker & Kohler, 1988) sowie der Verlust der Diskriminationsfähigkeit der Aussagen in älteren MF-Skalen können als Hinweis auf eine Entdifferenzierung der Geschlechter gewertet werden. Beispielsweise stellte Lunneborg (1972) fest, daß von 450 Aussagen aus insgesamt neun MF-Skalen nur 177 auf dem .01-Niveau (phi-Koeffizient > .12) zwischen den Geschlechtern trennen. D.h. über 60 % der Aussagen differenzieren nicht mehr. Bei vielen Aussagen, die in den 30er Jahren formuliert worden sind, ist offensichtlich, daß ihnen in den 70er Jahren nur noch historische Bedeutung zukam. Aber auch vom Ende der 60er Jahre bis zum Beginn der 80er Jahre scheint die „Ent"-Differenzierung der Geschlechter in der Bundesrepublik so stark, daß die Aussagen der Maskulinitäts-Skala des FPI-A1 kaum mehr differenzieren. Die Skala kann nach Trennschärfe und Reliabilität nicht mehr als geeignetes Meßinstrument gelten (Im FPI-R fehlt die Skala bereits). Der Verlust der Diskriminationsfähigkeit entsteht durch die Abnahme der „typisch weiblichen" Selbstschilderung der Frauen bei fehlender Veränderung der Männer, die zu einem erhöhten Mittelwert und einer reduzierten Varianz in der Gesamtstichprobe führen (Fahrenberg et al., 1984, S. 64).

Häufig werden Maskulinitäts-Feminitäts-Skalen zur Erfassung von Geschlechtsrollen empfohlen und entsprechend bezeichnet (Bem, 1974; Schneider-Düker & Kohler, 1988). Die Verwendung dieses Begriffs ist völlig unangemessen, da die Skalen keine präskriptiven Normen, sondern Eigenschaften erhalten. Zwischen MF-Skalen und Skalen, die

Geschlechtsrollenorientierung, Verhalten, Interessen und Werte erfassen, bestehen kaum Zusammenhänge (Spence & Helmreich, 1980), und die fehlende Validität für diesen Bereich ist offensichtlich. Die Paradoxie einer Geschlechtspersönlichkeit, die nach neuerer Konzeption unabhängig vom biologischen Geschlecht sein soll, parallel zu Geschlechtsrollen zeigt sich auch daran, daß diese Rollen gerade nicht nach persönlicher Leistung oder nach persönlicher Fähigkeit vergeben, sondern unabhängig davon zugeschrieben werden. Entsprechend korreliert bei nicht verheirateten Studenten der Plan die Verantwortlichkeit für die Finanzen oder für den Haushalt zu übernehmen wesentlich mehr mit dem „biologischen" Geschlecht als mit Geschlechtspersönlichkeit (Orlofsky & Stake, 1981).

2.1. Geschlechtsrolle: Auflösung und Individualisierung?

Mit dem Gebrauch des Begriffs Geschlechtsrolle werden alle Fragen aufgeworfen, die dem Rollenansatz inhärent sind, und zusätzlich neue, die sich aus der Anwendung auf das Thema Geschlecht ergeben. Die korrekte Verwendung des Begriffs setzt voraus, daß zwei nach Geschlecht differenzierte soziale Positionen existieren, an die unterschiedliche, aufeinander bezogene Handlungserwartungen (Rollen) geknüpft sind. Die Erfüllung bzw. Nicht-Erfüllung der Erwartungen im Rollenverhalten ist mit positiven bzw. negativen Sanktionen verbunden. Die Anwendbarkeit des Begriffs Geschlechtsrolle in diesem Sinn ist umstritten, da es z.B. die analogen Begriffe „Rassenrolle" oder „Klassenrolle" nicht gibt. Die wenigen vorliegenden Untersuchungen legen nahe, den traditionellen Geschlechtsrollenansatz (Welche Subtypen präskriptiver Erwartungen sind Bestandteil der Geschlechtsrolle?) und damit das Postulat der Existenz dieser Position aufzugeben und durch die Frage zu ersetzen, wie stark andere soziale Positionen (Alter, Berufsarbeit, (Ehe-)Partner, Eltern) durch geschlechtsspezifische Erwartungen (Rollen) modifiziert werden (vgl. Staines & Libby, 1986).

Die heute traditionellen Rollenleitbilder können mit einem Text aus der Einführung zum Gleichberechtigungsgesetz von 1957 so charakterisiert werden: „Es gehört zu den Funktionen des Mannes, daß er grundsätzlich der Erhalter und Ernährer der Familie ist, während die Frau es als ihre vornehmste Aufgabe ansehen muß, das Herz der Familie zu sein" (zit. nach Hellmich, 1986, S. 9). Aus der Sicht einer einflußreichen soziologischen Richtung (Strukturfunktionalismus) ist diese Differenzierung universell, d.h. sie besteht überall zu allen Zeiten, und ist für den Fortbestand der Kernfamilie und der Gesellschaft funktional notwendig, um die Kinder zu sozialisieren und die Erwachsenen zu stabilisieren (Parsons, 1955). In diesen Funktionen sieht Parsons den hauptsächlichen Grund für die soziale Differenzierung der Geschlechtsrollen. Auf dem Hintergrund erster Ergebnisse der Kleingruppenforschung (Bales & Slater, 1955) postuliert er eine universelle Rollendifferenzierung entlang der Dimension „instrumentell-expressiv". Da die Familie auch eine Kleingruppe darstelle, erübrige sich die Frage danach, warum eine solche Differenzierung der Führungsrollen in sachbezogene und sozio-emotionale stattfindet. Es müsse nur geklärt werden, warum der Mann eher den instrumentellen, die Frau den expressiven Bereich übernimmt. Nach Parsons' Ansicht etablieren Schwangerschaft, Geburt und frühkindliche Pflege ein solches Primat der Mutter-Kind-Beziehung, so daß der Mann, der von diesen biologischen Funktionen befreit ist, sich in Richtung der instrumentellen Rolle spezialisiert. Die Festlegung der Frau auf die Mutterrolle wird weiter dadurch gefestigt, daß aufgrund der Struktur der Kleinfamilie (Vater, Mutter, Kinder) andere Verwandte als Hilfe weitgehend entfallen und der Ehemann aufgrund seiner Berufstätigkeit meist abwesend ist. Auch die für die damalige Zeit moderne Forderung nach Intimität in der Ehebeziehung kann nach Parsons (1955) nur zu einer Verstärkung der Rollendifferenzierung zwischen Mann und Frau führen. Bereits Burgess und Locke (1945) hatten darauf hingewiesen, daß in der neueren Gefährtenehe auch der Mann Kameradschaft und Intimität erwartet. Er sieht Beziehungen mit dem anderen Geschlecht als die einzig legitime Quelle emotionaler Unterstützung, die er in seinem täglichen Kampf benötigt, und erwartet von der Frau nicht mehr so sehr, daß sie seiner Autorität gehorcht, sondern, daß sie seine Wunden mildert und die emotionalen Ressourcen auffüllt.

Diese Verteilung von Aufgaben, Rechten und Pflichten kennzeichnet die Geschlechterrollen in der Mitte unseres Jahrhunderts in westlichen Gesellschaften. Sie sind ein Produkt der Veränderungen in Zusammenhang mit der industriellen Revolution, realisiert besonders in der (oberen) Mittelschicht. Die meisten konnten sich den Luxus einer „expressiven Hausfrau" nicht leisten. Auch wenn viele verheiratete Frauen nicht in Lohnarbeit standen, war ihre „instrumentelle" Arbeit als sogenannte mithelfende Familienangehörige (z.B. Landwirtschaft, Handwerk) und in der Ausübung der Kunst der Vorrats- und Haushaltung essentiell für das Überleben der Familien (Losh-Hesselbart, 1987). Diese faktische Familienstruktur läßt erste Zweifel an der allgemeinen Gültigkeit des Divergenztheorems der Führungsrollen aufkommen. Ob Befunde der Kleingruppenforschung über die Ausbildung von Rollen in Problemlöse-, Diskussions- und anderen Sachaufgabengruppen auf Ehe und Familie übertragen werden können, bleibt bei Parsons (1955) ungeklärt. Leik (1963) fand mit einem modifizierten Balesschen Kategoriensystem bei Familiendiskussionen gerade keinen Geschlechtsunterschied im instrumentellen und expressiven Verhalten. Sie waren aber bei der Interaktion zwischen Fremden (willkürlich zusammengestellte Väter, Mütter und Töchter) nachweisbar. Innerhalb der Kleingruppenforschung selbst gilt das Postulat der Universalität der Divergenz sach- und sozio-emotionaler Führungsrollen als zu frühe Verallgemeinerung. Beide „Rollen" variieren unabhängig, d.h. sie können auch von einer Person eingenommen werden, geteilt sein etc. (z.B. Meeker & Weitzel-O'Neill 1977).

Um Stabilität und Veränderung von Rollen als geteilte präskriptive Normen, verbunden mit einer sozialen Position, beurteilen zu können, wäre es notwendig, über ein Meßinstrument zu verfügen, in dem der Rollenansatz valide operationalisiert ist. Ein solches liegt trotz der Popularität der Theorie bis heute nicht vor. In der Umfrageforschung dominieren Einzelaussagen mit unterschiedlicher Formulierung, die als einzigen Vorzug haben, seit Jahrzehnten Verwendung zu finden. In der psychologischen Forschung gibt es einige Skalen, die nur zum Teil mit „Geschlechtsrollenorientierung" (Krampen, 1979) bezeichnet sind. Die international verbreitete Skala mit größtenteils präskriptiven Normen als Inhalt heißt: „Attitude towards Women Scale" (AWS; Spence & Helmreich, 1978). Daneben existieren Skalen mit den Bezeichnungen „Feminism", „The Open Subordination of Women Scale", „The Traditional Family Scale", „The Chivalry Scale" etc. (Shaw & Wright, 1967). Mit Ausnahme der letzten Skala, die „Ritterlichkeit" erfaßt (Ein Gentleman sollte für Dame mitzahlen etc.), steht fast ausschließlich die Zustimmung oder Ablehnung zur traditionellen Rolle der Frau im Mittelpunkt. Die komplementäre Rolle des Mannes als Versorger wird nur peripher oder gar nicht erfaßt, und spezielle Meßinstrumente fehlen weitgehend (Hood, 1986). Einzelne Rollen sind häufig stärker als andere (z.B. Beruf, Integration der Frau in das öffentliche Leben) in den Aussagen repräsentiert. Die Frage der Sanktionierung oder Tolerierung von Abweichungen wird nur unsystematisch berücksichtigt, und die Frage des Rollentausches (gleiche Aussage, Mann und Frau vertauscht) kommt in der Regel nicht vor.

Die generelle These der Auflösung der Geschlechtsrolle und der Individualisierung kann daher nur in Teilen illustriert werden. Konsens besteht darüber, daß zwischen den 50er Jahren und den 80er Jahren ein sehr starker Wandel präskriptiver Normen stattgefunden hat, der sich heute primär in der Ablehnung der traditionellen allumfassenden Rollen (lebenslang Familienfrau/von der Familienarbeit befreiter Versorger) zeigt (Metz-Göckel & Müller, 1987; Simon & Landis, 1989). Der Wandel betrifft die Übernahme von spezifischen Positionen und verändert die Relation der Positionen in Beruf, Ehe und Elternschaft. Beruf und Ehe schließen sich für die Frau nicht mehr aus, Beruf und Mutterschaft nicht generell, aber zumindest solange die Kinder klein sind. Berufsarbeit der Ehefrau ohne Kinder wird nicht nur toleriert, sondern zum Teil bereits erwartet. Allerdings ist der Beruf der Ehefrau für eine große Mehrheit von sekundärer Bedeutung, und der Mann ist primär für die finanzielle Basis der Familie zuständig. Die Mehrheit heute betont zwar im Unterschied zu 1977 global die Gleichgewichtigkeit der Karriere der Frau, wird aber spezifisch gefragt, so bleiben Unterschiede: Nach der Erwartung der Mehrheit soll die Frau eines Paares ohne Kinder ihren interessanten Job aufgeben, wenn der Mann in einer anderen Stadt einen besonders interessanten angeboten erhält; ist die Frau in dieser Situation, soll sie das Angebot ablehnen (Simon & Landis, 1989).

Die familiären Komplementärrollen bleiben in der Kombination Versorger/Mutter weiter bestehen, sind aber zeitlich begrenzt auf die (Klein-)Kindphase. Fast alle erwarten, daß die Mutter ihre Arbeit (vorübergehend) aufgibt, alternative Möglichkeiten der Betreuung werden in der Bundesrepublik kaum gesehen und im Vergleich zu einigen anderen Ländern auch kaum geschaffen (Pfrang & Künzler, 1989). Ein Vater, der nicht versorgt, und eine Mutter, die sich nicht hinreichend um die Kinder kümmert, muß mit starken Sanktionen bis zur gesellschaftlichen Ächtung rechnen (Nye, 1976). Die Allgemeinbevölkerung ist davon überzeugt, ein Kleinkind leide sicher unter der Berufstätigkeit der Mutter, und in den klinisch-psychologischen und psychiatrischen Zeitschriften (Caplan & Hall-McCorquodale, 1985) werden auch heute noch die Mütter für sehr viele Verhaltensstörungen der Kinder verantwortlich gemacht. Da der Kinderwunsch und die Anzahl der Geburten zwischen 1940 und 1980 drastisch abgenommen haben, ist die Zeit der Festlegung auf diese Komplementärrollen stark verkürzt. Zusätzlich bestehen verstärkt Erwartungen an den Mann, sich an der Betreuung der Kinder zu beteiligen, denen er zum Teil auch nachkommt (Pfrang, 1987).

Die stärksten Veränderungen der Erwartungen scheinen in den (Ehe-)Partnerrollen stattgefunden zu haben. Hier sind kaum mehr geschlechtsspezifische Modifikationen nachweisbar. Bei Partnerwahl und Partnerschaft haben sich starke Veränderungen vollzogen, die nur teilweise in der sozialwissenschaftlichen Forschung erfaßt sind. Doppel-Standards für sexuelles Verhalten haben sich in den 20 Jahren weitgehend aufgelöst (Darling, Kallen & Van Dusen, 1984). Der traditionelle Mann gewichtet stärker die Rollenerfüllung der Frau als Hausfrau, der moderne Mann die Qualität des personalen Verhältnisses (Nordstrom, 1986). In den 50er Jahren gab nur eine Minderheit der Männer an, eine(n) Vertraute(n) zu haben, heute macht eine Mehrheit diese Angabe und nennt als Vertrauten und Gesprächspartner die eigene (Ehe-)Frau (Noelle-Neumann & Piel, 1983).

Die traditionelle Geschlechtsrolle einschließlich der geschlechtsspezifischen Sozialisation für Familie bzw. Beruf löst sich in mehrere Teilrollen auf, die prinzipiell für jedes Geschlecht zugänglich sind. Innerhalb der Teilrollen gibt es z.T. eine Individualisierung, d.h. die Entscheidung wird stärker von persönlichen Präferenzen als von Rollenerwartungen abhängig. Die rollenspezifische Festlegung scheint am stärksten bei der Mutter von Kleinkindern. Innerhalb von Berufsrollen hat der Beruf Vorrang vor dem Geschlecht (für Professor: Rubin, 1981). Die Individualisierung scheint besonders weit bei den Ehepartnerrollen. Im Selbst-Ideal als Ehemann und Ehefrau gibt es hier keine zwei Dimensionen „Instrumentalität" und „Expressivität" mehr, sondern nur noch einen Faktor „Erwünschte

Eigenschaften", im Partner-Ideal bleiben jedoch zwei und mehr Dimensionen (Schenk & Pfrang, 1983). Damit stellt sich die Frage, inwieweit sich auch die Stereotypen verändert haben.

2.2. Geschlechtsstereotyp: Zwischen Generalisierung und Partikularisierung?

Stereotypen beziehen sich auf soziale Kategorien und betreffen die Beurteilung typischer Charakteristika und Verhaltensweisen. Sie sind damit prädiktive Erwartungen bezüglich der Mitglieder einer Kategorie, die von einem Individuum erfüllt oder nicht erfüllt werden können und wirken so auf Verhalten zurück. Die Verwendung des Begriffs Geschlechtsstereotyp ist dann gerechtfertigt, wenn mit der Kategorie Geschlecht generelle Merkmale verknüpft werden. Solche generellen Stereotypen können sich über Zeit verändern. Auch kann die Kategorie ihre Bedeutung im Vergleich zu anderen Kategorien verändern und so bei der Informationsverarbeitung ein geringeres Gewicht erhalten. Ein Stereotyp löst sich dann auf, wenn die Partikularisierung gegenüber der Generalisierung die Oberhand gewinnt und nur noch Individuen beschrieben werden. Das Ausmaß der Generalisierung kann in Situationen sozialen Wandels auch als differentielle Variable eingeführt werden, da sich Personen im Grad der Stereotypisierung unterscheiden.

Trotz der zentralen Bedeutung, die Geschlechtsstereotypen zugeschrieben werden, sind auch hier aufgrund atheoretischer Vorgehensweisen bei der Aussagenselektion, ungelöster Meßprobleme und fehlender vergleichbarer Untersuchungen nur eingeschränkt Aussagen möglich. Ashmore, Del Boca und Wohlers (1986) stellen aus drei sehr bekannten Untersuchungen eine Tabelle von Eigenschafts- und Interessenmerkmalen zusammen, die den typischen Mann bzw. die typische Frau kennzeichnen sollen. Danach sind z.B. Männer tiefe und schnelle Denker, sind logisch, mögen Mathematik und Naturwissenschaften, während Frauen schlechter Schlußfolgerungen ziehen können und der Emotion, der Kunst und der Literatur näher stehen als dem Geist.

Diese Auflistung verdeutlicht einige Probleme der Stereotypenforschung. Ein theoretischer Rahmen für die Auswahl der zu erfassenden Merkmale fehlt, so daß z.B. Sexualität - für Geschlecht sicher relevant - in den Listen kaum enthalten ist (Ashmore et al., 1986). Bei der Erfassung von Geschlechtsstereotypen wird im Unterschied z.B. zu nationalen Stereotypen in der Regel nicht die absolute Höhe (relative Häufigkeit oder durchschnittliches Rating) verwendet, sondern der direkt beurteilte Unterschied. In diesem Punkt entspricht die Vorgehensweise der Suche nach globalen Persönlichkeitsunterschieden, aber nicht der Definition von Stereotyp als typisches Merkmal. Die Liste enthält Adjektive, die für beide Geschlechter absolut untypisch sind und andere, die für beide typisch sind, als Charakteristikum nur eines Geschlechts. Die häufig verwendeten bipolaren Rating-Skalen (Geschlechter als Pole einer Dimension) lassen die Bestimmung der absoluten Höhe eines Charakteristikums nicht zu. Da meist global nach Geschlechtsunterschieden gefragt wird, ist nicht klar, welche Geschlechtsstereotypen zum Vergleich ausgewählt werden, und es kann die innere Konsistenz nicht beurteilt werden. Durch die Nichtvergleichbarkeit der Adjektive in den Untersuchungen werden die Stereotypen der 50er Jahre weiter fortgeschrieben, da kaum feststellbar ist, ob ein Stereotyp noch existiert.

Die Frage, ob ein Charakteristikum mehr auf das eine oder mehr auf das andere Geschlecht zutrifft, gibt keinen Hinweis auf die Typikalität. Nach Sheriffs und McKee (1957) sind nur die Worte „maskulin" und „feminin" typisch für je ein Geschlecht und maximal unterschiedlich. Weniger als die Hälfte der Versuchspersonen stufen viele Adjektive als typisch für ein Geschlecht ein. Viele Adjektive treffen auf beide zu, auch wenn sie sich leicht unterscheiden. Ist es bedeutsamer zu wissen, daß relativ beurteilt „unabhängig" typisch für den Mann und „warm" typisch für die Frau ist oder daß absolut in der Regel beide als warm (Männer 66 % vs. Frauen 77 %) und unabhängig (Männer 78 % vs. Frauen 58 %) charakterisiert werden (Deaux, 1984)?

Bei der Frage nach Geschlechtsstereotypen wird die Konsistenz bzw. die Unterschiedlichkeit innerhalb eines Geschlechts vernachlässigt. Die meisten Individuen unterscheiden aber unterschiedliche Frauen und Männer. Das Globalstereotyp der Frau entspricht am ehesten dem spezifischen Stereotyp der Hausfrau und Mutter, während sich die Charakterisierung anderer Frauen deutlich davon unterscheidet (Clifton, McGrath & Wicks, 1976). Die Differenzierung in instrumentelle vs. expressive Qualitäten tritt dann auf, wenn Haus(frauen)rolle und Berufsrolle verglichen werden (Eagly & Steffen, 1984). Innerhalb der Berufsrolle ist die Geschäftsfrau dem Manager sehr ähnlich und unterscheidet sich deutlich von der Frau generell (Kruse & Wintermantel, 1986). Wird ein freier Antwortmodus zur Erfassung von Typen von Männern und Frauen gewählt, haben die häufig fehlenden sexuellen Kategorien eine große Bedeutung (Ashmore et al., 1986).

Es ist funktional, innerhalb der Geschlechter nach Beruf und anderen Merkmalen zu unterscheiden. Werden zusätzlich zu Geschlechtsbezeichnungen weitere Informationen gegeben, verliert Geschlecht deutlich an Gewicht oder hat keinen Einfluß mehr auf Ratings. Eine spezifische Beschreibung des Rollenverhaltens ist wesentlich bedeutsamer als Geschlecht (Deaux & Lewis, 1984). Gegenüber der Beschreibung des Berufs und der erbrachten Leistung hat Geschlecht kaum einen Einfluß (Hartman, Griffeth, Miller & Kinicki, 1989).

In der bisherigen Stereotypenforschung ist es kaum gelungen, mögliche Veränderungen abzubilden. Ende der 50er Jahre waren z.B. westdeutsche Hochschullehrer stark negativ gegenüber weiblichen Lehrpersonen und vorwiegend negativ gegenüber Studentinnen eingestellt. Studenten und Studentinnen teilten dieses Stereotyp größtenteils und nahmen studienbefähigende Merkmale vorwiegend bei Männern an (Sachlichkeit, logisches Denken, etc.; Frauen: nur Fleiß) (Vetter, 1961). Eine Replikation dieser Studie fehlt, und neuere Untersuchungen sind aufgrund anderer Methodik nicht vergleichbar.

Als genereller Hinweis auf die Auflösung globaler, sozial geteilter Stereotypen kann aber gelten, daß der Grad der Stereotypisierung als Persönlichkeitsmerkmal rekonzeptualisiert wird. Die neuen Ansätze werden als Schema-Theorien bezeichnet (z.B. Martin & Halverson, 1981). Erste Meßinstrumente sind neu entwickelt (Martin, 1987). Die generelle These ist, daß Geschlechtsunterschiede primär im Auge des Betrachters liegen und die Informationsverarbeitung beeinflussen.

3. Ausblick: Abnahme der Geschlechterdifferenzierung, Partnerwahl und Partnerschaft

In den letzten Jahrzehnten haben erhebliche Veränderungen des Ausmaßes der Unterschiede zwischen den Geschlechtern und in den Geschlechtsrollen stattgefunden. Bei älteren Skalen zur Erfassung der Geschlechtspersönlichkeit nahmen interne Konsistenz und Differenzierungsfähigkeit stark ab, die Aussagenauswahl neuerer Skalen ist kaum replizierbar. Alte und neue Skalen hätten aber aus theoretischen und logischen Gründen nicht entwickelt werden dürfen.

Globale Geschlechtsunterschiede als Haupteffekte sind in neueren Untersuchungen in der Regel klein. Häufig liegt eine Geschlecht-Aufgaben/Situation-Interaktion vor. Der Eigenschaftsansatz sollte daher zugunsten einer detaillierten Analyse der differentiellen Reaktion in Situationen aufgegeben werden. Damit entfällt auch die Möglichkeit zur Konstruktion einer Geschlechtspersönlichkeit auf der Basis der Summation von Unterschieden. Der genaue Inhalt von Geschlechtsrollen und -stereotypen wäre noch zu bestimmen und zu messen. Nach vorliegenden Befunden scheint Geschlecht als Kriterium der Zuweisung zu Positionen (und damit zu Aufgaben und Situationen) an Bedeutung zu verlieren und die globale Geschlechtsrolle in der Auflösung. Bei Stereotypen hat Geschlecht gegenüber anderen Informationen eine zu vernachlässigende Bedeutung, und das Ausmaß an Generalisierung versus Partikularisierung wird unter dem Begriff „Schema" zur differentiellen Variable.

Die Veränderung der Geschlechterdifferenzierung ist eng mit Veränderungen von Ehe und Familie, der Partnerwahl und der Partnerschaft sowie dem Verhältnis von Öffentlichkeit und Privatheit oder Beruf und Familie assoziiert. Die heute als traditionell bezeichnete starke Geschlechterdifferenzierung mit getrennten Sphären und Tätigkeiten, der Annahme unterschiedlicher Geschlechtscharaktere und natürlicher

Bestimmungen von Mann und Frau hatte sich im letzten Jahrhundert als Teil der Familienideologie des aufstrebenden Bürgertums entwickelt (z.B. Gerhard, 1978) und gegen ältere, deutlich geringere Differenzierung, z.B. in der Bauernfamilie, durchgesetzt (Tyrell, 1989). Das moderne Eheideal zielt auf die Gleichberechtigung beider Partner in der Ehe und ist damit unvereinbar mit einer starken Differenzierung. Partnerschaft wird nicht als Rollenbeziehung, sondern als eine auf Liebe basierende emotionale Gemeinschaft verstanden, in der die Partner sich gegenseitig verstehend und bejahend, offen und solidarisch begegnen (Schenk, 1983; 1984). In diesen Wertorientierungen und Zielsetzungen unterscheiden sich die Geschlechter kaum. Männer und Frauen betonen die Bedeutung von Affekt und Gemeinschaft (Levinger, 1964) und suchen eine enge, dauernde Beziehung, in der sie persönliche Gefühle offenbaren und viele Aktivitäten gemeinsam ausführen können (Peplau & Gordon, 1985). Beide haben dabei eine weitgehend deckungsgleiche Konzeption von Liebe, Wertschätzung und Unterstützung und unterscheiden sich in der Beschreibung ihres Verhaltens gegenüber dem Partner nicht bedeutsam (Schenk, 1983; 1983; Schumm, Bollman & Jurich, 1981a; Schumm et al., 1981b; Sternberg & Grajek, 1984). Das ideale Selbstverständnis als emotionale Einheit schließt eine Arbeitsteilung nicht aus, die aber nicht dem Divergenztheorem der Führung entspricht. Levinger (1964) hebt die fehlende Logik der Übertragung einer solchen Konzeption auf Ehe und Familie hervor: Man kann zwar Aufgaben delegieren und sich in ihrer Bewältigung spezialisieren, aber sozioemotionale Aktivitäten, das Zeigen von Liebe und Zuneigung, Wertschätzung, Unterstützung und Vertrauen kann weder delegiert noch spezialisiert ausgeübt werden.

Diese Beziehungswerte spiegeln sich auch in den Eigenschaften, die vom idealen Partner erwartet werden: Er soll primär expressiv und in deutlich geringerem Ausmaß instrumentell sein (Schenk & Pfrang, 1983; Peplau & Gordon, 1985; Pfrang, 1987). Bei leichten geschlechtsspezifischen Akzentuierungen erwarten Männer und Frauen von sich selbst und vom Partner sehr Ähnliches, Frauen erwarten aber stärkere Expressivität von beiden Geschlechtern als Männer (Pfrang & Schenk, 1983). Innerhalb jeden Geschlechts bestehen hoch positive Korrelationen zwischen dem idealen Ausmaß an Instrumentalität bzw. Expressivität für das eigene Geschlecht und der erwünschten Ausprägung beim idealen gegengeschlechtlichen Partner (Pfrang, 1980).

Die große Erwartungsähnlichkeit widerspricht den Modellen der Partnerwahl, die Persönlichkeits- oder Bedürfniskomplementarität besonders für Dominanz-Submission und Wärme-/Fürsorge (Winch, 1963) oder für Zuneigung und Kontrolle (Kerckhoff & Davis, 1962) postulieren. Die Komplementaritätshypothese konnte bereits in den klassischen Studien nicht bestätigt werden, und die Befunde mit „Instrumentalität" und „Expressivität" (leicht positive Korrelationen zwischen den Selbstbeschreibungen der Partner: Antill, 1983; 1984; Atkinson & Huston, 1984) widersprechen der Hypothese und verweisen auf die konkurrierende Ähnlichkeitshypothese. Die Korrrelationen liegen in dem Bereich, der üblicherweise für Persönlichkeitsmaße gefunden wird (Nias, 1979; Murstein, 1986).

Im Vergleich zur Ähnlichkeit der Ideale und der großen Bedeutung von „Expressivität" sind die Korrelationen aber recht niedrig. Man könnte aus den Befunden nun schließen, daß eine starke Selektion nach Ähnlichkeit nicht stattfindet. Die Korrelationen werden etwas höher, wenn nicht Selbstbeschreibung mit Selbstbeschreibung, sondern Selbstbeschreibung mit Beschreibung des Partners korreliert wird (Pfrang, 1980). Die „wahrgenommene" Ähnlichkeit scheint damit bedeutsamer als die „tatsächliche" Ähnlichkeit. Andererseits stellt sich die Frage nach der Validität der Skalen zur Erfassung von Dispositionen, da sich nicht unterscheiden läßt, ob eine Fähigkeit oder aktuelles Verhalten oder beides erfaßt wird. Die Korrelationen zwischen Interaktionsskalen und „Expressivität" liegen in mittlerer Höhe (Pfrang & Schenk, 1983), so daß Selbst- und Fremdattributionen expressiver Eigenschaften möglicherweise mehr die aktuelle Beziehungsqualität und weniger stabile Persönlichkeitsdispositionen widerspiegeln. Dieses Problem scheint nur lösbar, wenn Fähigkeit und Häufigkeit des gezeigten Verhaltens getrennt erfaßt werden.

Geschlechtsrollenorientierung ist als Wert oder Einstellung zu klassifizieren und bezieht sich primär auf die Normierung instrumenteller Aktivitäten. Nach Parelman (1983) korreliert Geschlechtsrollenorientierung mit der Arbeitsteilung, aber nicht direkt mit der Beziehungsqualität. Wie viele andere Einstellungen auch (Murstein, 1986), korreliert Geschlechtsorientierung zwischen den Partnern in mittlerer Höhe positiv (Peplau, 1976; McHale & Huston, 1984; Atkinson & Huston, 1984). Nach der Auflösung einer allgemein verbindlichen Rolle wird die Einstellungsähnlichkeit oder der Wertkonsens zwischen Individuen zum Kriterium der Partnerwahl. Mangelnde Kongruenz in der Kombination traditioneller Ehemann und moderne Frau beeinträchtigt auch die Ehequalität (Bowen & Orthner, 1983).

In den bekanntesten Modellen der Partnerwahl (Winch, 1963; Murstein, 1970; Kerckhoff & Davis, 1962) wird von stabilen Dispositionen (Persönlichkeit, Einstellung, Werte) der beteiligten Personen ausgegangen und eine Selektion nach Kombinationen angenommen, die wechselseitig verstärkend sind. Die Entwicklung des Paares hat jedoch eigene Merkmale, die nicht durch den Bezug auf die Dispositionen der beteiligten Individuen indiziert werden können (Levinger, Senn & Jorgensen, 1970). Auch Huston und Ashmore (1986) bezweifeln, daß Personen, die daran interessiert sind, eine Beziehung aufrechtzuerhalten, sich primär in Übereinstimmung mit stabilen Dispositionen verhalten. Neben der Entwicklung reliabler und valider Persönlichkeits- und Einstellungsmaße erscheint die Entwicklung theoretischer Ansätze notwendig, in denen Persönlichkeit und interaktionale Prozesse integriert sind.

4. Zusammenfassung

Die Literatur zu Unterschieden zwichen den Geschlechtern, zu Persönlichkeit (Maskulinität, Feminität, Androgynie), Geschlechtsrolle und -stereotypen wird unter dem Aspekt der Inkonsistenz über die Zeit und über die Situation analysiert. In den letzten Jahrzehnten haben erhebliche Veränderungen der Unterschiede zwischen den Geschlechtern und in den Geschlechtsrollen stattgefunden. Bei Stereotypen ist keine Entscheidung möglich, da Replikationsstudien fehlen. Der Versuch der Konstruktion einer Geschlechtspersönlichkeit muß aus theoretisch-logischen und empirischen Gründen als gescheitert betrachtet werden. Globale Geschlechtsunterschiede als Haupteffekte sind in neueren Untersuchungen in der Regel klein und inkonsistent. Häufig liegt eine Geschlecht-Aufgaben/Situation-Interaktion vor. Der Eigenschaftsansatz sollte daher zugunsten einer detaillierten Analyse der differentiellen Reaktionen in Situationen aufgegeben werden. Ausgewählte Konsequenzen für Partnerwahl und Partnerschaft werden diskutiert.

Literatur

Angoff, W.H. (1988). The nature-nurture debate, aptitude, and group differences. *American Psychologist, 43,* 713-720.

Antill, J.K. (1983). Sex role complementary versus similarity in married couples. *Journal of Personality and Social Psychology, 45,* 145-155.

Ashmore, R.D., Del Boca, F.C. & Wohlers, A.J. (1986). Gender stereotypes. In R.D. Ashmore & F.K. Del Boca (eds.). *The social psychology of female-male relations* (pp. 69-119). Orlando: Academic Press.

Atkinson, J. & Huston, T.L. (1984). Sex role orientation and division of labor early in marriage. *Journal of Personality and Social Psychology, 46,* 330-345.

Bales, R.F. & Slater, P.E. (1955). Role differentiation in small decision-making groups. In T. Parsons & R.F. Bales (eds.). *Family, Socialization, and the Interaction Process* (pp. 259-306). Glencoe: Free Press.

Beach, F.A. (1987). Alternative interpretations of the development of G-I/R. In J.M. Reinisch, L.A. Rosenblum & S.A. Sanders (eds.). *Masculinity/femininity. Basic perspectives* (pp. 29-34). New York: Oxford University Press.

Becker, P. & Minsel, B. (1986). *Psychologie der seelischen Gesundheit, Band 2: Persönlichkeitspsychologische Grundlagen, Bedingungsanalysen und Förderungsmöglichkeiten.* Göttingen: Hogrefe.

Beere, C.A. (1979). *Women and women's issues. A handbook of tests and measures.* San Francisco: Jossey-Bass.

Beere, C.A. (1983). Instrument and measures in a changing, diverse society. In B.L. Richardson & J. Wirenberg (eds.). *Sex role research: Measuring social change.* New York: Praeger.

Bem, S.L. (1974). The measurement of psychological androgyny. *Journal of Consulting and Clinical Psychology, 42*, 155-162.

Bem, S.L. (1979). Theory and measurement of androgyny: A reply to the Pedhazur-Tetenbaum and Locksley-Colten critiques. *Journal of Personality and Social Psychology, 37*, 1047-1057.

Benbow, C.P. (1988). Sex differences in mathematical reasoning ability in intellectuality talented preadolescents: Their nature, effects, and possible causes. *Behavioral and Brain Sciences, 11*, 169-183.

Berman, P.W. (1980). Are women more responsive than men to the young? A review of developmental and situational variables. *Psychological Bulletin, 98*, 668-695.

Bernard, L.C. (1981). The multidimensional aspects of masculinity-femininity. *Journal of Personality and Social Psychology, 41*, 797-802.

Bierhoff-Alfermann, D. (1989). *Androgynie. Möglichkeiten und Grenzen der Geschlechterrollen.* Opladen: Westdeutscher Verlag.

Bierhoff, H.W., Blanz, M. & Buck, E. (1984). Studien über Androgynie II: Zusammenhang mit Arbeitsverhalten und emotionaler Unabhängigkeit im Studium. *Zeitschrift für Differentielle und Diagnostische Psychologie, 5*, 273-287.

Bierhoff, H.W. & Kraska, K. (1984). Studien über Androgynie. In Maskulinität/Femininität in ihrer Beziehung zu Erfolgsstreben, Furcht vor Mißerfolg und Furcht vor Erfolg. *Zeitschrift für Differentielle und Diagnostische Psychologie, 5*, 183-201.

Bischof, N. (1980). Biologie als Schicksal? Zur Naturgeschichte der Geschlechtsrollendifferenzierung. In N. Bischof & H. Preuschoft (Hrsg.). *Geschlechtsunterschiede Entstehung und Entwicklung* (pp. 25-42). München: Beck.

Burgess, E. & Locke, H.J. (1945). *The family from institution to companionship.* New York: American Book.

Caplan, P.J. & Hall-McCorquodale, I. (1985). Mother-blaming in major clinical journals. *American Journal of Orthopsychiatry, 55*, 345-353.

Cattell, R.B. (1957). *Personality and motivation. Structure and measurement.* New York: World Book Company.

Clifton, A.K., McGrath, D. & Wicks, B. (1976). Stereotypes of women: A single category? *Sex Roles, 2*, 135-148.

Colley, T. (1959). The nature and origins of psychological sexual identity. *Psychological Review, 66*, 165-177.

Constantinople, A. (1973). Masculinity-femininity: An exception to a famous dictum? *Psychological Bulletin, 80*, 389-407.

Darling, C.A., Kallen, D.J. & Van Dusen, J.E. (1984). Sex in transition, 1900-1980. *Journal of Youth and Adolescence, 13*, 385-399.

Deaux, K. & Lewis, L.L. (1984). Structure of gender stereotypes: Interrelationships among components and gender label. *Journal of Personality and Social Psychology, 46*, 991-1004.

Eagly, A.H. (1987). *Sex differences in social behavior: A social role interpretation.* Hillsdale: Erlbaum.

Eagly, A.H. & Steffen, V.J. (1984). Gender stereotypes stem from the distribution of women and men into social roles. *Journal of Personality and Social Psychology, 46,* 735-754.

Eccles, J. (1985). Sex differences in achievement patterns. In T.B. Sonderegger (ed.). *Psychology and gender. Nebraska Symposium on Motivation, 1984* (pp. 97-132). Lincoln: University of Nebraska Press.

Eccles, J.S. & Jacobs, J. (1986). Social forces shape math participation. *Signs, 11,* 367-380.

Eisenberg, N. & Lennon, R. (1983). Sex differences in empathy and related capacities. *Psychological Bulletin, 94,* 100-131.

Fahrenberg, J., Hampel, R. & Selg, H. (1984). *Das Freiburger Persönlichkeitsinventar FPI. Revidierte Fassung FPI-R und teilweise geänderte Fassung EPI-A1. Handanweisung. (4. revidierte Auflage).* Göttingen: Hogrefe.

Feingold, A. (1988). Cognitive gender differences are disappearing. *American Psychologist, 43,* 95-103.

Feldman, S.S., Nash, S.C. & Cutrona, C. (1977). The influence of age and sex on responsiveness to babies. *Developmental Psychology, 13,* 675-676.

Gaa, J.P., Liberman, D. & Edwards, T.A. (1979). A comparative factor analysis of the Bem Sex Role Inventory and the Personality Attribute Questionnaire. *Journal of Clinical Psychology, 35,* 592-598.

Gerhard, U. (1978). *Verhältnisse und Verhinderungen. Frauenarbeit, Familie und Rechte der Frauen im 19. Jahrhundert. Mit Dokumenten.* Frankfurt/M.: Suhrkamp.

Gough, H.G. (1957). *The Psychological Inventory Manual.* Palo Alto: Consulting Psychologists Press.

Hartman, S.J., Griffeth, R.W., Miller, L. & Kinicki, A.J. (1989). The impact of occupation, performance, and sex on sex role stereotyping. *Journal of Social Psychology, 128,* 451-463.

Heilbrun, A.B. (1976). Measurement of masculine and feminine sex role identities as independent dimensions. *Journal of Consulting and Clinical Psychology, 44,* 183-190.

Hellmich, A. (1986). *Frauen zwischen Familie und Beruf. Eine Untersuchung über Voraussetzungen und Nutzen einer Berufskontaktpflege von Frauen in der Familienphase.* Schriftenreihe des Bundesministers für Jugend, Familie, Frauen und Gesundheit, Band 184. Stuttgart: Kohlhammer.

Hood, J.C. (1986). The provider role: Its meaning and measurement. *Journal of Marriage and the Family, 48,* 349-359.

Huston, T.L. & Ashmore, R.D. (1986). Women and men in personal relationship. In R.D. Ashmore & F.K. Del Boca (eds.). *The social psychology of female-male relations* (pp. 167-209).

Hyde, S.J. & Linn, M.C. (1988). Are there sex differences in verbal ability? A meta-analysis. *Psychological Bulletin, 104,* 53-69.

Jacklin, C.N. (1989). Female and male: Issues of gender. *American Psychologist, 44*, 127-133.

Kerckhoff, A.C. & Davis, K.E. (1962). Value consensus and need complementary in mate selection. *American Sociological Review, 27*, 295-303.

Krampen, G. (1979). Eine Skala zur Messung der normativen Geschlechtsrollenorientierung (GRO-Skala). *Zeitschrift für Soziologie, 8*, 254-266.

Kruse, L. & Wintermantel, M. (1986). Leadership Ms.-qualified: I. The gender bias everyday and scientific thinking. In C.F. Graumann & S. Moscovici (eds.). *Changing conceptions of leadership* (pp. 171-197). New York: Springer.

Leik, R.K. (1963). Instrumentality and emotionality in family interaction. *Sociometry, 26*, 131-145.

Lersch, P. (1950). *Vom Wesen der Geschlechter*. München.

Levinger, G. (1964). Task and social behavior in marriage. *Sociometry, 27*, 433-448.

Levinger, G., Senn, D.J. & Jorgensen, B.W. (1970). Progress toward permanence in courtship: A test of the Kerckhoff-Davis hypotheses. *Sociometry, 33*, 427-443.

Locksley, A., Colten, M.E. (1979). Psychological androgyny: A case of mistaken identity. *Journal of Personality and Social Psychology, 37*, 1017-1031.

Losh-Hesselbart, S. (1987). Development of gender roles. In M.B. Sussman & S.K. Steinmetz (eds.). *Handbook of Marriage and the Family* (pp. 535-563). New York: Plenum Press.

Lubinski, D., Tellegen, A. & Butcher, J.N. (1983). Masculinity, femininity, and androgyny viewed and assessed as distinct concepts. *Journal of Personality and Social Psychology, 44*, 428-439.

Lunneborg, P.W. (1972). Dimensionality of MF. *Journal of Clinical Psychology, 28*, 313-317.

Lunneborg, P.W. & Lunneborg, C.F. (1970). Factor structure of MF scales and items. *Journal of Clinical Psychology, 26*, 360-366.

Maccoby, E.E. & Jacklin, C.N. (1974). *The psychology of sex differences*. Stanford, Calif.: Stanford University Press.

Martin, C.L. (1987). A ratio measure of sex stereotyping. *Journal of Personality and Social Psychology, 52*, 489-499.

Martin, C.L. & Halverson, C.F. (1981). A schematic processing model of sex typing and stereotyping in children. *Child Development, 52*, 1119-1134.

McHale, S.M. & Huston, T.L. (1984). Men and women as parents: Sex role orientations, employment, and parental roles with infants. *Child Development, 55*, 1349-1361.

Meeker, B.F. & Weitzel-O'Neill, P.A. (1977). Sex roles and interpersonal behavior in task-oriented groups. *American Sociological Review, 42*, 91-105.

Merz, F. (1979). *Geschlechterunterschiede und ihre Entwicklung. Ergebnisse und Theorien der Psychologie*. Göttingen: Hogrefe.

Metz-Göckel, S. & Müller, U. (1987). Partner oder Gegner? Überlebensweisen der Ideologie vom männlichen Familienernährer. *Soziale Welt, 38,* 5-28.

Money, J. (1987). Propaedeutics of diecious G-I/R: Theoretical foundations for understanding dimorphic gender-identity/role. In J.M. Reinisch, L.A. Rosenblum & S.A. Sanders (eds.). *Masculinity/feminity. Basic perspectives* (pp. 13-28). New York: Oxford University Press.

Morawski, J.G. (1985). The measurement of masculinity and feminity: Engendering categorical realities. *Journal of Personality, 53,* 196-223.

Murstein, B.I. (1970). Stimulus-value-role: A theory of marital choice. *Journal of Marriage and the Family, 32,* 465-481.

Murstein, B.I. (1986). *Paths to marriage.* Beverly Hills: Sage Publications.

Myers, A.M. & Gonda, G. (1982a). Empirical validation of the Bem-sex-role inventory. *Journal of Personality and Social Psychology, 43,* 304-318. Nias, D.K.B. (1979). Marital choice: Matching or complementation. In M. Cook & G. Wilson (eds.). *Love and attraction. An international conference* (pp. 151-155). Oxford: Pergamon Press.

Noelle-Neumann, E. & Piel, E. (Hrsg.) (1983). *Eine Generation später. Bundesrepublik Deutschland 1953-1979.* München: K.G. Saur.

Nordstrom, B. (1986). Why men get married: More and less traditional men compared. In R.A. Lewis & R.E. Salt (eds.). *Men in families* (pp. 31-53). Beverly Hills: Sage.

Nye, F.I. (1976). Family roles in comparative perspective. In F.I. Nye (ed.). *Role structure and analysis of the family.* Beverly Hills, CA: Sage.

Orlofsky, J.L. & O'Heron, C.A. (1987). Stereotypic and nonstereotypic role trait and behavior orientations: implications for personal adjustment. *Journal of Personality and Social Psychology, 52,* 1034-1042.

Orlofsky, J.L. & Stake, J.E. (1981). Psychological masculinity and femininity: Relationship to striving and self concepts in the achievement and interpersonal domains. *Psychology of Women Quarterly, 6,* 218-233.

Parelman, A. (1983). *Emotional intimacy in marriage: A sex roles perspective.* Ann Arbor, Mich.: UMI Research Press.

Parsons, T. (1955). The American family: Its relations to personality and to the social structure. In T. Parsons & R.F. Bales (eds.). *Family, socialization and interaction process* (3-33). Glencoe: Free Press.

Paulhus, D.L. & Martin, C.L. (1988). Functional flexibility: A new conception of interpersonal flexibility. *Journal of Personality and Social Psychology, 55,* 88-101.

Pedhazur, E. & Tetenbaum, T. (1979). Bem sex role inventory: A theoretical and methodological critique. *Journal of Personality and Social Psychology, 37,* 996-1016.

Peplau, L.A. (1976). Impact of fear of success and sex-role attitudes on women's competitive achievement. *Journal of Personality and Social Psychology, 34,* 561-568.

Peplau, L.A. & Gordon, S.L. (1985). Women and men in love: Gender differences in close heterosexual relationships. In V.E. O'Leary, R.K. Unger & B.S. Wallston (eds.). *Women, gender, and social psychology* (pp. 257-291). Hillsdale, N.J.: Lawrence Erlbaum.

Pfrang, H. (1980). *Geschlechtsrollen und Eheglück.* Würzburg: Diplomarbeit.

Pfrang, H. (1987). Der Mann in Ehe und Familie. In H.-J. Schulze & T. Mayer (Hrsg.). *Familie: Zerfall oder neues Selbstverständnis?* (S. 67-106). Würzburg: Königshausen und Neumann.

Pfrang, H. (in Druck). Bipolarität der Aussagen im Paar: Eine notwendige Voraussetzung der Anwendung der Wahlzwang-Technik (forced-choice). *Diagnostica.*

Pfrang, H. & Künzler, J. (1989). *Geschlechtsrollentraditionalismus. Eine Sekundäranalyse des* Allbus 1988. Würzburg: Unveröffentlichtes Manuskript.

Reinisch, J.M., Rosenblum, L.A. & Sanders, S.A. (1987). Masculinity/femininity: An introduction. In J.M. Reinisch, L.A. Rosenblum & S.A. Sanders (eds.). *Masculinity/femininity. Basic perspectives* (pp. 3-10). New York: Oxford University Press.

Rubin, R.B. (1981). Ideal traits and terms of address for male and female college professors. *Journal of Personality and Social Psychology, 41,* 966-974.

Runge, T.E., Frey, D., Gollwitzer, P.M., Helmreich, R.L. & Spence, J.T. (1981). Masculine (instrumental) and feminine (expressive) traits. A comparison between students in the United States and West Germany. *Journal of Cross-Cultural Psychology, 12,* 142-162.

Schenk, J. (1983). Glück und Interaktion in der Ehe. In G. Bittner (ed.). *Personale Psychologie. Festschrift für L.J. Pongratz* (258-281). Göttingen: Hogrefe.

Schenk, J. (1984). Die Begegnung der Geschlechter in der Ehe. Ein psychologischer Beitrag. In M.R. Textor (Hrsg). *Die Familie. Beiträge aus verschiedenen Forschungsrichtungen* (S. 30-94). Frankfurt a.M.: Haag & Herchen.

Schenk, J. & Hahn, M. (1987). Die Bedeutung der Differenzierung von Instrumentalität und Expressivität nach Inhalt und Situation für die Beschreibung der Geschlechter. *Psychologische Beiträge, 29,* 164-182.

Schenk, J. & Heinisch, R. (1986). Self-descriptions by means of sex-role scales and personality scales: A critical evaluation of recent masculinity and femininity scales. *Personality and Individual Differences, 7,* 161-168.

Schenk, J. & Pfrang, H. (1983). Aspekte des Geschlechtsrollenbildes bei Verheirateten. *Psychologische Beiträge, 25,* 176-193.

Schneider-Düker, M. & Kohler, A. (1988). Die Erfassung von Geschlechtsrollen - Ergebnisse zur deutschen Neukonstruktion des Bem Sex-Role-Inventory. *Diagnostica, 34,* 256-270.

Schumm, W.R., Bollman, S.R. & Jurich, A.P. (1981a). Dimensionality of an abbreviated version of the relationship inventory: An urban replication with married couples. *Psychological Reports, 48,* 51-56.

Schumm, W.R., Race, G.S., Morris, J.E., Anderson, S.A., Griffin, C.L., McCutchen, M. & Benigas, J.E. (1981b). Dimensionality of the marital communication inventory and marital conventionalization: A third report. *Psychological Reports, 48,* 163-171.

Semin, G.R., Rosch, E., Krolage, J. & Chassein, J. (1981). Alltagswissen als implizite Basis für „wissenschaftliche" Persönlichkeitstheorien: Eine sozialpsychologische Untersuchung. *Zeitschrift für Sozialpsychologie, 12,* 233-242.

Shaw, M.E. & Wright, J.M. (1967). *Scales of the measurement of attitudes.* New York: McGraw Hill.

Sherriffs, A.C. & McKee, L.P. (1957). Qualitative aspects of beliefs about men and women. *Journal of Personality, 25,* 451-464.

Simon, R.J. & Landis, J.M. (1989). The polls - a report: Women's and men's attitudes about a woman's place and role. *Public Opinion Quarterly, 53,* 265-276.

Spence, J.T. & Helmreich, R.L. (1978). *Masculinity and femininity: Their psychological dimensions, correlates, and antecedents.* Austin: University of Texas Press.

Spence, J.T. & Helmreich, R.L. (1980). Masculine instrumentality and feminine expressiveness: Their relationships with sex-role attitudes and behavior. *Psychology of Women Quarterly, 5,* 147-163.

Staines, G.L. & Libby, P.L. (1986). Men and women in role relationships. In R.D. Ashmore & F.K. Del Boca (eds.). *The social psychology of female and male relations: A critical analysis of central concepts* (pp. 211-258). Orlando, FL: Academic Press.

Sternberg, R.J. & Grajek, S. (1984). The nature of love. *Journal of Personality and Social Psychology, 47,* 312-329.

Stericker, A. & LeVesconte, S. (1982). Effect of brief training on sex related differences in visual-spatial skill. *Journal of Personality and Social Psychology, 43,* 1018-1029.

Storms, M. (1980). Theories of sexual orientation. *Journal of Personality and Social Psychology, 38,* 783-792.

Taylor, M.C. & Hall, J.A. (1982). Psychological Androgyny: Theories, methods, and conclusions. *Psychological Bulletin, 92,* 347-366.

Terman, L.M. & Miles, C.C. (1936). *Sex and Personality.* New York: McGraw Hill.

Tyrell, H. (1986). Geschlechtliche Differenzierung und Geschlechterklassifikation. *Kölner Zeitschrift für Soziologie und Sozialpsychologie, 38,* 450-489.

Tyrell, H. (1989). Überlegungen zur Universalität geschlechtlicher Differenzierung: In J. Martin & R. Zoepffel (Hrsg.). *Aufgaben, Rollen und Räume von Frau und Mann* (S. 37-78). Freiburg: Alber.

Vetter, H. (1961). Zur Lage der Frau an den westdeutschen Hochschulen. Ergebnisse einer Befragung von Mannheimer und Heidelberger Studierenden. *Kölner Zeitschrift für Soziologie und Sozialpsychologie, 13,* 644-660.

Whiting, B.B. & Edwards, C.P. (1988). *Children of different worlds: The formation of social behavior.* Cambridge, MA: Harvard University Press.

Winch, R.F. (1963). *The modern family.* New York: Holt, Rinehart, and Winston.

Einstellungen zu Liebe und Partnerschaft: Konzepte, Skalen und Korrelate

Manfred Amelang

Innerhalb der kurzen Geschichte der Psychologie hat es doch relativ lange gedauert, bis Sympathie und Liebe, Partnerwahl und Partnerschaft zum Thema wissenschaftlicher Untersuchungen gemacht wurden. Als Ursache dafür kommt zunächst die Beschaffenheit des Forschungsgegenstandes selbst in Betracht, der sich nicht nur ausnehmend komplex darstellt, sondern dessen Analyse auch zusätzlich erschwert wird durch die Subtilität der ablaufenden Prozesse. Bereitet es nicht jedem einzelnen schon erhebliche Probleme, sich über die vielschichtigen Kognitionen, Empfindungen und Motive klarzuwerden, die dem aktuellen, einem zukünftigen oder einem vergangenen Partner gelten? Verlangt die Befassung damit nicht nach einem Differenzierungsgrad des Ansatzes, der Sprache und Reflexion, über den allenfalls Philosophen und Poeten verfügen? Im Hinblick darauf mußte es als wenig sinnvoll und aussichtsreich erscheinen, nach generalisierbaren Regeln von „Gesetzescharakter" zu suchen.

Im Zusammenhang damit bestand als weiteres Hemmnis die verständliche Zurückhaltung vor einem Erlebnisbereich, der als sehr persönlich und intim wahrgenommen wird. Gebietet hier nicht das Recht auf Privatheit (Kruse, 1980) dem Erkenntnis-Interesse der Wissenschaft nachdrücklich Einhalt? Und ist dieses Erkenntnis-Interesse nicht stärker durch erotische Neugier als durch wissenschaftliche Motivation bestimmt, sind entsprechende Untersuchungen mithin nicht eine fragwürdige Geldverschwendung? Schließlich: Mußte die Erforschung von Zuneigung, da die „Messung" von Liebe und Hilfe nomothetisch-allgemeiner Methoden erfolgt, nicht eine Dehumanisierung der fraglichen Prozesse bedeuten?

So ernsthaft und bedeutungsvoll diese Fragen durchaus sind, gibt bei der Abwägung doch letztlich die Überlegung den Ausschlag, daß eine Erforschung der Prozesse von Sympathie und Partnerwahl die Perspektive eröffnet, die erzielbaren Erkenntnisse und Einsichten in Beratung und Therapie einbringen zu können - und damit wenigstens einem Teil zwischenmenschlicher Zerwürfnisse und Auseinandersetzungen vorzubeugen bzw. das damit verbundene persönliche Leid zu reduzieren.

In Verfolgung dieses Zieles ist bislang gewiß nur eine recht kurze Strecke zurückgelegt worden. Um auf dem vorgezeichneten Weg jedoch weitere Schritte anzuregen, stellen wir nachfolgend die einschlägigen Theorien, Befunde und Interpretationen mit Absicht sehr forschungszentriert dar und fügen zur direkten Beurteilung des Materials sowie der Erleichterung eigener Arbeiten einige der besprochenen Instrumente im Anhang bei.

1. Einstellungen zu Liebe und Romantik

1.1. Item-Listen und Erklärungen

Stellen die Art und Intensität von empfundener Zuneigung ohne jede Frage sehr private Erlebnisse dar, so gilt das kaum für die Einstellungen zu romantischer Liebe und deren Umfeld. Von daher war es nur folgerichtig, daß die Forschung ihre Befangenheit und zögerliche Haltung zuerst diesem eher peripheren Bereich gegenüber aufgab. Bezeichnenderweise kamen dabei die ersten Beiträge aus der Soziologie als einer Disziplin, die weniger an einzelnen Personen als an Systemen oder Aggregaten interessiert ist. Gleichwohl handelt es sich bei den fraglichen Arbeiten um solche nachgerade klassisch sozial- und individualpsychologischer Art.

Ausgehend von einer Analyse von Filmen, bekannten Liebes-Geschichten, Erzählungen im Radio und vertrauten Liedern sowie natürlich der einschlägigen Literatur, hatte Gross (1944) eine „Belief Pattern Daraus selegierte Hobart (1958) auf der Basis eines Ratings mit 10 Beurteilern jene 12 Items, deren Inhalt und sprachliche Formulierung noch dem Zeitgeist entsprachen und in bezug auf die eine hinreichende Zustimmungsrate von seiten der Pbn zu erwarten war. Beispiele aus der Gross-Romanticism-Skala sind[1]:
- Liebende sollten mit einer gewissen Ernüchterung nach der Heirat rechnen.
- Wirklich zu lieben, heißt für immer zu lieben
- Ein Partner ohne Eifersucht ist kaum wünschenswert.
- Man sollte denjenigen heiraten, den man liebt, ohne Rücksicht auf dessen soziale Position.

An einer Stichprobe von 823 College-Studenten niedriger Semester-Zahl ging Hobart (1958) der Frage nach, ob die unterschiedlichen Stadien der vorehelichen Werbung und Bindung mit einer unterschiedlichen Ausprägung der Romantik-Einstellungen verbunden seien, z.B. verlobte oder gar verheiratete Personen stärker romantisch eingestellt sind als solche, die nur ein mehr oder weniger intensives „Dating"-Verhalten zeigten. Ausgehend von einer Struktur- und Funktionsanalyse der Adoleszenz war darüber hinaus zu erwarten, daß Paare, die getrennt sind, aufgrund der von ihnen erlebten Spannungen höhere Romanticism-Werte aufweisen als solche, die zusammenleben, da der Theorie gemäß die Trennung eine Störung der gewohnten Interaktion bedeutet. Eine weitere Hypothese ging dahin, daß eine frühere Beziehung mit einem Partner oder eine Verlobung die Romanticism-Tendenzen gegenüber Personen ohne eine sol-

---

[1] Für die umfangreichen Item-Übersetzungsarbeiten, die im Vorfeld der Erstellung des vorliegendes Beitrages anfielen, danke ich Katja van den Brink und Silke Kröning.

che Erfahrung verstärke, weil eine „Going-Steady"-Verbindung am meisten dem kulturellen Jugend-Ideal eines Paares in romantischer Liebe entspräche.

Anhand des - sicher suboptimalen - Querschnitt-Designs ließen sich die erwähnten Hypothesen bestätigen, allerdings nur für das männliche, nicht hingegen für das weibliche Geschlecht. Die Daten der Studentinnen zeigten keine systematische Variation in Abhängigkeit von der Dauer und Formalität einer Bindung. Als Erklärungen dafür zieht Hobart (1958) in Betracht, daß die Mädchen wegen der für sie verbindlicheren und restriktiveren Erziehung häufig nicht in der Lage seien, sich von den Eltern angemessen zu emanzipieren. Von ihnen würde weniger als von den Jungen verlangt, auf ihren eigenen Füßen zu stehen. Ferner erfordere es der Verhaltenskodex, daß ein Junge das Mädchen um eine Verabredung bitte und er es sei, der eine Heirat vorschlage - alles Faktoren, die zu der Vermutung Anlaß geben, daß sich aufgrund der zwischenzeitlich eingetretenen Veränderungen der Effekt heute auch auf seiten des männlichen Geschlechts wohl etwas abgeschwächt darstellen dürfte.

Wichtiger als solche Interpretationen und Spekulationen aber war der Befund, wonach die weiblichen Studenten konsistent niedrigere Romantizismus-Werte aufwiesen als die männlichen (4,41 bzw. 5,06 bei Ja/Nein-Antwortformat). Obgleich überraschend, konnte diese Beobachtung doch auch in anderen Erhebungen in analoger Weise gesichert werden.

Dazu zählt beispielsweise die Arbeit von Spaulding (1970), dessen „Romantic Love Complex Scale" vier Items von Gross-Hobart sowie sieben neu formulierte Statements vorsah, darunter z.B.
- Wahre Liebe fürt zu fast vollständigem Glück.
- Liebe ist ein „Alles- oder Nichts-Gefühl"; es gibt keine Halbheiten.
- Es gibt nur eine wahre Liebe für jeden.

Vorgegeben mit fünffach-abgestuften Beantwortungs-Skalen betrugen in einer Stichprobe von 443 männlichen und 461 weiblichen College-Studenten die Mittelwerte 29,06 bzw. 27,26, d.h. das männliche Geschlecht erwies sich stärker der Vorstellung verpflichtet, wonach Liebe eine außerordentlich erwünschte Grundlage von Partnersuche und Heirat ist - eine Ideologie im übrigen nach Goode, 1959, die im wesentlichen nur in den urbanen Zentren der USA, in Nordwest-Europa, Polynesien und dem europäischen Adel des 11. und 12. Jahrhunderts, sonst aber in kaum einer anderen größeren Sozietät gefunden wird (Goode, 1959). Die Bejahung der Vorstellung von der romantischen Liebe korrelierte in beiden Geschlechter-Gruppen mit konservativen Werthaltungen wie Religiosität, Leistung und Unterordnung. Darüber hinaus bestanden Korrelationen mit einigen Persönlichkeits-Skalen. Diesen zufolge ergab sich für die Männer mit Einstellungen zugunsten von romantischer Liebe eher ein Bild von Schwäche und psychischer Beeinträchtigung, für die Frauen hingegen ein Muster von Stärke und Stabilität.

Knox und Sporakowski (1968) stellen auf dem Kontinuum von liebesthematischen Einstellungen dem Pol der romantischen Liebe denjenigen der ehelichen gegenüber; damit werden eher nüchtern-realistische Vorstellungen bezeichnet. In einer darauf ausgerichteten Skala, die verschiedene Entwicklungsstadien aufwies und in Abhängigkeit davon unterschiedlich viele Items enthielt, lagen die männlichen Pbn - darin die Resultate der anderen Arbeiten bestätigend - näher dem romantischen, die weiblichen näher dem realistischen Pol. Als Erklärung dafür wird das Wirken zweier Faktoren angenommen: Zum einen würde auf Mädchen von seiten der Familie und Verwandtschaft ein stärkerer Druck ausgeübt, zu heiraten und dabei erfolgreich zu sein. Zum anderen würde gegenüber Mädchen im Vergleich zu Jungen die Heirat als wichtiger hingestellt. „Girls look forward to their marriages as boys look forward to their careers" (Knox, 1970a, S. 29).

Für die Validität der Skala skricht auch die Beobachtung höherer Werte im Sinne von Realismus bei verheirateten Personen im Vergleich zu unverheirateten (Knox, 1970a). Auch länger verheiratete Paare mögen im Vergleich zu jünger verheirateten dem Konzept romantischer Liebe anhängen, wie aus den Resultaten von Knox (1970b) hervorgeht, doch ist eine solche Feststellung belastet durch den Umstand einer quer- anstelle der methodisch sehr viel befriedigenderen längsschnittlichen Erhebung.

Bei einer Faktorisierung der zum Schluß 29 Items umfassenden Skala extrahierten Hinkle und Sporakowski (1975) drei nur wenig interkorrelierende Einstellungsdimensionen, die sie mit „Traditionelle Liebe - eine Person", „Liebe überwindet alles" und „Irrationalität" bezeichneten.

Nachfolgend je zwei Beispiel-Items für diese Faktoren:
- Wenn man wirklich verliebt ist, hat man für andere überhaupt kein Interesse mehr.
- Irgendwo gibt es den Idealpartner für die meisten Menschen; das Problem ist nur, diesen auch zu finden.
- Solange sich zwei Menschen lieben, machen religiöse Unterschiede überhaupt nichts aus.
- Gemeinsame Interessen sind unwichtig, solange man verliebt ist.
- Tagträume gehen gewöhnlich mit dem Zustand des Verliebtseins einher.
- Wenn zwei verliebt sind, ist ihr Urteilsvermögen gewöhnlich herabgesetzt.

Munro und Adams (1978) kritisieren an der Knox-Sporakowski-Skala, daß dort weithin eine ungerechtfertigte Gleichsetzung stattfinde zwischen niedrigem Romantizismus und ehelicher Liebe. Um die fragliche Polarität nicht nur negativ, sondern positiv zu markieren, bedürfe es zusätzlich entsprechender Items. Nach deren Formulierung und Aufnahme in einen Pool von Statements aus der Literatur führte deren Faktorisierung zu drei Faktoren (der sog. „New Love Attitude Scale"), die benannt wurden „Romantisches Ideal", „Ehelich-rationale Liebe" und „Romantische Kraft". Mit der Knox-Skala stand praktisch nur der letztere Faktor in korrelativer Beziehung, was den Konstruktions-Ansatz indirekt bestätigte. Eine interessante theoretische Perspektive bestand darin, die Einstellungen zu Liebe funktional auf die Rollen-Strukturen während einzelner Lebensabschnitte zu beziehen. In Phasen, wo die Rollen-Erwartungen einfach und nur lose definiert sind (z.B. am Anfang einer Beziehung oder in den späteren Ehejahren), waren romantische Attitüden eher hoch, niedrig hingegen bzw. hoch realistisch in komplexeren Stadien wie während der Erziehung der Kinder. Auch dieser Effekt wäre es wert, längsschnittlich verfolgt zu werden.

Rollentheoretisch erklärt werden auch die Geschlechter-Unterschiede, über die Dion und Dion (1973) berichten. Eine Faktorisierung der von ihnen ausgewählten 10 Items hatte die Faktoren „idealistische", „zynische" und „pragmatische" Sicht ergeben. Die weiblichen Befragungspersonen (alles Undergraduate-Studierende), die im übrigen häufiger als die männlichen romantische Liebe selbst erfahren hatten, zeigten niedrigere Werte auf den ersten beiden Faktoren, aber höhere auf der Pragmatismus-Dimension. Dieses differenzierte Muster läßt sich einordnen in makrosoziologische Konzepte, wonach Liebe für die Heirat als wichtig angesehen wird hauptsächlich in solchen Sozietäten, in denen Mann und Frau verschieden viel zur Beschaffung von Nahrung und der Aufzucht der Kinder beitragen. Wenn vor allem die Angehörigen eines Geschlechts für die ökonomischen Voraussetzungen sorgen, reduziert das die wechselseitige Abhängigkeit, die zwei Partner in einer Ehe zusammenbindet. Deshalb bedarf es anderer Bande, um diese Funktionen übernehmen zu können, und eines davon mag romantische Liebe sein - diese also als Spiegel des relativen Fehlens ökonomischer Gründe für eine Heirat. Anders gewendet: Dasjenige Geschlecht, das weniger zu den ökonomischen Grundlagen beiträgt, in westlichen Zivilisationen also das weibliche, profitiert am meisten davon, wenn an romantische Liebe die Heirat geknüpft wird. Aus diesem Grunde sollten Frauen mehr Wert auf romantische Liebe im pragmatischen und weniger im idealistischen Sinne als Grundlage einer Heirat legen. Denn Frauen, die einer traditionellen Geschlechts-Rolle folgen, bestimmen ihren Lebensstandard durch die Wahl des Mannes. Männer sind davon weniger betroffen, weil sie dahingehend sozialisiert worden sind, ökonomisch unabhängig zu sein. Darüber hinaus können es sich Frauen nicht leisten, zynisch über die Bedeutung von romantischer Liebe für die Heirat zu räsonieren, wenn romantische Liebe als eine Art Transmissions-Riemen dafür herhält, Männer zur Heirat zu bewegen (s. auch Dion & Dion, 1985, S. 225-226).

Um das Resultat einer Faktorenanalyse von mehr als 70 Items handelt es sich auch bei dem „Romantic Idealist Factor" von Fengler (1974), auf dem die folgenden Items am höchsten luden:

- Wenn ich in jemanden verliebt wäre, würde ich ihn ohne Rücksicht auf seine soziale Schicht und familiäre Herkunft heiraten.
- Eine tiefe Liebe kann Unterschiede in religiöser und ökonomischer Hinsicht überbrücken.
- Es ist mir ziemlich gleichgültig, ob ich mal heirate oder nicht.
- Die Hauptaufgabe einer heutigen Familie besteht darin, für die Erziehung, den Schutz und den Status der Kinder zu sorgen.

Hoch-scorende Personen würden aus Liebe heiraten und keine Rücksicht auf mögliche Unterschiede im Sozialstatus und der Religionszugehörigkeit nehmen. Erneut erwiesen sich an einer studentischen Stichprobe die Frauen im Vergleich zu den Männern als realistischer, doch ergab die Feinauswertung Hinweise auf einen Trend, demzufolge mit zunehmender Bindung in einer Partnerschaft (z.B. in Form häufiger Verabredungen, des Mit-einander-Gehens oder der bevorstehenden Heirat) die Männer romantischer, die Frauen hingegen realistischer wurden - freilich auch hier nur auf der Basis eines Querschnittplanes. Immerhin sprechen die vorliegenden Anhaltspunkte dafür, daß die Differenzen auf einer intensiveren Realitäts-Prüfung der Frauen beruhen: Wenn im Zuge des Erziehungs-Prozesses die Mädchen glauben gemacht werden, daß ihre Identität von Heim und Mutterschaft abhängt, müssen sie sorgfältig den Mann aussuchen, der am ehesten die ökonomische Sicherheit zur Erfüllung dieser Funktionen bietet. Auch in bezug darauf kann davon ausgegangen werden, daß mit einer zunehmenden Befreiung der Frauen aus dieser Rolle die Unterschiede an Bedeutung verlieren werden. Ein entsprechender Test steht freilich noch aus.

1.2. Diskussion

Angesichts des Umstandes, daß die so weit erörterten Untersuchungen ausschließlich auf studentischen Stichproben beruhen, drängt sich die Frage auf, inwieweit der „Romantic Love Komplex" möglicherweise nur ein spezifisches Phänomen eben jener Gruppe ist. Immerhin sind Effekte von seiten unterschiedlicher Ausbildung bekannt (Knox, 1970a), weshalb interessieren würde, inwieweit Personen, die nicht ein College besuchen, aber in etwa gleichaltrig mit Studenten sind, ähnliche Einstellung artikulieren.

Immer wieder hat sich zudem ein Einfluß des Alters als sehr bedeutsam herausgestellt (s. auch Hieger & Troll, 1973), wobei im einzelnen geklärt werden muß, ob in der Tat, wie regelmäßig unterstellt wird, mit variierendem Alter auch *intra*-individuell ein Wechsel der Attitüden einhergeht und es sich bei den gefundenen Besonderheiten nicht nur um solche von seiten verschiedener Kohorten handelt. Auch ist zu prüfen, welche Variablen letztlich für die Alterseffekte verantwortlich sind, da mit dem Lebensalter regelmäßig auch verschiedene Familien-Konstellationen, Rollen und Aufgaben konfundiert waren. In bezug darauf scheint der theoretische Rahmen von der unterschiedlichen Komplexität der Rollenstrukturen (s. Munro & Adams, 1978) als besonders vielversprechend, wenngleich er noch nicht in allen Details mit den vorliegenden Daten kompatibel ist.

Nachdem Cunningham und Antill (1981) an einer australischen Stichprobe nicht die ansonsten durchweg gefundenen Geschlechter-Unterschiede beobachten konnten, muß schließlich offen bleiben, inwieweit das fragliche Einstellungsgefüge und die damit verbundenen Korrelate gar nur ein Element der nordamerikanischen Sozialisationsbedingungen sind, möglicherweise zusätzlich gebunden an eine ganz bestimmte Zeitepoche, nämlich die 50er- und 60er Jahre. Mehrere Autoren haben die Bedeutung des Zeitgeistes angesprochen, und es wäre ausgesprochen lohnend, der Frage nachzugehen, auf welche Weise sich romantische Liebe als Einstellungsobjekt auch unter den veränderten Lebensgewohnheiten, Rollen-Erwartungen und ökonomischen Faktoren in unseren Breiten heute darstellt. Dafür wäre es gewiß angezeigt, den Item-Pool von überalterten Feststellungen zu bereinigen und um zeitgemäße zu ergänzen.

2. Interpersonale Einstellungen

2.1. Skalen-Systeme

2.1.1. Rubins „Love"- und „Liking"-Skalen (Lieben und Mögen)

Galten die bislang besprochenen Arbeiten den Einstellungen zu Liebe als einem abstrakten Konstrukt, stehen nachfolgend solche Untersuchungen im Vordergrund, bei denen die Attitüden zum konkreten Erleben dieses Gefühls erfaßt wurden. Es ist das Verdienst von Rubin (1973), im Versuch das „Unmeßbare zu messen" einen Anfang gemacht und entsprechende Forschungen nicht nur selbst durchgeführt, sondern weitere auch nachhaltig angeregt zu haben.

Liebe faßt er dabei auf als die Einstellung einer Person einer anderen gegenüber, und zwar einschließlich bestimmter Prädispositionen zu Gedanken, Gefühlen und Verhaltensweisen. Eine derartige Konzeptualisierung von Liebe als interpersonaler Einstellung stellt gegenüber Auffassungen, wonach Liebe eine Emotion, ein Motiv oder ein Bündel von Verhaltensweisen ist, eine breitere Perspektive dar; andererseits ist eine solche Sichtweise eingeengt im Vergleich zu dem Ansatz, Liebe als einen Aspekt der Persönlichkeit zu sehen, der Konsistenz über Personen und Situationen aufweist.

Zur Erfassung von romantischer Liebe, die Rubin (1970, S. 226) einfach definiert als „Liebe zwischen unverheirateten gegengeschlechtlichen Personen, in einer Art, die potentiell zur Heirat führen kann", wurde zunächst ein größerer Item-Pool angelegt, dessen Inhalt sich an der theoretischen und empirischen Literatur zur interpersonalen Attraktion sowie Spekulationen über das Wesen von Liebe orientierte. Themen waren physische Attraktion, Idealisierung, Helfen-Motive, der Wunsch, Emotionen und Erfahrungen zu teilen, Gefühle von Ausschließlichkeit und Absonderung sowie Zugehörigkeit, Empfindung von Respekt und Vertrauen, Bewertungen der Zielperson in verschiedenen Dimensionen, im weiteren die Bedeutungslosigkeit von universellen Normen innerhalb einer Beziehung. Eine Gruppe von 198 Studenten beiderlei Geschlechts bearbeitete die Items zweimal, und zwar zum einen im Hinblick auf den Freund / die Freundin (falls eine entsprechende Beziehung vorlag) und zum anderen in bezug auf einen „platonischen" Freund (hier wie dort des jeweils anderen Geschlechts). Getrennt für die beiden Instruktions-Vorgaben durchgeführte Faktorenanalysen ergaben jeweils einen varianzstarken General-Faktor, der als „Liebe" bzw. „Mögen" (Liking) interpretiert wurde. Die je 13 Items der damit erhaltenen Skalen sind im Anhang wiedergegeben.

Eine Durchsicht der Items nach inhaltlichen Gesichtspunkten läßt hauptsächlich drei Komponenten erkennen: Zugehörigkeits- und Abhängigkeits-Motive (Need), Bereitschaft zu helfen (Care) sowie Ausschließlichkeit und Absonderung (Intimacy/Trust). Kelley (1983) identifizierte demgegenüber als vierte Komponente „Toleranz" und hat als adäquateren Namen für die Mögen-Skala „Achtung/Ansehen" vorgeschlagen. Rubin (1970) berichtet über folgende Korrelate: Bei der Vorgabe der Liebes- und Mögen-Skalen an 159 Paare, die eine Beziehung hatten (aber nicht verlobt waren), ergaben sich für die männlichen Pbn im Mittel dieselben Love-Scores wie für die weiblichen, wenn als Zielperson der gegengeschlechtliche Partner fungierte (und gleiches traf zu für die Liking-Scores dem gleichgeschlechtlichen Freund gegenüber). Die Frauen wiesen jedoch im Vergleich zu den Männern höhere Punktwerte auf, wenn die (platonische) Liebe zum (besten) Freund und das Mögen des Partners einzuschätzen waren. Für die letzteren Effekte waren höhere Werte in den aufgabenbezogenen Dimensionen wie Intelligenz, Urteilsvermögen und Führungseigenschaften maßgeblich.

Die beiden Skalen erwiesen sich in beiden Geschlechtern als homogen (Cronbach-Alpha-Koeffizienten jeweils über .80), interkorrelierten mit $r = .39$ bei den Frauen signifikant niedriger im Vergleich zu $r = .60$ bei den Männern - offenkundig unterscheiden Frauen zwischen Lieben und Mögen des Partners differenzierter als Männer. An einer altersmäßig sehr viel heterogeneren Stichprobe ermittelten Sternberg und Grajek, 1984, jedoch Interkorrelationen um .70. In derselben Größenordnung lag die Korrelation zwischen Lieben und Mögen in einer eigenen Untersuchung an 156 Personen (s. dazu 2.1.3.), in der im übrigen weder Alters- noch Geschlechtereffekte in einer der Rubin-Skalen zu beobachten waren.

Ein weiteres Resultat der korrelativen Analysen ging dahin, daß der Liebes-Score in beiden Geschlechtern hoch mit der Wahrscheinlichkeit einer Heirat korrelierte, hingegen keine Beziehung zur Länge des „Dating" bestand. Über die Paare hinweg korrelierten die Love-Scores zwischen Männern und Frauen (im übrigen: ausschließlich Studenten) zu r = .42, die Liking-Scores zu r = .28.

Ein weiterer Beleg für die Validität der Skalen und gleichzeitig ein Hinweis darauf, wie Liebe das aktuelle Verhalten beeinflußt, stammt aus der Beobachtung von Rubin (1970, 1973), daß Paare bei denen jeweils eine überdurchschnittliche Zuneigung zum Partner bestand, während einer Unterhaltung im Labor einander länger anschauten als Paare mit unterdurchschnittlichen Punktwerten in der Love-Skala. Dieser Effekt konnte in einer Nachfolge-Studie repliziert werden (Goldstein, Kilroy & van de Voort, 1976); er war unabhängig von der Zeit, in der die Paare insgesamt miteinander kommunizierten und auch nicht etwa Folge des Umstandes, daß Personen mit hohen Punktwerten in der L-Skala generell dazu tendiert hätten, das Gegenüber länger anzuschauen.

Es liegt nahe, Auswirkungen der empfundenen Zuneigung auch auf die Dauer und Qualität einer Beziehung zu vermuten. Damit vereinbar ist die Beobachtung von Dion und Dion (1976a), wonach Personen mit einer lockeren Beziehung niedrigere Love-Scores aufwiesen als Personen mit einer exklusiven Beziehung oder solchen, die verlobt oder verheiratet waren, zwischen diesen Kategorien aber die Mögen-Skala nicht differenzierte.

Um diesen Problembereich näher aufzuhellen, fragte Rubin (1973) seine Pbn etwa ein halbes Jahr nach der Bearbeitung der Fragebögen postalisch nach dem Zustand ihrer Partnerschaft. In 98,4 % erhielt er wenigstens von einem der Partner, in 87 % von beiden die erbetenen Auskünfte. Der Punktwert in der Liebes-Skala korrelierte mit der berichteten Vertiefung der Bindung im Zeitraum von der ersten zur zweiten Befragung zu r = .19 bei den männlichen und r = .20 bei den weiblichen Pbn. Die Höhe der Koeffizienten mag zunächst enttäuschen, doch muß bedacht werden, daß zwischen L-Wert und Tiefe der Bindung vermutlich bereits während der Erst-Messung eine Korrelation bestand und das Follow-up-Intervall recht kurz war. Außerdem erwies sich die im vorangegangenen Kapitel beschriebene Romantik-Einstellung als bedeutsamer Moderator: Bei den als relativ „romantisch" klassifizierten Männern und Frauen korrelierten L-Wert und Vertiefung der Bindung zu r = .37 bzw. .41, während für die „nicht-romantischen" die Koeffizienten um Null lagen, d.h. Liebe erlaubt eine Vorhersage über den Fortschritt einer Beziehung, aber nur für diejenigen Personen, die der Vorstellung beipflichten, daß die Dinge sich genau so entwickeln sollten. Die Skala für Mögen war mit Koeffizienten von r = .33 bzw. .30 etwas weniger effektiv als Prädiktor.

Auch Wahrnehmungs- und Verhaltens-Funktionen hängen von der empfundenen Liebe ab: Dion und Dion (1976b) wählten 50 Paare mit unterschiedlichem Bindungsgrad aus (vereinzelte Verabredungen, regelmäßiges Dating, verlobt, verheiratet) und ließen jeweils die Partner einander wechselseitig beobachten, wie sie durch einen sogenannten Ames-Raum liefen. Dessen Prinzip besteht darin, daß der Boden u.a. schief ist, dieses dem Beobachter am Guckloch jedoch durch spezifische Beleuchtungsbedingungen verborgen bleibt. Die Zuneigung wurde durch eine Kombination von Love- und Liking-Skala mit einem Fragebogen zum zwischenmenschlichen Vertrauen erfaßt. Bei den weiblichen (nicht aber den männlichen) Pbn, die solchermaßen als intensiv liebend klassifiziert wurden, war das Ausmaß der Verzerrung, in dem der Partner relativ zu einer fremden Person wahrgenommen wurde, bedeutsam reduziert, d.h. Liebe sorgte bei den Frauen für eine konstantere Wahrnehmung der körperlichen Erscheinung ihres Partners.

In einem anderen Versuch von Dion und Dion (1979) korrelierte ein Summenwert aus den beiden L-Skalen mit einer besseren Behaltensleistung für die vom Partner geäußerten Wörter, und zwar anscheinend deshalb, weil auf diesen mehr Aufmerksamkeit gerichtet wurde als auf die anderen Gruppenmitglieder. Auch dieser Effekt galt nur für das weibliche Geschlecht.

Einen bedeutsamen Beitrag zur Konstrukt-Validität der Love- und Liking-Skala stammt von Dermer und Pyszczynski (1978). Ausgehend von der Annahme, daß sexuelles Verhalten eng mit romantischer Liebe verwoben ist, prüften diese Autoren, ob erotische Schriften die Einstellungen von männlichen Pbn gegenüber ihren weiblichen Partnern beeinflussen würden. In der Tat waren nach dem Lesen einer erotischen Geschichte, verglichen mit einer Kontrollgruppe, die Werte in der Liebes-, nicht aber der Mögen-Skala erhöht. Dieser Effekt betraf in etwa gleichem Ausmaß die drei Komponenten der Skala, also Bindung, Helfen und Intimität. Nicht minder interessant ist die Behauptung von Dermer und Pyszczynski (1978), die Antworten einer Person in der Liebes-Skala seien bestimmt von deren aktuellem Verhalten dem geliebten Partner gegenüber, die Beantwortung der Skala also gleichsam der Erinnerung an früher in ähnlicher Weise geäußerte Verbalisationen folgte. Eine liebende Person, so die Überlegung der beiden Autoren, bejaht wohl Feststellungen der Art „Wenn ich nicht mit Dir zusammen sein kann, fühle ich mich unglücklich" deshalb, weil die geliebte Person vermutlich Näherungs- und Kontakt-Verhalten mit verschiedenen Reinforcements bekräftigt hat, die so nicht ohne weiteres von anderen erhaltbar sind, wodurch sie gleichermaßen zu einem distinkten Reiz wie einem generalisierten Reinforcer gerät. Eine indirekte Bestätigung für diese Auffassung lieferten die Ergebnisse eines Versuches, in dem die Statements der Love- und Liking-Skala vermischt vorgegeben wurden, Männer und Frauen aber selektiv die Items der Love-Skala als Beschreibung jener Verbalisationen sehr eindeutig identifizierten, die sie im Zustand sexueller Erregung ihrer Freundin gegenüber schon geäußert bzw. die sie besonders gern von ihrem Freund gehört und deshalb verstärkt hätten. Beide Teile der Untersuchung sprechen somit nachhaltig für die diskriminante Validität von Love- und Liking-Skala. Offen bleibt, ob die geschilderten Effekte symmetrisch sind insofern, daß Erotika in derselben Weise auch bei Frauen die Punktwerte in den Skalen differentiell beeinflussen bzw. die Statements auch von ihnen gesagt und von den Männern gern gehört und bekräftigt werden (s. dazu nachfolgenden Kasten).

Aus dem Netzwerk der in der Literatur berichteten Korrelationen ist noch von Interesse der Zusammenhang von $r = .47$ (männliche Pbn) bzw. $r = .41$ (weibliche Personen) zwischen Love-Score und einer Skala für Eifersucht, über den Mathes und Severa (1981) berichten. Da die Korrelationen der Mögen-Skala mit dem Eifersuchts-Maß sehr viel niedriger bzw. insignifikant ausfielen, sprechen sich die Autoren dafür aus, daß Beziehungen vorrangig auf der Mögen-Komponente aufgebaut sein sollten, um Eifersucht zu vermeiden - gewiß ein gut gemeinter Ratschlag, der in der sozialen Realität aber wohl nicht immer zu beherzigen ist.

Eine experimentelle Überprüfung der Rubin-Skalen

In einer eigenen Untersuchung (Amelang, 1990) wurde eine möglichst weitgehende Replikation des Dermer-Pyszcynski-Experimentes unter Einschluß vor allem weiblicher Personen versucht. 74 Studierende beiderlei Geschlechts bearbeiteten einen Fragebogen, in dem zunächst 15 Items zur Erfassung des individuellen Informationsverarbeitungs-Stiles aufgelistet waren. Daran schloß sich ein Text an, der deshalb aufmerksam gelesen werden sollte, weil im Anschluß daran Fragen kämen, die sich mit der Wahrnehmung irgendwelcher Ähnlichkeiten zwischen den darin vermittelten Informationen und den Erfahrungen mit dem anderen Geschlecht (insbesondere dem derzeitigen oder letzten Partner) befassen würden. Dieser Text umfaßte ca. 12.000 Zeichen (ca. drei Seiten) und war entweder erotischen Inhalts oder beschrieb Werbezeremonien bei verschiedenen Vögeln. Im Anschluß daran folgten die Rubin-Items sowie einige Fragen zur wahrgenommenen Attraktivität des Partners und dessen sexueller Reagibilität. Den Abschluß bildete ein Item zum Treatment-Check.

Nach Ausschluß einiger Protokolle wegen des momentanen Fehlens eines gegengeschlechtlichen Partners, im weiteren weil die erotische Geschichte nicht als erotisch oder der neutrale Text als erotisch wahrgenommen worden war, verblieben 48 weibliche und 12

> männliche Teilnehmer in der Auswertung. Nur in einer von mehreren abhängigen Variablen überhaupt traten signifikante Mittelwertsdifferenzen auf: Der Mögen-Skala. Hier fiel die Wechselwirkung zwischen Text-Art und Geschlecht in dem Sinne bedeutsam aus, daß beim erotischen Text die Männer höhere Werte aufwiesen als die Frauen, und die Richtung dieses Unterschiedes beim neutralen Text genau umgekehrt war.
>
> Der erotische Text hatte insofern zwar bei den männlichen Teilnehmern zur Intensivierung von Gefühlen der Zuneigung geführt, doch betrafen diese die „falsche" Skala (und die Frauen reagierten in eben dieser Skala gar erwartungswidrig). Ob daran die spezifische Ausgestaltung der Texte verantwortlich war oder die Bearbeitung in einer Gruppensituation, soll durch weitere Versuche geklärt werden.

In einer Serie von Experimenten haben Steck, Levitan, McLane und Kelley (1982) fiktive Antwortprotokolle der Rubin-Liebes-Skala vorgegeben, bei denen im Prinzip unter Konstanthaltung des Gesamtwertes (stets X = 91) entweder die Helfens- („Care"-)Items stark und die Zugehörigkeits-(„Need"-)Items schwach oder die Need-Items stark und die Care-Items schwach zustimmend beantwortet worden waren. Außerdem variierte die Zustimmung zu den Ausschließlichkeits-(„Trust"-)Items. Die Pbn mußten angeben, wie sehr nach ihrer Meinung die hypothetische Person, von der das Protokoll stammte, ihren Partner liebte, ihm gegenüber freundschaftlich eingestellt war, ihn mochte oder sich von ihm angezogen fühlte. Das Resultat der erhaltenen Einschätzungen ist in Abb. 1 wiedergegeben.

Wie aus Abb. 1 hervorgeht, sind die drei Komponenten weder für Liebe noch die drei anderen Einstellungs-Bereiche gleichwertig. Was Liebe angeht, so kommt Fürsorge die größte Bedeutung zu, gefolgt von Need und Trust. In bezug auf Mögen kehrt sich die Gewichtigkeit der beiden letzteren Faktoren um. Wenn aber unterschiedliche Beantwortungsmuster trotz gleichen Gesamtpunktwertes recht Unterschiedliches bedeuten, mindert das die Validität des Global-Punktwertes und legt eine Ermittlung von Scores getrennt für die fraglichen Komponenten nahe. Insofern würde interessieren, auf welchen der Sub-Faktoren in erster Linie die mit der Love-Skala bislang erhaltenen Forschungs-Resultate beruhen; entsprechende Re-Analysen wären zweckmäßig.

Noch ein anderes Detail in Abb. 1 verdient Beachtung, obgleich Steck et al. (1982) darauf nicht eingehen. Care, Need und Trust eignen sich offensichtlich besser zur Beschreibung der Einstellungsbereiche Attraktion, Mögen und Freundschaft als zur Kennzeichnung von Liebe, obwohl doch gerade dafür die Items ausgewählt worden waren. Falls ein solcher Befund replizierbar ist und auch für andere als den hier gewählten

Gesamtpunktwert gilt, berührt das die Frage, ob nicht andere Item-Inhalte (zusätzlich oder anstatt) die Validität der Skala verbessern könnten.

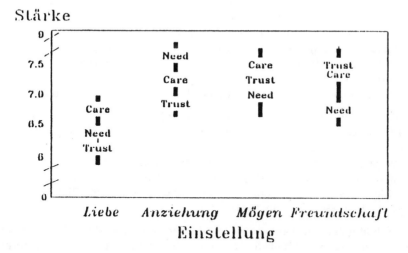

Abb. 1:
Ausmaß in dem verschiedene Einstellungen als Ausdruck von Care, Need und Trust eingeschätzt wurden (nach Steck et al., 1982, S. 488).

2.1.2. Die Love-Skala von Pam, Plutchik und Conte

Dem Gesichtspunkt eines inhaltlich breiter gestreuten Item-Spektrums einerseits sowie der Mehrdimensionalität andererseits tragen Pam, Plutchik und Conte (1975) mit der von ihnen vorgestellten „Love-Scale" Rechnung. Bei der Stoffsammlung für die Item-Inhalte orientierten sie sich an den Ergebnissen von Hattis (1965), der nach umfassenden Literatur-Recherchen, nicht zuletzt im psychoanalytischen und philosophischen Bereich, als konstitutive Elemente von Liebe festgehalten hatte: a) Respekt, Stolz auf den Partner, b) zum Partner hinstrebende Gefühle, c) erotische Gefühle gegenüber dem Partner, d) Wunsch und Bedürfnis für Gefühle, die vom Partner ausgehend auf einen selbst gerichtet sind, e) Nähe und Intimität mit dem Partner, f) Feindseligkeit, Abweisung gegenüber dem Partner.

Für jede dieser sechs Kategorien, die benannt wurden mit Ansehung/ Achtung, Altruismus, physische Attraktion, Anhänglichkeit (Attachment) Vertrauen und Geistesverwandtschaft, wurden mehrere Statements entworfen. Nach deren Bearbeitung durch studentische Stichproben und

nach der Eliminierung einiger Items wegen unzureichender Diskrimination zwischen Gruppen sowie einem Rating von klinischen Psychologen, das die Angemessenheit der Items für die einzelnen Kategorien betraf, im weiteren nach der Zusammenlegung der beiden letzten Kategorien zu „Geistesverwandtschaft" verblieben insgesamt 40 Feststellungen (8 pro Kategorie). Beispiele sind nachfolgend gegeben (der vollständige Item-Pool von Plutchik, 1990, liegt dem Verf. vor):
- Er/Sie ist intelligenter als der Durchschnitt. (Ansehung/Achtung)
- Sie werden sehr ärgerlich, wenn er/sie von jemandem verletzt wird. (Altruismus)
- Sie möchten von ihm/ihr berührt werden. (physische Attraktion)

Da sich in den Voruntersuchungen keine Geschlechter-Unterschiede in den Mittelwerten gefunden hatten, sind diesem Aspekt die Autoren nicht weiter nachgegangen (!).

An verschiedenen Stichproben lagen die Cronbach-Alpha-Koeffizienten für die Sub-Skalen um .90, diejenigen für die Gesamt-Skala um .96.

Die Skalen korrelieren um .50 miteinander, was die Bildung eines (zusätzlichen) Gesamt-Punktwertes rechtfertigt.

Als Validitätsbeweis kann gewertet werden, daß einzelne Skalen sowie der Summen-Score signifikant zwischen Gruppen dispriminierten, deren Mitglieder angaben, sie seien in einer Liebes- bzw. Dating- bzw. Freundschaftsbeziehung und die den Item-Pool im Hinblick auf diesen gegengeschlechtlichen Partner bearbeitet hatten. Was das Markante der Mittelwertsunterschiede zwischen den genannten Gruppen im einzelnen angeht, so scheinen die wichtigsten Aspekte für Liebe physische Attraktion und Anhänglichkeit (Attachment) zu sein (für Freundschaft hingegen Achtung und Geistesverwandtschaft).

Spätestens dieses letztere Resultat verweist darauf, daß hier gegenüber der Rubin-Skala Ergänzungen und partielle Substitutionen vorliegen. Auch Rubin hatte zunächst mit einer umfangreichen Stoffsammlung begonnen, doch war am Ende nur eine relativ kleine Zahl von Items übriggeblieben, von der man schwerlich erwarten kann, daß sie die Komplexität und den Facetten-Reichtum von Liebe hinlänglich erfassen. Von daher mag es verwundern, daß nur wenige Nachfolge-Arbeiten die Love-Skala von Pam et al. (1975) oder Teile daraus aufgegriffen haben.

Eine bedeutsame Ausnahme davon stellen die Beiträge der Dions insofern dar, als deren „Romantic Love Questionnaire" in der zuletzt verwendeten Form aus der Kombination von vier Items aus der Kategorie „Physische Attraktion" von Pam et al. (1975), der Rubin-Liebes-Skala und vier Items zum interpersonellen Vertrauen bestand.

2.1.3. Die Skalen von Sternberg

Die von Sternberg (1986) vorgestellte Theorie der Liebe weist Dreiecks-Gestalt insofern auf, als die drei Komponenten jeder Liebe einer der Ecken dieses geometrischen Körpers zugeordnet werden. Diese Komponenten sind im einzelnen:
a) Intimität; bezieht sich auf jene Gefühle innerhalb einer Beziehung, die Nähe, Gebundenheit und Verbundenheit fördern.
b) Leidenschaft; schließt dasjenige ein, was Hatfield und Walster (1981) als „Zustand intensiven Begehrens nach Vereinigung mit dem anderen" bezeichneten. Deckt die Motive ab, die zu physischer Attraktion und sexueller Interaktion führen.
c) Entscheidung/Bindung; betrifft die Entscheidung, jemanden zu lieben (kurzfristig) und die Absicht, diese Liebe aufrechtzuerhalten (langfristig).

Die drei Komponenten leiten sich überwiegend her von dem emotionalen Investment in eine Beziehung bzw. der motivationalen Einbindung bzw. den kognitiven Entscheidungen im Zusammenhang damit. Sie können auch wahrgenommen werden als das „warme" bzw. „heiße" bzw. „kalte" Element in einer Beziehung.

Das Ausmaß von Liebe, das jemand empfindet, hängt von der absoluten Stärke dieser drei Komponenten ab (also von der Größe des Dreieckes), die Art der Liebe von deren relativen Gewichten (also von der Form des Dreicks im Sinne der Theorie). In bezug darauf unterscheidet Sternberg (1986, S. 123) die folgenden Konstellationen:

Art der Liebe	Komponenten		
	Intimität	Leidenschaft	Entscheidung/Bindung
Nicht-Liebe	-	-	-
Mögen	+	-	-
Verliebt sein	-	+	-
Leere Liebe	-	-	+
Romantische Liebe	+	+	-
Kameradschaftliche Liebe	+	-	+
Alberne Liebe	-	+	+
Erfüllte Liebe	+	+	+

Varimax-rotierte Faktoren-Struktur der Sternberg-Items. Angegeben sind nur Ladungen >.50. Zum Text der Items s. Anhang.

Paraphrasierter Item-Inhalt	I	II	III	h^2
Intimacy				
01 Wohlergehen unterstützen	56			43
03 Auf ihn zählen	62			43
04 Auf mich zählen				30
05 Alles teilen	53			54
06 Gibt mir große emotionale Unterstützung	73			54
07 Ich gebe große emotionale Unterstützung	54			46
08 Verstehe mich gut mit ihm	78			64
09 Ist für mein Leben wichtig	73			72
10 Ich fühle mich nahe	76			75
11 Meine Beziehung ist angenehm	78			67
12 Gefühl, ihn wirklich zu verstehen	55			42
13 Versteht mich wirklich	59			45
14 Ich vertraue wirklich	72			54
15 Teile persönliche Dinge mit	58			55
Passion				
16 Beim Sehen aufgeregt			76	63
17 Denke häufig an Partner			62	57
18 Beziehung sehr romantisch			72	60
19 Partner ist sehr attraktiv			53	54
20 Ich idealisiere den Partner		58	51	60
21 Keine andere Person macht mich so glücklich			51	61
22 Lieber mit ihm als mit jemand anders zusammen				50
23 Beziehung zum Partner das Wichtigste			50	59
24 Ich mag den Körperkontakt			61	58
25 Beziehung hat etwas "Magisches"			65	51
26 Ich bete den Partner an		61		57
27 Leben ohne ihn unvorstellbar		70		59
28 Beziehung ist leidenschaftlich			76	67
29 Denke romantisch an ihn			68	52
30 Habe Tagträume über ihn			77	60
Commitment/Decision				
31 Er bedeutet mir etwas		71		67
32 Entschlossen, Beziehung aufrecht zu erhalten		80		79
33 Nicht zulassen, daß andere dazwischen treten		61		58
34 Vertrauen in Stabilität		74		79
35 Verbundenheit nicht stören lassen		61		64
36 Liebe für den Rest des Lebens		71		79
37 Große Verantwortung für den Partner		69		64
38 Verbindung ist beständig		70	58	83
39 Unvorstellbar, Beziehung zu beenden		52	59	65
40 Der Liebe sicher		65		67
41 Beziehung dauerhaft		73	53	82
42 Beziehung ist gute Entscheidung		80		75
43 Empfindung einer Verantwortung für Partner		62		50
44 Habe vor, Beziehung fortzusetzen		77		73
45 Halte an Beziehung auch bei Schwierigkeiten fest		69		59

In faktorenanalytischen Untersuchungen von Sternberg und Grajek (1984) variierte die Struktur der Intimitäts-Komponente nicht nennenswert zwischen Liebes-Erlebnissen gegenüber verschiedenen Kategorien anderer Menschen (Geliebte/Geliebter, Eltern, Freunde usw.). Insofern scheint Intimität eine Art gemeinsames „Herzstück" von Liebesbeziehungen darzustellen. Selbstverständlich schließt das nicht unterschiedliche Intensitäten aus. So fanden Sternberg und Grajek (1984), daß Männer ihre Partnerin zugleich mehr liebten und mochten als ihre Mutter, das nächste Geschwister oder den besten Freund. Frauen liebten demgegenüber ihren Partner in etwa gleich stark wie ihre beste Freundin, mochten aber ihre Freundin mehr als den Partner.

Die Skalen, die Sternberg (1990, s. Anhang) zur Erfassung der drei Komponenten entwickelt hat, interkorrelierten in der Untersuchung von Hendrick und Hendrick (1989) um $r = .70$; Intimität, Leidenschaft und Entscheidung/Bindung korrelierten in etwa gleicher Höhe (jeweils um $r = .60$) mit Eros und (jeweils um $r = .50$) mit Agape (zu diesen Liebes-Stilen s. unten: 2.3.). In einer Faktorisierung der Items clusterten zwar die drei Komponenten in hinlänglicher Prägnanz heraus, doch luden Intimität, Leidenschaft und Entscheidung gemeinsam auf einer Dimension, die bei der Simultan-Faktorisierung mehrerer Skalen extrahiert wurde und stark durch Leidenschaft geprägt war.

Zur faktoriellen Validität der Sternberg-Items

In einer eigenen Untersuchung am Heidelberger Institut[1] bearbeiteten insgesamt 156 Personen beiderlei Geschlechts die drei Sternberg-Skalen, bestehend aus je 15 Items, zusammen mit den Love- und Liking-Skalen von Rubin (1970; s. oben: 2.1.1.), der Passionate Love Skala von Hatfield (1988, s. unten: 2.2.1.) und den Einstellungs-Statements von Munro und Adams (1978, s. oben: 1.1.). 129 Probanden hatten ihr Geschlecht angegeben, 42 davon als männlich. Altersangaben lagen ebenfalls von 129 Probanden vor. Bei einer Streubreite von 16 bis 82 (!) betrug das mittlere Alter ca. 33 Jahre (s = 12).

Bei einer Faktorisierung der Sternberg-Items (unter versehentlichem Fortfall eines Items) bot sich unter formalen Kriterien (Eigenwerteverlauf 20,3 - 4,1 - 2,2, - 1,4 - 1,3 - 1,1 - 0,9 - 0,9 usw.) und aus inhaltlichen Erwägungen die Extraktion dreier Faktoren an. Wie die Fak-

---

[1] Ich danke Heiner Rindermann für die Durchführung aller EDV-Arbeiten.

torladungsmatrix auf der vorangegangenen Seite erkennen läßt, clustern die Items zwar einerseits relativ deutlich gemäß der vorab unterschiedenen Komponenten Intimität, Leidenschaft und Entscheidung/Bindung, doch besteht andererseits keine faktorielle „Reinheit": Intimität impliziert offenkundig auch Bindung/Entscheidung und umgekehrt. Neben der Bindungs- und Entscheidungskomponente, die intimitäts-korreliert ist, existiert eine solche, die Elemente der Ressourcen-Teilung, einer gewissen Idealisierung des Partners und Protektion der Beziehung gegen interferierende Einflüsse von seiten Dritter vereinigt.

Sicherlich muß abgewartet werden, inwieweit sich ein solches Muster als invariant über verschiedene Stichproben erweist. Im Vergleich zu der sehr homogenen Studentengruppe von Hendrick und Hendrick (1989) bestehen immerhin mehr Übereinstimmungen als Verschiedenheiten. Insoweit kann davon ausgegangen werden, daß die Skalen von Sternberg seine Theorie einerseits im Großen und Ganzen bestätigen, diese andererseits in Teilbereichen differenzieren bzw. fortentwickeln.

Im übrigen unterschieden sich in den Faktoren weder die Geschlechter noch drei Altersgruppen überzufällig voneinander.

2.2. Spezifische Komponenten

2.2.1. Leidenschaft: Die Passionate-Love-Skala

Während sich Dichtkunst und Philosophie bereits seit jeher mit dieser spezifischen Variante von Liebe befassen, ist diese erst neuerdings auch Gegenstand von psychologisch-wissenschaftlichen Untersuchungen geworden. Hatfield & Walster (1978, S. 9) verstehen darunter

... den Zustand von intensivem Verlangen nach Vereinigung mit jemandem anderem. Reziproke Liebe (Vereinigung mit dem anderen) ist begleitet von Erfüllung und Ekstase, unerwiderte Liebe (Trennung) mit Leere, Angst oder Verzweiflung. Ein Zustand intensiven physiologischen Arousals.

In den Untersuchungen von Tennov (1979) waren von den über 500 im Interview befragten Personen nahezu alle der Auffassung gewesen, daß es sich bei leidenschaftlicher Liebe (die die Autorin als „Limerence" bezeichnet) um ein bitter-süßes Erlebnis handele. Als Elemente kristallisierten sich im einzelnen u.a. die gedankliche Beschäftigung mit der geliebten Person, der Wunsch nach Ausschließlichkeit und die Furcht vor Zurückweisung heraus.

Ansetzend an diesen Resultaten, im weiteren an Interviews, die eigens zu leidenschaftlicher Liebe mit Kindern, Heranwachsenden, frischvermählten und älteren Ehepaaren geführt wurden, schließlich der inhaltlichen Analyse vorliegender Liebes-Skalen unterschieden Hatfield und Sprecher (1986) drei Arten von Komponenten, in denen sich leidenschaftliche Liebe manifestiere:

1) *Kognitionen:*
Eindringliche gedankliche Befassung mit dem Partner; Idealisierung der geliebten Person oder der Beziehung, Wunsch den anderen zu kennen und auch von ihm gekannt zu werden.

2) *Emotionen:*
Anziehung, besonders sexueller Art, durch den anderen; negative Gefühle, wenn die Dinge schief laufen, Verlangen nach Reziprozität der Beziehung, Wunsch nach vollständiger und andauernder Vereinigung, physiologische Aktiviertheit.

3) *Verhaltensweisen:*
Aktionen, um die Gefühle des Partners zu beeinflussen, Beobachtung des anderen, Unterstützen und Helfen, Herstellung von physischer Nähe.

Nach der Formulierung von zunächst 165 Items, deren Inhalt diese Komponenten treffen sollte, reduzierte sich in einem zweistufigen Analyseverfahren mit jeweils studentischen Stichproben der Item-Pool auf zuletzt 30 Feststellungen.

Mit neunstufigen Antwort-Skalen vorgegeben errechnete sich für die Reliabilität der Lang-Skala an einer studentischen Stichprobe von 60 Männern und Frauen ein Alpha = .94, für eine Kurz-Skala mit 15 Items ein Alpha = .91. Eine Faktorenanalyse der Items ergab einen g-Faktor, der 70 % der gemeinsamen Varianz aufklärte. Ein ähnliches Ergebnis mit immer noch 54 % Varianzaufklärung kam in der Vergleichsstudie von Hendrick und Hendrick (1989) heraus. Die Korrelationen mit einer Lügen-Skala betrug r = .09.

Mit anderen Skalen der Untersuchung bestanden die in nachfolgender Tabelle wiedergegebenen Korrelationen (s. Tabelle 1).

Auffällig in dem Muster der Koeffizienten ist die besonders enge Beziehung zu der Rubin-Love-Skala, die in der Größenordnung von deren Reliabilität liegt. Dennoch wurden offenbar auch andere Aspekte erfaßt, weil mit Vertrauen als einer Komponente, die in der Love-Skala enthalten ist, nur niedrige bzw. insignifikante Beziehungen bestehen.

Geschlechtsbedingte Mittelwertsdifferenzen bestanden nur in zwei Items. In beiden Geschlechtern wiesen Personen, die nur mit einem Partner Verabredungen hatten („exclusively dating") oder mit ihm zusammenlebten, höhere Mittelwerte auf als solche mit gelegentlichen Verabredungen - ein Resultat, das unter Validitätserwägungen zu erwarten war. An den Probanden der Heidelberger Studie, über die unter 2.1.3. berichtet wurde, resultierte bei einer Faktorisierung der Items ein sehr varianzstarker g-Faktor, auf dem lediglich das Item „Seitdem ich mit --- zusammen bin, fühle ich mich wie auf einer Berg- und Talbahn" nicht lud. Männer hatten etwas höhere Punktwerte als Frauen, und von niedrigem über mittleres zu höherem Lebensalter war ein monotoner Abfall der Summen-Werte festzustellen, doch erreichte keiner dieser Unterschiede statistische Bedeutsamkeit.

Tab. 1:
Korrelationen von leidenschaftlicher Liebe mit anderen Maßen von Beziehungs-Intimität (aus Hatfield & Sprecher, 1986, S. 402).

Variable	Frauen	Männer
Andere Skalen		
Rubin's "Liebe"	0.86***	0.83***
Rubin's "Mögen"	0.46***	0.51***
Vertrauen	0.30**	0.16
Bindung	0.87***	0.73***
Zufriedenheit mit der Beziehung insgesamt	0.69***	0.42***
Zufriedenheit mit sexuellen Aspekten	0.56***	0.32***
Ein-Item Indikator v. leidenschaftl. Liebe	0.71***	0.71***
Ein-Item Indikator v. kameradschftl. Liebe	0.48***	0.56***
Wunsch als Interaktion		
Abends ausgehen	0.62***	0.23*
Mit jemandem jetzt zusammensein	0.58***	0.30*
Mit jemandem sprechen	0.54***	0.34**
Umarmen	0.56***	0.44**
Küssen	0.49***	0.31**
Sex haben	0.34**	0.34**
Wie sehr sexuell erregt?	0.29**	0.31**

Insgesamt handelt es sich bei der Skala offenkundig um ein sehr brauchbares Instrument. Unbefriedigend ist aber hier - wie auch bei den meisten anderen Arbeiten - der Umstand, daß den Pbn, die keinen aktuellen Partner hatten, gesagt wurde, bei der Beantwortung an die letzte Beziehung zu denken. Durch die Beendigung einer Beziehung, häufig genug begleitet von höchst unerfreulichen Umständen, Zerwürfnissen und Auseinandersetzungen, mag aber retrospektiv die Einstellung ihm gegenüber beeinflußt und verändert worden sein. Weiterhin kritikfähig ist, daß auch

Personen den Fragebogen bearbeiteten, von denen gar nicht sicher war, ob sie im Moment überhaupt liebten. Dadurch kommen unerwünschte Stereotypisierungseffekte zum Tragen. Abzuklären bleibt, inwieweit sich der Gültigkeitsbereich von demjenigen der Rubin-Liebes-Skala wirklich unterscheidet und inwieweit es gelingt, unterschiedliche Muster von antezedenten, konkurrenten und konsequenten Merkmalen ausfindig zu machen.

2.2.2. Gesunde vs. neurotische Liebe

Freud hat seelische Gesundheit kurz und bündig als die Fähigkeit definiert, arbeiten und lieben zu können. Sind die Studien zum Zusammenhang von Arbeit und Gesundheit Legion, fehlt es weitgehend an solchen Beiträgen, in denen der Frage nach der Beziehung zwischen Liebe und Gesundheit nachgegangen wird. Eine Ausnahme hiervon stellt die Erhebung von Dietch (1978) dar, die maßgeblich von dem Gedankengut Maslows (1954) geprägt wird. Dieser hatte zwischen zwei Arten von Liebe unterschieden, nämlich einerseits D-Liebe (von Defizit) als neurotischer Variante, motiviert durch einen Mangel an Wunscherfüllung, selbstsüchtig und possessiv, und andererseits B-Liebe (von Being) als Liebe zum Wesen der anderen Person, selbstlos, entzückt, spontan, mit einem Minimum an Angst und Feindseligkeit sowie emotionaler Abwehr.

Diese Beschreibungen aufgreifend formulierte Dietch (1978) 16 Feststellungen zur B-Liebe, z.B.
- Ich liebte --- von ganzem Herzen.
- Es war für mich einfach, --- zu lieben.
- Ich war niemals unehrlich zu ---.

Deren Beantwortung durch 126 Psychologie-Studenten wurden mit den Punktwerten zur Selbst-Verwirklichung sensu Personal Orientation Inventory von Shostrom (1966) korreliert. Das Konstrukt Selbst-Verwirklichung steht dabei für ein Äquivalent oder besser: Ein Element von seelischer Gesundheit. Wie es den Hypothesen entsprach, korrelierte B-Liebe zu $r = .27$ mit Selbst-Verwirklichung. Darüber hinaus scorten Frauen in der B-Skala höher als Männer. Getrennt für die beiden Geschlechter die Korrelationen erneut berechnet, resultierten Koeffizienten von $r = .18$ (Männer) und $r = .45$ (Frauen) für den Zusammenhang von Selbst-Aktualisierung mit gesunder Liebe. Den Geschlechter-Effekt sieht der Autor vor dem Hintergrund der Erfahrung, daß Männer wegen des für sie stärkeren Tabus, Emotionen auszudrücken, auch an ihrer Fähigkeit zu B-Liebe gehindert würden.

Leider fehlt es an weiteren Untersuchungen; vom Konzept her müßten enge Beziehungen zu Altruismus bzw. dem Agape-Stil Lee's (1974) bestehen.

2.3. Stile oder Typen von Liebe

Schon ein flüchtiger Blick in die schöngeistige oder wissenschaftliche Literatur läßt erkennen, welch große Varianz auftritt bei den Versuchen, Liebe zu definieren. Verantwortlich dafür sind fraglos die Komplexität und die Vielseitigkeit jenes ebenso bewegenden wie schillernden Erlebnisses, das wir mit dem Begriff „Liebe" umschreiben. Diese Vielschichtigkeit im Bedeutungsgehalt mag dazu führen, daß ein und dieselbe Person sowohl der Feststellung zustimmt: „Zwei Menschen können einander wahrhaft lieben, selbst dann, wenn sie wissen, nur wenig Zeit vor der Abreise zu haben und einander niemals wiederzusehen" als auch: „Der einzig sichere Weg, um festzustellen, ob wirkliche Liebe vorliegt, besteht darin, die Zeit sprechen zu lassen" (wie es für die Hälfte einer Stichprobe von Befragungspersonen bei Lee, 1974, tatsächlich der Fall war) - es hängt einfach davon ab, welche Liebe vorliegt bzw. woran dabei gedacht ist. Ganz ähnlich mögen zwei Personen unter dem Satz „Ich liebe Dich" etwas ganz Unterschiedliches verstehen.

Die damit verbundenen Implikationen für die Partnerwahl, den Bestand einer Beziehung und ggf. in Betracht zu ziehende therapeutische Interventionen liegen auf der Hand. Extrem augenfällig werden die Auffassungsunterschiede, wenn so distinkte Kategorien wie Liebe zur Mutter oder zum Vater, erotische Liebe und selbst- oder geschwisterbezogene Liebe miteinander kontrastiert werden, um nur einige Beispiele zu nennen.

Es ist das Verdienst von Lee (1973, 1977), Struktur in die unterschiedlichen Vorstellungen über Liebe gebracht und eine Typologie vorgeschlagen zu haben, die auf die nachfolgende Forschung sehr stimulierend gewirkt hat. Der Grundgedanke all dieser Arbeiten besteht darin, eine individuelle Typisierung danach vorzunehmen, **in welcher Art und Weise** Liebe verstanden und „gelebt" wird; die Quantifizierungen haben weniger zum Ziel, die Intensität des Liebeserlebnisses zu bestimmen, wie das bei den unter 2.1. und 2.2. erörterten Skalen der Fall ist, sondern die Zugehörigkeit zu jedem einzelnen von mehreren Typen zu erfassen und über das damit gegebene individuelle Profil eine Kennzeichnung qualitativer Besonderheiten zu leisten.

Lee sammelte zunächst mehr als 4.000 Aussagen über Liebe, die sich in den Schriften von Autoren wie Freud, Plato, Paulus, Lawrence und Lessing fanden. Unter Bezugnahme auf die Literatur und eigene Erfahrungen sortierte er sodann die Statements in 9 Cluster. In Analogie zu chemischen Modellen und dem Farbenkreis sowie dem Faktum, daß alle Farben aus einer je spezifischen Mischung von drei Grundfarben (rot, blau und gelb) herstellbar sind, unterschied er dabei zwischen 3 primären oder elementaren „Stiles of Loving" einerseits und 6 sekundären Typen andererseits (s. dazu Abb. 2). Bei den drei primären Typen handelt es sich um

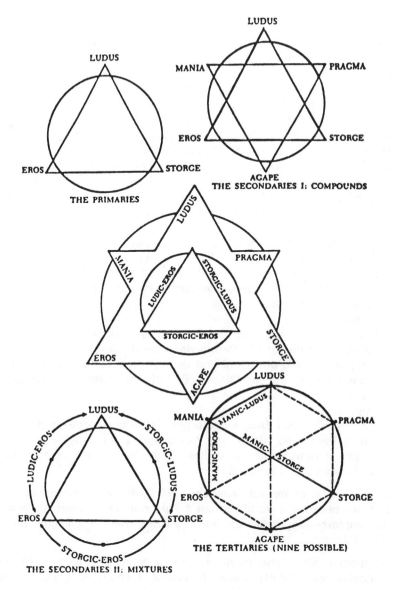

Abb. 2:
Zusammenstellung der Diagramme von Lee's Typologie der Liebesstile (aus Shaver & Hazan, 1988, S. 493).

1. „Eros":
   romantische, sexuelle, sinnliche Liebe, „Liebe auf den ersten Blick" („Love of Beauty")

2. „Ludus":
eine spielerische, herausfordernde, nicht besitzergreifende Art von Liebe („Game-Playing-Love")

3. „Storge":
Liebe ohne Fieber, Aufregung und Narretei, friedlich bezaubernd, sich langsam entwickelnd (kameradschaftliche Liebe).

Primär bedeutet dabei nicht überragend oder höherstehend, sondern verweist nur auf eine grundlegende Struktur. Etwa sei orange nicht mehr oder weniger eine Farbe als rot und nicht weniger wichtig. Wie bei den Farben könne man auch in der Liebe nahezu unbegrenzt viele Unterscheidungen vornehmen; bei Lee (1974) finden sich an der Peripherie des „Liebes-Kreises" noch die folgenden Sekundär-Typen als Kombinationen jeweils benachbarter Primär-Faktoren:

4. „Mania"
(Kombination von Eros und Ludus): Verzweifelte Form von Liebe, bei der eine liebende Person niemals genug von der geliebten Person haben kann und deshalb ständig gequält ist; die Symptome beinhalten Zwangsvorstellungen, Eifersucht, Unruhe und Depression (besitzergreifende Liebe).

5. „Pragma"
(Kombination aus Ludus und Storge): pragmatische oder praktische Liebe; rationale Art der Partnerwahl, bei der die wechselseitige Passung im Vordergrund steht und die Aussicht, daß jeder des anderen grundlegende und praktische Bedürfnisse befriedigt (realistische Liebe).

6. „Agape"
(Kombination von Eros und Storge): Selbstlose Liebe, in der die liebende Person nur Glück und Wohlbefinden der geliebten Person im Auge hat (Altruismus). (Für diesen Typ fanden sich jedoch bei Lee keine konkreten Personen).

Aus einer Stichprobe von zunächst 170 Statements differenzierten 35 Items am besten die verbliebenen 8 Faktoren. Teilnehmer an den Vor- und Haupterhebungen waren Personen beiderlei Geschlechts im Alter unter 35 Jahren.

Die Typologie als solche hat nicht nur in populären, sondern auch in wissenschaftlichen Schriften außerordentliche Verbreitung gefunden. Maßgeblich dafür sind teils die Multidimensionalität, teils der weite Rahmen, der mit der Kategorisierung abgesteckt wird, lassen sich damit doch einige weniger umfassende Theorien einschließen. Beispielsweise kann die Austausch-Theorie als Grundlage für „Pragma" und die Gemeinschafts-Liebe von Clark und Mills (1979) als eine solche von „Agape" gelten. Die leidenschaftliche Liebe sensu Berscheid und Walster (1978) kann weitgehend mit „Eros", die kameradschaftliche mit „Storge" gleichgesetzt werden. Kelley's (1983) pragmatische Liebe entspricht „Pragma". Schließlich sind auch Ähnlichkeiten der meisten Faktoren von Dion und

Dion (1973) zu den Liebes-Stilen augenfällig: *Volatile:* Mania, *Circumspect:* Storge, *Rational:* Pragma und *Passionate:* Eros. Lediglich zu „impetuous" (= hitzig, impulsiv) fehlt ein direktes Pendant.

Hingegen gibt es praktisch keine Erfahrungsberichte über die Brauchbarkeit und psychometrischen Qualitäten der von Lee entwickelten Skala, die über diejenigen der Konstruktions-Stichprobe hinausgehen. Mathes (1980) hat für die Typologie einen eigenen Fragebogen mit 168 Feststellungen erstellt (z.B. „Mein erstes Zusammentreffen mit meinem/r Geliebten rief unmittelbare Zuwendung und Erregung hervor" oder „Ich weiß definitiv, welcher Typ mich anzieht und mein Geliebter/meine Geliebte entspricht diesem Typ"). An einer Stichprobe von 56 jungen Leuten, die eine Beziehung hatten (hauptsächlich Studenten), ergab die Faktorisierung der 9 Skalen sowie dreier zusätzlicher Maße (darunter Rubins Liebes-Skala) vor allem einen varianzstarken ersten Faktor, auf dem Eros und die Liebes-Skala positiv, Ludus aber negativ lud. Da die Items im einzelnen ebensowenig aufgeführt werden wie die üblichen Kennwerte der Skalen, mag der Hinweis darauf und den Versuch, die erhaltenen Resultate als in Einklang mit theoretischen Vorstellungen von Fromm und Erikson zu sehen, an dieser Stelle genügen.

Bedeutender sind die Skalenentwicklungen zweier anderer Forschungsgruppen. Da sind zunächst die Soziologen Lasswell und Lasswell (1976) zu nennen, die zu den 6 „Kern"-Typen von Lee einen Fragebogen mit insgesamt 50 in Ja/Nein-Form zu beantwortenden Items entwickelt haben. Methodische Schritte bei der Konstruktion waren u.a. die übliche Beantwortung durch eine Stichprobe von Pbn beiderlei Geschlechts (deren ethnische und religiöse Heterogenität, nicht aber Alter und Bildungsgrad erwähnt werden), ein Experten-Rating über die Zugehörigkeit der Items zu den definitorisch erläuterten Typen und eine multidimensionale Skalogramm-Analyse (s. auch Lasswell & Lobsenz, 1981). Das resultierende individuelle Profil wird als SAMPLE bezeichnet (für Storgic, Agapic, Manic, Pragmatic, Ludic, Erotic).

Rosenman (1978) hat an einer gemischt-geschlechtlichen studentischen Stichprobe (ausschließlich Farbige) Korrelationen mit der Rubin-Liebes-Skala für Agapic (gebend) von r = .52, für Manic (besitzergreifend) von r = .46 und r = .26 für Storgic (freundschaftlich) gefunden. Mit der Mögen-Skala korrelierten nur Agapic mit r = .23. Die Korrelationen waren für die Frauen höher als für die Männer. Ob dieses die Interpretation des Autors rechtfertigt, wonach Frauen ein klarer differenziertes Konzept von Liebe hätten, muß angesichts des Fehlens aller Angaben über die Meßwertestreuung offen bleiben. Zudem berichten Richardson, Medvin und Hammock (1988) für 175 männliche und weibliche College-Studenten über positive Korrelationen von Agape (.39) und Eros (.29), aber negative von Ludus (.21) mit der Rubin-Skala.

Wenngleich also im einzelnen durch weitere Studien geklärt werden muß, welcher Stil außer Agape mit der Rubin-Skala korreliert, kann aber doch bereits jetzt aus den signifikanten Wechselbeziehungen die Feststellung abgeleitet werden, daß zumindest in einigen Kategorien nicht nur eine Typisierung des Stils, sondern damit einhergehend auch eine Intensitäts-Skalierung vorgenommen wird und umgekehrt.

Gestützt auf Erhebungen an 154 Personen im Alter hauptsächlich zwischen 18 und 30 Jahren sowie heterogen in bezug auf berufliche und ethnische Herkunft berichten Hatkoff und Lasswell (1979) über signifikante Geschlechterunterschiede: Die Männer waren sehr viel stärker ludisch (spielerisch) als die Frauen und auch erotischer, die Frauen etwas mehr manic (besitzergreifend), storgic (kameradschaftlich) und pragmatisch. Die beiden letzteren Stilmerkmale fügen sich nahtlos in das bereits erwähnte Muster von Einstellungen zu Liebe, wonach Frauen, die das traditionelle monogame Ideal und die Vorstellung des Mannes als dem „good provider" teilen, insgesamt realistischer sind: Sie werden sich kaum romantisch verlieben, ohne ökonomische und kameradschaftliche Gesichtspunkte mit zu berücksichtigen.

Ähnliche Resultate berichten Hendrick, Hendrick, Foote und Slapion-Foote (1984), die andere Forschungsgruppe von größerer Bedeutung, für eine Stichprobe von 135 Psychologie-Studenten aus den Anfangssemestern. Die Summenwerte für die 6 Sub-Skalen sind nicht gesondert ausgewiesen; dafür aber fand pro Item eine varianzanalytische Auswertung über die 5 Beantwortungs-Stufen der Skalen statt. In 29 der 54 Items (zu den 50 Original-Items waren je 2 zur Ludus- und Storge-Skala hinzugefügt worden, um gleiche Längen zu gewährleisten), unterschieden sich die Geschlechter überzufällig, und zwar in einer Richtung, die genau derjenigen in den Daten von Hatkoff und Lasswell (1979) entsprach: Höhere Werte der Männer in Eros und Ludus, höhere der Frauen in Pragma, Storge und Mania.

In der Hendrick et al. (1984)-Studie erfolgte auch eine Faktorisierung der Items, und zwar getrennt für die beiden Geschlechter, wobei im großen und ganzen durchaus ähnliche Faktorenmuster resultierten. Die Hypothese, wonach die Primär-Elemente der Liebes-Typen vielleicht als „reine" Faktoren aufscheinen und sich die Ladungen der Sekundärfaktoren auf die Primär-Dimensionen aufteilen würden, fand in den Daten keine Bestätigung, eher das Gegenteil trat ein: Klare und prägnante Faktoren für Mania, Pragma und Agape (also die Sekundärkomponenten), während die übrigen Faktoren aus Mischungen der Primärkomponenten bestanden. Insofern lieferten die faktorenanalytischen Befunde nur eine partielle Bestätigung der Lee-Konzeption. Allerdings war die Stichprobe der Pbn recht heterogen in bezug auf die untersuchten Merkmale; diesbezüglich wäre es aufschlußreich, analoge Analysen für das Material von Hatkoff und Lasswell (1979) vorzunehmen.

So weit lassen die Resultate offen, ob die „Theorie" partiell unangemessen ist oder die Befunde eine Folge inadäquater Item-Poole sind. Um die letztere Interpretations-Möglichkeit auszuschließen, reformulierten Hendrick und Hendrick (1986) einen größeren Teil der Statements und reduzierten die Zahl der Items auf 7 pro Skala. (Auf dem Item-Pool beruhen die deutschsprachigen Modifikationen und Erweiterungen der Skalen durch Bierhoff, 1989; Bierhoff, Fink und Montag, 1988; s. auch den Beitrag von Bierhoff in diesem Band.)

Die Sub-Skalen weisen hinreichende Split-half- und Retest-Reliabilitäten auf und interkorrelierten nur sehr mäßig. Faktorenanalytisch clusterten die Items in zwei großen studentischen Stichproben sehr klar in die postulierten 6 Typen, so daß die Autoren von einer nachhaltigen Bestätigung der Theorie ausgehen. Dieser Befund war zudem in einer jüngeren Untersuchung replizierbar (Hendrick & Hendrick, 1989). Allerdings ist es durchaus möglich, daß weitere Stile bestehen und dieses insbesondere in anderen ethnischen und kulturellen Gruppen der Fall ist.

Als Beleg für die Validität der Skala kann auch gelten, daß in Erhebungen von Richardson et al. (1988) Ludus negativ mit der Länge der augenblicklichen und der typischen Beziehung sowie mit der Zufriedenheit in der Beziehung, positiv dagegen mit der Häufigkeit von Beziehungen korrelierte. Mit der Zufriedenheit in der Beziehung korrelierten zudem Eros und Agape positiv, Mania hingegen negativ.

Bei Hendrick, Hendrick und Adler (1988), die Zufriedenheit mit der Beziehung in umfassenderer Weise prüften, fielen die Korrelationen von Eros (positiv) und Ludus (negativ) mit der Beziehungs-Zufriedenheit wesentlich höher aus (Korrelationen um .50). Bedeutsam auch weitere Beobachtungen: Signifikant korrelierten die Partner miteinander nur in Eros (.56), Storge (.40), Mania (.33) und Agape (.26). Gegenüber dem Kriterium, ob die Paare zwei Monate nach der Ersterhebung noch zusammen waren, differenzierten mehrere Variable, und zwar zeigten die noch existierenden Partnerschaften höhere Werte in Eros (und der Beziehungs-Zufriedenheit, Selbstgefühl, Bindung und Self-Disclosure) und niedrigere in Ludus - auch dieses Hinweise für die Konstrukt-Validität der Skalen zur Erfassung der Liebes-Stile.

Weiterhin unübersichtlich ist das Problemfeld in bezug auf die Frage, ob es sich bei den Liebes-Typen mehr um Traits oder mehr um Einstellungen handelt. Für die Trait-Konzeption sprechen etwa die von Richardson et al. (1988) gefundenen positiven Korrelationen von Ludus mit Sensation Seeking sowie einige negative Beziehungen von Pragma und Agape mit Sub-Skalen dieser Trait-Dimension. In der wesentlich umfangreicheren Untersuchung von Woll (1989) korrelierten an 88 Psychologie-Studenten die einzelnen Stile am höchsten mit den folgenden Skalen:
- Eros mit Aggression aus der Personality Research Form (PRF) von Jackson (1974) (.38), PRF-Dominance (.41) und PRF-Order (.36),

- Ludus mit Sensation-Seeking-Enthemmung (.42), PRF-Play (.38) und EPI-Extraversion (.36),
- Storge mit PRF-Nurturance (.26) und PRF-Social Recognition (.25),
- Mania mit EPI-Neuroticism (.49), PRF-Social Recognition (.40) und PRF-Aggression (.32),
- Pragma mit PRF-Cognitive Structure (.36), Social Sensitivity (.32) aus dem Social-Skills-Inventory (SSI) von Riggio (1986),
- Agape mit SSI-Emotional Sensivity (.38) und PRF-Nurturance (.31).

Über korrelative Beziehungen zu Merkmalsbereichen wie Self-Disclosure, Selbstwertgefühl, religiösen Werthaltungen und Einstellungen sowie Verhaltensweisen aus der Sexualsphäre berichten Hendrick und Hendrick (1987 a, b) sowie Bailey, Hendrick und Hendrick (1987).

Alle Koeffizienten sind jedoch eher niedrig und würden keineswegs partnerspezifischen Ausgestaltungen der SAMPLE-Profile entgegenstehen. Für Lee (1973/77) schien es denn immerhin möglich, daß eine Person in Beziehung zu einer anderen den einen Stil (z.B. ludisch) und zu einer dritten einen ganz anderen (z.B. erotisch) einnähme. Diesem Problembereich ist kürzlich in einer eigenen Untersuchung gezielt nachgegangen worden. Darüber hinaus gilt es auch die Frage zu beantworten, ob es im Verlaufe einer längeren Partnerschaft systematische Wechsel von bestimmten Stilen zu anderen gibt, etwa von erotisch in jungen Jahren zu kameradschaftlich oder altruistisch in späteren (s. dazu nachfolgenden Kasten).

Liebes-Stile: States oder Traits?

Zu dieser Frage liegt nunmehr eine empirische Studie vor (s. Amelang, 1990). Zentral darin war die zweimalige Erfassung der individuellen Ausprägung in jedem der sechs Liebes-Stile, nämlich gegenüber dem jetzigen und dem vorangegangenen Partner. Grundlage dafür bildeten die Antworten von insgesamt 215 Befragungspersonen beiderlei Geschlechts und sehr verschiedenen Alters auf die 60 Items von Bierhoff, Fink und Montag. Durch gesonderte Vorkehrungen in dem Erhebungs-Plan sollten Reihenfolge- und Erinnerungs-Effekte kontrolliert werden. Das SAMPLE-Profil von jetzigem und vorangegangenem Partner wurde von jeder der Befragungspersonen im Anschluß an kurze Beschreibungen der einzelnen Liebes-Stile auf 9-stufigen Skalen (fremd-)eingeschätzt. Eine der Hypothesen lautete: In den Fällen, wo sich jetziger und früherer Partner hinsichtlich ihrer Liebes-Stile eher stark voneinander unterscheiden, sind auch größere (weil darauf individuell ausgerichtet) Schwankungen der eigenen Liebes-Stile wahrscheinlich. Um diese Vermutung zu überprüfen, wurde für jeden der 6 Liebes-Stile die Differenz zwischen jetzigem und vorangegangenem Partner gebildet; die über die SAMPLE-Dimensionen gebildete Summe der quadrierten Differenzen war ein globales Maß für die Verschiedenheit oder Unähnlichkeit von augenblicklichem und früherem Partner in bezug auf deren Liebes-Stile. Eine Medianisierung der quadrierten Differenzen lieferte zwei Gruppen mit relativ hoher bzw. relativ niedriger Verschiedenheit. Getrennt für diese beiden Gruppen wurden analoge Differenzen (quadriert) für die Skalen-Summenwerte (beruhend auf jeweils 10 Items) zu den Liebes-Stilen berechnet. Dabei resultierten über alle SAMPLE-Dimensionen mittlere Werte von 1.649 bzw. 1.147 (Differenz hoch signifikant), d.h. wenn sich jetziger und früherer Partner hinsichtlich ihrer Liebes-Stile relativ stark unterschieden, zeigten auch die Befragungspersonen selbst deutlichere Verschiedenheiten ihres SAMPLE-Profiles - anscheinend ein Ausdruck für die jeweilige Besonderheit des Partners oder der Beziehung mit ihm. Der Querschnitts-Ansatz der Erhebung erlaubt allerdings keine eindeutige Festlegung einer Wirkungsrichtung, etwa in dem Sinne, daß die Liebes-Stile eine Folge besonderer Charakteristika des Partners oder der Beziehung darstellen.

Im einzelnen waren signifikante Gruppen-Unterschiede nur in den Stilen Eros und Ludus zu sichern, nicht aber bei den anderen Typen. Innerhalb der Restriktionen des methodischen Zuganges würde die eingangs aufgeworfene Frage deshalb dahingehend zu beantworten sein, daß Eros und Ludus stärker partner-bezogen sind, während Storge, Pragma, Mania und Agape eher interindividuelle Trait-Unterschiede beschreiben - eine Feststellung, die überaus plausibel erscheint.

Unter Zugrundelegung eines querschnittlichen Untersuchungs-Planes wurden in einer eigenen Erhebung im Umkreis von Heidelberg einige der angesprochenen Fragen angegangen (s. Amelang, 1990).

2.4. Bindungs-Typen

Wie allgemein bekannt, bestehen recht große interindividuelle Unterschiede im mütterlichen Erziehungsverhalten schon dem Kleinkind gegenüber, die dessen Entwicklung nachhaltig beeinflussen. Wenn Mütter beispielsweise nur langsam oder inkonsistent auf die Schreie ihres Kindes reagieren oder die beabsichtigten Aktivitäten des Kindes stören, schreien diese häufiger als gewöhnlich, zeigen ein herabgesetztes Explorationsverhalten, mischen Bindungsverhalten mit dem offenen Ausdruck von Ärger und scheinen generell ängstlich zu sein. Wenn demgegenüber eine Mutter die Versuche des Kindes, physischen Kontakt herzustellen, mehr oder weniger regelmäßig zurückweist, wird das Kind es auf lange Sicht lernen, die Mutter zu meiden. Auf der Basis entsprechender Beobachtungen haben Ainsworth, Blehar, Waters und Wall (1978) drei Typen von Bindung (Attachment) beschrieben: sicher, ängstlich/ambivalent und vermeidend. Kinder mit der Typisierung ängstlich/ambivalent zeigen häufig Protest, solche mit Vermeidungstendenzen Absonderung. Die fraglichen Verhaltensweisen manifestieren sich vor dem Hintergrund der kindlichen Erwartungen hinsichtlich der Verfügbarkeit und Ansprechbarkeit ihrer Mutter. Für Bowlby (1969, 1973, 1980) sind diese Erwartungen Teile eines umfassenderen Systems von inneren „Funktions-Modellen", die Kinder von sich und ihren hauptsächlichen sozialen Interaktionspartnern entwerfen; diese (mentalen) Modelle sind eine der Ursachen für die Kontinuität zwischen frühen und späteren Erfahrungen und Gefühlen sowie Verhaltensweisen.

An diesen Erkenntnissen ansetzend versuchen Hazan und Shaver (1987; s. auch Shaver, Hazan & Bradshaw, 1988), eine gewisse Parallelität zwischen der Ainsworth-Typologie auf der einen Seite und dem individuellen Typus von Bindung in Liebes-Beziehungen auf der anderen aufzuzeigen. Dieser Bindungstyp wurde mit der folgenden Frage ermittelt (freie Übersetzung des Verfassers):
Welche der folgenden Erläuterungen beschreibt Ihre Gefühle am besten?
Antworten und Prozentsätze
- *Sicher* (56 %):
  Ich finde es relativ leicht, in nahen Kontakt mit anderen zu kommen und erlebe als als angenehm, wenn ich von ihnen abhängig bin und die anderen von mir abhängig sind. Ich bin nicht beunruhigt durch die Vorstellung, vielleicht verlassen zu werden, oder daß mir jemand gefühlsmäßig zu nahe kommt.
- *Vermeidend* (25 %):
  Ich fühle mich etwas unbehaglich, anderen emotional nahe zu sein; ich habe Probleme darin, ihnen vollständig zu vertrauen und mich ganz auf sie zu verlassen. Ich werde nervös, wenn mir jemand zu nahe kommt, und häufig geschieht es, daß meine Partner von mir verlangen, intimer zu sein als es mir angenehm ist.
- *Ängstlich/ambivalent* (19 %):
  Ich finde, daß andere zögern, mir so nah zu kommen, wie ich es gerne hätte. Ich mache mir oft Sorgen darüber, daß mein Partner mich nicht wirklich liebt oder bei mir bleiben will. Ich möchte vollständig eins sein mit meinem Partner, und dieser Wunsch verschreckt mitunter die Leute.

Die erwähnte Parallelität kann schon deshalb nur partiell gegeben sein, weil Bindung im Erwachsenen-Alter in zweierlei Hinsicht verschieden ist von einer solchen in der Kindheit: Zum einen ist bei Erwachsenen die Bindung häufig reziprok, d.h. die beiden Partner fungieren als wechselseitige Bindungs-Objekte und unterstützen einander. Zum anderen stellt bei Erwachsenen die Bindungs-Person gewöhnlich einen Sexual-Partner dar. Insofern beinhaltet erwachsene Liebe unter der Bindungs-Perspektive die Integration dreier Verhaltenssysteme: Bindung, Unterstützung (care-giving) und Sexualität.

An einer Stichprobe von 620 Zeitungslesern im Alter zwischen 14 und 82 Jahren zeigten die als sicher bzw. vermeidend bzw. ängstlich/ambivalent klassifizierten Typen in 12 Skalen zur Erfassung von Liebes-Erlebnissen die in nachfolgender Tabelle aufgelisteten Mittelwerte. Wie erwartet, beschrieben die Personen des sicheren Typs ihre Liebes-Erlebnisse als glücklich, freundschaftlich und vertrauend; ungeachtet deren Unzulänglichkeiten versuchen sie ihre Partner zu akzeptieren und diese zu unterstützen. Auch dauerten ihre Beziehungen länger: 10,02 Jahre im Durchschnitt verglichen mit 4,86 Jahren des ängstlich/ambivalenten Typs und 5,97 Jahre des Meide-Typs.

Demgegenüber ist der vermeidende Typ charakterisiert durch eine Furcht vor Intimität, emotionalen Hochs und Tiefs sowie durch Eifersucht.

Der ängstlich-ambivalente Typ schließlich erlebt Liebe als quälende Besessenheit, mit dem Wunsch nach Reziprozität und Vereinigung und dem Gefühl extremer sexueller Anziehung und Eifersucht.

Tab. 2:
Mittelwerte in verschiedenen Liebes-Subskalen für drei Bindungstypen, Gruppen mit gleichem Index unterscheiden sich nicht überzufällig voneinander.

Bezeichnung der Skala	Vermeidend	Ängstlich/ ambivalent	sicher	$F(2,571)$
Glück	3.19a	3.31a	3.51b	14.21***
Freundschaft	3.18a	3.19a	3.50b	22.96***
Vertrauen	3.11a	3.13a	3.43b	16.21***
Furcht vor Nähe	2.30a	2.15a	1.88b	22.65***
Akzeptanz	2.86a	3.03b	3.01b	4.66**
Emotionale Extremerlebnisse	2.75a	3.05b	2.36c	27.54***
Eifersucht	2.57a	2.88b	2.17c	43.91***
Besitzergreifende Einnahme	3.01a	3.29b	3.01a	9.47***
Sexuelle Anziehung	3.27a	3.43b	3.27a	4.08*
Wunsch nach Vereinbarung	2.81a	3.25b	2.69a	22.67***
Wunsch nach Reziprozität	3.24a	3.55b	3.22a	14.90***
Liebe auf den ersten Blick	2.91a	3.17b	2.97a	6.00**

Neben diesen Facetten des Liebes-Erlebens korrelierten mit der Bindungs-Typologie auch „mentale Modelle", d.h. allgemeine Überzeugungen über das Wesen von Liebe, z.B. Aussagen wie „Es ist selten, jemanden zu finden, in den man sich wirklich verlieben kann" oder „Intensive romantische Liebe kennzeichnet gewöhnlich den Beginn einer Partnerschaft, hält aber kaum jemals für immer an" (höchste Zustimmungsraten jeweils durch den vermeidenden, niedrigste durch den sicheren Typ).

Abgerundet wird das Bild durch den Nachweis, daß die Bindungs-Typen mit kindlichen Sozialisationserfahrungen bzw. dem dabei entwickelten Bindungs-Typus korrelierten. So luden auf einer Diskriminanzfunktion, die den sicheren Typ von den beiden anderen Kategorien unterschied, u.a. die Faktoren warmherzige elterliche Beziehung, Achtung vor der Mutter, fürsorglicher, liebender und humoriger Vater, vertrauliche, akzeptierende und verantwortungsvolle Mutter.

Ein Teil der Resultate ließ sich an einer studentischen Stichprobe replizieren. Möglicherweise wegen deren geringeren Alters und damit der größeren Nähe zu den Kindheitserfahrungen waren dabei die Korrelationen mit den Erziehungsfaktoren etwas höher, was die Konzeption zusätzlich bestätigt.

Diese „Theorie" insgesamt verdient besondere Beachtung, weil sie nicht bei einer Beschreibung von Typen oder Stilen haltmacht, sondern deren Verwendung in Prozessen vorsieht, die als gut gesichert gelten. Auswirkungen nicht nur auf das Liebes-, sondern auch solche auf das Arbeitsverhalten lassen sich absehen (Hazan & Shaver, 1990). Positiv ist an der empirischen Umsetzung der Rückgriff auch auf nichtstudentische Befragungspersonen, wenngleich deren spezifische Rekrutierung neue Probleme hinsichtlich der Repräsentativität schafft. Auch die Kategorisierung der Bindungs-Typen mit nur einem Item und die damit nachgerade zwangsläufig verbundene Unzuverlässigkeit eröffnet weite Verbesserungsmöglichkeiten.

Neuerdings haben denn auch Hazan und Shaver (1990) den Inhalt etwas umformuliert und verdeutlicht; der ängstlich-ambivalente Typ heißt jetzt „besitznehmend" (preocuppied). Die Zugehörigkeit zu einem der Typen wird auch nicht länger durch die Zwangs-Entscheidung zu einer der drei vorgegebenen Kategorien bestimmt, sondern mittels kontinuierlich abgestufter Skalen zu jedem der Typen. Entscheidend für die Beweiskraft der angenommenen Kausalkette wird schließlich auch sein, ob Informationen über die kindlichen Sozialisationserfahrungen, die nicht auf Aussagen der Befragungspersonen beruhen (die sich ja selbst schon in bezug auf den Typus klassifizieren), zu ähnlichen Resultaten führen.

3. Zum Erleben von Liebe, Intimität und Partnerschaft

Um einen besonders diffizilen Forschungsgegenstand handelt es sich dort, wo es um das spezifische Erleben des Zustandes „Liebe" geht. Die bisher referierten Ansätze und Ergebnisse galten mehr der Intensität und deren qualitativer Struktur. Ein noch wenig thematisierterer weiterer Bereich muß den Symptomen und Anmutungen, im weiteren der in einer Partnerschaft, zu der ja immer auch eine andere Person gehört, erlebten Liebe und der damit zusammenhängenden Befriedigung gelten.

Wohl als erste haben Kanin, Davidson und Scheck (1970) 250 männliche und 429 weibliche studentische Personen einen Fragebogen zu den Symptomen des Liebes-Erlebens ausfüllen lassen. Frauen antworteten häufiger als Männer im Sinne von Euphorie (z.B. Schweben auf einer Wolke, Wunsch zu rennen, zu springen oder zu schreien), von allgemeinem Wohlbefinden und von Konzentrationsstörungen.

Dion und Dion (1973) wählten einen ähnlichen Ansatz und fragten nach den Symptomen, die mit dem kulturellen Stereotyp von Liebe assoziiert seien. Dazu zählten Euphorie, Depression, Tagträume, Schlafstörungen, Ruhelosigkeit und Konzentrationsstörungen. Eine Faktorenanalyse rechtfertigte die Bildung eines globalen Summenwertes über die Symptome. Darin bestanden keine Geschlechterunterschiede. Lediglich ein Einzel-Symptom, nämlich Euphorie, berichteten die Frauen häufiger. Inwieweit diese Befunde tatsächlich das eigene, momentane Erleben repräsentieren oder mehr die stereotypen Vorstellungen darüber, welche Symptome bei Liebe vorliegen, ist auf der Basis der vorliegenden Angaben allerdings nicht zweifelsfrei zu entscheiden.

Ähnliches gilt für die Antworten, die die Befragungspersonen in derselben Arbeit geben mußten zu 25 bipolaren Eigenschaftsdimensionen (z.B. langsam - schnell, sophistiziert - naiv, vorhersagbar - unvorhersagbar usw.). Eine Faktorisierung führte zu den Erlebnis-Dimensionen „unstetig", „vorsichtig", „rational" und „ungestüm". Wiederum bestanden keine Geschlechterunterschiede. Wohl aber bezeichneten internal bekräftigungsüberzeugte Personen ihre Erlebnisse als weniger mysteriös und weniger irrational. Die Bezeichnungen der Faktoren lassen partiell eine gewisse Ähnlichkeit zu einigen Typen der Lee-Klassifikation erkennen, in deren Zusammenhang sie auch schon erwähnt wurden. Deshalb kann offen bleiben, ob eine Behandlung dieser Ergebnisse unter der hier gewählten separaten Überschrift notwendig ist.

Eindeutig geboten scheint dieses hingegen im Hinblick auf die Wahrnehmung und das Erleben von Liebe durch den Partner. Die „Love and Sex Scale" aus dem Fragebogen von Wessman und Ricks (1966) trifft genau diesen Aspekt, wenn die Pbn das Ausmaß kennzeichnen, in dem sie sich liebend und zärtlich oder sexuell frustriert und nicht liebend fühlen. Den einen Pol markieren die Attribute „hoffnungslos", „kalt", „ungeliebt" und

„nicht liebend", die Mitte „nicht viele Gefühle von gegenseitigem Verständnis, Fehlen von Interesse, leicht frustriert", den Gegenpol die „Entzückung von vollständiger, freudiger und kompletter Liebe".

Die Heterogenität der Attribute an jedem Punkt läßt eine gewisse Mehrdimensionalität der Antworten befürchten. Davon abgesehen berichten Dion & Dion (1985) aber über Resultate mit der Skala, die deren konzeptuelle Eigenständigkeit im Vergleich zu der Rubin-Liebes-Skala erkennen lassen: Personen mit hohen Werten in Selbstverwirklichung im Sinne von Shostrom (1966) wiesen *niedrigere* Werte in der Rubin-Skala sowie den Komponenten „Care" und „Need" auf als Pbn mit niedriger Selbstverwirklichung. Im Gegensatz dazu gaben die relativ starken Selbstverwirklicher in der Wessman und Ricks-Skala ein reicheres, befriedigenderes Erlebnis der gegenwärtigen oder vergangenen Partnerschaft an. Die Replizierbarkeit dieses Befundes einmal unterstellt, macht es anscheinend einen bedeutsamen Effekt für Personen mit starker Selbstverwirklichungstendenz aus, ob sie „Geben" oder „Nehmen" in einer Beziehung beurteilen.

Die Qualität einer Beziehung interessiert auch in jenen Arbeiten, wo als spezifische Komponenten die Intimität zu erfassen versucht wird. Im Unterschied etwa zu dem Ansatz von McAdams (1981, 1984), der darin ein *individuelles* Motiv sieht, das mit Hilfe eines projektiven Tests gemessen wird und interpersonale Implikationen aufweist (s. dazu Perlman & Fehr, 1987) handelt es sich hierbei um das Merkmal eines *interaktionalen* Geschehens, für das nach Hatfield (1984) folgende Elemente kennzeichnend sind: 1) Intensität der Gefühle, 2) Selbstenthüllung, 3) Wert der ausgetauschten Ressourcen, 4) Verschiedenheit der ausgetauschten Ressourcen, 5) Substituierbarkeit der Ressourcen, 6) Bindung und 7) die Konversion von „Du" und „Ich" in „Wir".

Weniger durch die Austausch-Theorie geprägt hat Tesch (1985) als Kriterium von Intimität die folgenden Merkmale aufgelistet: emotionale, praktische und physische Einbindung (Zuverlässigkeit, Hilfsbereitschaft, Zuneigung, Bindung, sexuelle Befriedigung), offene und nicht-restringierte Kommunikation (Aufrichtigkeit, Vertrauen, Zuhören, konstruktive Konflikte) und Wertschätzung des Partners als unverwechselbare Person (Akzeptanz von Unterschieden und Schwächen, Achtung und Respekt, Sorge um das Wohlergehen des anderen, Fehlen von Eifersucht und Besitzergreifung; siehe auch Wong, 1981).

Diese Stoffsammlung diente als Leitlinie für das Formulieren von Items für einen Fragebogen. Die schließlich resultierenden 60 Aussagen waren zur Hälfte positiv (z.B. „Ich bin immer aufrichtig gegenüber ---") und zur Hälfte negativ (z.B. „Ich würde lieber weniger Zeit mit --- verbringen"); die eine Hälfte gilt der eigenen Person (z.B. „Ich erörtere meine sehr privaten Gefühle mit ---"), die andere dem Verhalten des Partners (z.B."--- versucht mich stets zu ändern"). In der Skala, die intern hoch konsistent

(Alpha = .97) und im Wiederholungsversuch reliabel ist (r_{tt} = .84 bei Drei-Wochen-Intervall) erzielten Frauen signifikant höhere Werte als Männer. In einer Faktorenanalyse waren die Dimensionen „Liebe", „Unterstützung" und „Leichtigkeit der Kommunikation" identifizierbar. Die Werte der Partner aus 99 Beziehungen korrelierten allerdings nur r = .41 miteinander, ein Hinweis darauf, daß die Wahrnehmungen und/oder das intimitäts-relevante Verhalten der Partner recht unterschiedlich sein können. In bezug darauf würde interessieren, wie diese Korrelation in Abhängigkeit der selbst- oder fremdeingeschätzten Qualität der Beziehung variiert.

Auf einer Kombination aus rationaler und sehr umsichtiger analytischer Skalenkonstruktion beruht der 36 Items umfassende Fragebogen von Schaefer und Olson (1981), der sich in sechs vorab strukturierte, aber analytisch bestätigte Subfaktoren gliedert: 1) Emotionale Intimität (z.B. „Mein Partner hört zu, wenn ich jemanden brauche, zu dem ich sprechen kann" oder „Ich fühle mich öfters distant zu meinem Partner"), 2) Soziale Intimität (z.B. „Wir bleiben gewöhnlich für uns" oder „Wir haben wenig gemeinsame Freunde"), 3) Sexuelle Intimität (z.B. „Ich bin zufrieden mit unserem sexuellen Leben" oder „Ich habe den Eindruck, daß unsere sexuellen Aktivitäten reine Routine sind"), 4) Intellektuelle Intimität (z.B. „Ich habe den Eindruck, daß es sinnlos ist, bestimmte Dinge mit meinem Partner zu diskutieren" oder „Mein Partner versucht häufig, meine Vorstellungen zu verändern"), 5) Erholungs-Intimität (z.B. „Wir spielen gerne zusammen" oder „Ich teile nur wenige Interessen meines Partners") und 6) Konventionalität (z.B. „Mein Partner hat alle Qualitäten, die ich mit für den Gefährten gewünscht habe" oder „Mein Partner und ich verstehen uns vollständig"). Mit einer Skala für eheliche Zufriedenheit korrelierten die emotionale, intellektuelle und Erholungs-Intimität um r = .50, während die Koeffizienten für soziale und sexuelle Intimität nur um .40 lagen. Wegen der klaren Faktorenstruktur eignet sich das Instrument nicht zuletzt für Beratungszwecke, da die einzelnen Komponenten die Interventionsmöglichkeiten relativ deutlich aufzeigen.

Demgegenüber bleibt etwa die Skala von Miller und Lefcourt (1982), die aus 17 Items besteht und nur die Bestimmung eines Global-Wertes für soziale Intimität erlaubt (z.B. „Wie oft fühlen Sie sich Ihrem Partner nah?" oder „Wie befriedigend ist die Beziehung mit ihm/ihr?"), an Differenzierungskraft und damit Aussagefähigkeit deutlich zurück.

4. Liebe als Verhalten oder Tätigkeit

Wie oben dargelegt, gilt Liebe bei Rubin (1970) als **Einstellung**; Sternberg (1986, 1988) versteht darunter die **Verbindung** bestimmter Kognitionen, Emotionen und Motive, Hatfield und Walster (1981) meinen damit einen spezifischen **Zustand**. All diese und einige weitere Konzepte greifen insofern zu kurz, als Liebe nicht nur in unserem „Kopf", dem „Herzen" oder anderen Körperteilen steckt, sondern konkrete **Handlungen** beinhaltet, die sich letztlich um den Vorgang der Reproduktion zentrieren.

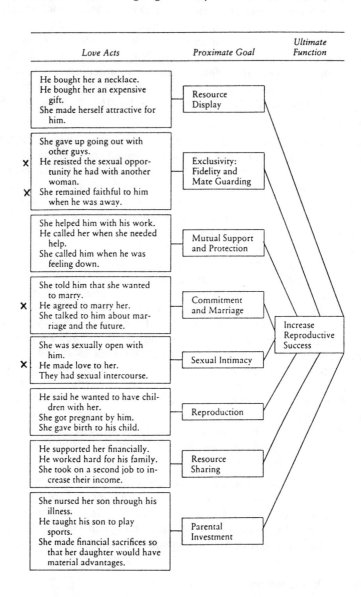

Abb. 3:
Proximate und ultimate Ziele von love acts (aus Buss, 1988, S. 108).

Buss (1988) hat diesen wichtigen Aspekt herausgestellt und eine Evolutions-Theorie der Liebe formuliert. Dieser Auffassung zufolge dienen Liebes-„Acts" vor allem den Funktionen 1) einen Partner gewinnen, 2) diesen „belegen" oder festhalten, 3) sich mit dem Partner reproduzieren und 4) elterliche Aufgaben gegenüber den aus der Beziehung hervorgehenden Nachkommen übernehmen. Das erste Ziel besteht stets darin, einen Partner zu attrahieren. Um dieses zu bewerkstelligen, ist es häufig notwendig, bestimmte Ressourcen zu zeigen oder hervorzukehren, die von Angehörigen des anderen Geschlechts gewünscht werden. Für Männer und Frauen kommt es dabei zu verschiedenen Manifestationen. Weil Frauen nur eine vergleichsweise geringe Zahl von Nachkommen erzeugen können, sollten sie vor dem Hintergrund soziobiologischer Erwägungen eher solche Partner bevorzugen, die in der Lage und bereit sind, ihre Ressourcen in die Aufzucht der von den Frauen geborenen Kinder zu investieren. Insofern ist wahrscheinlich, daß Charakteristika, die einerseits zum Erwerb von Ressourcen führen, und andererseits die Bereitschaft signalisieren, diese in eine Frau und deren Kinder einzubringen, über Generationen hinweg positiv selegiert werden. Status und Wohlstand sowie Leistungsmotive sind herausragende Indikatoren dafür. Im Unterschied dazu stellt für Männer der Zugang zu fruchtbaren Frauen die wichtigste Limitierung der Reproduktion dar; Frauen, die für die Reproduktion von hohem Wert sind, bilden hier die Ressource, die nicht unbegrenzt vorhanden ist. In Alter und Gesundheit, häufig erschlossen über die äußere Erscheinung und insbesondere die physische Attraktivität, manifestiert sich der Reproduktionswert am subjektiv augenfälligsten.

Für Liebes-Verhaltensweisen von Männern ist demgemäß eher zu erwarten, daß sie Ressourcen zur Schau stellen, für Frauen, daß sie reproduktive Fähigkeiten und Bereitschaften signalisieren. Für ersteres sind etwa Geschenkemachen und der Wunsch nach Kindern, für letzteres die im Verbal- oder Realverhalten bedeutete Bereitschaft zu Geschlechtsverkehr und Heirat illustrierende Beispiele.

Um die für den Beginn und die Aufrechterhaltung einer Beziehung kennzeichnenden Liebes-Handlungen zu ermitteln, wendete Buss (1988) den schon in anderen Bereichen bewährten „Act Frequency Approach" (s. dazu Buss & Craik, 1980, 1984; Amelang, Schwarz & Wegemund, 1989) auf das partnerschaftliche Verhalten an: Zunächst mußten Probanden sich Personen des eigenen und fremden Geschlechts vorstellen, die gegenwärtig verliebt sind oder dieses in der Vergangenheit waren; diese Personen vor Augen sollten die Probanden sodann jene konkreten Verhaltensweisen aufschreiben, die für die Liebe der Betreffenden stehen oder diese widerspiegeln. Eine zweite Gruppe von Probanden stufte die erhaltenen Acts hinsichtlich ihrer Prototypität für Liebe ein. Auf diese Weise wurde eine Liste von 40 Liebes-„Acts" generiert, die unterschiedlich zentral für Liebe sind und unter verschiedenen funktionalen Zielen klassifiziert werden können. In Abb. 3 sind einige Elemente der Liste (durch „x" gekennzeichnet) zusammen mit anderen gemäß des evolutionären Konzeptes von Liebe aufgeführt.

Bei der Generierung der Acts hatten, der Theorie entsprechend, sehr viel mehr Frauen als Männer (43 % vs. 15 %) Tätigkeiten genannt, die das Vorweisen von Ressourcen beinhalteten; analoge Unterschiede bestanden in bezug auf die Themen Kinder und Treue.

Auch wenn nicht alle Hypothesen verifiziert werden konnten und der Bereich von wechselseitiger Unterstützung deutlicher hervortrat, als dieses vor dem Hintergrund der Evolutions-Konzeption zu erwarten war, handelt es sich hierbei doch um einen Ansatz, der fraglos eine wichtige Ergänzung und Erweiterung der Einstellungs-Forschung beinhaltet. Offen ist das Problem, welche Verhaltensweisen als unterschiedlich liebes-prototypisch in beiden Geschlechtern angesehen werden; in bezug darauf liefern die bislang vorliegenden Resultate zwar Anhaltspunkte, aber noch keine definitive Gewißheit. Reizvoll wäre es auch, Act-Skalen im Format herkömmlicher Fragebögen zu entwickeln und ihre prädiktive Validität mit den bisherigen Instrumenten zu vergleichen.

Anhang

Rubin-Skalen

„Mögen"

Ich glaube, ------ und ich sind uns ziemlich ähnlich
----- gehört zu der Art Menschen, die ich selbst gern sein würde
Wenn ich mit ----- ihm/ihr zusammen bin, sind wir fast immer in der gleichen Stimmung
----- kommt mit anderen Menschen sehr gut zurecht
Ich glaube, ----- ist einer von den Menschen, die sehr schnell Ansehen gewinnen
Meiner Meinung nach ist ----- ein außergewöhnlich reifer Mensch
In einer Klassen- oder Gruppenwahl würde ich für----- stimmen
Ich würde ----- für einen verantwortungsvollenJob vorschlagen
Ich denke, daß ----- ein intelligenter Mensch ist
Ich habe großes Vertrauen in -----s Fähigkeit
Für ----- scheint es sehr leicht zu sein, Bewunderung hervorzurufen
Die meisten Leute würden ----- nach einer kurzen Bekanntschaft mögen
----- kommt mit anderen Menschen sehr gut zurecht.

„Lieben"

Ich würde ----- praktisch alles vergeben
Wenn ich mich schlecht fühlte, würde ich ----- sofort sehen wollen
Ich würde fast alles für ----- tun
Ich fühle mich für -----s Wohlergehen verantwortlich
Es würde sehr schwer für mich werden, ohne ----- auszukommen

Würde ----- sich schlecht fühlen, würde ich ihn/sie sofort aufheitern
-----s Wohlergehen ist eines meiner Grundbedürfnisse
Wenn ich mit ----- zusammen bin, kann ich lange Zeit damit verbringen, ----- nur anzuschauen
Ich könnte ----- praktisch alles anvertrauen
Ich bin sehr besitzergreifend gegenüber -----
Ich finde es leicht, -----s Fehler zu ignorieren
Ich könnte niemals ohne ----- sein; ich würde mich sehr schlecht fühlen
Ich würde mich sehr freuen, wenn ----- sich mir anvertrauen würde.

Sternberg-Items

Wenn ich ----- brauche, kann ich auf sie/ihn zählen
Ich unterstütze -----s Wohlergehen
Wenn ----- braucht, kann sie/er auf mich zählen
Ich bin bereit, alles mit ----- zu teilen
----- gibt mir große emotionale Unterstützung
Ich verstehe mich gut mit -----
----- ist in meinem Leben sehr wichtig
Ich würde lieber mit -----zusammen sein als mit irgend jemand sonst
Ich fühle mich ----- sehr nahe
Meine Beziehung zu ----- ist angenehm
Ich habe das Gefühl, ----- ihn wirklich zu verstehen
Ich habe das Gefühl, ----- versteht mich wirklich
Ich habe das Gefühl, daß ich ----- wirklich vertrauen kann
Ich teile ----- sehr persönliche Dinge über mich mit
Ich bin aufgeregt, wenn ich ----- nur sehe
Während des Tages denke ich häufig an -----
Meine Beziehung zu ----- ist sehr romantisch
Ich finde, daß ----- sehr attraktiv ist
Ich idealisiere -----
Es gibt nichts Wichtigeres für mich als meine Beziehung zu -----
Meine Beziehung zu ----- hat beinahe etwas „Magisches"
Ich mag ganz besonders den Körperkontakt mit -----
Ich bete ----- an
Ein Leben ohne ----- kann ich mir nicht vorstellen
Meine Beziehung zu ----- ist leidenschaftlich
Wenn ich romantische Filme sehe oder romantische Bücher lese, denke ich an -----
Ich habe Tagträume über -----
Ich weiß, daß ----- mir etwas bedeutet
Ich bin entschlossen, meine Beziehung zu ---- aufrechtzuerhalten
Aufgrund meiner Verbundenheit mit ----- würde ich es nicht zulassen, daß andere Leute zwischen uns treten
Ich habe Vertrauen in die Stabilität meiner Beziehung zu -----
Ich würde meine Verbundenheit mit ----- durch nichts stören lassen

Ich nehme an, daß meine Liebe zu ----- für den Rest meines Lebens anhält
Ich werde immer große Verantwortung für ----- empfinden
Ich sehe meine Verbindung zu ----- als sehr beständig
Ich kann mir nicht vorstellen, meine Beziehung zu ----- zu beenden
Ein Leben ohne ----- würde dunkel und öde sein
Ich bin mir meiner Liebe zu ----- sicher
Ich betrachte meine Beziehung zu ----- als eine sehr gute Entscheidung
Ich empfinde für ----- eine gewisse Verantwortung
Ich sehe meine Beziehung zu ----- als dauerhaft.

Literatur

Ainsworth, M.D.S., Blehar, M.C., Waters, E. & Wall, S. (1978). *Patterns of Attachment: A psychological study of the strange situation.* Hillsdale, N.Y.: Erlbaum.

Amelang, M. (1990). Liebe: State oder Trait? In: D. Frey (Hrsg.). *Bericht über den 37. Kongreß der Deutschen Gesellschaft für Psychologie in Kiel 1990.* Göttingen: Hogrefe.

Amelang, M., Schwarz, G. & Wegemund, A. (1989). Soziale Intelligenz als Trait-Konstrukt und Test-Konzept bei der Analyse von Verhaltenshäufigkeiten. *Zeitschrift für Differentielle und Diagnostische Psychologie, 10,* 37-57.

Bailey, W.C., Hendrick C. & Hendrick, S.S. (1987). Relation of Sex and Gender Role to Love, Sexual Attitudes, and Self-Esteem. *Sex Roles, 16,* 637-648.

Berscheid, E. & Walster, E. (1978). *Interpersonal Attraction.* Reading, Mass.: Addison-Wesley.

Bierhoff, H.W. (1989). Liebesstile. *Psychologie Heute, 16, (2),* 16-17.

Bierhoff, H.W., Fink, A. & Montag, E. (1988). Vertrauen, Liebe und Zufriedenheit in partnerschaftlichen Beziehungen. In W. Schönpflug (Hrsg.). *Bericht über den 36. Kongreß der Deutschen Gesellschaft für Psychologie in Berlin 1988.* (Vol. 1, pp. 409-410). Göttingen: Hogrefe.

Bowlby, J. (1969). *Attachment and loss: Vol 1 Attachment.* New York: Basic Book.

Bowlby, J. (1980). *Attachment and loss: Vol. 3 Loss.* New York: Basic Book.

Bowlby, J. (1973). *Attachment and loss: Vol. 2 Separities: Anxiety and anger.* New York: Basic Book

Buss, D.M. (1988). The evolutionary biology of love. In R. J. Sternberg & M.L. Barnes (eds.). *The psychology of love* (pp. 100-118). New Haven: Yale University Press.

Buss, D.M. & Craik, K.H. (1980). The frequency concept of disposition: Dominance and prototypicality dominant acts. *Journal of Personality, 48,* 379-392.

Buss, D.M. & Craik, K.H. (1984). In B.A. Maher & W.B. Maher (eds.) *Progress in experimental personality research, 13,* New York: Academic Press.

Cunningham, J.D. & Antill, L.A. (1981). Love in developing relationships. In S. Duck & R. Gilmour (eds.). *Personal relationships 2: Developing personal relationships.* New York: Academic Press.

Clark, M.S. & Mills, J. (1979). Interpersonal attraction in exchange and communal relationships. *Journal of Personality and Social Psychology, 37,* 12-24

Dermer, M. & Pyszczynski, T.A. (1978). Effects of erotica upon men's loving and liking responses for women they love: *Journal of Personality and Social Psychology, 36,* 1302-1309

Dietch, J. (1978). Love, sex roles, and psychological health. *Journal of Personality Assessment, 42,* 626-634

Dion, K.L. & Dion, K.K. (1973). Correlates of romantic love. *Journal of Consulting and Clinical Psychology, 41,* 51-56.

Dion, K.L. & Dion, K.K. (1976a). Love, liking, and trust in hetero-sexual relationships. *Personality and Social Psychology Bulletin, 2,* 187-190.

Dion, K.L. & Dion, K.K. (1976b). The Honi phenomenon revisited: Factors underlying the resistance to perceptual distortion of one's partner. *Journal of Personality and Social Psychology, 33,* 170-177.

Dion, K.L. & Dion, K.K. (1979). Personality and behavioural correlates of romantic love. In M. Cook & G. Wilson (eds.). *Love and attraction.* (213-220). Oxford: Pergamon Press.

Dion, K.K. & Dion, K.L. (1985). Personality, gender, and the phenomenology of romantic love. In: P. Schaver (ed.). Self, situations, and social behavior. *Review of Personality and Social Psychology, 6,* 209-239.

Fengler, A.P. (1974). Romantic love in courtship: divergent paths of male and female students. *Journal of Comparative Family Studies, 5,* 134-139.

Goldstein, M., Kilroy, M.C. & van de Voort, D. (1976). Gaze as a function of conversation and degree of love. *Journal of Psychology, 92,* 227-234.

Goode, W.J. (1959). The theoretical importance of love. *American Sociological Review, 24,* 38-47.

Gross, L. (1944). A belief pattern scale for measuring attitudes toward romanticism. *American Sociological Review, 9,* 463-472.

Hatfield, E. (1984). The dangers of intimacy. In V.J. Derlega (ed.). Communication, intimacy and close relationships (207-220). Orlando, FL: Academic Press.

Hatfield, E. (1988). Passionate and compassionate love. In R.J. Sternberg & M.L. Barnes (eds.). *The psychology of love* (pp. 191-217). New Haven: Yale University Press.

Hatfield, E. & Walster, E. (1978). *A new look on love.* Reading, Mass.: Addison-Wesley.

Hatfield, E. & Sprecher, S. (1986). Measuring passionate love in intimate relationships. *Journal of Adolescence, 9,* 383-410.

Hatfield, E. & Walster, G.W. (1981). *A new look on love.* Reading, MA: Addison-Wesley.

Hatkoff, T.S. & Lasswell, T.E. (1979). Male-female similarities and differences in conceptualizing love. In M. Cook & G. Wilson (eds.). *Love and attraction.* Oxford: Pergamon Press.

Hattis, R.P. (1965). Love feeling in courtship couples: An analysis. *Journal of Humanistic Psychology, 5,* 22-53.

Hazan, C. & Shaver, P.R. (1987). Romantic love conceptualized as an attachment process. *Journal of Personality and Social Psychology, 52,* 511-524.

Hazan, C. & Shaver, P.R. (1990). Love and work: An attachment-theoretical perspective. Paper, submitted to publication.

Hendrick, C., Hendrick, S.S. (1989). Research on Love: Does it measure up? *Journal of Personality and Social Psychology, 56,* 784-794.

Hendrick, S.S. & Hendrick, C. (1987a). Love and sexual attitudes, self-disclosure and sensation seeking. *Journal of Social and Personal Relationships, 4,* 281-297.

Hendrick, S.S. & Hendrick, C. (1987b). Love and sex attitudes: A close relationship. *Advances in Personal Relationships, 1,* 141-169.

Hendrick, C., Hendrick, S.S., Foote, F.H. & Slapion-Foote, M.J. (1984). Do man and woman love differently? *Journal of Social and Personality Relationships, 1,* 177-195.

Hendrick, C. & Hendrick, S.S. (1986). A theory and method of love. *Journal of Personality and Social Psychology, 50,* 392-402.

Hendrick, C. & Hendrick, S.S. (1989). Lovers wear rose colored glasses. *Journal of Social and Personal Relationships, 5,* 161-183.

Hendrick, S.S., Hendrick, L. & Adler, N.L. (1988). Romantic relationships: Love, satisfaction, and staying together. *Journal of Personality and Social Psychology, 54,* 980-988.

Hieger, L.J. & Troll, L.A. (1973). A three-generation study of attitudes concerning the importance of romantic love in mate selection. *Gerontologist, 13* (3, Teil 2), 86.

Hinkle, D.A. & Sporakowski, M.J. (1975). Attitudes toward love: A reexamination. *Journal of Marriage and the Family, 37,* 764-767.

Hobart, C.W. (1958). The incidence of romanticism during courtship. *Social Forces, 36,* 362-367.

Jackson, D.N. (1974). *Personality Research Form E.* Goshen, N.Y: Research Psychologists Press.

Kanin, E.J., Davidson, K.R. & Scheck, S.R. (1970). A research note on Male-female differences in the experience of heterosexual love. *The Journal of Sex Research, 6,* 64-72.

Kelley, H.H. (1983). Love and commitment. In H.H. Kelley, E. Berscheid, A. Christensen, J.H. Harvey, T.L. Huston, G. Levinger, E. McClintock, L.A. Peplau & D.R. Peterson (eds.). *Close Relationships.* New York: Freeman

Knox, D.H. (1970a). Conceptions of love by married college students. *College Student Survey, 4,* 1970, 28-30.

Knox, D.H. (1970b). Conceptions of love at three developmental levels. *The Family Coordinator, 19,* 151-157.

Knox, D.H. & Sporakowski, M.J. (1968). Attitudes of college students toward love. *Journal of Marriage and the Family, 30,* 638-642.

Kruse, L. (1980). Privatheit als Problem und Gegenstand der Psychologie. Bern: Huber.

Lasswell, T.E. & Lasswell, M.E. (1976). I love you but I'm not in love with you. *Journal of Marriage and Family Counseling, 2,* 211-224.

Lasswell, M.M. & Lobsenz, N.M. (1981). *Styles of loving:* Why you love the way you do. New York: Ballantine.

Lee, J.A. (1973). *The colors of love: An exploration of the ways of loving.* Don Mills, Ontario: New Press.

Lee, J.A. (1974). The styles of loving. *Psychology Today, 8,* (October) 44-51.

Lee, J.A. (1977). A typology of styles of loving. *Personality and Social Psychology Bulletin, 3,* 173-182.

Maslow, A.H. (1954). *Motivation and personality.* New York: Harper.

Mathes, E.W. (1980). Nine „colours" or types of romantic love? *Psychological Reports, 47,* 371-376.

Mathes, E. & Severa, N. (1981). Jealousy, romantic love, and liking: Theoretical considerations and preliminary scale development. *Psychological Reports,* 23-31.

McAdams, D.P. (1984). Motives and relationships. In V.J. Derlega (eds.). Communication, intimacy and close relationships. Orlando, FL: Academic Press.

McAdams, D.P. (1984). Intimacy motivation. In A.J. Stewart (ed.). *Motivation and Society,* 133-171).

Miller, R.S. & Lefcourt, T.M. (1982). The assessment of social intimacy. *Journal of Personality Assessment, 46,* 514-518.

Munro, B. & Adams, G.R. (1978). Love American style: A test of role structure theory on changes in attitudes toward love. *Human Relations, 31,* 215-228.

Pam, A., Plutchik, R. & Conte, R.C. (1975). Love: A psychometric approach. *Psychological Reports, 37,* 83-88.

Perlman, D. & Fehr, D. (1987). The development of intimate relationships. In D. Perlman & S. Duck (eds.). *Intimate relationships.* (13-42). Newbury Park: Sage.

Plutchik, R. (1990). Schriftliche Mitteilung.

Richardson, D., Medvin, N. & Hammock, G. (1988). Love styles, relationship experience, and sensation seeking: A test of validity. *Personality and Individual Differences, 9,* 645-651.

Rosenman, M.F. (1978). Liking, loving, and styles of loving. *Psychological Reports, 42,* 1243-1246.

Riggio, R.F. (1986). Assessment of basic social skills. *Journal of Personality and Social Psychology, 51,* 649-660.

Rubin, Z. (1970). Measurement of romantic love. *Journal of Personality and Social Psychology, 16,* 265-273.

Rubin, Z. (1973). *Liking and loving: An invitation to social psychology.* New York: Holt, Rinehart & Winston.

Schaefer, M.T. & Olson, D.H. (1981). Assessing intimacy: The pair inventory. *Journal of Marital and Family Therapy, January 1981,* 47-60.

Shaver, P.R. & Hazan, C. (1988). A biased overview of the study of love. *Journal of Social and Personal Relationships, 5,* 473-501.

Shaver, P., Hazan, C. & Bradshaw, D. (1988). Love as attachment. In R.J. Sternberg & M.L. Barnes (eds.). *The psychology of love.* (pp. 68-99). New Haven: Yale University Press.

Shostrom, E.L. (1966). *Manual for the Personal Orientation Inventory.* San Diego, Cal.: Educational and Industrial Testing Service.

Spaulding, C. (1970). The romantic love complex in American culture. *Sociology and Social Research, 55,* 82-100.

Steck, L., Levitan, D., McLane, D. & Kelley, H.H. (1982). Care, need and conceptions of love. *Journal of Personality and Social Psychology, 43,* 481-491.

Sternberg, R.J. (1986). A triangular theory of love. *Psychological Review, 93,* 119-135.

Sternberg, R.J. (1988). Triangulating love. In R.J. Sternberg & M.L. Barnes (eds.). *The psychology of love* (119-138). New Haven: Yale University Press.

Sternberg, R.J. (1990). Schriftliche Mitteilung.

Sternberg, R.J. & Grajek, S. (1984). The nature of love. *Journal of Personality and Social Psychology, 47,* 312-329.

Tennov, D. (1979). *Love and limerence.* New York: Stein & Day.

Tesch, S.A. (1985). The Psychological Intimacy Questionnaire: Validational studies and an investigation of sex roles. *Journal of Social and Personal Relationships, 2,* 471-488.

Wessman, A.E. & Ricks, D.F. (1966). *Mood and personality.* New York: Holt

Woll, S. (1989). Personality and relationship correlates of loving styles. *Journal of Research in Personality, 23,* 480-505.

Wong, H. (1981). Typologies of intimacy. *Psychology of Women Quarterly, 5,* 435-443.

Liebe

Hans Werner Bierhoff[1]

Ich habe geträumt, während ich auf der langen Straße
    geradeaus fuhr
Konnte Deine süßen Küsse schmecken
Deine Arme weit offen
Dieses Fieber für Dich verbrennt mich von innen
Ich bin die ganze Nacht gefahren, um zu Dir zu kommen
    (Cindy Lauper „I drove all night")

Sie können betteln und sie können bitten
Aber sie können das Licht nicht sehen, so ist es
Weil der Junge mit dem kalten harten Bargeld
Immer der Richtige ist
Weil wir in einer materiellen Welt leben
Und ich ein materielles Mädchen bin"
    (Madonna „Material Girl")

Liebe ist ein allgegenwärtiges Thema. Es gibt kaum einen menschlichen Bereich, der für jeden einzelnen von so großer Bedeutung ist wie Partnerschaft und Liebe. Das hängt u.a. damit zusammen, daß in unserem Zeitalter eine heterosexuelle Partnerschaft, die auf Liebe aufbaut, als erstrebenswertes Ideal angesehen wird (Murstein, 1988). Vergleichende Untersuchungsergebnisse deuten darauf hin, daß romantische Liebe in den letzten Jahrzehnten immer stärker als die eigentliche Grundlage für Heirat und Partnerschaft im Urteil der jungen Generation angesehen wird (Simpson, Campbell & Berscheid, 1986). Romantische Liebe hat für die Auswahl eines Ehepartners oder einer Ehepartnerin den Status einer Conditio sine qua non angenommen. Der Partner oder die Partnerin ist die wichtigste Person im Netz der sozialen Unterstützung (Davis & Roberts, 1985).

1. Liebe: Eine vorläufige Begriffsbestimmung

Romantische Liebe stellt eine der tiefsten emotionalen Erfahrungen dar, die nichtsdestoweniger für die Verliebten schwer zu erklären ist. Erklärungen scheinen sogar der Liebe zu schaden, da die Erwähnung von Gründen, warum die Nähe einer geliebten Person gesucht wird, zu dem Eindruck geringerer Zuneigung führt (Seligman, Fazio & Zanna, 1980). Die Verliebten können ihre romantische Verliebtheit im allgemeinen nicht

---

[1] Der Autor dankt Renate Klein und Angela Ludwig für die Unterstützung bei der Auswertung der Daten, über die in diesem Beitrag berichtet wird, und für hilfreiche Kommentare.

vollständig erklären (Brickman, 1987; Shaver, Hazan & Bradshaw, 1988). Bevor in dem Abschnitt über Theorien der Liebe die Frage untersucht wird, wie Liebe entsteht, soll zunächst eine Diskussion des Bedeutungsinhalts von Liebe vorangestellt werden und über die Ergebnisse eines Forschungsprogramms berichtet werden, das eine möglichst differenzierte Erfassung von Liebe in engen Partnerschaften zum Ziel hatte. Abschließend geht es um die Frage, wie sich das Bezugssystem von Merkmalen kennzeichnen läßt, das Liebe einschließt. Dabei wird insbesondere auf Geschlechtsunterschiede, Zufriedenheit in der Partnerschaft und Selbstwertgefühle eingegangen.

Die Begriffsbestimmung der Liebe hat zu zwei unterschiedlichen Ansätzen geführt: Entweder wurde Liebe als einheitliches Konstrukt aufgefaßt, etwa als globale Einstellung gegenüber einer Person, oder Liebe wurde mehrdimensional verstanden, wobei mehrere Ideologien oder Einstellungen unter dem Begriff der Liebe zusammengefaßt wurden. Dementsprechend kann man generell im Hinblick auf die Messung der Ausprägung der Stärke der Liebe zwischen einer zusammenfassenden Skala (Rubin, 1970) und der Messung von mehreren Liebesstilen (Lee, 1973) unterscheiden. Verschiedene Konzepte und Meßverfahren, die diese beiden Ansätze aufgreifen, werden von Amelang (in diesem Band) dargestellt.

„Liebe" bedeutet „ein starkes (inniges) Gefühl der Zuneigung, des Hingezogenseins" (Duden Bedeutungswörterbuch, 1985, S. 418). An sinnverwandten Begriffen werden genannt: Anhänglichkeit, Herzenswärme, Herzlichkeit, Hingabe, Hinneigung, Innigkeit, Leidenschaft, Liebesgefühl, Schwäche für jemanden, Sex, Verbundenheit, Verliebtheit, Zärtlichkeit und Zuneigung. Diese Bedeutungsangaben kennzeichnen Liebe als eine tief empfundene Emotion, die eine Person in Richtung auf das Liebesobjekt bewegt. Die weiteren sinnverwandten Begriffe lassen eine enge Assoziation zu Sexualität erkennen. Diese Bedeutungsassoziation wird auch im Zusammenhang mit den sinnverwandten Ausdrücken für das Verb „lieben" deutlich, unter denen u.a. „auf jemanden abfahren" und „Bock haben auf jemanden" genannt werden.

Vergleichen wir diese Bedeutungen mit dem Inhalt der Liebesskala, die von Rubin (1970) entwickelt wurde. Rubin (1970, p. 265) definiert Liebe als eine Einstellung, die eine Person im Hinblick auf eine Zielperson hat und die ihr Denken, Fühlen und Handeln im Hinblick auf diese Zielperson bestimmt. Diese Definition ist - verglichen mit den Duden-Bedeutungen - relativ unspezifisch. Sie besagt im wesentlichen, daß Liebe eine Einstellung ist, die eine kognitive, affektive und konative Komponente aufweist und daß das „Einstellungsobjekt" eine Person ist. Zur Definition merkt Rubin ansonsten in seinem Beitrag von 1970 nur noch an, daß romantische Liebe als Liebe zwischen unverheirateten gegengeschlechtlichen Gleichaltrigen (Peers), die möglicherweise zu einer Heirat führen kann, definiert sei (p. 266). Es bleibt unklar, warum verheiratete Partner nicht auch romantisch verliebt sein könnten. Diese Anmerkung soll aber in keiner Weise das große Verdienst schmälern, das Rubin sich um die Erforschung von Liebe in engen Beziehungen sowohl mit der Entwicklung der Liebesskala als auch mit der Durchführung einer Längsschnittuntersuchung über partnerschaftliche Liebe und Sexualität erworben hat.

Die Bedeutung von Liebe, wie sie von Rubin (1970) verstanden wird, läßt sich am ehesten aus dem Inhalt seines Fragebogens zur Erfassung von Liebe entnehmen, der im wesentlichen die Facetten die-geliebte-Person-brauchen, Hilfsbereitschaft, Vertrauen und Toleranz gegenüber Fehlern (Kelley, 1983) thematisiert. Nur die erste Facette entspricht der Duden-Bedeutung, die weiter oben genannt wurde. Auch andere Begriffsbestimmungen, die von Sozialpsychologen vorgeschlagen wurden, gehen über die genannte starke und innige Zuneigung hinaus (s. unten). Allerdings greifen sie wieder die Assoziation zu Sexualität und Leidenschaft auf, die auch in der Bedeutungsbestimmung im Duden enthalten ist. Bevor diese Begriffsbestimmungen weiter analysiert werden, soll aber zunächst versucht werden, die Unterschiede und Gemeinsamkeiten von Liebe und Mögen zu verdeutlichen.

Rubin (1970) versuchte, zwischen Liebe und Mögen zu unterscheiden, wobei er von vornherein davon ausging, daß Liebe auch bis zu einem gewissen Ausmaß Mögen voraussetzt. Grundsätzlich lassen sich verschiedene Abgrenzungen zwischen Liebe und Mögen denken (Sternberg, 1987). Zum einen könnten Liebe und Mögen sich rein quantitativ auf einer Dimension der interpersonellen Attraktion (vgl. Mikula & Stroebe, in diesem Band) unterscheiden, so daß Liebe eine intensivere Form der Attraktion als Mögen darstellt. Diese Sichtweise wäre mit einer Theorie der Verstärkung konsistent, die Liebe gegenüber einer Person im wesentlichen darauf zurückführt, daß die Person die Eigenschaften eines generalisierten positiven Verstärkers besitzt. In diesem Sinne faßt auch Centers (1975) Liebe als das Ergebnis von Belohnungserfahrungen und Bedürfnisbefriedigungen auf, die sich aus der Interaktion mit dem Partner ergeben.

Eine solche Sichtweise läßt unberücksichtigt, daß Liebe vielfach als Ergebnis von positiven *und* negativen Erfahrungen mit dem Partner/der Partnerin zustandekommt (Berscheid & Walster, 1974; Brickman, 1987). Belohnungen scheinen in einem gewissen Sinn genauso wichtig zu sein wie Frustration, um die Gefühle hervorzurufen, die mit Liebe bezeichnet werden. Empirische Ergebnisse zeigen, daß sich eine Entwicklung der interpersonellen Erfahrungen von negativ nach positiv günstiger auf die Attraktion auswirkt als eine durchgehend positive Erfahrung (Aronson, 1969; Aronson & Linder, 1965).

Positive Erfahrungen gewinnen im Kontext von vorangegangenen Frustrationen ihre besondere Wirkung, die die Entstehung von Liebe hervorrufen kann (Sternberg, 1987). Aus der Sicht der Attributionstheorie ergibt sich eine ähnliche Schlußfolgerung, da extrinsische Gründe, die für eine Beziehung sprechen, die romantische Liebe der Partner verringern, während intrinsische Gründe oder - noch besser - das Fehlen von rationalen Gründen sich positiv auf die romantische Liebe, die durch die Skala von Rubin (1970) gemessen wurde, auswirkt (Seligman, Fazio & Zanna, 1980).

Eine besondere Abgrenzung zwischen Liebe und Mögen ist durch die Annahme von qualitativen Unterschieden möglich. In diesem Zusammenhang ist insbesondere daran zu denken, daß die definierenden Merkmale des Mögens eine Teilmenge der Merkmale darstellen, die zur Beschreibung von Liebe erforderlich sind (Sternberg, 1987). In diesem Sinne gehen Davis und Roberts (1985) davon aus, daß neben der Komponente des Helfens auch die Leidenschaft als konstituierend für eine Definition der Liebe im Unterschied zu Freundschaft anzusehen ist. Unter Leidenschaft fassen sie Faszination, Exklusivität und sexuelle Abhängigkeit zusammen. Faszination bezieht sich auf die geliebte Person, Exklusivität auf den Anspruch, daß die geliebte Person nur diese eine Liebesbeziehung aufrechterhält und sexuelle Abhängigkeit auf den Wunsch, sexuelle Intimität herzustellen.

Die Klassifikation von Formen der Liebe, die von Sternberg (1986) vorgenommen wird (vgl. Amelang, in diesem Band), beinhaltet die interessante Implikation, daß romantische Liebe und Mögen die Komponente der Vertrautheit, die Kommunikation und Vertrauen umfaßt, gemeinsam haben. Darüber hinaus ist romantische Liebe durch eine zweite konstituierende Komponente charakterisiert, die Leidenschaft genannt wird und die insbesondere die sexuelle Anziehung umfaßt. Dieser Ansatz läuft - ähnlich wie der von Davis und Roberts (1985) - darauf hinaus, daß romantische Liebe Mögen plus (sexuelle) Leidenschaft beinhaltet. Eine solche Konzeption kann einerseits die häufig gefundenen positiven Korrelationen zwischen Skalen zur Messung des Mögens und der romantischen Zuneigung plausibel erklären, vermeidet aber andererseits eine konzeptuelle Gleichsetzung zwischen romantischer Liebe und Mögen, die weder aufgrund des Alltagsverständnisses noch unter Berücksichtigung der unterschiedlichen theoretischen Erklärungen für Mögen und romantische Liebe angemessen zu sein scheint.

Der Begriff der romantischen Liebe wurde eingehend von Averill (1985) diskutiert, der vier Komponenten hervorhob: Idealisierung der geliebten Person, unvermittelter Beginn („Liebe auf den ersten Blick"), Gefühle der physiologischen Erregung sowie längerfristige Bindung und Opferbereitschaft. Liebe wird als eine Emotion aufgefaßt, die sich als ein Zusammenspiel der genannten Komponenten beschreiben läßt und deren Kohärenz durch kulturelle Schemata bestimmt wird (so auch Luhmann, 1982).

Da sich die kulturellen Vorgaben verändern, ist es naheliegend, daß sich auch die Bedeutung der Liebe über die Jahrhunderte verändert hat (Luhmann, 1982). Die kognitiven Modelle über die Liebe müssen dabei nicht immer mit den alltäglichen Erfahrungen übereinstimmen. So berichtet nur eine Minderheit von Befragten, daß sie sich jemals plötzlich verliebt hätten (Averill & Boothroyd, 1977). Gleichzeitig besteht aber die allgemeine Vorstellung, daß sich Liebe „auf den ersten Blick" einstellt. Dieses sich-schnell-Verlieben läßt sich auf dem Hintergrund von plötzlichen Persönlichkeitsveränderungen interpretieren. Wenn junge Leute, deren persönliche und soziale Bezugssysteme noch relativ instabil sind, weil sie ihre Rolle in der Gesellschaft noch nicht eingenommen haben (vgl. Sears, 1986), eine große Bereitschaft zeigen, für Veränderungen offen zu sein und einen Wechsel anzustreben, kann Liebe auf den ersten Blick entstehen, die umso leichter eintritt, je stärker das kulturelle Schema ein solches Ereignis legitimiert (Averill, 1985).

Die kulturellen Schemata für Liebe und Partnerschaft und die persönlichen Erfahrungen mit Geliebten üben gemeinsam einen bestimmten Einfluß auf die individuellen Vorstellungen über Liebe aus. Da die kulturellen Schemata genauso wie die individuellen Eigenschaften der Verliebten eine gewisse Variabilität aufweisen, ist es verständlich, daß in unserer Zeit mehrere kulturelle Modelle der Liebe zur Verfügung stehen, deren Akzeptanz mit dem Zeitgeist zusammenhängt. Modelle der Liebe lassen sich als Vorstellungen über das Zusammenwirken von kausalen Faktoren, die zur Entstehung von Liebe führen, von Begegnungen mit Personen des anderen Geschlechts und von zeitlichen Verläufen der Liebesbeziehungen auffassen (Kelley, 1983).

In einer bestimmten historisch-kulturellen Epoche können unterschiedliche Modelle der Liebe gelten, z.B. leidenschaftliche Liebe, pragmatische Liebe und altruistische Liebe (Kelley, 1983). Weitere Modelle, die von Lee (1973) beschrieben wurden (s. ausführlicher Amelang, in diesem Band), lassen sich als besitzergreifende Liebe, freundschaftliche Liebe und spielerische Liebe bezeichnen.

Jede dieser impliziten Liebestheorien betont bestimmte Merkmale als wesentlich. Leidenschaftliche bzw. romantische Liebe (Eros) betrifft die unmittelbare Anziehung durch die geliebte Person, die mit einer physiologischen Erregung und sexuellem Interesse verbunden ist. Besitzergreifende Liebe (Mania) ist darüber hinaus noch durch die Betonung der Exklusivität der Beziehung, die dauernde Fokussierung auf den Partner und durch Eifersucht gekennzeichnet.

Freundschaftliche Liebe (Storge) beruht auf teilweise anderen Merkmalen. Die Liebe entsteht aus einer langen Bekanntschaft und tritt somit an die Stelle von Freundschaft (s. auch Luhmann, 1982). Im Vordergrund stehen gemeinsame Interessen und gemeinsame Aktivitäten. Die sexuelle Anziehung tritt erst relativ spät auf, wenn schon eine feste Bindung zwischen den Partnern entstanden ist. In einem gewissen Gegensatz dazu steht die spielerische Liebe (Ludus), bei der Verführung, sexuelle Freiheit und sexuelle Abenteuer im Vordergrund stehen, ohne daß eine Bindung intendiert ist. Versprechen sind im Augenblick wahr, aber ohne Langzeitperspektive, da sie nur auf das Hier und Jetzt bezogen sind.

Schließlich stellen die pragmatische Liebe (Pragma) und die altruistische Liebe (Agape) zwei Modelle der Liebe dar, die im wesentlichen nicht auf sexueller Leidenschaft aufgebaut sind. Die vielfach angewandte Methode, mit Hilfe von Vermittlungsinstituten einen Partner zu finden, entspricht häufig einer pragmatischen Orientierung. Ausgangspunkt ist die Einstellung, daß es wünschenswert und nützlich wäre, einen passenden Partner zu finden (z.B. um sich eine große Wohnung leisten zu können oder um Kinder zu haben). Lee (1973, p. 134) spricht von „go shopping for a suitable mate". Im Mittelpunkt steht dabei der Wunsch, die Entscheidung über eine längerfristige Bindung auf einer soliden Grundlage zu treffen. Bindung betrifft die Frage der Stabilität einer Beziehung, deren Optimierung durch Herstellung von Kompatibilität zwischen den Partnern pragmatische Liebe kennzeichnet (Kelley, 1983).

Altruistische Liebe stellt das Wohl der geliebten Person über das eigene Wohlergehen. Die Aufmerksamkeit ist auf die Bedürfnisse der geliebten Person gerichtet. Opferbereitschaft läßt sich als Transformation von Belohnungen und Kosten in der Paarbeziehung interpretieren, wobei die Konsequenzen der handelnden Person nicht nach den eigenen Gefühlen und Zielen beurteilt werden, sondern nach den Gefühlen und Zielen der geliebten Person (vgl. Kelley & Thibaut, 1978). Altruistische Liebe steht mit der Annahme der Soziobiologie in Übereinstimmung, daß Altruismus eine Grundlage in evolutionsbiologischen Prozessen hat (Kelley, 1983).

Fassen wir die typischen Merkmale von Liebe zusammen, wie sie in den kulturellen Schemata und individuellen Emotionen enthalten sind. Neben Faszination, Exklusivität, sexuellem Interesse und Opferbereitschaft (Davis & Roberts, 1985) werden Idealisierung, Liebe auf den ersten Blick, physiologische Erregung und Bindung (Averill, 1985) genannt. Sternberg (1986) hebt - insbesondere für romantische Liebe - die Leidenschaft als Unterscheidungsmerkmal zum Mögen hervor. Rubin (1970) und Kelley (1983) verweisen auf die Facetten die-geliebte-Person-brauchen, Hilfsbereitschaft, Vertrauen und Toleranz gegenüber Fehlern der anderen Person.

Tab. 1 verdeutlicht, daß sich diese Merkmale der Liebe bestimmten Modellen der Liebe zuordnen lassen. Unter den Merkmalen der Liebe sind jeweils die spezifischen Charakteristika genannt, die für ein Modell der Liebe typisch sind. Das schließt nicht aus, daß sich einige Überschneidungen unter den Merkmalen der einzelnen Liebesmodelle finden.

Tab. 1 Merkmale, die zwischen unterschiedlichen Modellen der Liebe unterscheiden

Merkmale der Liebe	Modell der Liebe
Sexuelles Interesse, physiologische Erregung, Leidenschaft, Liebe auf den ersten Blick, die-geliebte-Person-brauchen	romantisch
Faszination, Exklusivität, Idealisierung, Eifersucht	besitzergreifend
Vertrauen, Toleranz	freundschaftlich
Opferbereitschaft, Hilfsbereitschaft	altruistisch
Sexuelle Abenteuer, keine Bindung	spielerisch
Bindung	pragmatisch

Beachte. Die Bezeichnungen für die Liebesmodelle wurden von Sears, Peplau, Freedman & Taylor (1988) übernommen.

Die Beziehung zwischen freundschaftlicher, romantischer und besitzergreifender Liebe scheint im übrigen ähnlich gekennzeichnet zu sein wie die zwischen Liebe und Mögen, nämlich als Teilmengen-Mengen-Beziehung, da z.B. die Merkmale der freundschaftlichen Liebe auch für romantische Liebe und für besitzergreifende Liebe Gültigkeit beanspruchen können. Besitzergreifende Liebe ist aber außerdem noch durch besondere Charakteristika ausgezeichnet, die qualitativ von den kennzeichnenden Merkmalen der romantischen Liebe bzw. der freundschaftlichen Liebe zu unterscheiden sind. Sexuelles Interesse ist z.B. nicht gleichbedeutend mit Eifersucht und Anspruch auf eine exklusive Beziehung.

Abschließend ist noch eine kurze Anmerkung zur pragmatischen Liebe angebracht. Die Akzeptanz dieses Modells der Liebe ist in unserer Zeit relativ gering. Das sollte aber nicht vergessen lassen, daß sich in anderen Gesellschaften viele Beispiele für eine pragmatische Auswahl der Ehepartner auf der Grundlage von Merkmalen wie Nähe und ökonomischer Status finden (Luhmann, 1982). Auch in unserer Gesellschaft ist die pragmatische Orientierung vielfältig in der Entstehung von Partnerschaften und der langfristigen Bindung der Partner erkennbar. In diesem Zusammenhang ist z.B. auf die selektiven Einflüsse von Nähe und Ähnlichkeit im sozialen Status der Partner zu verweisen (s. Klein, in diesem Band).

Die Modelle der Liebe, wie sie Kelley (1983) beschrieben hat, lassen sich als persönliche Vorstellungen über Liebe verstehen, die das tatsächliche Verhalten in partnerschaftlichen Beziehungen beeinflussen (Davis &

Roberts, 1985). Sie stellen unterschiedliche soziale Konstruktionen dar, die Individuen über ihre Beziehungen aufgrund der kulturell bereitgestellten Möglichkeiten und individueller Neigungen bilden (Averill, 1985; Kelley, 1983). Lee (1988) spricht auch von Ideologien der Liebe, Luhmann (1982) von der Codierung von Intimität.

2. Forschungsprogramm „Persönliche Beziehungen"

Der weite Begriffsumfang von Liebe, wie er durch die unterschiedlichen Modelle der Liebe gekennzeichnet wird, legt es nahe, mehrere Einstellungen, die sich auf eine geliebte Person richten, in empirische Untersuchungen des Bezugssystems der Liebe einzubeziehen.

Im folgenden werden einige Ergebnisse unseres Forschungsprogramms „Persönliche Beziehungen" dargestellt, das die Liebesstile nach Lee (1973) in den Mittelpunkt der Betrachtung rückt. Es ist in dieser Hinsicht mit dem Forschungsprogramm verwandt, das von Hendrick und Hendrick (1987) durchgeführt wird. In unseren Untersuchungen (Bierhoff, 1989a; Bierhoff, Fink & Montag, 1988) haben wir meist Personen in heterosexuellen Paarbeziehungen befragt. Die Befragung beider Partner stellt sicher, daß es eine Person gibt, in die die Befragten verliebt sind bzw. verliebt sein könnten. Außerdem befragten wir - und das ist eine Folge dieser Vorgehensweise - im Durchschnitt etwas ältere Personen verglichen mit den Versuchspersonen, die an den Untersuchungen vieler amerikanischer Autoren teilnahmen.

Die Aufgabe bestand zunächst darin, im deutschsprachigen Bereich brauchbare Skalen zur Erfassung der Lee'schen Liebesstile zu entwickeln. Eine weitere grundlegende Frage bezog sich auf die Ähnlichkeit der Liebesstile zwischen den Partnern eines Paares.

In der ersten Untersuchung (Bierhoff, Fink & Montag, 1988) verwendeten wir deutsche Skalen für die Liebesstile nach Lee (1973), die jeweils aus sieben Feststellungen bestanden und die eine Übersetzung der Items von Hendrick und Hendrick (1986) darstellten. Wie bei Verwendung der amerikanischen Originalitems ergaben sich auch in unserer Studie mit 50 Paaren niedrige Korrelationen zwischen den Skalen sowohl bei den männlichen als auch bei den weiblichen Befragten. Daher kann man davon ausgehen, daß durch die sechs Liebesstile, die auf den Skalen gemessen werden, weitgehend unabhängige Dimensionen erfaßt werden.

Da die erste Version der deutschen Skala z.T. niedrige Werte für die internen Konsistenzen erbrachte, verbesserten wir die Skalen weiter (Bierhoff & Klein, im Manuskript). Das Endergebnis ist ein Fragebogen mit 10 Feststellungen pro Skala, die alle in die positive Richtung gepolt sind, so daß Zustimmung dem entsprechenden Liebesstil entspricht. Die Antworten werden auf 9-Punkte-Skalen abgegeben, die die Endpunkte 1 (= niedrige Zustimmung) und 9 (= hohe Zustimmung) haben.

Die internen Konsistenzen dieser Skalen sind zufriedenstellend (s. Tab. 2). Wenn man die Mittelwerte der einzelnen Skalen vergleicht, findet sich für Eros die höchste Ausprägung. Demgegenüber enthalten Ludus und Pragma die geringste Zustimmung. Agape, Mania und Storge liegen im mittleren Bereich. Keine der Skalen weist extrem einseitige Verteilungen auf. Die Standardabweichungen der Skalen unterscheiden sich nur geringfügig.

Tab. 2 Kennwerte der Skalen zur Messung der Liebesstile

Skala	Mittelwert	SD	Stabilität r_{12}	Interne Konsistenz Cronbachs alpha
Eros	6.47	1.40	.86	.87
Ludus	3.48	1.42	.79	.78
Storge	5.77	1.43	.70	.82
Pragma	3.12	1.37	.89	.83
Mania	5.14	1.41	.79	.82
Agape	5.64	1.37	.89	.87

Beachte. Jede Skala beruht auf 10 Items. Der Antwort-Range liegt

In einer Untersuchung haben wir Angaben zur Retest-Reliabilität bei 18 männlichen und 32 weiblichen Studenten, alle im Alter zwischen 20 und 30 Jahren, gesammelt. Der Abstand zwischen den beiden Meßzeitpunkten betrug etwa sechs Wochen. Die Einschätzungen wurden jeweils hinsichtlich desselben Partners bzw. derselben Partnerin durchgeführt. Tab. 2 faßt die Ergebnisse dieser Studie zusammen, wobei die Retest-Reliabilität durch Produkt-Moment-Korrelationen geschätzt wurde. Insgesamt ist die Stabilität als hoch zu bezeichnen. Die Einstellungen zur Liebe erwiesen sich auch nicht als stimmungsabhängige Urteile (Bierhoff & Klein, im Manuskript). Vielmehr sind die Liebesstile relativ stabile interpersonelle Persönlichkeitsmerkmale (vgl. Hendrick & Hendrick, 1986).

Es ist vorstellbar, daß die Liebesstile in einer gegebenen Partnerschaft stabil über die Zeit sind, während sie über verschiedene Partnerschaften erheblich variieren können (Amelang, in diesem Band; Lee, 1988). Da die Liebesstile interpersonelle Einstellungsmerkmale erfassen, sollte ihre Ausprägung nicht nur von dem Befragten abhängen, sondern auch von der Person, auf die die Liebe gerichtet ist.

Auf der Grundlage von 339 Befragten führten wir eine Faktorenanalyse über die 60 Items des Fragebogens durch, die mit der Hauptachsenmethode und anschließender orthogonaler Rotation bei Vorgabe von 6 Faktoren berechnet wurde. Die Sechs-Faktoren-Struktur entsprach der erwarteten Itemaufteilung sehr gut (Bierhoff & Klein, im Manuskript).

Der Aufwand der Differenzierung zwischen mehreren Skalen der Liebesstile lohnt sich insbesondere dann, wenn die Skalen nicht alle im wesentlichen das gleiche zugrundeliegende Konstrukt messen. In diesem Zusammenhang ist die Höhe der Korrelationen zwischen den sechs Skalen von Interesse. Die Korrelationen sind generell gering (Tab. 3), was auch aufgrund der faktorenanalytischen Ergebnisse zu erwarten ist. Die größten positiven Korrelationen finden sich zwischen Eros und Agape bzw. Mania und Agape, während Eros und Ludus negativ korrelieren. Insgesamt ist das Korrelationsmuster bei Männern und Frauen ähnlich. Allerdings deutet sich eine gewisse Abweichung im Hinblick auf Ludus an, da Frauen die negative Beziehung zwischen Ludus und Eros einerseits und zwischen Ludus und Agape andererseits stärker akzentuieren als Männer.

Tab. 3 Interkorrelationen der Liebesskalen bei Männern und Frauen

	Eros	Ludus	Storge	Pragma	Mania	Agape
Eros	–	-.27***	.08	-.04	.27***	.37***
Ludus	-.45***	–	.01	.17*	-.08	-.05
Storge	.10	-.08	–	.28***	.13*	.36***
Pragma	-.07	.14*	.29***	–	.19**	.25***
Mania	.18*	.02	.05	.16*	–	.45***
Agape	.37***	-.19**	.27***	.26**	.30***	–

Beachte. Oberhalb der Diagonale stehen die Interkorrelationen der Männer (N = 189), unterhalb der Diagonale die der Frauen (N = 150).
* $p < .05$; ** $p < .01$; *** $p < .001$.

Das Korrelationsmuster entspricht im übrigen auch weitgehend dem in amerikanischen Untersuchungen berichteten (Davis & Latty-Mann, 1987, p. 419). Insgesamt scheinen sich die Skalen - sowohl in der amerikanischen Originalversion als auch in der deutsch-sprachigen Adaptation - zur multidimensionalen Erfassung der Liebesstile gut zu eignen.

Liebe ist ein Persönlichkeitsmerkmal, das auf einen Partner bezogen ist und vermutlich auch nur stabil, solange der Partner nicht durch einen anderen ersetzt wird. Möglicherweise findet eine Auswahl (s. Klein, in diesem Band) und Anpassung statt, die dazu führt, daß die Partner sich in den Liebesstilen ähneln (vgl. Byrne & Murnen, 1988).

Mehrere Untersuchungen liegen vor, die Angaben über die Korrelationen zwischen den Liebesstilen über Partnerschaften enthalten (Paarkorrelationen). Hohe Korrelationen sind nicht als Äquivalenz zu interpretieren. Vielmehr signalisieren sie eine hohe Kovariation der Merkmale (Hill & Stull, 1982). Eine Übersicht über die Ergebnisse ist in Tab. 4 enthalten. Insgesamt fallen folgende Trends auf:
- Überwiegend finden sich positive Zusammenhänge, die häufig auch statistisch signifikant werden,
- die Übereinstimmung zwischen den Studien ist insgesamt hoch,
- die durchgängig höchsten Zusammenhänge finden sich für Eros,
- die niedrigsten Zusammenhänge scheinen für Mania vorzuliegen,
- Ludus ist ebenfalls durch relativ niedrige Korrelationen gekennzeichnet.

Tab. 4 Paarkorrelationen der Liebesstile

Skala	Studien			
	US 1	US 2	BRD 1	BRD 2
Eros	.56*	.49*	.65*	.51*
Ludus	.18	.29*	.37*	.26*
Storge	.40*	.40*	.37*	.19
Pragma	.21	.21	.60*	.33*
Mania	.33*	.02	.26*	.17
Agape	.26*	.32*	.60*	.25

Beachte. US 1 = Studentenstichprobe von 57 Paaren von Hendrick, Hendrick & Adler, 1988; US 2 = Studentenstichprobe von 70 Paaren von Davis & Latty-Mann, 1987; BRD 1 = gemischte Stichprobe von 50 Paaren von Bierhoff, Fink & Montag, 1988; BRD 2 = gemischte Stichprobe von 76 Paaren von Bierhoff, Fink & Montag, 1988. * p < .05.

Dieses Ergebnismuster ist vom Standpunkt der Austauschtheorie zu erwarten (Davis & Latty-Mann, 1987). Ähnlichkeit der Liebesstile Eros, Storge, Pragma und Agape sollte gegenseitig belohnend sein. Hingegen ist Mania vermutlich nicht reziprok, weil gegenseitige Eifersucht die Beziehung bedrohen würde und möglicherweise frühzeitig zu einem Abbruch der Partnerschaft beitragen kann. Eine gegenseitige Ludus-Orientierung könnte ebenfalls die Stabilität der Beziehung gefährden, obwohl die beiderseitige Neigung, eine Bindung zu vermeiden, belohnend wirken könnte.

Eine austauschtheoretische Analyse hat viel zu bieten für eine Betrachtung von engen Paarbeziehungen (Kelley, 1979). Die affektiven Konsequenzen einer engen Beziehung sind besonders positiv, wenn die Partner eine Einstellung zeigen, die Liebe, Kooperation und Großzügigkeit in den Vordergrund stellt. Eine solche interpersonelle Einstellung gewährleistet eine Maximierung der gemeinsamen Gewinne. Insbesondere die Orientierung, dem Partner zu helfen (Agape), sollte die Koordination der Interessen in einer engen Paarbeziehung erleichtern (Kelley, 1979, p. 129).

Das Vorhandensein gleicher interpersoneller Orientierungen kann zu einer Befriedigung der Partner beitragen, weil sie ihre Konzeption von der Partnerschaft bestätigt sehen. Daher sollte Ähnlichkeit der Liebesstile Eros, Storge, Pragma und Agape nicht nur auf dem Niveau der direkten affektiven Konsequenzen positiv verstärkend sein, sondern auch auf dem Niveau der zugrundeliegenden Dispositionen.

Das Prinzip der Reziprozität in engen Paarbeziehungen ist nicht auf die Liebesstile beschränkt. In einer Stichprobe von verheirateten Paaren, die z.T. eine Eheberatungsstelle aufgesucht hatten, fand sich, daß die Selbstöffnung in der Partnerschaft, wie sie aus den Berichten der beiden Partner deutlich wurde, positiv korrelierte (Levinger & Senn, 1967).

Dieser Befund wird durch eine spätere Untersuchung an 51 Paaren (Hendrick, 1981) bestätigt, die im Durchschnitt acht Jahre verheiratet waren. Der Gesamtwert der Selbstöffnung korrelierte mit $r = .45$. Außerdem zeigte sich, daß das Ausmaß der Selbstöffnung positiv mit der partnerschaftlichen Zufriedenheit korrelierte. Weitere Ergebnisse (Hendrick & Hendrick, 1987) zeigten, daß Selbstöffnung gegenüber dem Partner positiv mit Eros, Mania und Agape zusammenhing, während die Korrelation mit Ludus signifikant negativ war.

Die Konstruktion der deutschsprachigen Liebesstil-Skalen führte zu einer teilweisen Neuformulierung der Items, die erforderlich war, um eine angemessene interne Konsistenz zu erzielen. Es fällt auf, daß die Ergebnisse im Hinblick auf die Skalen-Interkorrelationen und die Paarkorrelationen sehr gut mit den U.S.-Ergebnissen übereinstimmen. Daher kann davon ausgegangen werden, daß die deutschsprachigen Skalen ähnliche Konstrukte messen wie die amerikanischen Skalen.

3. Theorien der Liebe

Nachdem wir zunächst auf die Bedeutung von Liebe eingegangen sind und einige Ergebnisse im Hinblick auf unterschiedliche Stile der Liebe dargestellt haben, wird im folgenden eine Übersicht über die wichtigsten sozialpsychologischen Liebestheorien gegeben. Einleitend war schon darauf hingewiesen worden, daß die Erfahrung der Liebe den Liebenden nicht erklärbar erscheint und daß extrinsische Gründe die romantische

Liebe verringern können. Somit stellt sich die Frage, wie Liebe entsteht.

Im folgenden werden psychologische Einflußfaktoren, die sich auf die Entstehung und Entwicklung der Liebe auswirken, dargestellt. Zunächst wird eine relativ eng gefaßte Liebestheorie (Bentler & Huba, 1979) angesprochen, um dann eine weiter gespannte Konzeption von Liebe zu entwickeln, in die sich verschiedene relevante Einzeltheorien einordnen lassen.

Ein erster Vorläufer einer Liebestheorie, der von Bentler und Huba (1979) als „Minitheorie" bezeichnet wird, stammt von Tesser und Paulhus (1976), die neben der Liebesskala von Rubin noch die Häufigkeit des Ausgehens mit dem Partner (Dating), die Intensität des Denkens an den Partner und das Auftreten von widersprüchlichen Eindrücken zu dem bestehenden Partnerbild erfaßten, und zwar zweimal im Abstand von zwei Wochen bei 202 etwa 20jährigen nicht verheirateten Studenten.

Eine Analyse mit kausalen statistischen Modellen (Bentler & Huba, 1979) zeigte, daß ein Ein-Faktor-Attraktionsmodell die Kovarianzstruktur dieser Daten hinreichend erklärt. Besonders hohe Korrelationen traten zwischen Liebe und Gedanken an die geliebte Person auf (Tesser & Paulhus, 1976): Wer einen Partner besonders stark liebt, tendiert auch dazu, besonders häufig an ihn zu denken (vgl. die Definition der Liebe von Rubin, 1970). Nach zwei Wochen ist der generelle Attraktionsfaktor eine lineare Funktion der Messung zum ersten Zeitpunkt (Reliabilitäts-Modell, Bentler & Huba, 1979).

Diesem ersten Ansatz liegt weniger eine Theorie der Liebe zugrunde als vielmehr eine Hypothese über den Zusammenhang zwischen Liebe und Fokussierung der Aufmerksamkeit auf die geliebte Person. Die Darstellung der Theorien der Liebe, die im folgenden zu finden ist, orientiert sich insofern an der Dreieckstheorie von Sternberg (1986), als dessen Unterscheidung der zugrundeliegenden Komponenten (Vertrautheit, Leidenschaft, Entscheidung/Bindung) übernommen wird. Durch diese drei Komponenten wird ein umfassendes Netzwerk der Liebestheorien beschrieben, das sowohl von didaktischen als auch von theoretischen Gesichtspunkten ausgehend als Bezugssystem der Darstellung dient.

3.1. Vertrautheit

Vertrautheit (intimacy) bezieht sich sowohl auf Gefühle der Nähe und Verbundenheit als auch auf Kommunikation, Vertrauen und Selbstöffnung. Selbstöffnung und Vertrauenswürdigkeit der Zielperson hängen zusammen, da die Selbstöffnung ein intimeres Niveau gegenüber einer Person, der mehr vertraut wird, erreicht (Bierhoff, 1989b). Die Vertrauenswürdigkeit korreliert ihrerseits positiv mit der Liebe, die durch die Skala von Rubin gemessen wurde (Rempel, Holmes & Zanna, 1985).

Vertrautheit scheint für unterschiedliche Liebesbeziehungen (heterosexuelle Beziehungen, Mutter-Kind-Beziehungen, Beziehungen unter Geschwistern, Beziehungen zu gleichgeschlechtlichen Freunden etc.) das verbindende Element zu sein (Sternberg & Grajek, 1984). Die Analyse der subjektiven Theorien über Liebe anhand der Vorstellungen von Alltagsmenschen (Sternberg & Barnes, zit. nach Sternberg, 1988) ergibt allerdings, daß Vertrautheit-Intimität mehrere Dimensionen beinhaltet. Neben einem generalisierten allgemeingültigen Niveau (z.B. Vertrauen) fand sich auch ein Beurteiler-spezifisches Niveau (z.B. einen Partner haben, der dich versteht) und eine für die Beziehung einmalige Ebene (z.B. sich gegenseitig als etwas Besonderes behandeln).

Möglicherweise treten je nach Liebesbeziehung (romantische Zuneigung zwischen Mann und Frau, Elternliebe etc.) unterschiedliche Niveaus der Intimität in den Vordergrund. Im Hinblick auf Liebesbeziehungen, die offensichtlich von den Befragten als romantische Paarbeziehungen verstanden wurden, war allerdings auffallend, daß die genannten Merkmale überwiegend eine „Konsumentenhaltung" erkennen ließen, da wesentlich häufiger „Leistungen" der Partner genannt wurden (z.B. einen Partner haben, der deine Bedürfnisse beachtet) als daß auf eigene Beiträge Bezug genommen wurde (deinen Partner respektieren).

Die Komponente der Vertrautheit beinhaltet einen emotionalen Anteil, der sich als besonders wichtig erweist, wenn man den längsschnittlichen Verlauf dieser Komponente über die Zeit betrachtet. Die Charakterisierung des Verlaufs der Vertrautheit über die Zeit durch Sternberg (1986) folgt im wesentlichen Überlegungen von Berscheid (1983), die sich ihrerseits auf Mandler (1975) beruft. Ausgangspunkt ist, daß Emotionen vor allem dann ausgelöst werden, wenn Handlungspläne während ihrer Verwirklichung gestört werden. Die Interferenz kann positive oder negative Emotionen auslösen, wobei angenommen wird, daß die negativen Emotionen - wenn sie auftreten - heftiger ausfallen als die positiven Emotionen. Das hängt vor allem damit zusammen, daß negative Emotionen einen deutlichen Kontrollverlust anzeigen, während positive Emotionen unter kontrollierten Gegebenheiten auftreten.

Nach Berscheid (1983) ist die Unterbrechung fortlaufender Handlungssequenzen, vor allem wenn sie hochgradig organisiert sind, eine zentrale Ursache für das Erleben von Emotionen. Durch solche Unterbrechungen werden physiologische Erregungsprozesse ausgelöst (die evolutionsbiologisch betrachtet zur Vorbereitung von Kampf- und Flucht-Reaktionen des bedrohten Organismus dienen), die Aufmerksamkeit wendet sich der Störung zu und ein Prozeß der Bedeutungszuschreibung wird ausgelöst, der auf die Erreichung des Ziels gerichtet ist, dessen Verwirklichung durch die Störung bedroht ist. Eine Möglichkeit der Zielerreichung besteht bei Störung einer Route der Zielerreichung im Ausweichen auf alternative Wege der Zielerreichung.

Wenn in einer Partnerschaft ein Partner den anderen an der Zielerreichung hindert, treten Emotionen auf. Solange die Interaktion gut abgestimmt ist, sind - und das ist eine zentrale Implikation dieser Betrachtung - keine Emotionen zu erwarten. An der Oberfläche treten keine Erlebnisse auf, die den emotionalen Wert der Beziehungen signalisieren. Es herrscht scheinbare Funkstille, obwohl unter der Oberfläche ein großes Potential für Emotionen verborgen sein kann. Dieses verborgene Potential wird schlagartig sichtbar, wenn eine Beziehung abbricht.

Die Partner haben eine „emotionale Investition" durch die Abstimmung ihrer Handlungssequenzen geleistet, die ihnen nicht voll bewußt ist. Emotionale Investition bezieht sich auf das Ausmaß, in dem die Beziehung ein Potential für die Beteiligten beinhaltet, Emotionen zu erleben. Je größer die Investition aufgrund gegenseitiger Abhängigkeit, desto größer die Verwundbarkeit durch Interferenzen in aufeinander abgestimmten Handlungssequenzen. Diese Verwundbarkeit schlägt zu Buche, wenn die Beziehung abgebrochen wird. Dann werden bei einer engen Beziehung zahlreiche Handlungssequenzen gestört, so daß starke negative emotionale Reaktionen und Gefühle der Hilflosigkeit ausgelöst werden können.

Diese Analyse beinhaltet interessante Implikationen. Z.B. sollten in einer Beziehung anfänglich mehr Emotionen erlebt werden als zu einem späteren Zeitpunkt. Daraus leitet Sternberg (1986) die Annahme ab, daß die manifeste Vertrautheit zunächst steigt. Dann jedoch hat das Bemühen der Verhaltenskoordination zunehmend Erfolg, so daß sich immer weniger Anlässe für das Erleben von Emotionen ergeben, obwohl die emotionale Investition hoch ist. Diesen Zustand beschreibt Sternberg (1986) als hohes Niveau der latenten Vertrautheit bei gleichzeitiger geringer Ausprägung der manifesten Vertrautheit. Die Grundidee dieser Analyse besagt, daß Emotionen Teil eines „Störungs-Beseitigungs-Systems" sind, das in der Evolution aufgebaut wurde. Wenn keine Störungen auftreten - wie in einer harmonischen Beziehung -, sollten auch nur wenig Emotionen erlebt werden, und der partnerschaftlichen Interaktion sollte nur wenig Beachtung und Aufmerksamkeit geschenkt werden, weil sie gut läuft. Menschen bemerken in ihren Beziehungen unglücklicherweise eher, wenn etwas schiefgeht, als wenn etwas problemlos verläuft (Berscheid, 1983). Negative Ereignisse genießen unsere bevorzugte Aufmerksamkeit (Bierhoff, 1980). Dieses Phänomen kann sich auf die Entwicklung einer Partnerschaft bedrohlich auswirken, weil negative Erlebnisse im allgemeinen ein größeres Gewicht haben - im Sinne der Verstärkungstheorie - als positive Erlebnisse (Sternberg, 1988). So kann z.B. Stagnation und Langeweile, die in einer gut abgestimmten Beziehung auftreten kann, die Einschätzung der Qualität der Beziehung dominieren.

In vielen gut funktionierenden Partnerschaften sollte das emotionale Erleben gering sein. Da dieser Zustand nach einer Anlaufzeit erreicht wird, sollte die Vertrautheit in längerfristigen Beziehungen häufig stagnieren bzw. abnehmen. Das Resultat stimmt wenig optimistisch: Die Partner haben gelernt, sich gegenseitig zu unterstützen, empfinden aber nichts - oder fast nichts - dabei und suchen vergeblich nach dem hohen Vertrautheitsniveau, das anfänglich für das Erleben ihrer Partnerschaft charakteristisch war.

In diesem Zusammenhang sind allerdings individuelle Unterschiede zu beachten. Das Intimitätsstreben läßt sich als Persönlichkeitsmerkmal auffassen, in dem große individuelle Unterschiede auftreten (McAdams, Healy & Krause 1984). Höheres Streben nach Intimität hängt z.B. mit mehr Selbstöffnung unter Freunden und mehr Sorge um ihr Wohlergehen zusammen. Gespräche und positive Gefühle in der Beziehung sind zentrale Aspekte des Intimitätsstrebens.

3.2. Leidenschaft

Von großer Bedeutung für romantische Liebe ist die sexuelle Befriedigung. Fromm (1956/1980) diskutiert die Frage, ob das sexuelle Begehren die Ursache oder die Folge von Liebe ist. Während Fromm im Hinblick auf die Psychoanalyse Freuds feststellt, daß sie sexuelle Strebungen verabsolutiert und Liebe als nachgeordnetes Phänomen erscheinen läßt, betont er seinerseits, daß echte Liebe die Voraussetzung für das Streben nach sexueller Vereinigung darstellt. Der Vorgang des Sich-Verliebens scheint beide Möglichkeiten zu beinhalten. Eine Untersuchung mit Studentenpaaren zeigt, daß Liebe vielfach als Voraussetzung für Geschlechtsverkehr angesehen wird (Peplau, Rubin & Hill, 1977).

Verschiedene Liebestheorien (Davis & Roberts, 1985; Sternberg, 1986) heben die Bedeutung einer sexuellen Komponente hervor, die sich als leidenschaftliche Liebe (Walster & Walster, 1978), sexuelle Liebe (Centers, 1975) oder erotische Liebe (Lee, 1973) bezeichnen läßt.

Sternberg (1986) charakterisiert die Komponente der Leidenschaft durch Triebe (drives), die sexuelle Handlungen auslösen und die mit der physischen Attraktivität der Zielperson in Zusammenhang stehen. Leidenschaft wird als Ergebnis motivationaler Prozesse beschrieben, die das Erregungsniveau erhöhen.

Damit wird ein Prinzip angewandt, das ursprünglich zur Erklärung von Sucht benutzt wurde (s. Solomon & Corbit, 1974). In der Darstellung dieses Prinzips wurde wiederholt das Beispiel eines verliebten Paares zur Illustration herangezogen. Das Erlebnis der Liebe sollte unterschiedlich sein in der Anfangsphase und in einer späteren Phase (p. 121). In der Anfangsphase sollten die Nähe und die sexuellen Aktivitäten des Partners eine hohe Erregung bis hin zur Ekstase auslösen. Wenn der Partner sich entfernt, sollte dann ein Gefühl der Einsamkeit auftreten.

Das ist ein Beispiel für eine affektive Kontrasterfahrung, die im Mittelpunkt der Überlegungen von Solomon und seinen Mitarbeitern steht. Auf eine positive affektive Erfahrung - etwa im sexuellen Bereich - folgt unmittelbar anschließend eine negative affektive Erfahrung. In einer späteren Phase - nach einer längeren Gewöhnung, sollte die Nähe des Partners als angenehm und zufriedenstellend erlebt werden (also abgeschwächt gegenüber der ursprünglichen Erfahrung), während die Trennung von dem Partner langandauernde Trennungssymptome auslösen sollte (also eine Verstärkung der negativen Reaktion gegenüber der anfänglichen Trennungserfahrung; Solomon & Corbit, 1974, p. 121). Ein eindringliches Beispiel für die frustrierende Erfahrung der Trennung enthält das Lied „Nothing compares 2 U", mit dem Sinead O'Connor Millionen von Menschen überall in der Welt angesprochen hat.

Zur Erklärung nehmen Solomon und Corbit (1974) an, daß die affektive Reaktion auf einen Verstärker durch zwei gegenläufige Prozesse bestimmt wird. Der a-Prozeß, der während der Darbietung des Verstärkers wirksam ist, ruft eine affektive Reaktion hervor, die quasi automatisch durch den Verstärker ausgelöst wird. Noch während der Darbietung des Verstärkers baut sich daraufhin der gegenläufige b-Prozeß langsam auf. Da zu diesem Zeitpunkt der a-Prozeß abgelaufen ist, überwiegt nun die gegenteilige affektive Reaktion im Erleben.

Da der b-Prozeß noch während des a-Prozesses einsetzt, ergibt sich erlebnismäßig ein erster Höhepunkt (der dem reinen a-Prozeß entspricht), gefolgt von einer Stabilisierung auf einem mittleren Niveau, auf die dann, wenn der Partner allein ist, eine negative Phase folgt, die bis zum Abklingen des b-Prozesses anhält. Das affektive Reaktionsmuster ist also nach dieser Theorie als Differenz zwischen zwei Prozessen zu interpretieren. In diesem Zusammenhang stellten Solomon und Corbit (1974) eine wichtige Zusatzannahme auf: Wiederholung läßt den primären a-Prozeß im wesentlichen unverändert, während sie den b-Prozeß verstärkt und damit die entgegengesetzte affektive Reaktion bei Trennung von dem Partner steigert. Durch dieses Prinzip kann Suchtverhalten erklärt werden, etwa am Beispiel der Drogenabhängigkeit. Durch die Habituation bedingt fällt die positive affektive Reaktion immer schwächer aus, während die Nachfolgereaktion mit ihren Entzugserscheinungen immer stärker wird. Zu diesem Zeitpunkt wird die Drogeneinnahme nicht mehr durch die Erwartung des Hochgefühls motiviert, sondern durch den Wunsch, die Entzugserscheinungen zu vermeiden oder wenigstens abzukürzen.

Die Leidenschaft der Liebe scheint in gewisser Hinsicht wie eine Sucht strukturiert zu sein. Daher ist es naheliegend anzunehmen, daß leidenschaftliche Liebe eine flüchtige Erfahrung ist (Berscheid, 1983, p. 158), die nach einem langen Zeitraum meist nur noch in einem Nachglanz zum Ausdruck kommt. Berscheid kommt mit neuen Argumenten zu demselben Schluß, den Berscheid und Walster (1974) nahegelegt hatten. In der ursprünglichen Analyse war angenommen worden, daß Liebe eine intensive emotionale Reaktion darstellt, die am ehesten aufgrund von Fehlattributionen zustandekommen kann (s. unten). Wenn die Fehlattribution im Laufe der Zeit durchschaut wird, sollte die Liebe abnehmen. Es bliebe im wesentlichen nur die Erinnerung übrig.

3.2.1. Erregungs-Transfer-Theorie

Leidenschaftliche Liebe wurde von Berscheid und Walster (1974) als romantische Zuneigung und sexuelle Anziehung definiert. Sie betonten die in der Phantasie für die Zukunft erwarteten oder ersehnten Belohnungen, die aus der Beziehung entstehen können. Außerdem nahmen sie an, daß die leidenschaftliche Liebe in einer Beziehung über die Zeit eher abnimmt und daß sie eine Mischung aus positiven und negativen Gefühlen darstellt. Aus diesem Ansatz ergab sich die Frage, wie Gefühle mit unterschiedlichen Vorzeichen Liebe fördern können und warum die Liebe nicht nach dem Prinzip der gegenseitigen Verstärkung kontinuierlich wächst (wie es für Mögen typisch ist, s. Sternberg, 1988).

Zur Beantwortung dieser Fragen gingen Berscheid und Walster (1974) von der Annahme aus, daß physiologische Erregung unspezifisch ist und je nach situativen Kontextreizen unterschiedlich interpretiert werden kann (vgl. Schachter & Singer, 1962). Ausschlaggebend ist für die Qualität, mit der die Erregung erlebt wird, das „Label", das die Person für die Erregung verwendet. Dieses Label leitet sich aus den situativen Hinweisen ab, die bestimmte Interpretationen der Erregung nahelegen. Wenn die Erregung in Anwesenheit einer Person des anderen Geschlechts, die attraktiv aussieht, auftritt, liegt es nahe, den Grund für die Erregung in der anderen Person zu sehen und dementsprechend die Erregung als Liebesgefühl aufzufassen.

Wenn z.B. ein junger Mann nach dem Sporttraining auf ein Mädchen trifft, das hübsch aussieht, dann besteht die Möglichkeit, daß die Erregung, die aus der sportlichen Aktivität resultiert, zu einem gesteigerten Liebesgefühl beiträgt. An der Steigerung romantischer Gefühle durch Fehlattribution kann kaum ein Zweifel bestehen (Byrne & Murnen, 1988). Vielleicht ist die Redeweise, die von „Fehlattribution" spricht, in diesem Zusammenhang etwas zu einseitig. Neutraler wäre die Formulierung, daß durch eine intrinsische Zuschreibung der physiologischen Erregung Liebesgefühle entstehen können (Brickman, 1987).

Schon Ovid hatte auf den Umstand hingewiesen, daß die Betrachtung eines Gladiatorenkampfes leidenschaftliche Gefühle in einer Frau gegenüber dem sie begleitenden Mann auslösen kann (Rubin, 1973). Fromm (1956/1980) verwies darauf, daß sexuelle Wünsche sich häufig mit anderen Emotionen (wie z.B. Eitelkeit) „vermischen". Die Frage, warum es zu solchen Effekten kommt, kann z.T. durch das Prinzip der Fehlattribution von Resterregung beantwortet werden. Umstritten ist in diesem Zusammenhang, inwieweit unterschiedliche Emotionen tatsächlich auf unspezifischer Erregung beruhen. Möglicherweise lassen sich gewisse Unterschiede im physiologischen Erregungsverlauf je nach Emotion (z.B. Freude, Trauer, Ärger oder Depression) konstatieren (Schwartz & Weinberger, 1980). Das schließt allerdings nicht aus, daß es unter bestimmten Umständen zu Fehlattributionen kommt, wobei möglicherweise auch der Wille, etwas gerne falsch zu interpretieren, eine Rolle spielt.

Fehlattribution von Resterregung wurde von Zillmann (1979) in vielen Untersuchungen demonstriert. Die Resterregung kann theoretisch sowohl aus einer positiven Erfahrung folgen (etwa aufgrund eines sexuell anregenden Films), als auch aus einer neutralen Erfahrung (Sport) oder aus einer negativen Erfahrung (z.B. Furcht). Ein Beispiel für den erstgenannten Fall bietet die Untersuchung von Istvan, Griffitt und Weidner (1983), in der durch erotische Fotos die Wahrnehmung der sexuellen Attraktivität von Personen des anderen Geschlechts gesteigert wurde, wenn die Zielpersonen relativ attraktiv aussahen, und reduziert wurde, wenn die Zielpersonen relativ unattraktiv aussahen. Die Steigerung sexueller Erregung durch vorherigen Sport wurden von Cantor, Zillmann und Bryant (1975) empirisch belegt.

Die Förderung von romantischer Zuneigung durch Furcht wurde in zwei Feldexperimenten von Dutton und Aron (1974) demonstriert. Um Personen zu vergleichen, die unterschiedlich stark physiologisch erregt waren, wurden Touristen befragt, die gerade eine Brücke überquerten bzw. die die Brücke schon überquert hatten und sich davon 10 Minuten erholt hatten. Bei dieser Brücke handelte es sich nicht nicht etwa um eine massive, breite und stabile Brücke, sondern um eine schwankende Hängebrücke, die behelfsmäßig über eine Schlucht angelegt worden war, die 70 m tief war. Die nahezu 140 m lange Brücke bestand aus Holzplanken, die rechts und links an Kabeln befestigt waren. Es gehörte zu den Eigenarten dieser Brücke, daß sie bei der Überquerung der Schlucht schwankte und sich bedenklich nach rechts oder links neigte. Da auch die seitlichen Geländer sehr niedrig waren, stellte die Überquerung der Brücke eine echte Herausforderung dar, die die Benutzer in Furcht versetzte.

Ein Teil der männlichen Befragten wurde auf der schwankenden Brücke durch eine attraktive junge Frau angesprochen. Eine zweite Gruppe von Befragten wurde von der jungen Frau nach dem Überqueren der Brücke angesprochen. Die Frau sprach nur Männer zwischen 18 und 35 Jahren an, die ohne Begleitung waren. Die zwischen den Bedingungen unterschiedliche Neigung, die Interviewerin anzurufen, kann als Ausdruck von Unterschieden in der wahrgenommenen Attraktivität der jungen Frau angesehen werden. Die Befragten sollten zu der Darstellung einer jungen Frau auf einem Bild eine Geschichte erzählen, deren Inhalt später im Hinblick auf ihren manifesten sexuellen Inhalt ausgewertet wurde.

Die Untersuchungsergebnisse zeigten, daß die junge Frau häufiger angerufen wurde, wenn sie als „Gloria" auf der Brücke gearbeitet hatte als wenn sie als „Donna" auf festem Boden interviewt hatte. In der ersten Bedingung rief über die Hälfte der jungen Männer an, während sich die Zahl der Anrufer in der zweiten Bedingung auf weniger als ein Drittel der Befragten beschränkte. Die leidenschaftlichen Gefühle der Befragten kommen in den TAT-Geschichten zum Ausdruck, die auf der schwankenden Brücke mehr manifeste sexuelle Inhalte enthielten als auf festem Boden.

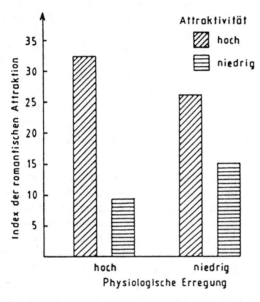

Abb. 1:
Romantische Attraktion in Abhängigkeit von der physiologischen Erregung und dem Aussehen der Zielperson (nach White, Fishbein & Rutstein, 1981). Der Index der Attraktion variiert zwischen 4 und 36. Je höher der Wert, desto größer die Attraktion.

In diesem Untersuchungsergebnis wird die förderliche Wirkung von physiologischer Erregung im Hinblick auf die romantische Orientierung gegenüber einer attraktiven Frau deutlich. Gibt es auch den umgekehrten Effekt, der eine Abwertung einer unattraktiven Zielperson beinhaltet? Diesen Effekt fanden White, Fishbein und Rutstein (1981), die die physiologische Erregung durch eine neutrale sportliche Tätigkeit erhöhten. Die Versuchsteilnehmer waren männliche Studenten. Nach der sportlichen Aktivität betrachteten sie eine Videoaufnahme, die eine junge Frau zeigte, die in ihrem Aussehen entweder sehr attraktiv oder relativ unattraktiv wirkte. Die Ergebnisse zeigen, daß - im Vergleich zu der Bedingung geringerer Erregung - die Bewertung der attraktiven Frau durch hohe Erregung in die positive Richtung verschoben wurde, während die Bewertung der unattraktiven Frau in die negative Richtung tendierte (s. Abb. 1).

In einer späteren Untersuchung wurde das Auftreten einer attraktionssteigernden Fehlattribution bestätigt (White & Kight, 1984). Die Fehlattribution der Erregung, die sich in einer größeren sexuellen Anziehung auswirkte, wurde nur beobachtet, wenn die Studenten erwarteten, anschließend tatsächlich mit der Zielperson zusammenzutreffen, und wenn sie nicht weiter an die physiologische Erregung, die aus der sportlichen Aktivität folgte, erinnert wurden. Nur in diesem Fall, der auch dem Versuchsablauf bei White, Fishbein und Rutstein (1981) entspricht, wurde die sexuelle Attraktion nach 2-minütigem Lauf größer eingeschätzt als nach einem Lauf, der nur 15 Sekunden dauerte.

Ein weiterer Beleg für die Steigerung sexueller Attraktion durch physiologische Erregung wurde von Dutton und Aron (1989) berichtet, die ihre männlichen und weiblichen Versuchsteilnehmer durch das Zeigen eines Videobandes erregten, auf dem ein Milgram-Versuch dargestellt wurde. Der Film zeigte die Auseinandersetzung eines „Lehrers" mit einem „Experimentator", der den Lehrer zu immer höheren Schockstärken aufforderte, während die Schreie des Opfers zu hören waren. Entweder wurde der Versuch als echt dargestellt oder als Rollenspiel. Im ersteren Fall war die gemessene physiologische Erregung und die selbst berichtete Erregung höher als im zweiten Fall.

Männer sahen weibliche Stimuluspersonen (in der Rolle des Lehrers bzw. des Experimentators), Frauen sahen männliche Stimuluspersonen. Eine Stimulusperson sah attraktiv aus, während die andere wenig attraktiv wirkte. Nach der Betrachtung des Videobandes schätzten die Studenten ihre sexuelle Attraktion gegenüber den beiden gegengeschlechtlichen Stimuluspersonen ein. Bei großer Erregung (in der Echt-Bedingung) wurde die Attraktion der gut aussehenden Personen höher eingeschätzt als bei geringer Erregung (in der Rollenspiel-Bedingung). Die Beurteilung der weniger gut aussehenden Person wurde durch die Video-Bedingung nicht beeinflußt.

Diese Ergebnisse lassen es als plausibel erscheinen, daß romantische Liebe durch einen Attributionsprozeß intensiviert werden kann. Das zugrundeliegende attributionstheoretische Prinzip läßt sich aber noch weiter fassen. Jede Ursachenzuschreibung, die die Wahrnehmung einer intrinsisch motivierten Zuneigung gegenüber der geliebten Person erleichtert, sollte die romantische Liebe steigern, während extrinsische Ursachenzuschreibungen sich ungünstig auf die Entwicklung von Liebe auswirken sollten (Seligman, Fazio & Zanna, 1980). Wenn die romantische Attraktion als unerklärlicher intrinsisch motivierter Impuls erscheint (wie aufgrund einer Fehlattribution), sollte sie intensiver das Gefühl „Liebe" auslösen.

3.3. Bindung

Partnerschaft bedeutet auch eine längerfristige Bindung zwischen zwei Personen, die sich für ein gemeinsames Leben entscheiden (Fromm, 1956/1980). Das Ausmaß der Gemeinsamkeit ist individuell unterschiedlich. An dem einen Pol stehen Ehepaare, die sich Wohnung und Besitz teilen. Am anderen Pol lassen sich unverheiratete Paare einordnen, die nicht zusammenziehen, obwohl sie viele gemeinsame Aktivitäten (z.B. in der Freizeit, im Urlaub) planen. Im Zwischenbereich lassen sich z.B. Partnerschaften einordnen, in denen die Partner an unterschiedlichen Orten berufstätig sind und nur die Wochenenden und den Urlaub gemeinsam verbringen. Wie immer die gegenseitige Abstimmung ausgeprägt ist, ein gewisses Ausmaß an Bindung ist für romantische Beziehungen, die längere Zeit anhalten, erforderlich.

Für die kurzfristige Perspektive steht die Entscheidung an, sich für einen Partner als geliebte Person zu entscheiden, während in der längerfristigen Perspektive die Bindung an die geliebte Person, die in dem Streben zum Ausdruck kommt, die Partnerschaft aufrechtzuerhalten, zur Disposition steht. Im Unterschied zu Vertrautheit-Intimität und Leidenschaft ist die Komponente der Entscheidung stark durch kognitive Prozesse bestimmt. Das schließt aber nicht aus, daß eine Entscheidung vielfach implizit stattfindet, ohne daß eine bewußte Abwägung erfolgt. Der zeitliche Verlauf der Stärke der Bindung sollte im allgemeinen einer S-förmigen Funktion entsprechen (Sternberg, 1986). Nach einer vorsichtigen Anfangsphase sollte das Ausmaß der Bindung steil ansteigen, um sich dann auf einem mehr oder weniger hohen Niveau einzupendeln.

Kelley (1983, p. 287) faßt Bindung als eine psychologische Variable auf, die über die Dauer einer Beziehung bestimmt. Bei hohem Niveau der Bindung bleibt man „durch dick und dünn" „in guten und schlechten Tagen" zusammen. Dementsprechend läßt sich Bindung als bestimmend für den Verbleib in der Beziehung bzw. für die Stabilität der Beziehung auffassen. Stabilität sollte dann eintreten, wenn über die Zeit konsistent die Vorteile, die für eine Fortsetzung der Beziehung sprechen, die Nachteile, die dagegen sprechen, überwiegen. Die Variabilität der Differenz sollte also relativ gering sein, um ein stabiles Übergewicht der Vorteile sicherzustellen.

Die durchschnittliche Differenz der Vorteile und Nachteile über die Zeit wirkt sich auf die Bereitschaft, an der Beziehung festzuhalten, aus. (Kelley, 1983). Untersuchungsergebnisse zeigen, daß diese Bereitschaft größer ist, wenn die Belohnungen relativ groß sind im Vergleich zu den Kosten, wenn die Investitionen in der Vergangenheit groß waren und wenn Alternativen, die zur Verfügung stehen, nur wenig attraktiv sind.

Kelley (1983) versucht, die Überschneidungen und Unterschiede zwischen Liebe und Bindung aufzuzeigen. Er faßt Liebe als Teilmenge der Prozesse auf, die zwei Personen voneinander abhängig machen, und zwar sowohl zeitlich stabile Prozesse als auch instabile Prozesse. Demgegenüber ist Bindung das Ergebnis von stabilen Prozessen, die einerseits auf die Prozesse in der Beziehung zurückgehen und die andererseits durch Sachzwänge, Erwartungen der Umwelt, die die Stabilität der persönlichen Beziehungen betonen, und andere äußere Einflüsse zustandekommen. Bindung und Liebe überschneiden sich in den Bereichen, wo stabile und Beziehungs-interne Abhängigkeiten entstehen, die z.B. auf der Verwendung einer privaten, für das Paar charakteristischen Sprache beruhen.

4. Aktuelle Forschungsfragen

Nachdem begriffliche, methodische und theoretische Fragen der Liebesforschung behandelt worden sind, wenden wir uns im folgenden einigen aktuellen Forschungsfragen zu. Im wesentlichen werden drei Problembereiche angesprochen, die in der neueren Literatur besonders intensiv behandelt werden. Das sind zum einen Geschlechtsunterschiede und - damit zusammenhängend - Geschlechtsrollenunterschiede. Zum zweiten geht es um die Frage des Zusammenhangs zwischen Liebe und partnerschaftlicher Zufriedenheit. Schließlich wird die Bedeutung des Selbstwertes für Liebe und Eifersucht besprochen.

4.1. Geschlechtsunterschiede

Unterscheiden sich Männer und Frauen in ihren Antworten auf den Liebesskalen? Sind z.B. Frauen romantischer als Männer? Liegt die Betonung der männlichen Liebe mehr auf sexueller Befriedigung und die der Frauen mehr auf pragmatischen Aspekten?

Ergebnisse zur Beantwortung dieser Fragen finden sich in einer Längsschnittuntersuchung mit amerikanischen Studenten. Bei Paaren, die über ein Jahr die Beziehung aufrechterhielten, fand sich ein geringfügiger Unterschied zugunsten von Frauen, die höhere Liebeswerte erzielten. Hingegen zeigte sich in den Paarbeziehungen, die nach einem Jahr aufgelöst worden waren, daß die Liebeswerte der Frauen tendenziell niedriger lagen als die der Männer (Rubin, Peplau & Hill, 1981).

Außerdem war die Differenz in den Liebeswerten zwischen Paaren, die Bestand hatten (höhere Werte) und Paaren, die nicht Bestand hatten (niedrige Werte), bei den Frauen größer als bei den Männern (und zwar zum Zeitpunkt der ersten Messung, als alle Beziehungen noch intakt waren). Insofern spricht einiges dafür, daß die Liebeswerte der Frauen für die Frage des Bestands der Beziehung von größerer Bedeutung sind als die Liebeswerte der Männer (Rubin, Peplau & Hill, 1981).

Während der Partnerschaft ist die Rolle der Frau für den sexuellen Bereich ebenfalls von zentraler Bedeutung. Die Einstellungen der Frauen waren für die Frage, ob in vorehelichen Beziehungen Geschlechtsverkehr stattfand, bedeutsamer als die Einstellungen der Männer. So hing der religiöse Hintergrund der Frau (ob sie katholisch war oder nicht) und ihr traditioneller Lebensstil mit der Ausübung des Geschlechtsverkehrs zusammen, während sich keine entsprechenden Zusammenhänge zu den Einstellungen der Männer fanden (Peplau, Rubin & Hill, 1977).

Die prägende Rolle der Frau in herterosexuellen Beziehungen deutet sich auch im Zusammenhang mit der Intimität der Kommunikation an. Frauen scheinen generell eine größere Vertrautheit im Gespräch herzustellen als Männer (Reis, 1986). Frauen entwickeln eine größere emotionale Beteiligung an der Partnerschaft als Männer (Dion & Dion, 1985). Daher ist die Annahme gerechtfertigt, daß Frauen in einer Beziehung besonders die emotionale Nähe und gegenseitige Selbstöffnung - also grundlegende Facetten der Beziehung - fördern. Gleichzeitig scheinen sie aber auch durch eine pragmatische Einstellung zur Partnerschaft gekennzeichnet zu sein (s. unten).

Männer beschreiben sich im allgemeinen in ihren sexuellen Wünschen ähnlich (im Sinne einer Ausübung positiver Kontrolle, also der Initiierung sexueller Aktivitäten), während Frauen sich in Abhängigkeit von ihren Einstellungen deutlich in der Ausübung negativer Kontrolle (im Sinne der Abwehr des Wunsches nach sexuellen Aktivitäten) unterscheiden. Dadurch kommt es im Endeffekt dazu, daß die Einstellung der Frauen für den Verlauf der Beziehung generell wichtiger ist als die Einstellung der Männer, die in ihren Meinungen und Zielen homogener sind.

4.1.1. Geschlecht und Geschlechtsrollenorientierung als Korrelate der Liebe

Neben dem Geschlecht muß auch die Geschlechtsrollenorientierung als Korrelat der Liebe berücksichtigt werden, da möglicherweise ein Teil der typischen Geschlechtseffekte auf Geschlechtsrollenunterschiede zurückgeht. Bem (1977) unterschied zwischen einer instrumentellen Orientierung, die durch eine aktive, zupackende Einstellung gekennzeichnet ist, und einer expressiven Orientierung, die sich auf soziale Offenheit und interpersonelle Sensibilität bezieht (s. auch Bierhoff-Alfermann, 1989). Instrumentalität entspricht eher der traditionellen männlichen Geschlechtsrolle, während Expressivität der weiblichen Geschlechtsrolle, wie sie in Stereotypien zum Ausdruck kommt, entspricht.

Während sich zwischen Instrumentalität und Liebe keine bedeutsame Beziehung ergab, war Expressivität positiv mit Liebe korreliert (Cunningham & Antill, 1981). Personen, die stärker eine expressive Orientierung zum Ausdruck brachten, erreichten höhere Liebeswerte auf der Rubin-

Skala. Dieser Zusammenhang wurde sowohl bei verheirateten und unverheirateten Personen als auch bei Männern und Frauen beobachtet.

In einer Untersuchung mit meist 20-21jährigen Studenten (N = 286) setzten Bailey, Hendrick und Hendrick (1987) Geschlechtsrollenorientierung (gemessen nach Bem, 1977) mit den Liebesstilen, die von Lee beschrieben wurden, in Beziehung. Maskulinität korrelierte positiv mit Ludus. Weitere Korrelationen waren nicht bedeutsam. Femininität korrelierte mit allen sechs Liebesskalen signifikant. Größere Femininität hing mit größeren Werten für Eros, Storge, Pragma, Mania und Agape und niedrigeren Werten für Ludus zusammen. Aufgrund der großen Stichprobe wurden aber schon sehr kleine Korrelationen signifikant. Die höchsten Zusammenhänge fanden sich einerseits mit Ludus (positiv Maskulinität, negativ Femininität) und andererseits zwischen Expressivität und Mania und Agape.

Neben diesen Zusammenhängen wurden auch drei signifikante Geschlechtsunterschiede berichtet: Männer betonten stärker die spielerische Liebe, während Frauen stärker die pragmatische und die besitzergreifende Liebe hervorhoben.

Untersuchungen mit der deutschen Version der Skalen zur Messung von Liebesstilen führten zu Ergebnissen, die z.T. mit den genannten Resultaten bei amerikanischen Studenten übereinstimmen. In zwei Untersuchungen (Bierhoff, Fink & Montag, 1988) verglichen wir die Liebeswerte von Partnern im Hinblick auf die sechs Liebesstile von Lee. In der ersten Studie mit 50 Paaren traten keine nennenswerten Geschlechtsunterschiede auf den sechs Skalen auf.

In der zweiten Studie mit 76 Paaren wurde einer der Geschlechtsunterschiede, die von Bailey, Hendrick und Hendrick (1987) berichtet wurden, repliziert. Denn Frauen erzielten höhere Werte auf der Mania-Skala als Männer (Abb. 2). Bei den 152 Befragten aus 76 Paaren fanden sich neben einem signifikanten Geschlechtseffekt aber auch zwei signifikante Haupteffekte der Expressivität und Instrumentalität, während die Interaktionen nicht signifikant waren. (Die Werte auf den Skalen Instrumentalität und Expressivität wurden zum Zweck dieser Auswertung am Median halbiert.)

Personen mit niedrigeren Instrumentalitätswerten und hohen Expressivitätswerten tendierten zu einer ausgeprägteren besitzergreifenden Liebe. Eine multiple Regressionsanalyse, in die zuerst das Geschlecht als Prädiktor einging, ergab, daß nur die beiden Geschlechtsrollenvariablen einen unabhängigen Beitrag zur Vorhersage der Mania-Werte leisteten. Geschlecht war in dieser Analyse als Prädiktor nicht weiter bedeutsam.

Auch für Pragma fand sich in der Tendenz ein Mittelwertunterschied, der dem der amerikanischen Stichprobe entspricht, da Frauen die Pragma-Orientierung stärker betonen als Männer. Der Unterschied lag in derselben Größenordnung wie in den US-Untersuchungen. Dieses Ergebnis stimmt mit dem Befund von Rubin, Peplau und Hill (1981) überein, die Frauen eine größere pragmatische Orientierung attestierten als Männern (s. auch Baily, Hendrick & Hendrick, 1987). Die Geschlechtsrollenorientierung wirkt sich, wie unsere Daten zeigen, ebenfalls auf die pragmatische Orientierung aus, da hoch instrumentelle Personen eher höhere Werte auf der Pragma-Skala erreichen. Beide Effekte erwiesen sich in einer multiplen Regressionsanalyse als voneinander unabhängig und statistisch bedeutsam.

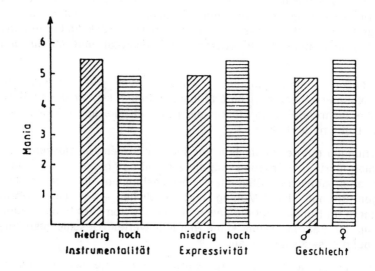

Abb. 2:
Geschlechtseffekte und Geschlechtsrolleneffekte für Mania. Mania variiert zwischen 1 und 9. Je höher der Wert, desto größer die Ausprägung der Liebesstile

Ein Hauptgrund für die größere pragmatische Einstellung der Frauen scheint zu sein, daß sich ihr Lebensstandard im späteren Leben stärker nach dem Status des Mannes richtet (im Vergleich zu der Abhängigkeit des Lebensstandards des Mannes von dem Status der Frau). Während Männer eher eine Geliebte und Partnerin suchen, geht es für Frauen eher um das Finden eines Partners, der ihnen einen angemessenen Lebensstandard sichern kann (Rubin, Peplau & Hill, 1981).

In einer empirischen Untersuchung, an der insgesamt 231 Paare teilnahmen, die meist etwa 20 Jahre alt waren, fanden sich Hinweise darauf, daß sich Männer schneller verlieben als Frauen, während Frauen eine

Beziehung eher als Männer verlassen (Rubin, Peplau & Hill, 1981). Ein Beleg dafür besteht darin, daß Männer eher an eine romantische Ideologie glaubten als Frauen (nach dem Motto: Liebe auf den ersten Blick, Liebe überwindet alle Grenzen; allerdings konnte dieser Unterschied bei Paaren, die im Durchschnitt älter waren, nicht repliziert werden; s. Cunningham und Antill, 1981). Außerdem gaben Männer an, daß ihnen für den Beginn der Beziehung der Wunsch, sich zu verlieben, besonders wichtig war, während Frauen diesen Wunsch weniger stark zum Ausdruck brachten.

Schließlich fanden sich Hinweise darauf, daß speziell in den ersten drei Monaten einer Beziehung die Liebeswerte der Männer auf der Rubin-Skala die der Frauen übertreffen. Am Anfang scheinen also eher die Männer als die Frauen „über beide Ohren verliebt" zu sein.

Weiteren Aufschluß lieferte eine Untersuchung an 255 Studenten (Dion & Dion, 1973), in der mehr Frauen als Männer angaben, schon einmal verliebt gewesen zu sein. Gleichzeitig beschrieben die Studentinnen ihre Einstellung zur Partnerschaft als pragmatischer als die Studenten und folgten weniger dem romantischen Ideal. Daher kommen die Autoren zu dem Schluß, daß die Studentinnen ihre romantische Liebe stärker als ihre männlichen Kommilitonen in Begriffen von pragmatischen Gegebenheiten als in Begriffen von Idealisierungen der einzigen großen Liebe faßten.

Was die Beendigung der Beziehung angeht, so erwiesen sich Frauen als sensibler für bestehende Probleme in ihrer Beziehung im Vergleich zu ihren Freunden. In Beziehungen, die vor der Trennung standen, nannten Frauen eher Probleme (z.B. in bezug auf gemeinsame Interessen, Heiratspläne). Bei der Frage nach Problemen bei gemeinsamen Interessen bestand eine Nullkorrelation zwischen den Einschätzungen der Partner (Hill, Rubin & Peplau, 1976).

Schließlich weisen Angaben über emotionale Reaktionen nach der Trennung darauf hin, daß die Trennung für die Männer eine besonders traumatische Erfahrung war. Bemerkenswert ist auch das Ergebnis, daß die Partner nach der Trennung eher gute Freunde blieben, wenn der Mann die Trennung gewollt hatte, als wenn die Frau die treibende Kraft war.

Die Geschlechtsunterschiede auf den Skalen Mania und Pragma wurden also in einer deutschen Stichprobe repliziert. Altruistische Liebe erwies sich in der Stichprobe von 76 Paaren als sowohl vom Geschlecht der Befragten als auch von ihrer Geschlechtsrollenorientierung abhängig (Abb. 3). Männer schrieben sich mehr Agape zu als Frauen, hoch instrumentelle Personen und hoch expressive Personen brachten mehr Agape zum Ausdruck als niedrig expressive Personen. Die multiple Regressionsanalyse, in die wieder Geschlecht als erster Prädiktor aufgenommen wurde, ergab, daß Expressivität und Geschlecht signifikante Prädiktoren von Agape waren, jedoch nicht Instrumentalität.

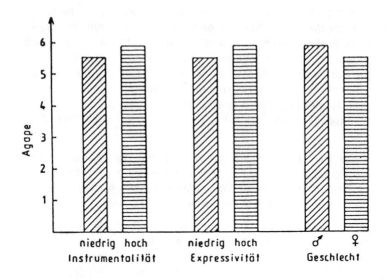

Abb. 3:
Geschlechtseffekte und Geschlechtsrolleneffekte für Agape. Agape variiert zwischen 1 und 9. Je höher der Wert, desto größer die Ausprägung des Liebesstils.

Von den sechs Liebesstilen waren in einer der zwei deutschen Stichproben im wesentlichen drei - Mania, Agape und Pragma - von der Geschlechtsrollenorientierung und von dem Geschlecht der Befragten beeinflußt. Die multiplen Regressionsanalysen zeigten, daß ein Teil der Geschlechtseffekte durch unterschiedliche Geschlechtsrollen erklärt werden kann. Darüber hinaus waren aber auch - insbesondere bei Pragma und Agape - direkte Geschlechtseffekte festzustellen, die nicht durch die Geschlechtsrollenorientierung vermittelt wurden.

Diese Darstellung der Ergebnisse sollte das mögliche Zusammenspiel von Geschlecht und Geschlechtsrollenorientierung als Korrelate der Liebesstile verdeutlichen. Abschließend ist zu erwähnen, daß der Geschlechtseinfluß auch stichprobenspezifisch ist, wie der Vergleich zwischen unseren beiden Stichproben zeigt, von denen nur eine bedeutsame Geschlechtsunterschiede erkennen ließ. Weitere Ergebnisse zum Einfluß des Geschlechts werden an anderer Stelle berichtet (Bierhoff & Klein, im Manuskript).

4.1.2. Geschlechtsunterschiede für Permissivität

Während die Mittelwertunterschiede auf den Liebesskalen zwischen Männern und Frauen relativ gering ausfielen, fanden sich große Unterschiede im Hinblick auf Einstellungen zur Sexualität, die unter dem Begriff der Permissivität zusammengefaßt werden können. Diese Geschlechtsunterschiede deuten darauf hin, daß es in persönlichen Beziehungen im Hinblick auf Sexualität typische Geschlechtsrollen gibt. Männer üben „positive Kontrolle" aus, indem sie i.a. auf Geschlechtsverkehr drängen, während Frauen typischerweise „negative Kontrolle" ausüben, weil sie eher dahin tendieren, sexuelle Erfahrungen abzublocken (Peplau, Rubin & Hill, 1977). So antworteten z.B. Frauen ablehnender gegenüber „Gelegenheitssex" als Männer. Außerdem glaubten Männer häufiger als Frauen, daß das „Beste" an ihrer Beziehung der Sex sei (vgl. Eysenck, 1983).

Im Hinblick auf die Permissivität fanden sich große Einstellungsunterschiede zwischen Männern und Frauen (Hendrick, Hendrick, Slapion-Foote & Foote, 1985), da Männer wesentlich permissiver antworteten. Der Mittelwertunterschied ist sehr groß und deutet auf stark geschlechtsspezifische Ausformungen der sexuellen Einstellungen hin, wie sie auch von Eysenck (1983) im Hinblick auf sexuelle Neigungen festgestellt wurden. Weiterhin zeigte sich, daß Frauen stärker die Verantwortung betonten und konventioneller antworteten. Diese Unterschiede sorgen für ein fortdauerndes Spannungsverhältnis in der Beziehung zwischen den Geschlechtern und sind eine wichtige Ursache für partnerschaftliche Unzufriedenheit.

Was die Beziehung zwischen Liebe und konservativen sexuellen Einstellungen angeht, werden von Peplau, Rubin und Hill (1977) interessante Beobachtungen berichtet. Sie gingen von der plausiblen Annahme aus, daß der Zeitpunkt des ersten Geschlechtsverkehrs ein Indikator für traditionelle sexuelle Einstellungen ist. Daher unterteilten sie die von ihnen befragten Paare in solche, die innerhalb eines Monats, nachdem sie zum ersten Mal gemeinsam ausgegangen waren, sexuellen Verkehr hatten, und in solche, die noch keinen Geschlechtsverkehr gehabt hatten. Der Vergleich zeigte, daß die erstgenannte Gruppe relativ permissive Einstellungen gegenüber der Sexualität zum Ausdruck brachte. Neben diesem naheliegenden Ergebnis fand sich ein sehr wichtiges Resultat: Die eingeschätzte Liebe und die wahrgenommene Nähe zu der anderen Person waren - bei Männern und Frauen gleichermaßen - in der ersten Gruppe größer als in der zweiten Gruppe.

Für diese Zusammenhänge können mehrere Gründe eine Rolle spielen, die in ihrer Bedeutung aufgrund der Daten nur schwer eingeschätzt werden können. Hier soll nur eine Möglichkeit angesprochen werden, die darin besteht, daß die Wartephase mit erhöhter Frustration verbunden ist, die sich in gesteigerten Liebesgefühlen niederschlägt (Brickman, 1987).

4.2. Liebe und Zufriedenheit

Welche Merkmale stehen mit der Liebesorientierung in Zusammenhang? Eine umfassende Analyse möglicher Korrelate bei australischen Paaren (Cunningham & Antill, 1981) führt zu verschiedenen interessanten Hinweisen:

Eine der höchsten (negativen) Korrelationen fand sich zwischen Liebe und der Neigung, Geschlechtsverkehr mit anderen Personen als dem Partner anzustreben. Umso größer die Liebe, desto exklusiver die sexuelle Beziehung.

Liebe und das eingeschätzte Glück in der Beziehung korrelierten hoch positiv. Wer verliebt war, tendierte dazu, die Beziehung als glücklich zu beurteilen (Cunningham & Antill, 1981). Dieses Ergebnis deutet darauf hin, daß Liebe und partnerschaftliche Zufriedenheit miteinander in Beziehung stehen. Eine weiterführende Frage bezieht sich darauf, welche Aspekte der Liebe die Zufriedenheit beeinflussen. Hinweise zur Beantwortung dieser Frage ergeben sich, wenn die Beziehung der Liebesstile zur partnerschaftlichen Zufriedenheit untersucht wird (Bierhoff, 1989a). Die Ergebnisse beziehen sich auf zwei Fragen: Wie hängt die selbst eingeschätzte Liebe mit der eigenen Zufriedenheit zusammen? Wie hängt der Liebesstil des Partners (die fremd eingeschätzte Liebe) mit der eigenen Zufriedenheit zusammen?

Die Auswertung erfolgte mit den Daten der 76 Paare, über die weiter oben schon berichtet wurde. Die Zufriedenheit wurde durch eine Frage erfaßt, die in dieser Form schon von Hahlweg (1979) verwendet wurde: „Wie glücklich würden Sie ihre Ehe bzw. Partnerschaft im Augenblick einschätzen?". Sechs Antwortalternativen standen zur Verfügung, die von sehr unglücklich bis sehr glücklich reichten, und mit den Werten von 1 bis 6 kodiert wurden. Dieses Kurzrating der Zufriedenheit hat sich gut bewährt und korreliert hoch mit einer 15-Item umfassenden Zufriedenheitsskala sowie mit den Einschätzungen von Bekannten.

Bei Männern und Frauen fand sich ein einheitlicher und signifikanter Zusammenhang: Eros korrelierte hoch mit dem Glück in der Partnerschaft. Bei Männern betrugen die Korrelationen $r = .41$ (Selbsteinschätzung) und $r = .54$ (Fremdeinschätzung), bei Frauen betrugen die entsprechenden Korrelationen $r = .44$ und $r = .25$.

Während Eros mit der Zufriedenheit positiv zusammenhängt, ist die spielerische Liebe ein negatives Korrelat der Zufriedenheit. Bei Männern betrugen die Korrelationen $r = -.39$ (Selbsteinschätzung) und $r = -.33$ (Fremdeinschätzung). Bei Frauen lauteten die entsprechenden Werte $r = -.25$ und $r = -.24$. Alle Korrelationen sind signifikant. Je höher die Ludus-Neigung ausgeprägt war, desto unzufriedener beschrieben sich die Partner.

Diese Ergebnisse werden voll bestätigt durch eine in den USA durchgeführte Untersuchung an Paaren (Hendrick, Hendrick & Adler, 1988), in der sich ebenfalls substantielle Korrelationen zwischen Eros und Glück in der Selbsteinschätzung zeigten. Während Eros in einer positiven Beziehung mit der partnerschaftlichen Zufriedenheit stand, korrelierte Ludus negativ mit dem selbst eingeschätzten Glück. Zusammengenommen bleibt kaum ein Zweifel daran, daß von den sechs Liebesskalen im wesentlichen Eros in positivem Zusammenhang mit dem Glück in der Partnerschaft steht, während Ludus einen negativen Zusammenhang aufweist.

4.3. Hohes Selbstwertgefühl: Sehr romantisch, aber auch besitzergreifend?

Welcher Zusammenhang besteht zwischen Selbstwertgefühl und Liebe? Theoretisch lassen sich sowohl Argumente für einen positiven Zusammenhang finden als auch solche für einen negativen Zusammenhang (Dion & Dion, 1975). Einerseits könnte es so sein, daß Personen, die über einen hohen Selbstwert verfügen, dadurch selbstsicherer sind und sich unbefangen und offen einem Partner liebend zuwenden können. Andererseits läßt sich auch vermuten, daß niedriger Selbstwert ein Streben nach Abhängigkeit und Bestätigung hervorruft, das sich in Liebesgefühlen niederschlägt.

Die Ergebnisse von Dion und Dion (1975) sprechen eher für den letztgenannten Zusammenhang, da eine negative Beziehung zwischen Selbstwert und Liebe bestand. Wenn das Selbstwertgefühl eher beeinträchtigt war, tendierten die Liebeswerte eher nach oben. Eine weitergehende Überlegung läßt vermuten, daß Selbstwertgefühl vor allem mit besitzergreifender Liebe zusammenhängt. Hendrick und Hendrick (1986) stellten fest, daß Selbstwertgefühl in komplexer Weise mit den Liebesstilen in Beziehung steht. Zunächst einmal bestand die Tendenz, daß bei höherem Selbstwert sowohl Eros als auch Ludus höher ausgeprägt waren. Das erstgenannte Ergebnis entspricht der Annahme, daß ein positiver Selbstwert eine Voraussetzung für eine romantische Zuneigung ist.

Allerdings deutet der Zusammenhang mit Ludus an, daß Selbstsicherheit auch mit einer aktiveren Rolle bezüglich der Suche nach sexuellen Partnern zusammenhängen kann. Darüberhinaus - und insofern stimmen die Ergebnisse von Hendrick und Hendrick (1986) mit denen von Dion und Dion (1975) überein - bestand die Tendenz zu einer größeren Ausprägung von Mania bei niedrigem Selbstwert.

Dieses Resultat wurde in einer Untersuchung am Fachbereich Psychologie der Universität Marburg (Shaw, 1989) bestätigt. In dieser Untersuchung wurde das Selbstwertgefühl mit einer deutschen Version der Skala von Janis und Field (1959) gemessen, während die Liebesstile mit der deutschen Version der Lee-Skalen erfaßt wurden. Bei 61 Befragten beiderlei Geschlechts, die im Mittel 23 Jahre alt waren, fand sich eine hohe negative Korrelation (r = -.40) zwischen Selbstwertgefühl und besitzergreifender Liebe. Im Hinblick auf Ludus konnten die Ergebnisse von Hendrick und Hendrick (1986) nicht repliziert werden, da sich eine Nullkorrelation ergab. Für Eros fand sich eine in der Tendenz positive Beziehung zwischen Selbstwertgefühl und Eros, die aber nicht signifikant wurde. Allerdings fand sich eine signifikante positive Korrelation (r = .25) mit einer Selbstkonzeptskala, die hoch positiv mit dem Selbstwertgefühl zusammenhing.

Erwähnenswert ist noch, daß die signifikante negative Korrelation zwischen Selbstwertgefühl und besitzergreifender Liebe ergänzt wird durch eine signifikante negative Korrelation (r = -.38) zwischen der erwähnten Selbstkonzeptskala und besitzergreifender Liebe. Selbstwertgefühl und Selbstkonzept korrelierten signifikant negativ mit Eifersucht im Sinne einer wahrgenommenen Bedrohung der Ausschließlichkeit der Beziehung (gemessen mit einer deutschen Version der Skala von Hupka, Buunk, Falus, Fulgosi, Ortega, Swain & Tarabrina, 1985; r = -.32 bzw. r = -.38).

Zusammenfassend ist zu sagen, daß Selbstwertgefühl schwach positiv mit romantischer Liebe zusammenhängt, während gleichzeitig konsistent negative Beziehungen mit der besitzergreifenden Liebe auftreten (s. auch Hendrick & Hendrick, 1987). Geringes Selbstwertgefühl scheint durch Eifersucht und Leidenschaft kompensiert zu werden. Eine mögliche Erklärung geht davon aus, daß selbstunsichere Personen Selbstzweifel mit Zweifeln an der Zuverlässigkeit des Partners verbinden, die eine besitzergreifende, kontrollierende Liebeseinstellung hervorrufen könnten (s. Hendrick & Hendrick, 1987). Geringer Selbstwert scheint also dazu beizutragen, daß die Liebe intensiv empfunden wird und die Gedanken beherrscht (Dion & Dion, 1988).

Die positive Rolle eines hohen Selbstwertes wurde durch das Ergebnis einer Repräsentativbefragung in New Jersey verdeutlicht. Selbst-Akzeptanz hing positiv mit Interesse an Dating und sexueller Aktivität bei 376 12-18jährigen Jugendlichen zusammen (Newcomb, Huba & Bentler, 1986). Wem es leicht fällt, seine Liebe auszudrücken (heterosexuelle Kompetenz), und wer eine hohen Selbstwert hat, der hat ein verstärktes Bedürfnis nach heterosexuellen Kontakten, was zu entsprechenden sozialen und sexuellen Aktivitäten fürt. Darin kommt zum Ausdruck, daß hoher Selbstwert mit besserer sozialer Kompetenz zusammenhängt (Dion & Dion, 1988).

Neben dem Selbstwertgefühl ist Self-Monitoring ein wichtiges Korrelat der Liebe. Self-Monitoring bezeichnet die Tendenz, die eigene Selbstdarstellung in der Öffentlichkeit zu planen und sich so zu verhalten, wie es unter den gegebenen situativen Umständen angemessen zu sein scheint (Snyder, 1987). Hohe Self-Monitorer zeichnen sich z.B. dadurch aus, daß ihre Verhaltensweisen mit ihren Einstellungen weniger konsistent sind als bei niedrigen Self-Monitorern (s. die Übersicht bei Bierhoff, 1988).

Die Ergebnisse von Hendrick und Hendrick (1988) deuten an, daß Verliebtheit mit einem geringeren Ausmaß des Self-Monitoring zusammenhängt. Während Nichtverliebte relativ hohe Werte für Self-Monitoring erzielten, lagen Verliebte in ihren Self-Monitoring Werten im Durchschnitt niedriger. In diesem Sinn scheint also Liebe zur Ehrlichkeit der Selbstdarstellung beizutragen. In diesem Zusammenhang weist auch Hatfield (1988) darauf hin, daß eine starke Orientierung an Selbstdarstellung für die Entwicklung der Partnerschaft nachteilig ist.

5. Diskussion

Ob der Leser oder die Leserin an dieser Stelle den Eindruck hat, das Wissen über Liebe durch das Lesen des Beitrags erweitert zu haben, weiß ich nicht, aber ich will es hoffen. In diesem Zusammenhang bin ich sicher, daß auch viele Fragen ungeklärt geblieben sind. Dazu zählt z.B. die Frage nach der Entwicklung der Liebesstile in Kindheit und Jugend (vgl. aber Shaver, Hazan & Bradshaw, 1988). Ein Beitrag wie dieser kann auch nicht die philosophisch-anthropologische Auseinandersetzung mit dem Thema Liebe ersetzen oder das „Geheimnis der Liebe" beleuchten, wie es in Dichtung und Kunst dargestellt wird.

Einige Hinweise, insbesondere im Zusammenhang mit den Theorien der Liebe, sollten aber deutlich machen, daß Liebe nicht umsonst ein schwer verständliches Phänomen ist. Belohnungserfahrungen allein können die Entstehung von Liebe nur unzureichend erklären. Andere Faktoren - wie die Abfolge von Belohnungen und Frustrationen und das Überwiegen von intrinsischen Attributionen gegenüber extrinsischen Attributionen in kritischen Bereichen der interpersonellen Erfahrung - sind von Bedeutung. Darüber hinaus ist der Verlauf der Liebe über die Zeit uneinheitlich, weil sich die einzelnen Komponenten - Intimität, Leidenschaft und Bindung - in Abhängigkeit von der Länge der Beziehung unterschiedlich entwickeln. In diesem Zusammenhang ist auch auf das Potential von Enttäuschung und Trauer zu verweisen, das durch die Auflösung einer Liebesbeziehung freigesetzt werden kann (vgl. die opponent-process-Theorie von Solomon, 1980).

Abschließend sei die Frage gestellt, ob sich die Erforschung der Liebe lohnt. Sicher aus theoretischer Perspektive, da sich weitreichende Einsichten über enge Beziehungen ergeben. Aber ich meine auch, daß sich langfristig - und schon jetzt erkennbar - wichtige Erkenntnisse für die Beratung bei Konflikten und Schwierigkeiten in der Partnerschaft und für das Lernen der Planung einer erfolgreichen Partnerschaft ergeben (s. auch Hendrick & Hendrick, 1987). So kann der einzelne prüfen, welche Liebesstile ihn oder sie besonders auszeichnen und welche Liebesstile der Partner oder die Partnerin bevorzugen sollte.

Die Dynamik von Liebesbeziehungen ist noch lange nicht hinreichend erforscht. Der Anfang, der in den letzten zwei Jahrzehnten gemacht wurde, läßt aber hoffen, daß sich langfristig ein umfangreiches und nützliches Wissen über enge Paarbeziehungen aufbauen läßt, das den Menschen hilft, sich ihr Zusammenleben zu erleichtern.

Literatur

Aronson, E. (1969). Some antecedents of interpersonal attraction. In W.J. Arnold & D. Levine (eds.). *Nebraska Symposium on Motivation* (pp. 143-173). Lincoln, NE: University of Nebraska Press.

Aronson, E. & Linder, D. (1965). Gain and loss of esteem as determinants of interpersonal attractiveness. *Journal of Experimental and Social Psychology, 1,* 156-171.

Averill, J.R. (1985). The social construction of emotions: With special reference to love. In K.J. Gergen & K.E. Davis (eds.). *The social construction of the person* (pp. 89-109). New York: Springer.

Averill, J.R. & Boothroyd, P. (1977). On falling in love in conformance with the romantic ideal. *Motivation and Emotion, 1,* 235-247.

Bailey, W.C., Hendrick, C. & Hendrick, S.S. (1987). Relation of sex and gender role to love, sexual attitudes, and self-esteem. *Sex Roles, 16,* 637-648.

Bem, S.L. (1977). On the utility of alternative procedures for assessing psychological androgyny. *Journal of Consulting and Clinical Psychology, 45,* 196-205.

Bentler, P.M. & Huba, G.J. (1979). Simple minitheories of love. *Journal of Personality and Social Psychology, 37,* 124-130.

Berscheid, E. (1983). Emotion. In H.H. Kelley, E. Berscheid, A. Christensen, J.H. Harvey, T.L. Huston, G. Levinger, E. McClintock, L.A. Peplau & D.R. Peterson (eds.). *Close relationships* (pp. 110-168). New York: Freeman.

Berscheid, E. & Walster, E. (1974). A little bit about love. T.L. Huston (ed.). *Foundations of interpersonal attraction* (pp. 355-381). New York: Academic Press.

Bierhoff, H.W. (1980). Naive psychologische Theorien und Eigenschaften als Funktion des Interaktionsmusters der Stimulusperson. *Zeitschrift für Sozialpsychologie, 11,* 181-188.

Bierhoff, H.W. (1988). *Sozialpsychologie* (2. Aufl.). Stuttgart: Kohlhammer.

Bierhoff, H.W. (1989a). Liebesstile. *Psychologie Heute, 16(2),* 16-17.

Bierhoff, H.W. (1989b). Trust and trustworthiness. In S.H. Filipp & L. Montada (Organisatoren), 1st international conference on crises and loss experiences in the adult years. Universität Trier.

Bierhoff, H.W., Fink, A. & Montag, E. (1988). Vertrauen, Liebe und Zufriedenheit in partnerschaftlichen Beziehungen. In W. Schönpflug (ed.). *Bericht über den 36. Kongreß der Deutschen Gesellschaft für Psychologie in Berlin 1988* (Vol. 1, pp. 409-410). Göttingen: Hogrefe.

Bierhoff, H.W. & Klein, R. (im Manuskript). Dimensionen der Liebe: Entwicklung einer deutschsprachigen Skala zur Erfassung von Liebesstilen.

Bierhoff-Alfermann, D. (1989). *Androgynie*. Opladen: Westdeutscher Verlag.

Brickman, P. (1987). *Commitment, conflict, and caring*. Englewood Cliffs, NJ: Prentice Hall.

Byrne, D. & Murnen, S.K. (1988). Maintaining loving relationships. In R.J. Sternberg & M.L. Barnes (eds.). *The psychology of love* (pp. 293-310). New Haven, CT: Yale University Press.

Cantor, J.R., Zillmann, D. & Bryant, J. (1975). Enhancement of experienced sexual arousal in response to erotic stimuli through misattribution of unrelated residual excitation. *Journal of Personality and Social Psychology, 32,* 69-75.

Centers, R. (1975). *Sexual attraction and love: An instrumental theory*. Springfield, IL: Thomas.

Cunningham, J.D. & Antill, J.K. (1981). Love in developing romantic relationships. In S. Duck & R. Gilmour (eds.). *Personal Relationship*, (Vol. 2, pp. 27-51). London: Academic Press.

Davis, K.E. & Latty-Mann, H. (1987). Love styles and relationship quality: A contribution to validation. *Journal of Social and Personal Relationships, 4,* 409-428.

Davis, K.E. & Roberts, M.K. (1985). Relationships in the real world: The Descriptive Psychology approach to personal relationships. In K.J. Gergen & K.E. Davis (eds.). *The social construction of the person* (pp. 145-163). New York: Springer.

Dion, K.K. & Dion, K.L. (1975). Self-esteem and romantic love. *Journal of Personality, 43,* 39-57.

Dion, K.L. & Dion, K.K. (1973). Correlates of romantic love. *Journal of Consulting and Clinical Psychology, 41,* 51-56.

Dion, K.K. & Dion, K.L. (1985). Personality, gender, and the phenomenology of romantic love. In P. Shaver (ed.). *Self, situations, and social behavior* (pp. 209-239). Beverly Hills, CA: Sage.

Dion, K.L. & Dion, K.K. (1988). Romantic love. Individual and cultural perspectives. In R.J. Sternberg & M.L. Barnes (eds.). *The psychology of love* (pp. 264-289). New Haven, CT: Yale University Press.

Duden (1985). Das Bedeutungswörterbuch. Mannheim: Bibliographisches Institut.

Dutton, D.G. & Aron, A.P. (1974). Some evidence for heightened sexual attraction under conditions of high anxiety. *Journal of Personality and Social Psychology, 30,* 510-517.

Dutton, D.G. & Aron, A.P. (1989). Romantic attraction and generalized liking for others who are sources of conflict-based arousal. *Canadian Journal of Behavioural Science, 21,* 246-257.
Eysenck, H.J. (1983). *Das Partnerbuch.* München: Goldmann (deutsche Ausgabe, 1983/5).
Fromm, E. (1980). *Die Kunst des Liebens.* Stuttgart: Deutsche Verlagsanstalt (orig. 1956).
Hahlweg, K. (1979). Konstruktion und Validierung des Partnerschaftsfragebogens PFB. *Zeitschrift für Klinische Psychologie, 8,* 17-40.
Hatfield, E. (1988). Passionate and companionate love. In R.J. Sternberg & M.L. Barnes (eds.). *The psychology of love* (pp. 191-217). New Haven, CT: Yale University Press.
Hendrick, S.S. (1981). Self-disclosure and marital satisfaction. *Journal of Personality and Social Psychology, 40,* 1150-1159.
Hendrick, C. & Hendrick, S. (1986). A theory and method of love. *Journal of Personality and Social Psychology, 50,* 392-402.
Hendrick, C. & Hendrick. S.S. (1988). Lovers wear rose colored glasses. *Journal of Social and Personal Relationships, 5,* 161-183.
Hendrick, S.S. & Hendrick, C. (1987). Love and sex attitudes: A close relationship. In W.H. Jones & D. Perlman (eds.). *Advances in personal relationships* (Vol. 1, pp. 141-169). Greenwich, CT: JAI Press.
Hendrick, S.S., Hendrick, C. & Adler, N.L. (1988). Romantic relationships: Love, satisfaction, and staying together. *Journal of Personality and Social Psychology, 54,* 980-988.
Hendrick, S.S., Hendrick, S., Slapion-Foote, M.J. & Foote, F.H. (1985). Gender differences in sexual attitudes. *Journal of Personality and Social Psychology, 48,* 1630-1642.
Hill, C.T., Rubin, Z. & Peplau, L.A. (1976). Breakups before marriage: The end of 103 affairs. *Journal of Social Issues, 32(1),* 147-168.
Hill, C.T. & Stull, D.E. (1982). Disclosure reciprocity: Conceptual and measurement issues. *Social Psychology Quarterly, 45,* 238-244.
Hupka, R.B., Buunk, B., Falus, G., Fulgosi, A., Ortega, E., Swain, R. & Tarabrina, N.V. (1985). Romantic jealousy and romantic envy. A seven-nation study. *Journal of Cross-Cultural Psychology, 16,* 423-446.
Istvan, J., Griffitt, W. & Weidner, G. (1983). Sexual arousal and the polarization of perceived sexual attractiveness. *Basic and Applied Social Psychology, 4,* 307-318.
Janis, I.L. & Field, P.B. (1959). Sex differences and personality factors related to personality. In I.L. Janis et al., *Personality and persuability* (pp. 55-68). New Haven, CT: Yale University Press.
Kelley, H.H. (1979). *Personal relationships. Their structures and processes.* Hillsdale, NJ: Erlbaum.
Kelley, H.H. (1983). Love and commitment. In H.H. Kelley, E. Berscheid, A. Christensen, J.H. Harvey, T.L. Huston, G. Levinger, E. McClintock, L.A. Peplau & D.R. Peterson (eds.). *Close relationships* (pp. 265-314). New York: Freeman.

Kelley, H.H. & Thibaut, J.W. (1978). *Interpersonal relations. A theory of interdependence.* New York: Wiley.

Lee, J.A. (1973/1976). *The colors of love.* Englewood Cliffs, NJ: Prentice-Hall.

Lee, J.A. (1988). Love-styles. In R.J. Sternberg & M.L. Barnes (eds.). *The psychology of love* (pp. 38-67). New Haven, CT: Yale University Press.

Levinger, G. & Senn, D.J. (1967). Disclosure of feelings in marriage. *Merrill-Palmer Quarterly, 13,* 237-249.

Luhmann, N. (1982). *Liebe als Passion.* Frankfurt: Suhrkamp.

Mandler, G. (1975). *Mind and Emotion.* New York: Wiley.

McAdams, D.C., Healy, S. & Krause, S. (1984). Social motives and patterns of friendship. *Journal of Personality and Social Psychology, 47,* 828-838.

Murstein, B.I. (1988). A taxonomy of love. In J.R. Sternberg & M.L. Barnes (eds.). *The psychology of love* (pp. 13-37). New Haven, CT: Yale University Press.

Newcomb, M.D., Huba, G.J. & Bentler, P.M. (1986). Determinants of sexual and dating behaviors among adolescents. *Journal of Personality and Social Psychology, 50,* 428-438.

Peplau, L.A., Rubin, Z. & Hill, C.T. (1977). Sexual intimacy in dating relationships. *Journal of Social Issues, 33(2),* 86-109.

Reis, H.T. (1986). Gender effects in social participation: Intimacy, loneliness, and the conduct of social interaction. In R. Gilmour and S. Duck (eds.). *The emerging field of personal relationships* (pp. 91-105). Hillsdale, NJ: Lawrence Erlbaum.

Rempel, J.K., Holmes, J.G. & Zanna, M.P. (1985). Trust in close relationships. *Journal of Personality and Social Psychology, 49,* 95-112.

Rubin, Z. (1970). Measurement of romantic love. *Journal of Personality and Social Psychology, 16,* 265-273.

Rubin, Z. (1973). *Liking and Loving. An invitation to social psychology.* New York: Holt.

Rubin, Z., Peplau, L.A. & Hill, C.T. (1981). Loving and leaving: Sex differences in romantic attachments. *Sex Roles, 7,* 821-835.

Schachter, S. & Singer, J.E. (1962). Cognitive, social, and psychological determinants of emotional state. *Psychological Review, 69,* 379-399.

Schwartz, G. & Weinberger, D. (1980). Patterns of emotional responses to affective situations: Relations among happiness, sadness, anger, fear, depression and anxiety. *Motivation and Emotion, 4,* 175-191.

Sears, D.O. (1986). College sophomores in the laboratory: Influences of a narrow data base on social psychology's view of human nature. *Journal of Personality and Social Psychology, 51,* 515-530.

Sears, D.O., Peplau, A., Freedman, J.C. & Taylor, S.E. (1988). *Social Psychology,* (6. Aufl.). Englewood Cliffs, NJ: Prentice-Hall.

Seligman, C., Fazio, R.H. & Zanna, M.P. (1980). Effects of salience of extrinsic rewards on liking and loving. *Journal of Personality and Social Psychology, 38,* 453-460.

Shaver, P., Hazan, C. & Bradshaw, D. (1988). Love as attachment: The integration of three behavioral systems. In R.J. Sternberg & M.L. Barnes (eds.). *The psychology of love* (pp. 68-99). New Haven, CT: Yale University Press.

Shaw, R. (1989). Eifersucht und Selbstwertgefühl. Fachbereich Psychologie, unveröff. Semesterarbeit.

Simpson, J.A., Campbell, B. & Berscheid, E. (1986). The association between romantic love and marriage: Kephart (1967) twice revisited. *Personality and Social Psychology Bulletin, 12,* 363-372.

Snyder, M. (1987). *Public appearences - private realities.* New York: Freeman.

Solomon, R.L. (1980). The opponent-process theory of acquired motivation. The costs of pleasure and the benefits of pain. *American Psychologist, 35,* 691-712.

Solomon, R.L. & Corbit, J.D. (1974). An opponent-process theory of motivation: I. Temporal dynamics of affect. *Psychological Review, 81, 119-145.*

Sternberg, R.J. (1986). A triangular theory of love. *Psychological Review, 93,* 119-135.

Sternberg, R.J. (1987). Liking versus loving: A comparative evaluation of theories. *Psychological Bulletin, 102,* 331-345.

Sternberg, R.J. (1988). *The triangle of love. Intimacy, passion, commitment.* New York: Basic Books.

Sternberg, R.J. & Grajek, S. (1984). The nature of love. *Journal of Personality and Social Psychology, 47,* 312-329.

Tesser, A. & Paulhus, D.L. (1976). Toward a causal model of love. *Journal of Personality and Social Psychology, 34,* 1095-1105.

Walster, E. & Walster, G.W. (1978). *A new look at love.* Reading, MA: Addison-Wesley.

White, G.L., Fishbein, S. & Rutstein, J. (1981). Passionate love and the misattribution of arousal. *Journal of Personality and Social Psychology, 41,* 56-62.

White, G.L. & Kight, T.D. (1984). Misattribution of arousal and attraction: Effects of salience of explanations for arousal. *Journal of Experimental and Social Psychology, 20,* 55-64.

Zillmann, D. (1979). *Hostility and aggression.* Hillsdale, NJ: Erlbaum.

Freundschaft

Bernd Köhler

Das Forschungsgebiet „Persönliche Beziehungen" hat sich nicht nur etabliert, sondern seit etwa 1978 einen Aufschwung genommen, den man als rasant bezeichnen muß. Duck (1988), der Gesamtherausgeber des ersten Handbuchs der Persönlichen Beziehungen, spricht gar von einer schier unglaublichen, die Pioniere dieses Gebiets verblüffenden Wachstumsrate und verweist auf eine beeindruckende Zahl: Während vor 1978 nur einige wenige Fachbücher Begriffe wie „close relationships", „social relationships", „human relationships" oder eben „personal relationships" im Titel trugen, erschienen in den darauffolgenden zehn Jahren nicht weniger als fünfundzwanzig, darunter auch zum Thema Freundschaft.

Freundschaften zählen zu den wichtigen persönlichen Beziehungen im Leben des Menschen; diesem Umstand tragen inzwischen viele sozialpsychologische Untersuchungen Rechnung. Weitaus weniger Beachtung fand aber bislang die persönlichkeits- bzw. differentialpsychologische Seite der Freundschaftsbeziehung. Ein Grund dafür liegt vermutlich in dem gegenwärtig vorherrschenden Bemühen, sich dem „Forschungsgegenstand" Freundschaft mit Hilfe angemessener Definitionen, Konzepte und Methoden überhaupt anzunähern. Ein anderer ist wahrscheinlich der Anfang der 70er Jahre aufgekommene und offenbar noch nicht überwundene Zweifel, ob und wie man Persönlichkeitsvariablen zur Vorhersage sozialen Verhaltens nutzen kann. Im vorliegenden Thema treffen also Schwierigkeiten unterschiedlicher Herkunft und Beschaffenheit aufeinander. Zielsetzung des vorliegenden Beitrags ist es, unter diesen Vorgaben das Umfeld der Freundschaftsforschung zu umreißen, einen Überblick über diese Forschung zu geben und vor dem entstandenen Hintergrund Versuche zur Differenzierung von Freundschaftsbeziehungen mit Hilfe von Persönlichkeitsmerkmalen exemplarisch vorzustellen. Dieses Vorhaben kann im gegebenen Rahmen nur zu einer sehr selektiven Bestandsaufnahme führen.

1. Von der Interpersonalen Attraktion zu den Beziehungen: Das Forschungsumfeld

Sozialpsychologen waren bis zum Ende der 70er Jahre nicht an Freundschaft, sondern primär an „Interpersonaler Attraktion" (IPA) interessiert. Der Forschung über IPA läßt sich - sehr abgekürzt - entnehmen, daß bei Erstkontakten zwischen Menschen die wahrgenommene/vermutete Einstellungsähnlichkeit, die physische Attraktivität des Partners, seine Kompetenz, seine positive Reaktionsbereitschaft und seine offensichtliche Vorliebe für den anderen zu einer relativ höheren Anziehung zu ihm führt (vgl. Berscheid & Walster, 1978; Huston & Levinger, 1978; Obwohl nun ein gewisses Ausmaß gegenseitiger Sympathie eine wichtige Bedingung für die Entstehung von Freundschaft sein mag, kann man mit Levinger (1980) Lund, Davis und Todd (1986) feststellen, daß Freundschaft mehr ist als anfängliche Attraktion und die Attraktionsforschung uns gerade über die Bedingungen, unter denen erste Sympathie zur Entwicklung einer freundschaftlichen Beziehung führt, im unklaren läßt. In den Worten Perlmans und Fehrs (1986) muß die Frage lauten: „When and for whom does liking lead to relating?" (a.a.O., S. 36). Diese Kritik findet sich übrigens schon bei Kerckhoff (1974), der betonte, „that interpersonal attraction must be understood within the context of a definition of the relationship involved; the attraction is an attraction to engage in a particular kind of interaction" (a.a.O., S. 12).

Daß die mit großem Aufwand betriebene Attraktionsforschung so wenig zum Verständnis irgendeiner spezifischen zwischenmenschlichen Beziehung beitragen konnte, liegt - um mit Wright (1986) zu sprechen - an den favorisierten theoretischen und methodischen Ansätzen. Die Folge war eine starke Konzentration auf die Definition und Messung von Attraktionsdeterminanten, aber eben ohne Rücksicht auf inhaltlich-begriffliche Dimensionen der jeweils untersuchten Beziehung. Die abhängigen Variablen wurden ebenso und auf eine extrem globale Art und Weise erhoben, wenn nicht sogar durch die pure Existenz der untersuchten Beziehung als gegeben vorausgesetzt und relevant erachtet. Die Kritik an der Forschung über IPA hat dazu beigetragen, daß sich der neue Forschungsbereich zu etablieren begann. Programmatisch zeichneten Duck und Gilmour (1981a, b c) eine Perspektive, in der Beiträge der Sozialpsychologie, Ethologie, Soziologie, Anthropologie, Kommunikationswissenschaft und der Klinischen Psychologie gemeinsam das neue Forschungsgebiet konstituieren und - quasi durch eine Fusion - in diesem ihre Einzelbeiträge verbreiten und vertiefen.

Aus sozialpsychologischer Sicht ist bemerkenswert, daß in einem solchen Zusammenhang nicht nur die Schwächen der IPA noch deutlicher hervortreten, sondern auch Schwächen der Sozialpsychologie insgesamt sichtbar werden, so vor allem die Überbetonung der Bedeutung sozialer Attitüden (Stichwort „Sympathie") und intrapsychischer Prozesse (Stichworte „Kognitive Organisation", „Balance") bei der Analyse zwischenmenschlicher Beziehungen. Aus methodologischer Sicht ist hinzuzufügen, daß man durch die Erfassung evaluativer Reaktionen auf experimentell gesetzte Reize personaler und situativer Art die Dynamik persönlicher Beziehungen nicht darstellen kann. Deshalb gehört auch eine komplexere Methodologie zum Forderungskatalog der neuen Richtung (vgl. Kenny, 1988).

In ihrer „präskriptiven Analyse", betitelt mit „The Thousand Islands of Personal Relationships", machten Duck und Perlman (1986) folgende Veränderungen in den Forschungsinteressen aus:

1) Das Interesse an IPA verlagert sich auf eine entwicklungsbezogene Analyse langfristiger Beziehungen.
2) Parallel dazu vollzieht sich eine Abwendung von der labormäßigen Untersuchung und eine Zuwendung zu real existierenden Beziehungen.
3) Anwendungsbezogene, praxisnahe Themen treten in den Vordergrund.
4) Versuche zur Differenzierung und Taxonomisierung von Beziehungen haben begonnen. Verwiesen wird auf Arbeiten über Rollen- und Geschlechterdifferenzen und auf solche über regelgeleitete und paradigmatische Aspekte von Beziehungen.
5) Neue Forschungsthemen finden Berücksichtigung. Einsamkeit, Scheuheit und Eifersucht werden erforscht. Nicht mehr zufällig zusammengewürfelte Experimental-Paare, sondern existente Beziehungen, seien sie „platonisch", heterosexuell oder homosexuell, sind von Interesse. Freundschaften bei alten Menschen und bei Behinderten werden untersucht. Schließlich wendet man sich der Auflösung von Beziehungen zu.

In Ergänzung des letzten Punktes dieser Aufzählung sei hinzugefügt, daß das Ziel zwischenmenschlicher Beziehungen nicht von vornherein und auf Dauer Sympathiesteigerung ist. Perlman und Fehr (1986) vermuten, daß viele, vielleicht sogar die meisten Beziehungen ohne viel Sympathie, Intimität und Entwicklung relativ stabil seien und fragen, unter welchen Umständen niedrige Intimitätsniveaus für Partner akzeptiert werden (vgl. auch Reis & Shaver, 1988). Noch weiter von den Grundannahmen der IPA-Forschung entfernt sich Solano (1986) in ihrer Analyse der Einsamkeit mit der Feststellung, daß Menschen ohne Freunde nicht einsam sein müßten, sondern einfach nur allein sein könnten. Freundschaft sei nur eine unter anderen Quellen zwischenmenschlicher Befriedigung, weshalb eine vergleichende Betrachtung aller Beziehungen eines Individuums vorgenommen werden müsse (vgl. auch Jost, Schätzle, Schenk & Wagner, 1985); auch „nonsocial sources of satisfaction" (a.a.O., S. 242) seien in diesen Vergleich einzubeziehen.

Die aufgezeigten Trends der neuen Orientierung dokumentieren, wie weit sich die Untersuchung persönlicher Beziehungen von der der IPA entfernt hat. Trotzdem wäre es eine übertriebene Behauptung, die neue Entwicklung beruhe nur auf der Vermeidung oder Überwindung von Schwächen der IPA-Forschung, denn die Bandbreite der im Rahmen von IPA möglichen Fragestellungen wurde gerade von Attraktionsforschern selbst demonstriert und auch kritisch gewürdigt (z.B. von Mikula, 1975; Mikula & Stroebe, 1977). Anderseits ist klar, daß zumindest die traditionellen Theorien über IPA (vgl. Perlman & Fehr, 1986) sich auf den Beginn und die positiven Aspekte von Beziehungen konzentrierten, während nun der Verlauf und negative Aspekte einbezogen werden. Schon in Levingers

(1980) ABCDE-Modell[1] galten Störung und Abbruch als konstituierende Bestandteile der Beziehungsentwicklung, und Kelley, Berscheid, Christensen, Harvey, Huston, Levinger, McClintock, Peplau und Peterson (1983) wollten folgende Aspekte einbezogen wissen: Interaktion, Emotion, Macht, Rollen, Liebe und Verpflichtung, Konflikt sowie Veränderung durch Entwicklung. Im übrigen faßt die Definition der zuletzt genannten Autoren die bisher in diesem Beitrag genannten Bestimmungsstücke der Neuorientierung zutreffend zusammen. Demnach befaßt sich die Beziehungswissenschaft mit der Interdependenz zwischen zwei Menschen, „ - with describing the quantity and quality of that interdependence over time and with identifying the causal factors that both affect and are affected by that interdependence" (a.a.O., S. 12).

Alle Beziehungen beginnen einmal, egal wie sie danach verlaufen, und deshalb ist die Konkurrenz von Vorhersagen über die beziehungsstiftenden Ausgangsbedingungen weiterhin gefragt. Wenn die IPA durch die oben gegebene Definition auch überholt ist, kann sie sich an dieser Konkurrenz beteiligen und vielleicht die ersten Schritte in eine Beziehung aufzuklären helfen. Ein interessantes Beispiel dafür liefert z.B. die Untersuchung von Jamieson, Lydon und Zanna (1987) über den relativen Einfluß der Einstellungs- und Aktivitätsähnlichkeit auf IPA und Freundschaft unter Einbezug einer Persönlichkeitsvariablen.

2. Ein kurzer Abriß der Freundschaftsforschung

2.1. Zur Definition von Freundschaft

In den Blick der modernen Wissenschaft geriet das „Enigma" Freundschaft (Duck, 1988, S. 364) erst in neuester Zeit, und hier wurde bislang nur seine Oberfläche „angekratzt" - wie sich Hays (1988) ausdrückt[2].

Der Terminus „Freund" wird, wie der Autor ausführt, in der Wissenschaft wie im Alltag äußerst ungenau und zugleich idiosynkratisch gebraucht: „A ‚friend' may be a casual companion with whom we play racquetball once a week, an intimate confidant with whom our most private thoughts and feelings are shared, someone we interact with every day, someone who lives across the country and we only exchange letters with several times a year, someone we just met a few days ago, or someone we've known all our lives" (a.a.O., S. 391). Weiter wird auf die Unterschiede der Natur und Struktur freundschaftlicher Beziehungen für Individuen ver-

---

[1] A = „acquaintance", B = „buildup", C = „continuation", D = „deterioration", E = „ending".

[2] „In terms of a scientific understanding of friendship, the surface has only been scratched" (a.a.O., S. 408).

schiedenen Lebensalters[3], verschiedenen soziokulturellen Hintergrundes und verschiedenen Geschlechts verwiesen; auch die erreichte Entwicklungsstufe einer Freundschaft spielt hier eine Rolle. Das Definitionsproblem, das die Entwicklung eines kohärenten Wissensbestandes über Freundschaft erschwert, hat zwei Seiten: Definiert man Freundschaft über die Identifizierung von Freunden durch Untersuchungsteilnehmer, ohne die Identifizierungskriterien zu spezifizieren, wird der Vergleich von Befunden über verschiedene Untersuchungen fragwürdig; gibt man aber eine eigene Freundschaftsdefinition vor, entstehen nach Hays (1988) drei Schwierigkeiten: (1) Die Definition stimmt möglicherweise nicht mit der subjektiven Auffassung der Versuchsteilnehmer überein oder ist dem Untersuchungskontext nicht angemessen; (2) die Definitionen verschiedener Forscher unterscheiden sich voneinander; (3) bestimmte Definitionen schließen bestimmte Freundschaftsformen von der Untersuchung aus, weil diese Bestimmungen vorgeben (z.B. hohe Kontakthäufigkeit), die jene nicht erfüllen (z.B. Freundschaften bei großer räumlicher Distanz).

Hays (1988) selbst schlägt nach Sichtung der umfangreichen empirischen und theoretischen Literatur (seit ca. 1975) die folgende Definition von Freundschaft vor: „Voluntary interdependence between two persons over time, that is intended to facilitate social-emotional goals of the participants, and may involve varying types and degrees of companionship, intimacy, affection and mutual assistance" (a.a.O., S. 395).

Diese Definition bestimmt Freundschaft zunächst als eine persönliche Beziehung, gekennzeichnet durch **Interdependenz über die Zeit,** was auch eine gewisse Kontinuität aufeinanderfolgender Interaktionen einschließt. Folgende Merkmale aber grenzen Freundschaft von anderen Beziehungen ab:
a) Die **Freiwilligkeit** der Interdependenz
   Alle wichtigen theoretischen Auffassungen von Freundschaft betonen diesen Aspekt (vgl. z.B. Allan, 1979; Hartup, 1975; Reisman, 1981). Freundschaft ist demnach eine Beziehung, deren Beginn und Verlauf nicht durch äußere Bindungen eingeschränkt oder etwa durch sozialen Druck oder irgendwelche institutionalisierten Zwänge herbeigeführt wird. Beziehungen, die solchen Einschränkungen unterliegen, also unfreiwillige Interdependenzen, wie sie in beruflichen oder rollenmäßigen Umfeldern entstehen, ziehen jedoch auch häufig nicht erforderliche, informell-freundliche Interaktionen nach sich. Kurth (1970) nannte letztere „friendly relations", um sie von höher entwickelten und stabileren Freundschaften abzugrenzen.

---

[3] Vgl. z.B. Reisman (1981, S. 205): „During courtship it is common to hear references to one's ‚boy-friend' or ‚girl-friend', but after marriage a spouse may or may not be regarded as a friend, even when the relationship is quite friendly and intimate."

b) Die **Variationsbreite** der Interdependenz
Nach Hays' (1988) Übersicht weisen Freundschaften eine große Variation bezüglich der Anzahl und Art der jeweils angestrebten Ziele auf. Danach lassen sich enge und weniger enge Freundschaften unterscheiden, wobei erstere als „reziprok" und „verbindlich" (Reisman, 1981) oder auch „diffus" und „hoch-involvierend" (Hess, 1972), letztere dagegen eher als assoziativ und eng auf bestimmte Bereiche eingeschränkt gekennzeichnet werden.

c) Die **sozio-emotionale Ausrichtung** der Interdependenz
Die Interaktion zwischen Freunden ist eher Selbstzweck als instrumentales Mittel zu anderen Zwecken und wird durch die Erwartung von Intimität getragen (vgl. Davis & Todd, 1982). Diese Intimität mag bis zum Gefühl der Unersetzbarkeit des anderen reichen, aber auch weniger enge Beziehungen zwischen Freunden werden - so der Tenor der bei Hays (1988) zitierten Literatur - durch ein gewisses Ausmaß einer positiven affektiven Bindung zusammengehalten: „The degree and components of two friend's affection can range from the positive regard one may feel for a casual friend, akin to Rubin's (1973) description of ‚liking', to a more intense emotional experience between close friends that can genuinely be called love in the sense that friends deeply care for and depend on each other" (a.a.O., S. 394).

In der hier vorgestellten und erläuterten Freundschaftsdefinition sind vier grundsätzliche Annahmen über Freundschaft enthalten:

1) Die beteiligten Individuen werden als aktive und zielorientierte Gestalter von Freundschaft aufgefaßt. Miell und Duck (1986) sprechen in diesem Zusammenhang von Strategien der Freundschaftsentwicklung und analysieren als „zentrale" Strategie die zielgerichtete Benutzung von „self-disclosure" zur Beeinflussung von Beziehungen: „Thus, by varying the way in which a topic is discussed (that is, by manipulating their communication style), partners can influence not only the direction a particular conversation takes but also the development of the friendship that serves as a context to that conversation" (a.a.O., S. 129). Die Zielsetzungen für eine bestimmte Freundschaft werden nach Art und Anzahl variieren, und dies in Abhängigkeit von (a) Charakteristika der Individuen (z.B. Alter, Geschlecht, Persönlichkeit), (b) der Entwicklungsstufe der Freundschaft und (c) Umgebungsfaktoren (z.B. existierende soziale Netzwerke).

2) Freundschaft ist ein multidimensionales Phänomen, das sich gleichzeitig verhaltensmäßig, kognitiv und emotional ausdrückt; jede Freundschaft besitzt diesbezüglich ein eigenes Muster, eine Struktur der Interaktion[4].

3) Freundschaft ist ein dynamischer Prozeß, wodurch die für sie charakteristischen Eigenschaften kontinuierlich aus der fortschreitenden Interaktion erwachsen[5].

4) Freundschaft ist eine Interrelation zwischen Individuen, weshalb als angemessene Analyseeinheit die Dyade als ganzheitliches System zu betrachten ist; situative und Entwicklungsfaktoren sind integrale Bestandteile dieses Systems.

„In sum, friendship can best be understood as a dynamic, multidimensional process that unites individuals and contexts" (a.a.O., S. 396).

2.2. Einige Befunde über Beginn, Verlauf und Auflösung von Freundschaften

Nach der konzeptuellen Auseinandersetzung wendet sich Hays (1988) einem Überblick empirischer Untersuchungen über Beginn und Verlauf von Freundschaften zu, ein Unterfangen, das Duck (1988, S. 364) wohl treffend als ein Sich-Durcharbeiten kennzeichnet, denn die gesichteten Arbeiten sind zahlreich und oft in bestimmten Aspekten schwer miteinander vergleichbar. Dennoch bemüht sich Hays zu zeigen, daß Veränderungen während der Entwicklung von Freundschaften unauflösbar[6] verbunden sind mit dem Kontext, dem Grad der Intimität, den Charakteristika der Individuen - somit mit Faktoren, die sich selber wechselseitig beeinflussen.

Die einschlägigen Arbeiten können im vorliegenden Zusammenhang nicht erläutert werden. Es soll lediglich eine Skizze der durch die Empirie aufgezeigten Grundlinien der Freundschaftsforschung geliefert werden, und zwar - aus Platzgründen - in Katalogform (vgl. Tabelle 1).

---

[4] Eine Konzeption von sozialer Struktur, die mit prozessualen Eigenschaften vereinbart werden kann, findet sich bei Manicas (1980). Nach dieser Theorie werden soziale Strukturen durch Aktivitäten konstituiert und existieren nur infolge dieser Aktivitäten.

[5] Vgl. Fußnote 4.

[6] Duck (1988, S. 365) spricht von „unerbittlich" („inexorably").

Tab. 1:
Klassifikationsschema für die von Hays (1988) zusammengetragene Freundschaftsforschung[7]

VORBEDINGUNGEN DER ENTSTEHUNG VON FREUNDSCHAFTEN

	Determinanten	Beispiele	Autoren
INDIVIDUELLE FAKTOREN	Lebenssituation	Familienstand/Alter	SHULMAN, 1975
		Position im Lebenslauf	HESS, 1972 SHULMAN, 1975
		Einsamkeit	SOLANO, 1986 MCADAMS & LOSOFF, 1984
	Persönlichkeitsmerkmale	Soziale Fertigkeiten	COOK, 1977
		Freundschaftsschemata	YOUNG, 1986
		Schüchternheit	ZIMBARDO, 1977
UMWELT-FAKTOREN	Faktoren, die die Häufigkeit der Interaktionen beeinflussen	Räumliche Nähe	BERSCHEID & WALSTER, 1978 NAHEMOW & LAWTON, 1975
	Faktoren, die die Qualität der Interaktionen beeinflussen	Arbeitsstruktur: -Organisationsklima -"Job Design" -Arbeitszeiten	PARKER, 1964
		Klassenzimmergestaltung	ARONSON et al., 1978
DYADISCHE FAKTOREN	Gegenseitige Anziehung	Ähnliche Einstellungen	BERSCHEID & WALSTER, 1978
		Körperliche Anziehung	HUSTON & LEVINGER, 1978
		Soziale Kompetenz	
		Positive Erwiderung	

[7] Die Literaturangaben wurden aus Platzgründen nicht in das Literaturverzeichnis aufgenommen. Der Leser wird auf das Literaturverzeichnis von Hays (1988) verwiesen.

	Determinanten	Beispiele	Autoren
	Einschätzung des gegenseitigen Nutzens	Ähnliche Verhaltenspräferenzen	KANDEL, 1978
			WERNER & PARMELEE, 1979
		Weitere Ähnlichkeiten: Geschlecht, Religion, Interessen etc.	VERBRUGGE, 1983b
			HUSTON & LEVINGER, 1978
			JACKSON, 1977
		Wechselseitige Wahrnehmung potentieller Persönlichkeitsqualitäten (Einstellung, Zugänglichkeit, Offenheit)	KNAPP & HARWOOD, 1977
			ALTMAN & TAYLOR, 1973
	Freundschaftsziele	Gemeinsame Werte	LAGAIPA, 1977
		Authentizität	LEA & DUCK, 1982
		Hilfe und "self-disclosure"	DUCK & CRAIG, 1978

FREUNDSCHAFTS-ENTWICKLUNG

	Determinanten	Beispiele	Autoren
INDIVIDUELLE FAKTOREN	Verhaltensstil	Gemeinsames Essen	DUCK, 1983
		Persönliche Gespräche	
		Witze machen	
	Persönlichkeitsmerkmale	"self-disclosure"	TAYLOR, 1968
UMWELT-FAKTOREN	Räumliche Nähe	Studentische Zimmergemeinschaften	HAYS, 1985

DYADISCHE FAKTOREN	Sozialer Austausch		HUSTON & BURGESS, 1979
		"Breite" und Tiefe des Austauschs	ALTMAN & TAYLOR, 1973
			HAYS, 1984, 1985
		Abwägen von Kosten und Nutzen der Interaktionen	BERG, 1984 DUCK & MIELL, 1986
		Kommunikations-strategien und -ziele	MIELL & DUCK, 1986
	Einheitliche Interaktionsnor-men und -stile	Wechselseitige Unterstützung: Emotionalität, Vertrauen, Selbst-bewußtsein	HAYS, 1985, 1988 LAGAIPA, 1977 CLARK & MILLS, 1979 O'CONNEL, 1984
		Qualität der Kommunikation: Personalisierung, Synchronisierung, Effektivität der Kommunikation	KNAPP, 1978 HORNSTEIN, 1985 BAXTER & WILMOT, 1985
		"Private Culture"	MCCALL, 1970 MCCALL, 1988
	Konfliktverar-beitung und -bewältigung	Konfliktinhalte: Gefühl des Ausge-nutztwerdens; Verlust der Unab-hängigkeit; höherer Zeitaufwand; zunehmende gegen-seitige Verletzbar-keit	BRAIKER & KELLEY, 1979 EIDELSON, 1980 HAYS, 1985 RAWLINS, 1983a, 1983b

AUFRECHTERHALTUNG VON FREUNDSCHAFT

	Determinanten	Beispiele	Autoren
INDIVIDUELLE FAKTOREN	Lebenssituation	Familienstand, Alter, Beruf	JACKSON, 1977 VERBRUGGE, 1983b
	Geschlechts-typische Merkmale	Männlicher/weiblicher Freundschaftsstil	HENDRICK, 1988 CRAWFORD, 1977 WEISS & LOWENTHAL, 1975 CALDWELL & PEPLAU, 1982 BAXTER & WILMOT, 1986
	Persönlichkeits-merkmale	"self-monitoring"	SNYDER, GANGESTAD & SIMPSON, 1983
UMWELT-FAKTOREN	Faktoren, die die Häufigkeit der Interaktionen beeinflussen	Zeitaufwand für den Beruf	JACKSON, 1977 VERBRUGGE, 1983b
		Räumliche Entfernung	FEAGIN, 1970
		"convenience"	VERBRUGGE, 1983b HAYS, 1985, 1988
	Qualität der Freizeitakti-vitäten	Ausübung gemein-samer Interessen	
		Gespräche in per-sönlicher Umgebung	
DYADISCHE FAKTOREN	Gesprächsinhalte	Beziehungsbezogene Themen Externe Themen	ARIES & JOHNSON, 1983 DAVIDSON & DUBERMAN, 1980

AUFLÖSUNG VON FREUNDSCHAFT

	Determinanten	Beispiele	Autoren
INDIVIDUELLE FAKTOREN	Veränderung der Lebenssituation	Tod	BIGELOW & LAGAIPA, 1975
		Änderung des Familienstandes	DICKENS & PERLMAN, 1981
			HAYS & OXLEY, 1986
	Persönlicher Entwicklungs-prozeß	Einstellungsänderung	HAYS & OXLEY, 1986
UMWELT-FAKTOREN	Faktoren, die die Interaktions-häufigkeit verringern	Arbeitsplatz-wechsel	
		Umzug mit Ortswechsel	
DYADISCHE FAKTOREN	Änderung in der Kosten-Nutzen-Relation		ROSE, 1984
	Regelverletzungen	Eifersucht	ARGYLE & HENDERSON, 1984
		Intoleranz gegen-über anderer Bezie-hung	RODIN, 1982
		Vertrauensbruch	
		Verweigerung von Hilfe	

Das Fazit der Bestandsaufnahme ist, an ihrem Aufwand gemessen, eher ernüchternd. Über den aktuellen Prozeß der Freundschaft ist sehr wenig bekannt; weitgehend unbeantwortet sind die Fragen, wie Freundschaft aufrechterhalten wird, warum und wie sie wächst und sich entfaltet, nach welchen Mechanismen sich die positiven und auch negativen Funktionen von Freundschaften vollziehen und wie Freundschaften mit dem physischen und sozialen Kontext, in dem sie eingebettet sind, in Verbindung stehen. Zuletzt wendet sich Hays (1988) in seinen Schlußfolgerungen einer Schwäche der überblickten Untersuchungen zu, die in der Sozialpsychologie schon lange offenliegt, aber für das Gebiet der Freundschaftsforschung als besonders gravierend empfunden werden muß: Die meisten Untersuchungen beschäftigen sich mit beiläufigen oder engeren Freundschaften zwischen gleichgeschlechtlichen College-Student(inn)en. Hays (1988) fordert deshalb abschließend: „More attention needs to be given to different varieties of friendship (e.g. cross-sex friends, long-distance friends, friendship cliques, ‚best friends', specialized friends, cross-generational friends) among diverse populations and environmental settings. Only then will a valid understanding of friendship be attained" (a.a.O., S. 408).

2.2.1. Ein Ansatz zur empirischen Differenzierung von Freundschaften

Im Kontrast zur bisherigen summarischen Darstellung der Freundschaftsforschung wird jetzt ein Ansatz exemplarisch vorgestellt, welcher Freundschaft mit Hilfe der Methode der Selbstauskunft („self-report") zu differenzieren versucht. Diese Methode ist bei der Untersuchung enger persönlicher Beziehungen beliebt und nicht unumstritten; Harvey, Hendrick und Tucker (1988) geben einen Überblick über ihre Anwendung und Probleme. Aus seiner Kritik an der Attraktionsforschung entwickelte Wright (1969) Vorstellungen über die zukünftige Erforschung von Attraktion in spezifischen Beziehungen, vor allem in Freundschaften, und stellte als Meßmethode die „Acquaintance Description Form" (ADF) vor. Dieses Instrument diente dem Zweck, eine Reihe solcher abhängigen Variablen zu identifizieren und zu messen, die mehrere inhaltliche Aspekte von Freundschaft repräsentieren können. Mit ADF wird erfaßt, wie ein Individuum (als Untersuchungsteilnehmer) eine Serie von Statements über eine bestimmte Zielperson entweder hinsichtlich des Ausmaßes der Anwendbarkeit oder der Auftretenswahrscheinlichkeit einschätzt.

Im Zuge mehrerer Revisionen wurden neue Konzepte in ADF integriert, und es entwickelte sich parallel zur Konstruktion des Meßinstruments ein theoretisches Modell (Wright, 1978, 1984, 1986)[8].

---

[8] Der hier vorgestellte Ansatz ist einer von mehreren, die in den letzten 20 Jah-

Die jüngste und am meisten ausgearbeitete Version von ADF-F (F für „final") besteht aus 13 Skalen mit jeweils 5 Items. Sie setzt sich zusammen aus 6 Skalen (mit ursprünglich jeweils 10 Items) der ersten Version und 7 aufgrund von Erfahrungen und Kritiken neu entwickelten Skalen.

Diese Skalen werden im folgenden kurz charakterisiert. Dazu ist es notwendig, den konzeptuellen Kontext ihrer Entstehung und Entwicklung einzubeziehen.

Wright ging von fünf Annahmen aus:
1. Freundschaften variieren nach Stärke bzw. Intensität;
2. Freundschaft ist im wesentlichen eine freiwillige Beziehung;
3. Freundschaft ist eine Beziehung mit Belohnungswert;
4. Nicht alle Freundschaften sind in der gleichen Weise belohnend - auch nicht bei gleichem Intensitätsniveau;
5. Freundschaft ist nicht notwendig frei von Spannung oder Belastung.

Diese Annahmen führten zu drei Fragen:
1. Was ist das am meisten angemessene Kriterium für Freundschaft?
2. Welche Klassen oder Kategorien von Belohnung finden sich in Freundschaften?
3. Auf welche Weise kann man am besten den Gesamteinfluß von Spannung oder Belastung auf eine Freundschaft berücksichtigen?

Die Antworten auf diese Fragen wurden in die Form eines Variablensatzes eingekleidet, welcher das ursprüngliche deskriptive Modell und die Basis der ersten Version von ADF bildete.

Die Skalen der ersten ADF-Version

1. Voluntary interdependence (VID)
Maß für die Intensität der Freundschaft.

2. Utility value (UV)
Maß für die wahrgenommene Bereitschaft bei einem anderen, für einen selbst Zeit und persönliche Ressourcen zur Verfügung zu stellen.

3. Ego support value (ESV)
Maß für die Unterstützung durch einen anderen, sich selbst als kompetente und geachtete Person auffassen zu können.

4. Stimulation value (SV)
Maß für die angenommene Anregung durch einen anderen.

---

ren zwischenmenschliche Beziehungen mittels multidimensionaler Schätzverfahren untersuchten; bei Davis und Todd (1986) findet sich ein kurzer Vergleich dieser Ansätze, aus dem u.a. hervorgeht, daß trotz unterschiedlicher Forschungsstrategien (z.B. deduktiv vs. induktiv) die verwandten Konzepte und Einschätzungs-Items zu ca. 60 % übereinstimmen.

5. *Maintenance difficulty (MD)*
Maß für die Bereitschaft eines oder beider Partner(s), Zeit und Mühe für die Klärung aufgetretener Probleme aufzubringen und sich gegen Störungen oder Auflösung der Beziehung mit Geduld und Widerstand einzusetzen.

6. *General favourability (GF)*
Maß für die Tendenz von Beurteilern, jeweilige Zielpersonen in globaler Weise günstig einzuschätzen; wird in ADF als Korrektur-Faktor eingesetzt und reduziert so die Interkorrelationen zwischen den substantiellen ADF-Skalen.

Die Skalen zweier Revisionen von ADF

7. *Person-qua-person (PQP)*
Maß für das personalisierte Interesse am anderen, mit anderen Worten für das Ausmaß an Einzigartigkeit, Echtheit und Unersetzlichkeit, welches die Partner einander bescheinigen. Diese Skala tritt als zweites Kriterium für Freundschaft neben VID und trägt der Beobachtung Rechnung, daß Versuchsteilnehmer häufig enge Freundschaften mit Personen behaupteten, gleichzeitig aber niedrige VID-Werte aufwiesen; da VID im Grunde ein verhaltensmäßiges Kriterium für Freundschaft ist, erfaßte es nicht die Fälle, in denen z.B. durch mangelnde Zeit, große Entfernungen u.ä., trotz seltenen Kontaktes Freundschaft besteht.

8. *Self-affirmation value (SAV)*
Maß für die wahrgenommene Fähigkeit beim anderen, das Selbst-Verständnis des Individuums zu erleichtern und wichtige, hochbewertete Attribute der eigenen Persönlichkeit auszudrücken.

Zusätzliche Skalen

9. *Security value (SV)*
Maß für die wahrgenommene Verläßlichkeit beim anderen, eine sichere und nicht bedrohliche Beziehung zu gewährleisten.

10. *Exclusiveness (EXCL)*
Maß für den strikt dyadischen Charakter einer Beziehung mit „Zugangsrecht" zu spezifischen Formen von Interaktion und beidseitigen Aktivitäten.

11. *Permanence (PERM)*
Maß für die Schwierigkeit oder Unangemessenheit, eine persönliche Beziehung trotz wechselnder äußerer Umstände zu lösen.

12. *Degree of social regulation (SORG)*
Maß für die Beeinflussung spezifischer Formen der Interaktion in einer Beziehung durch soziale Normen oder Erwartungen relevanter dritter Personen.

13. Salience of emotional expression (EMO)
Maß für die Wichtigkeit des Ausdrucks positiven Affekts in der persönlichen Beziehung.

Diese 13 Skalen bilden zusammen ADF-F. Einzelheiten über ihre Entstehung und Entwicklung in zahlreichen Studien können hier nicht berücksichtigt werden. Dazu und auch über methodische Aspekte (Reliabilität und Validität der Skalen) informiert ausführlich die Darstellung von Wright (1986).

Mit Hilfe dieser Skalen wurden Untersuchungen über persönliche Beziehungen durchgeführt, von denen hier zwei hervorgehoben seien:
1) Eine Studie zur **Differenzierung innerhalb von Freundschaften.**
2) Eine Studie zur **Differenzierung zwischen Freundschaften und heterosexuellen Liebesbeziehungen.**

ad 1)
Nachdem in vorausgehenden Studien ADF-F mit noch jeweils 10 Items vor allem durch die Skalen VID und PQP klar zwischen unterschiedlichen Freundschaftsniveaus zu unterscheiden fähig war, wurde geprüft, ob hierzu auch die gekürzte Version (mit je 5 Items) in der Lage wäre. Aus einer Stichprobe von Undergraduates wurde jeder Teilnehmer gebeten, eine Person annähernd gleichen Alters des eigenen Geschlechts zu nennen, den er/sie entweder als „best friend, good friend, moderate friend, friendly acquaintance or formal acquaintance" betrachtete (Wright, 1986, S. 51). Diese Zielpersonen waren dann mit Hilfe der jeweils 5 Items der 13 ADF-F-Skalen einzuschätzen. Die Ergebnisse (vgl. Tab. 2) stimmen mit denen der vorausgehenden Studien überein, d.h. sowohl Frauen als Männer differenzierten mit den Kriterium-Skalen VID und PQP auch in der verkürzten Version zwischen mehr Freundschaftsniveaus als mit allen anderen ADF-Skalen.

ad 2)
Es wurde eine Studie zur Beziehungsdifferenzierung durchgeführt, um herauszufinden, ob die Skalen EXCL, PERM, SORG und EMO zwischen Freundschaft und Beziehungen heterosexueller Ausrichtung trennen könnten. Wie die Ergebnisse in Tabelle 3 zeigen, war dies der Fall.

Tab. 2:
Mittelwerte der Skalen der ADF-Kurzversion für weibliche und männliche Beurteiler von gleichgeschlechtlichen Bekannten auf verschiedenen Freundschaftsebenen (aus: Wright, 1986, S. 51).

	Levels of friendship					
	Best friend	Good friend	Moderate friend	Friendly acquaintance	Formal acquaintance	
FEMALES Scales	(n=21)	(n=24)	(n=27)	(n=24)	(n=9)	Overall F
GF	25.62^a	23.88^{ab}	23.11^{ab}	21.00^b	21.67^b	5.11*
SV	20.71^a	18.92^{ab}	19.26^{ab}	17.54^{ab}	15.89^b	3.09**
UV	23.57^a	20.92^{ab}	20.74^{ab}	18.04^{bc}	16.67^c	6.13*
MD	9.26	10.87	10.56	9.88	8.89	0.27
ESV	23.95^a	20.96^b	21.30^b	20.42^b	18.56^b	3.95**
SAV	25.19^a	22.92^{ab}	23.15^{ab}	20.38^b	17.11^c	7.84*
VID	23.71^a	19.46^b	19.41^b	14.88^c	10.33^d	16.60*
PQP	25.57^a	23.58^a	23.29^a	19.71^b	15.00^c	13.12*
MALES	(n=9)	(n=20)	(n=49)	(n=28)	(n=9)	
GF	23.89	23.05	21.76	23.25	18.67	2.33
SV	20.44^a	19.05^a	17.69^a	17.96^a	14.33^b	3.28**
UV	22.56^a	20.35^a	19.27^a	19.50^a	12.67^b	5.08*
MD	8.78	10.20	12.00	11.50	12.89	1.62
ESV	21.89^a	20.25^a	18.80^a	18.79^a	14.22^b	4.78*
SAV	23.00^a	20.80^a	19.65^a	20.14^a	12.78^b	6.82*
VID	22.89^a	18.50^b	16.68^{bc}	13.70^c	9.44^d	6.96*
PQP	25.33^a	22.15^{ab}	20.55^b	19.43^b	12.00^c	11.78*

Notes
a,b,c,d. Means in a given row not having a common superscript differ significantly ($p < 0.05$), according to the Newman-Keuls test.
* $p < 0.01$
** $p < 0.025$

Tab. 3:
ADF-F-Mittelwerte für männliche und weibliche Beurteiler unterschiedlicher Kategorien von Zielpersonen (aus: Wright, 1986, S. 60).

	\multicolumn{5}{c}{Categories of target individuals}				
	Spouse	Fiancé(e)	Romantic partner	Female friend	Male friend	
ADF-F Variables						Overall F
FEMALE SUBJECTS	(n=26)	(n=11)	(n=17)	(n=38)	(n=26)	
GF	24.73	26.64	25.53	25.03	24.15	0.63
SV	18.54	22.73	20.65	19.29	19.50	1.53
UV	23.92	26.73	25.24	22.34	23.19	2.08
MD	11.27	7.18	10.76	7.39	8.84	2.42
ESV	21.54[a]	25.18[b]	22.29[ab]	23.68[ab]	24.35[ab]	2.80**
SAV	22.00	25.45	24.23	24.31	23.58	1.50
VID	26.77[a]	25.91[a]	25.35[a]	20.95[b]	17.50[c]	18.43*
PQP	26.19	27.82	26.53	25.68	25.00	0.97
Excl	28.69[a]	26.40[a]	25.54[a]	4.29[b]	5.27[b]	136.74*
Perm	26.19[a]	21.60[b]	19.38[b]	12.92[c]	10.77[c]	42.01*
SoRg	17.50[a]	17.09[a]	16.64[a]	6.67[b]	11.88[c]	17.21*
Emo	20.35[a]	24.13[b]	19.69[a]	14.74[c]	12.15[c]	18.19*
MALE SUBJECTS	(n=28)	(n=14)	(n=13)	(n=20)	(n=18)	
GF	25.50	27.21	26.00	25.38	23.65	1.18
SV	20.04	20.21	21.46	19.48	19.47	0.53
UV	26.79[a]	26.07[ab]	25.00[ab]	23.67[ab]	23.41[b]	2.82**
MD	11.61[a]	12.21[a]	12.00[a]	5.19[b]	8.06[b]	8.33*
ESV	23.75	23.71	23.46	21.48	23.88	1.68
SAV	23.79	25.71	24.23	22.67	23.24	1.38
VID	26.43[a]	26.92[a]	25.69[a]	18.29[b]	16.12[b]	19.58*
PQP	27.61[ab]	29.43[a]	27.16[ab]	25.05[bc]	24.12[c]	5.72*
Excl	27.29[a]	27.86[a]	24.15[a]	4.65[b]	9.78[c]	55.89*
Perm	26.07[a]	24.00[a]	17.92[b]	10.25[c]	11.78[c]	40.22*
SoRg	18.00[a]	18.00[a]	13.18[b]	5.82[c]	12.25[b]	7.84*
Emo	20.07[a]	22.36[a]	21.15[a]	11.05[b]	13.78[b]	18.32*

Notes
a,b,c. Within each sex group, means in a given row not having a common superscript differ significantly ($p < 0.05$).
* $p < 0.001$.
** $p < 0.05$.

Es traten geschlechtsspezifische Unterschiede auf. Für die weiblichen Beurteiler lagen die Mittelwerte der o.g. Skalen und von VID höher, wenn es um die Beurteilung von Ehemännern, Verlobten oder einem „Schwarm" ging, als bei der Einschätzung von Freunden beiderlei Geschlechts. Dies galt auch für die männlichen Beurteiler, jedoch mit der Ausnahme der Mittelwerte für SORG, welche sich hinsichtlich der Einschätzung schwärmerischer Beziehungen und denen zu einer Freundin sehr ähnelten. Diese beiden Mittelwerte waren niedriger als die der Einschätzung von Ehefrauen oder Verlobten und höher als die der Einschätzung von männlichen Freunden.

Während bei den weiblichen Beurteilern keine weitere Skala zwischen Freundschaft und heterosexuellen Beziehungen differenzierte, war dies bei den männlichen Beurteilern in bezug auf MD der Fall, wobei die Mittelwerte für die Einschätzung von Freunden beiderlei Geschlechts niedriger lagen als für die Einschätzung der anderen Beziehungen. Auch waren bei den Männern die Skalenmittelwerte für PQP und UV tendenziell und vergleichsweise höher für heterosexuelle Beziehungen als für Freundschaften; der PQP-Mittelwert lag für die Verlobte höher als für die Freundin, und der UV-Mittelwert für die Ehefrau höher als für die Freundin.

Die Ergebnisse dieser Studie enthalten auch interessante Hinweise auf **geschlechtsspezifische Differenzen bei der Einschätzung gleich- und gegengeschlechtlicher Freunde:** Bei Frauen war der VID-Mittelwert bei der Einschätzung von Freundinnen höher als bei der von Freunden und der SORG-Mittelwert höher bei der Einschätzung von Freunden als von Freundinnen; bei Männern ergaben sich hinsichtlich EXCL und SORG höhere Mittelwerte bei der Beurteilung von Freundinnen als von Freunden. Zwischen den Zeilen bzw. Daten steht auch folgendes: Frauen ziehen einen klareren Trennungsstrich zwischen romantischen Beziehungen und gegengeschlechtlichen Freundschaften als Männer, und sie scheinen zwischen gleichgeschlechtlichen und gegengeschlechtlichen Freunden vergleichsweise weniger zu differenzieren als Männer. Diese Unterschiede sind jedoch auf dem Hintergrund zu sehen, daß gegengeschlechtliche Freundschaften im Vergleich zu gleichgeschlechtlichen - die nach empirischen Erhebungen überwiegen - eher als problematisch empfunden werden (vgl. Parlee, 1979; Rose, 1985).

Die ermittelten geschlechtsspezifischen Unterschiede bei der Differenzierung persönlicher Beziehungen mit Hilfe des methodischen Inventars ADF-F fordern die Frage heraus, welche Bedeutung persönlichkeitsspezifischen Unterschieden in Freundschaftsbeziehungen zukommen kann.

3. Freundschaftsbeziehung aus differentialpsychologischer Sicht

3.1. Zur Einschätzung des Eigenschaftsansatzes in der Sozialpsychologie

Aus dem kurzen Abriß der Freundschaftsforschung geht hervor, daß die persönlichen Charakteristika der Individuen - im Vergleich mit anderen Faktoren - grundsätzlich als Einflußgröße berücksichtigt werden sollen. Diese Forderung gleicht aber mehr einer Absichtserklärung als dem Versuch, Persönlichkeitsvariablen systematisch in die Analyse von Freundschaften einzubeziehen. Ein solcher Versuch ist mit Schwierigkeiten verbunden, denn der Stellenwert des Eigenschaftsansatzes in der Sozialpsychologie war in den vergangenen zwei Jahrzehnten heftigen Einschätzungsschwankungen unterworfen.

Marlowe und Gergen gaben 1969 einen breiten Überblick über die vielfältigen Versuche, Persönlichkeitskonstrukte unterschiedlicher Herkunft mit den verschiedensten Formen sozialen Verhaltens in Verbindung zu bringen. Diese Autoren berücksichtigten theoretische und empirische Arbeiten seit den 40er Jahren, wobei ein Schwerpunkt auf der Darstellung der Themen „Konformität" und „Soziale Attraktion" lag. Sie stellten u.a. fest, daß die meisten der hauptsächlich untersuchten situativen Variablen der Sozialpsychologie irgendwann auch mit einem Blick auf relevante Persönlichkeitsdimensionen durchgeführt wurden und zogen hinsichtlich der genannten Schwerpunkte den Schluß, daß die Betrachtung situativer Variablen alleine, also ohne Rücksicht auf die Interaktion zwischen Situation und Persönlichkeit, ein reichlich fruchtloses Unterfangen bleiben müsse. Insgesamt vermittelt dieser Überblick eine sehr positive Einschätzung: „The relationship of personality and social interaction is indeed an intimate one and, if our view of the history of this relationship is correct, the relationship is likely to yield progeny of central significance in years to come" (a.a.O., S. 645).

Diese Hoffnung erfüllte sich nicht. Vielmehr schien, wie Ickes (1982) ausführte, die Persönlichkeitsforschung in den frühen 70er Jahren in eine Sackgasse zu geraten. In mehreren kritischen Übersichten der Forschungsliteratur kam man zu dem Schluß, daß nur wenige und noch dazu fragwürdige Hinweise dafür sprächen, daß Persönlichkeitsfaktoren für die Vorhersage sozialen Verhaltens benutzt werden könnten (vgl. Argyle, 1969; Mehrabian, 1972; Mischel, 1968, 1969; Shaw, 1971).

Der einflußreichste Kritiker, Walter Mischel behauptete, daß die üblichen Korrelationen zwischen Persönlichkeitsmaßen und Verhaltenskriterien selten über einen Wert von .30 hinauskämen und damit die Obergrenze der Vorhersage für die meisten Persönlichkeitsvariablen eben erreicht sei. Diese Sicht der Dinge verbreitete sich schnell und weit und trug nach Meinung von Ickes (1982) zu einem wachsenden Gefühl der Ernüchterung über den Nutzen der Persönlichkeitsforschung im allgemeinen und des Eigenschaftsansatzes im besonderen bei.

Diese pessimistische Sichtweise gründete sich, so Ickes (1982) weiter, im wesentlichen auf die Annahme, daß die Schuld für diese schwache Vorhersagefähigkeit bei den spezifischen Persönlichkeitszügen oder dem Eigenschaftskonzept selbst zu suchen sei, nicht aber bei den zur Messung oder Validitätsprüfung eingesetzten Methoden. „To believe otherwise was to assume that of the thousands of personality studies conducted over more than four decades of research, the overwhelming majority were methodologically deficient in some important respect(s)" (a.a.O., S. 309).

Auch das darauf folgende Urteil Ickes' (1982) (1982) ist zitierenswert:
> It is easy to see why the first of these assumptions would have been prefered over the second; however, the events of recent years suggest that the second assumption is probably the more correct. It now appears that personality research has been plagued throughout its history by fundamental methodological flaws that are only beginning to receive the attention they deserve. (a.a.O., S. 309)

Bei der Suche nach den Gründen für die geringe prädiktive Validität von Persönlichkeitseigenschaften wurde klar, daß diese Eigenschaften nicht zur Vorhersage des Verhaltens aller Individuen zu allen Zeitpunkten geeignet sind (vgl. Bem & Allen, 1974). Stattdessen machte sich zunehmend die Überzeugung breit, daß nur für einige Menschen in einigen Situationen mittels einiger Eigenschaften einige Verhaltensweisen vorherzusagen seien.

Die diesem radikalen Einschnitt folgenden theoretischen und empirischen Anstrengungen galten nun der Identifizierung von **moderierenden** Variablen, die zwischen den Umständen unterscheiden können sollen, unter denen Persönlichkeitseigenschaften zur Vorhersage sozialen Verhaltens fähig oder nicht fähig sind.

Snyder und Ickes (1985) gaben einen genaueren Überblick dieser Entwicklung und unterschieden drei Klassen von Moderatorvariablen: (1) Variablen, die sich auf den Prädiktor beziehen; (2) Variablen, die sich auf das Kriterium beziehen; (3) Variablen, die sich auf die Beziehung zwischen Prädiktor und Kriterium beziehen. Mit Hilfe dieser drei Variablenklassen sollen also folgende Fragen beantwortet werden:
1. Welche Eigenschaften sagen Verhalten vorher?
2. Welche Verhaltensweisen werden vorhergesagt?
3. Für welche Individuen und welche Situationen sagt eine bestimmte Eigenschaft die Verhaltensweise vorher?

3.2. Aktuelle Forschungsansätze

3.2.1. Interindividuelle Unterschiede bei der Freundschaftskonzeption

Ein Ansatz, der das Verhältnis zwischen Freundschaft und Persönlichkeit auf der Grundlage einer Moderatorvariablen analysiert, ist der von Snyder und Smith (1986). Die zur Kategorisierung von Individuen benutzte Variable entstammt der Self-Monitoring-Konzeption von Snyder (1979), nach der sich Menschen im Ausmaß unterscheiden, in dem sie bei der Handlungsplanung im sozialen Kontext situative und dispositionale Informationen heranziehen. Nur durch die Berücksichtigung des moderierenden Einflusses des Self-Monitoring wurde es möglich, Kategorien von Individuen zu identifizieren, die sich in ihren charakteristischen Orientierungen hinsichtlich Freundschaft voneinander unterscheiden: Eine Kategorie von Individuen, für die aktivitätsbezogene, instrumentale Vorhersagen der Freundschaftsbildung angemessen sind und eine zweite Kategorie, für die affektiv-emotionale Vorhersagen zutreffen. Die beiden unterschiedlichen Orientierungen tragen für sich genommen dagegen nur wenig zur Aufklärung der Unterschiede in den Freundschaftsauffassungen bei.

Diese indirekte Strategie zur Auffindung von Kategorien von Individuen, für die charakteristische Merkmale zur Vorhersage bestimmter Auffassungsunterschiede (und später auch Verhaltensunterschiede) in bezug auf Freundschaft führen, geht schrittweise von folgenden Überlegungen aus:

1. Trotz und sogar wegen der schwierigen begrifflichen Faßbarkeit ist Freundschaft wissenschaftlicher Analyse zugänglich, und nur so können unterschiedliche Auffassungen von Freundschaft kritisch geprüft werden.
2. Statt die einzige richtige Definition von Freundschaft zu suchen, sollten subjektive Definitionen den Ausgangspunkt bilden, um deren Einfluß auf tatsächliche Freundschaften zu betrachten.
3. Viele sozialpsychologisch relevante Phänomene und Prozesse können am besten dadurch verstanden werden, daß man Individuen untersucht, welche diese in typischer Weise repräsentieren.
4. Die Freundschaftsforschung sollte demgemäß Kategorien von Individuen identifizieren, welche sich im Wert unterscheiden, den sie ihren eigenen Freundschaften beimessen.
5. Wenn solche Kategorien von Individuen existieren, und wenn es möglich ist, sie mit verläßlichen und gültigen empirischen Maßen zu erfassen, kann die Untersuchung der Mitglieder dieser Kategorien ein differenziertes Freundschaftsverständnis ermöglichen.
6. Ein Maß für eine generalisierte interpersonale Orientierung liegt in der Self-Monitoring-Skala vor, deren Konstruktvalidität im kognitiven, verhaltensmäßigen und interpersonalen Bereich erwiesen ist (vgl. Gangestad & Snyder, 1985; Snyder & Ickes, 1985); einige Aspekte die-

ser Konstruktvalidität sprechen dafür, daß unterschiedliche Auffassungen über Freundschaft zu den Unterschieden gehören, die verschiedene generalisierte interpersonale Orientierungen im Denken, Fühlen und Handeln insgesamt charakterisieren.

Mit Hilfe der Self-Monitoring-Skala (Snyder, 1974) lassen sich Individuen mit relativ hohen Werten von solchen mit relativ niedrigen Werten in der Charakterisierung durch Snyder und Smith (1986) folgendermaßen unterscheiden:

> High self-monitoring individuals . . . typically strive to appear to be the type of person called for by each situation in which they find themselves. These people appear to be particularly sensitive and responsive to social and interpersonal cues to situational appropriateness, and, accordingly, their social behavior displays pronounced situation-to-situation specificity. (a.a.O., S. 66)[9] Low self-monitoring individuals . . . on the other hand, appear to be less responsive to situational specifications of behavioral appropriateness. Rather, they seem to choose their behavior in social situations on the basis of their own personal dispositions and attitudes, as indicated by the characteristically substantial congruence between their social behavior and relevant underlying attitudes and dispositions. (a.a.O., S. 66/67)[10].

Diese Kategorien von Individuen unterschiedlicher Orientierungen wurden im Lauf der Forschung in bezug auf folgende Freundschaftsbereiche miteinander verglichen:

1) Freundschaftskonzeptionen
Hier wurden Essays über eine bestimmte, als Freund empfundene Person inhaltsanalytisch ausgewertet.

2) Verhaltensmanifestationen
Untersucht wurden Entscheidungsabsichten bei vorgegebenen Freundschaftsalternativen.

3) Die Population von „Freundschaftswelten"
Verglichen wurden die Werte von engen Freunden der Versuchsteilnehmer auf der Self-Monitoring-Skala.

---

[9] Beispiele für Items, deren positive Beantwortung für diese Orientierung spricht: „In different situations and with different people, I often act like very different persons", oder: „I would probably make a good actor".

[10] Beispiele für Items, deren positive Beantwortung für diese Orientierung spricht: „I would not change my opinion (or the way I do things) in order to please someone or win their favor", oder: „I have trouble changing my behavior to suit different people and different situations" (a.a.O., S. 66/67).

Aus diesen Untersuchungen, die bei Snyder und Smith (1986) sehr ausführlich dargestellt sind, ergeben sich nicht nur Auffassungsunterschiede zwischen Individuen mit hohen und niedrigen Werten auf der Self-Monitoring-Skala; es scheint vielmehr, als lebten die angehörigen der beiden Kategorien in ganz unterschiedlichen „Freundschaftswelten" - um die Metapher der Autoren zu benutzen.

Danach leben die als *„high self-monitoring"* eingestuften Personen in hochgradig differenzierten, aufgeteilten und voneinander abgegrenzten sozialen Welten, in denen sie sich mit ganz bestimmten Menschen in ganz spezifischen Aktivitäten engagieren. Die Partner für dieses Aktivitäten scheinen wegen ihrer Fertigkeiten, ihres Expertentums quasi als Spezialisten für gewisse Aktivitätsbereiche ausgewählt zu werden. Wenn es enge Freunde sind, weisen sie selbst relativ hohe Werte auf der Skala auf. Die verhaltensmäßige Orientierung entspricht bei den als „high self-monitoring" eingestuften Personen kognitiv einer aktivitätsorientierten Freundschaftsauffassung (vgl. auch Jamieson et al., 1987).

Die als *„low self-monitoring"* eingestuften Individuen scheinen dagegen in relativ homogenen sozialen Welten zu leben; die Verbindungen zwischen ganz spezifischen Freunden und bestimmten Aktivitätsbereichen fehlen bei ihnen offenbar. Die Auswahl von Partnern erfolgt auf der Grundlage von Ähnlichkeit und/oder Sympathie. Enge Freunde dieser Menschen weisen selbst relativ niedrige Skalenwerte beim „Self-Monitoring" auf. Die kognitive Entsprechung findet sich für diese Personengruppe in einer betont affektorientierten Freundschaftsauffassung.

Der vorgestellte Ansatz hält einige Hinweise für neue Fragestellungen bereit, die abschließend angedeutet seien; der Leser möge diese Hinweise explizieren.

Beim *Beginn von Freundschaften* könnten sich die beiden Personenkategorien danach unterscheiden, wie „geschlossen" sie für neue Beziehungen sind.

Bei der *Aufrechterhaltung von Freundschaften* wären Unterschiede in den Bedingungen für die Fortsetzung der Beziehungen zu erwarten. Während in einem Fall trotz Sympathieschwankungen oder auch Sympathieverlust die Freundschaft erhalten bleiben könnte, würde sie in dem anderen Fall vermutlich gerade deshalb beendet werden.

Bei der *Auflösung von Freundschaften* dürfte die damit verbundene psychische Belastung unterschiedlich hoch ausfallen.

3.2.2. Interindividuelle Unterschiede bei der Freundschaftsmotivation

Das Verständnis persönlicher Beziehungen aus der Kenntnis interindividueller Unterschiede in der motivationalen Disposition ist das Ziel des Ansatzes von McAdams (1986, 1988). Freundschaft muß danach in ihrer *qualitativen* Beschaffenheit mit zwei motivationalen Persönlichkeitsfaktoren analysiert werden: Dem Bedürfnis nach Nähe („intimacy motivation") und dem Bedürfnis nach Macht („power motivation") (a.a.O., S. 21). Diese motivationale Dichotomie ist keinesfalls neu für den Bereich der persönlichen Beziehungen (vgl. Tab. 4). Die globale Unterscheidung zwischen zwei Klassen persönlicher Bedürfnisse bei Bakan (1966) fand, fand, wie die Aufstellung zeigt, in mehreren Varianten ihre Fortsetzung oder Entsprechung; direkt auf Freundschaft wurde sie aber nur von McAdams bezogen.

Tab. 4:
Thematische Aspekte von Wirksamkeit und Gemeinsamkeit in persönlichen Beziehungen (aus: McAdams, 1988, S. 21)[11]

1. Two integrative themes in human lives (Bakan, 1966)	Agency	Communion
2. Two central functions of interpersonal relations (Patterson, 1984)	Social Control	Intimacy
3. Two basic 'institutional tendencies' adaptive for living in social groups (Hogan, Jones and Cheek, 1985)	Attaining status (getting ahead)	Being accepted (getting along)
4. Two common 'psychopathologies of everyday life' (Hogan, Jones and Cheek, 1985)	Shyness	Loneliness
5. Two fundamental positive emotions experienced in personal relationships (Izard, 1977; Tomkins, 1979)	Excitement/interest	Joy/enjoyment
6. Two personal needs assessed on the Thematic Apperception Test (McAdams, 1985a)	The power motive	The intimacy motive
7. Two styles of friendship		
a) Positive hallmarks of friendships	Helping	Self-disclosure
b) Transgressions in friendships	Public disgrace	Private betrayal
c) Fears in friendships (McAdams, 1984)	Conflict	Separation
8. Two sex-role orientations (Bem, 1974; Ickes, 1981)	Masculinity	Femininity

---

[11] Die Literaturangaben wurden aus Platzgründen nicht in das Literaturverzeichnis aufgenommen. Der Leser wird auf die Bibliographie bei McAdams verwiesen.

Die Unterscheidung des Bedürfnisses nach Wirksamkeit von dem nach Gemeinsamkeit in der sozialen Interaktion erscheint McAdams allerdings in bezug auf Freundschaft entscheidend wichtig. Denn sonst könne man nur banale Unterschiede in Freundschaften erkennen, wie etwa solche, die sich aus Alters-, Geschlechts- oder (sozialen) Klassenunterschieden ergäben[12].

An drei Forschungsprojekten demonstriert McAdams (1986), wie Intimitäts- und Machtmotivation mit dem Verhalten und Erleben in engen Freundschaften verbunden sind. Die individuellen Ausprägungen des Macht- und des Intimitätsmotivs wurden mit Hilfe der inhaltsanalytischen Auswertung von Geschichten auf der Grundlage des Thematischen Apperzeptions-Tests (TAT) erfaßt, die Verhaltens- und Erlebensindikatoren mit Hilfe der inhaltsanalytischen Auswertung von offen endenden und zu vervollständigenden Darstellungen aus Freundschaftsepisoden.

In einer ersten Untersuchung wurden College-Studentinnen und Studenten verglichen. Bei hoher Intimitätsmotivation wiesen die Versuchsteilnehmer Freundschaftsmuster auf, die in der Typologie Bakan's (1966) - auf der McAdams aufbaut - als „communal" einzustufen waren; bei hoher Machtmotivation zeigte sich dagegen ein Freundschaftsmuster, das deutlich im Sinne der oben angesprochenen Dichotomisierung mit „agentic" umschrieben werden kann.

Die Persönlichkeitsdifferenzen bei der Freundschaftsmotivation traten vor allem bei der Selbsteröffnung bzw. Selbsteinbringung („self-disclosure") und beim Zuhörenkönnen in Freundschaftsepisoden zutage. Intimitätsmotivation und Selbsteröffnung hingen (statistisch hochsignifikant) bei Frauen und Männern zusammen, ebenso Intimitätsmotivation und die Anzahl der Episoden, für welche Zuhören als zentrale Aktivität angegeben wurde. Die Machtmotivation wies zu diesen beiden Indikatoren keine Beziehung auf.

McAdams interpretiert den Befund über das Zuhören als Fähigkeit oder Eignung der hoch Intimitätsmotivierten, Kontrolle in der Beziehung zum anderen aufgeben zu können, in Zeiten der Auseinandersetzung oder eines drohenden Zerwürfnisses Verantwortung zu übernehmen und - wofür auch andere Hinweise der Untersuchung sprechen - in versöhnlicher Weise die Beziehung zu retten.

Das durch Machtstreben motivierte Individuum ist gleichsam der lebendige Kontrast zu einer solchen Haltung. Es ist der Macher, und als solcher wird es wahrgenommen und beobachtet. Studentinnen und Studen-

---

[12] Hays (1988, S. 395) weist - nur in einer Nebenbemerkung - darauf hin, daß Freundschaft in dieser Hinsicht ein Gleichmacher sein könnte.

ten mit vergleichsweiser hoher Machtmotivation scheinen Freundschaften als Gelegenheiten zu verstehen, dominieren, kontrollieren und organisieren zu können. Die Beziehung zum anderen wird nicht als ein gemeinschaftliches Unterfangen angesehen, sondern als eine Verbindung zwischen Getrennten, deren Gelegenheiten zur Selbstentfaltung bis hin zur Selbstexpansion genutzt werden. Wenn auch auf diese Weise freundschaftliche Beziehungen in Begriffen von Einfluß und Machtausübung verstanden werden, geht es doch nicht um die Ausbeutung von Freunden. Die Verbundenheit in solchen Freundschaften könnte eher in der wechselseitigen Anerkennung des Strebens nach Einfluß und Selbstentfaltung begründet sein, eines Strebens, das ohne Beziehungen keinen Ausdruck finden würde.

In einer zweiten Studie wurden mit Hilfe einer kindgerechten TAT-Version Schulkinder im Alter von ca. 11 Jahren verglichen. Für vergleichsweise höhere Intimitätsmotivations-Werte ergaben sich hier bedeutsame Zusammenhänge mit Einschätzungen durch Lehrer nach Eigenschaften wir „freundlich", „ernsthaft" oder „herzlich", mit Stabilitätsindikatoren für bestehende Freundschaften und mit dem Ausmaß an Information über den besten eigenen Freund.

Die dritte berichtete Untersuchung verglich die Freundschaftsqualität bei Frauen mittleren Alters. Frauen mit hoher Intimitätsmotivation beschrieben ihre bestehenden Freundschaften als hoch bedeutsam und tief befriedigend, während Frauen mit niedriger Intimitätsmotivation Freundschaft als weniger wichtige und bedeutungsvolle Teile in ihrem Leben einschätzen. Bei gleichaltrigen Männern sagten dagegen die ermittelten Motivationswerte nichts über die Freundschaftsqualität aus.

4. Schlußfolgerungen

Die differentialpsychologische Untersuchung freundschaftlicher Beziehungen steht am Anfang. Wie können die wenigen, aber vielversprechenden Ansätze zukünftig weiterentwickelt werden? Ich möchte zum Abschluß des vorliegenden Berichts folgende Antworten auf diese Frage geben:
1) Die in den Ansätzen vorhandenen expliziten und impliziten Hinweise und Anregungen können zu neuen und präziseren Fragestellungen im jeweiligen theoretischen Rahmen führen.
2) Ein empirischer Vergleich der Ansätze untereinander trüge vielleicht zu einer produktiven Hypothesenkonkurrenz und somit auch zu einer Klärung des Stellenwerts kognitiver und motivationaler Persönlichkeitskonzeptionen für das Studium von Freundschaft bei. Dieser Vorschlag sollte auf der Grundlage der Moderatorkonzeption verfolgt werden, wobei allerdings eine methodenkritischere Haltung zu fordern ist (vgl. z.B. Cronbach, 1987; Novack & Kammer, 1987; Zuckerman, Bernieri, Koestner & Rosenthal, 1989; Zuckerman, 1989; Zuckerman, Koestner, DeBoy, Garcia, Maresca & Sartoris, 1988).

3) Die Ansätze sollten einzeln und im Vergleich auf empirische Differenzierungen von Freundschaft bezogen werden. Mit hoher Wahrscheinlichkeit würden auf diesem Weg zu den dort bereits gefundenen Unterscheidungen neue, diesmal persönlichkeitsspezifische hinzutreten. Solche Befunde wären zudem geeignet, die definitorische Abgrenzung zwischen Freundschaft und anderen persönlichen Beziehungen (über Merkmale wie „Freiwilligkeit", „sozio-emotionale Ausrichtung" oder „Variationsbreite" der Interdependenz) zu überprüfen, bzw. zu verfeinern.

4) Sowohl bei der empirischen Differenzierung von Beziehungen als auch bei der Erfassung von Persönlichkeitsunterschieden verläßt man sich auf die Sprache. In der Freundschaftsforschung sind Sprache und Kommunikation zwar gerade in letzter Zeit thematisiert worden (vgl. Miell & Duck, 1986), aber ein Zusammenhang mit Persönlichkeitsvariablen fehlt nach meiner Kenntnis. Dabei läge doch z.B. in der Arbeit von Bradac (1983) eine Grundlage vor, die zur Entstehung derartiger Fragen anregen sollte. So wäre u.a. zu fragen, ob unterschiedliche Persönlichkeiten über und in Beziehungen gleich oder eben unterschiedlich sprechen, ob Sprache für alle oder nur für einige eine konstituierende Bedingung von Freundschaft ist oder ob Kommunikation für alle oder nur einige eine primäre Rolle bei der Entstehung, Aufrechterhaltung und Beendigung von Freundschaften spielt. Die in diesen Schlußfolgerungen betrachteten differentialpsychologischen Ansätze scheinen geeignet zu sein, auch in derartige Fragestellungen einbezogen zu werden.

5) Freundschaft gilt als dynamischer Prozeß, wodurch die für sie charakteristischen Eigenschaften aus der fortschreitenden Interaktion erwachsen, eine Sichtweise mit zwei Implikationen für eine differentialpsychologische Betrachtung. Wenn man Eigenschaften und Beziehungen in einen Entwicklungszusammenhang stellt, wie Park und Waters (1988), muß man annehmen, daß Persönlichkeiten und Beziehungen sich wechselseitig beeinflussen. Vieles spricht für die theoretische Nützlichkeit einer solchen Perspektive, aber ein empirisch gestütztes Verständnis dieser wechselseitigen Modifikation wird durch den Umstand erschwert, daß die Beziehung bzw. Freundschaft und die Persönlichkeiten der beteiligten Individuen sich selber ändern. Betrachtet man dagegen die Dyade als System, sind seine Eigenschaften nicht mehr in der herkömmlichen Weise mit Persönlichkeitsvariablen zu erfassen. Individuelle Unterschiede sind dann nicht bei den Individuen, sondern bei den Beziehungen zu suchen.

Die differentialpsychologische Frage der Freundschaftsforschung lautet in dieser Perspektive: Wie unterscheiden sich Freundschaftspersönlichkeiten?

Literatur

Allan, G.A. (1979). *A sociology of friendship and kinship.* London: Allen & Unwin.

Argyle, M. (1969). *Social Interaction.* London: Methuen.

Bakan, D. (1966). *The duality of human existence: Isolation and communion in western man.* Boston: Beacon Press.

Bem, D.J. & Allen, A. (1974). On predicting some of the people some of the time: The search for cross-situational consistencies in behavior. *Psychological Review, 81,* 506-520.

Berscheid, E. & Walster, E.H. (1978). *Interpersonal attraction.* Reading, MA: Addison-Wesley.

Bradac, J.J. (1983). The language of lovers, flovers, and friends: Communicating in social and personal relationships. *Journal of Language and Social Psychology, 2,* 141-162.

Cronbach, L.J. (1987). Statistical tests for moderator variables: Flaws in analyses recently published. *Psychological Bulletin, 102,* 414-417.

Davis, K.E. & Todd, M.J. (1982). Friendship and love relationships. *Advances in Descriptive Psychology, 2,* 79-122.

Davis, K.E. & Todd, M.J. (1986). Assessing friendship: Prototypes, paradigm cases and relationship description. In S. Duck & D. Perlman (eds.). *Understanding personal relationships: An interdisciplinary approach* (S. 17-38). London: Sage.

Duck, S. (1988). *Handbook of personal relationships.* Chichester: Wiley & Sons.

Duck, S. & Gilmour, R. (1981a). *Personal relationships 1: Studying personal relationships.* London: Academic.

Duck, S. & Gilmour, R. (1981b). *Personal relationships 2: Developing personal relationships.* London: Academic.

Duck, S. & Gilmour, R. (1981c). *Personal relationships 3: Personal relationships in disorder.* New York: Academic.

Duck, S. & Perlman, D. (eds.) (1986). *Understanding personal relationships.* London: Sage.

Gangestad, S. & Snyder, M. (1985). To carve nature at its joints: On the existence of discrete classes in personality. *Psychological Review, 92,* 317-349.

Hartup, W.W. (1975). The origins of friendships. In M. Lewis & L.A. Rosenblum (eds.). *Friendship and peer relations.* New York: Wiley.

Harvey, J.H., Hendrick, S.S. & Tucker, K. (1988). Self-report methods in studying personal relationships. In S. Duck (ed.). *Handbook of personal relationships,* (S. 99-113). Chichester: Wiley.

Hays, R.B. (1988). Friendship. In S. Duck (ed.). *Handbook of personal relationships* (S. 391-408). Chichester: Wiley & Sons.

Hess, B. (1972). Friendship. In M.W. Riley, M. Johnson & A. Foner (eds.). *Aging and society, Vol. 3,* New York: Russell Sage.

Huston, T.L. & Levinger, G. (1978). Interpersonal attraction and relationships. In M.R. Rosenzweig & L. W. Porter (eds.). *Annual Review of Psychology* (Bd. 29, S. 115-156).

Ickes, W. (1982). A basic paradigm for the study of personality, roles, and social behavior. In W. Ickes & E. S. Knowles (eds.). *Personality, roles, and social behavior* (S. 305-341). New York: Springer.

Jamieson, D.W., Lydon, J.E. & Zanna, M.P. (1987). Attitude and activity preference similarity: Differential bases of interpersonal attraction for low and high self-monitors. *Journal of Personality and Social Psychology, 53,* 1052-1060.

Jost, G., Schätzle, E., Schenk, J. & Wagner, E. (1985). Interaktion mit dem (Ehe-)Partner im Vergleich zu der mit Freunden, Berufskollegen und Nachbarn. *Zeitschrift für Experimentelle und Angewandte Psychologie, 32,* 471-483.

Kelley, H.H., Berscheid, E., Christensen, H., Harvey, J.H., Huston, T.L., Levinger, G., McClintock, E., Peplau, L.A. & Peterson, D.R. (1983). *Close relationships.* San Francisco: Freeman.

Kerckhoff, A.C. (1974). The social context of interpersonal attraction: In T.L. Huston (ed.). *Foundations of interpersonal attraction.* New York: Academic Press.

Kurth, S.B. (1970). Friendship and friendly relations. In G. J. McCall, M.M. McCall, N.K. Denzin, G.D. Suttles & S.B. Kurth (eds.). *Social relationships* (S. 136-170). Chicago: Aldine.

Levinger, G. (1980). Toward the analysis of close relationships. *Journal of Experimental and Social Psychology, 16,* 510-544.

Manicas, P.T. (1980). The concept of social structure. *Journal for the Theory of Social Behavior, 10,* 65-82.

Marlowe, D. & Gergen, K.J. (1969). Personality and social interaction. In G. Lindzey & E. Aronson (eds.). *The Handbook of Social Psychology, Vol 3.* Reading, MA: Addison-Wesley.

McAdams, D.P. (1986). Motivation and friendship. In S. Duck & D. Perlman (eds.). *Understanding personal relationships* (S. 85-105). London: Sage.

McAdams, D.P. (1988). Personal needs and personal relationships. In S. Duck (ed.). *Handbook of personal relationships,* (S. 7-22). Chichester: Wiley & Sons.

Mehrabian, A. (1972). *Nonverbal communication.* Chicago: Aldine-Atherton.

Miell, D.E. & Duck, S. (1986). Strategies in developing friendships. In V.J. Derlega & B.A. Winstead (eds.). *Friendship and social interaction* (S. 129-143). New York: Springer

Mikula, G. (1975). Begriffliche und methodische Probleme der Attraktionsforschung. *Zeitschrift für Sozialpsychologie, 6,* 297-309.

Mikula, G. & Stroebe, W. (Hrsg.) (1977). *Sympathie, Freundschaft und Ehe. Grundlagen zwischenmenschlicher Beziehungen.* Bern: Huber.

Mischel, W. (1968). *Personality and assessment.* New York: Wiley.

Mischel, W. (1969). Continuity and change in personality. *American Psychologist, 24,* 1012-1018.
Nowack, W. & Kammer, D. (1987). Self-presentation: Social skills and inconsistency as independent facets of self-monitoring. *European Journal of Personality, 1,* 61-77.
Park, K.A. & Waters, E. (1988). Traits and relationships in developmental perspective. In S. Duck (ed.). *Handbook of personal relationships* (S. 161-176). Chichester: Wiley & Sons.
Parlee, M.B. (1979). The friendship bond. *Psychology Today, No. 10,* 42-54.
Perlman, D. & Fehr, B. (1986). Theories of friendship: The analysis of interpersonal attraction. In V.J. Derlega & B.A. Winstead (eds.). *Friendship and social interaction* (S. 9-40). Springer: New York.
Reis, H.T. & Shaver, P. (1988). Intimacy as an interpersonal process. In S. Duck (ed.). *Handbook of personal relationships* (S. 367-389). Chichester: Wiley & Sons.
Reisman, J.M. (1981). Adult friendships. In S. Duck & R. Gilmour (eds.). *Personal relationships 2: Developing personal relationships.* New York: Academic Press.
Rose, S.M. (1985). Same- and cross-sex friendships and the psychology of homosociality. *Sex Roles, 12,* 63-74.
Shaw, M.E. (1971). *Group Dynamics: The psychology of small group behavior.* New York: McGraw-Hill.
Snyder, M. (1974). The self-monitoring of expressive behavior. *Journal of Personality and Social Psychology, 30,* 526-537.
Snyder, M. (1979). Self-monitoring processes. In L. Berkowitz (ed.). *Advances in Experimental Social Psychology,* Vol. 12, (S. 85-128). New York: Academic Press.
Snyder, M. & Ickes, W. (1985). Personality and social behavior. In G. Lindzey & E. Aronson (eds.). *The Handbook of Social Psychology,* Vol. 2, (S. 883-947). New York: Random House.
Snyder, M. & Smith, D. (1986). Personality and friendship: The friendship worlds of self-monitoring. In V.J. Derlega & B.A. Winstead (eds.). *Friendship and social interaction* (S. 63-80). New York: Springer.
Solano, C.H. (1986). People without friends: Loneliness and its alternatives. In V.J. Derlega & B.A. Winstead (eds.). *Friendship and social interaction* (S. 227-246). New York: Springer.
Wright, P.H. (1969). A model and a technique for studies of friendship. *Journal of Experimental and Social Psychology, 5,* 295-309.
Wright, P.H. (1978). Toward a theory of friendship based on a conception of self. *Human Communication Research, 4,* 196-207.
Wright, P.H. (1984). Self-referent motivation and the intrinsic quality of friendship. *Journal of Social and Personal Relationships, 1,* 115-130.
Wright, P.H. (1986). The acquaintance description form. In S. Duck & D. Perlman (eds.). *Understanding personal relationships* (S. 39-62). London: Sage.

Zuckerman, M., Bernieri, F., Koestner, R. & Rosenthal, R. (1989). To predict some of the people some of the time: In search of moderators. *Journal of Personality and Social Psychology, 57,* 279.

Zuckerman, M., Koestner, R., DeBoy, T., Garcia, T., Maresca, B.C. & Sartoris, J.M. (1988). To predict some of the people some of the time: A reexamination of the moderator variable approach in personality theory. *Journal of Personality and Social Psychology, 54,* 1006-1019.

Name und Anschrift der Autoren

Amelang, Manfred, Prof. Dr.
Psychologisches Institut der
Universität Heidelberg
Hauptstr. 47-51
D-6900 Heidelberg

Bierhoff, Hans-Werner, Prof. Dr.
Universität Marburg
Fachbereich Psychologie
Gutenbergstr. 18
D-3550 Marburg/L.

Köhler, Bernd, Prof. Dr.
Universität der Bundeswehr
München
Fachbereich Sozialwissenschaften
Werner-Heisenberg-Weg 39
D-8014 Neubiberg

Maiwald, Michael, Dr.
Medizinische Univ.-Klinik
Forschungsgruppe Stress
Brunnengasse 1
D-6900 Heidelberg

Mikula, Gerold, Prof. Dr.
Institut für Psychologie
der Karl-Franzens-Universität
Schubertstr. 6a/II
A-8010 Graz

Pfrang, Horst, Dr.
Institut für Psychologie
der Universität Würzburg
Ludwigstr. 6
D-8700 Würzburg

Schreiber, Arnd, Dipl.-Biol.
Zoologisches Institut I
Morphologie/Ökologie
Universität Heidelberg
Im Neuenheimer Feld 230
D-6900 Heidelberg

Stroebe, Wolfgang, Prof. Dr.
Psychologisches Institut der
Universität Tübingen
Friedrichstr. 21
D-7400 Tübingen

Wagner, Ulrich, Dr.
Ruhr-Universität Bochum
Fakultät für Psychologie
Postfach 102 148
D-4630 Bochum

Sachverzeichnis

Abhängigkeit, 70, 75, 118, 125, 155 – 156, 187, 216, 219 – 220, 222, 227, 229, 240
Abhängigkeit,
  gegenseitige, 211
  wechselseitige, 157
Abhängigkeit, sexuelle, 200
Abhängigkeit, steigende, 70
Achtung/Ansehen, 160
Act
  Frequency
    Approach, 189
Agape, 169, 173, 176 – 181, 202, 205, 207 – 208, 221, 223 – 224
Aggregat, 154
Aggressivität, 127 – 128
Aktiviertheit, psychologische, 171
Akzeptanz, 110, 186, 201, 203, 228
Alternativen, 70 – 71, 74, 133, 218
Altruismus, 36, 45 – 46, 78, 128 – 129, 165 – 166, 173, 176, 202
Ames-Raum, 162
Androgynie, 130 – 131, 133 – 135, 145
Anhänglichkeit, 165 – 166, 198
Anlage-Umwelt-Problem, 2, 21
Anpassung, 110, 127, 135, 206
Ansehung/Achtung, 165 – 166
Anspruchsniveau, 70
Antipathie, 64, 76, 92, 109, 113
Anziehung, 61, 63 – 64, 66 – 69, 105, 171, 235
Anziehung, negative, 66
Anziehung, sexuelle, 183, 200 – 201, 214, 217
Anziehung, unmittelbare, 201
Anziehung, zwischenmenschliche, 61 – 64, 66, 68 – 70, 76, 78, 83, 91 – 93
Arbeitsteilung, 143 – 144
Attaktivität, physische, 78
Attraktion, 75, 106 – 107, 114, 199
Attraktion, anfängliche, 236
Attraktion, gegengeschlechtliche, 77
Attraktion, interpersonale, 76, 81, 160, 235
Attraktion, physische, 160, 165 – 167
Attraktion, romantische, 217
Attraktion, sexuelle, 217
Attraktion, soziale, 254
Attraktionsdeterminanten, 77, 93
Attraktionsforschung, 61 – 62, 64, 67, 82, 92 – 93
Attraktivität, 70, 75, 108, 113, 119, 163, 215
Attraktivität, physische, 77 – 79, 82 – 84, 86, 90, 189, 212, 235
Attraktivität, sexuelle, 215
Attribution, 229
Attributionsprozeß, 217
Attributionstheorie, 200
Auflösung, 71, 136, 138, 142, 144, 229, 237, 241, 249, 258
Aussehen, 77 – 79, 130, 216
Austausch, 63, 69, 72, 176, 186
Austauschtheorie, 67, 75, 207

Balancetheorie, 106
Bedürfniskomplementarität, 143
Beeinträchtigung, psychische, 155
Befriedigung, 69, 75, 185, 208, 212, 237
Befriedigung, sexuelle, 186, 219
Behaltensleistung, 162
Belohnung, 69, 71, 74, 91, 107, 199, 202, 214, 218, 229, 248
Belohnungswert, 248
Beratung, 153, 229
Beratungszwecke, 187
Besitzergreifung, 186
Beziehungsforschung, 62, 70, 92 – 93
Beziehungsqualität, 73, 144
Beziehungsqualitätsindizes, 74
Bindung, 70 – 71, 154 – 155, 158, 161 – 162, 167, 169 – 170, 179, 182 – 183, 186, 200 – 202, 207, 209,

218−219, 229, 239−240
Bindung, längerfristige, 202−203, 218
Bisexualität, 6, 26
Brutpflege, 3, 6, 15, 19, 28, 36, 38, 40−42, 45

Care, 160, 164−165, 186
Care-Items, 164
Computerdating, 84

Dating, 161, 209
Dating-Verhalten, 154
Dating, regelmäßiges, 162
Datingbeziehung, 166

Effektanz-Motiv, 81
Ehe, 67, 137−138, 142−143, 226
Eheideal, 143
Eifersucht, 154, 163, 176, 183, 186, 201, 203, 207, 219, 228, 234, 237
Eifersuchts-Maß, 163
Einsamkeit, 129, 212, 237
Einstellung,, 159
Einstellung, interpersonale, 159
Einstellungsähnlichkeit, 67, 80−82, 90
Einstellungsgefüge, 159
Emotionen, 88, 110, 160, 171, 173, 187, 210−211, 214−215
Emotionen, individuelle, 202
Emotionen, negative, 210
Emotionen, positive, 210
Empathie, 128, 133
Entscheidung, 167
Equitytheorie, 72, 74−75
Erfüllung
    und
        Ekstase, 170
Eros, 169, 175−179, 181, 201, 205, 207−208, 221, 226−228
Eros und
    Agape, 206
    Ludus, 206
Erregung, 87−89, 177, 212, 214
Erregung, erhöhte, 88−90
Erregung, geringe, 217
Erregung, körperliche, 88

Erregung, physiologische, 88, 200−202, 214, 216−217
Erregung, sexuelle, 163, 215
Erregung, unspezifische, 215
Erregungstransferhypothese, 89

Factor, Romantic
    Idealist, 157
Fehlattributionshypothese, 90
Fehlattributionsmodell, 69
Femininität, 127, 130−131, 133−135, 145, 221
Filtertheorie, 93
Freund, 238
Freundschaft, 61, 164, 166, 200−201, 235−241, 247−250, 253−254, 256−262
Freundschaftsalternative, 257
Freundschaftsauffassung, 256, 258
Freundschaftsbereich, 257
Freundschaftsbeziehung, 235, 253−254
Freundschaftsbildung, 256
Freundschaftsdefinition, 239−240
Freundschaftsentwicklung, 240
Freundschaftsepisode, 260
Freundschaftsform, 239
Freundschaftsforschung, 235, 238, 241−242, 247, 254, 256, 262
Freundschaftskonzeption, 256−257
Freundschaftsmotivation, 258, 260
Freundschaftsmuster, 260
Freundschaftspersönlichkeit, 262
Freundschaftsqualität, 261
Freundschaftsverständnis, 256
Freundschaftswelt, 257−258
Frustration, 128, 199, 225, 229
Fürsorge, 135, 143, 164
Funktionsanalyse, 154

Geistesverwandtschaft, 165−166
Gerechtigkeit, 72
Gesamteindruck, 63
Geschlechter-Unterschiede, 157, 159, 166
Geschlechtsdefinition, 125, 127
Geschlechtsidentität, 130−131, 133

Geschlechtspersönlichkeit, 125, 129–130, 136, 142, 145
Geschlechtsstereotyp, 140–141
Gesundheit, 173, 189
Gleichberechtigung, 143
Gleichberechtigungsgesetz, 136
Gleichgewichtstheorie, 64, 66, 75
Going-Steady, 155
Gruppenkohäsion, 61
Gruppenmitgliedschaft, 105, 107–108, 111, 115–119
Gruppenmitgliedschaft, potentielle, 108
Gruppenmitgliedschaft, relevante, 115
Gruppenorientierung, 108

Hilflosigkeit, 211
Homogamie, 84–86, 93
Homosexualität, 46, 130–131
Humor, 75

Ideal, romantisches, 157
Idealisierung, 160, 170–171, 200, 202, 223
Identität, soziale, 114–115, 119

Informationsverarbeitungstheorie, 62
Instrumentalität, 135, 139, 143, 220–221, 223
Interdependenz, 67, 238–240, 262
Interdependenztheorie, 69, 71
Intergruppenkonflikt, 111–112
Intimacy/Trust, 160
Intimität, 137, 162, 165, 167, 169–170, 172, 183, 185–186, 204, 210, 212, 220, 229, 237, 240–241
Intimität, emotionale, 187
Intimität, Erholungs-, 187
Intimität, intellektuelle, 187
Intimität, sexuelle, 187, 200
Intimität, soziale, 187
Intimität, Vertrautheit-, 210, 218
Intimitätsmotiv, 260
Intimitätsmotivations-Werte, 261
Intimitätsniveau, 237
Intimitätsstreben, 212
Investition, 71, 211, 218
Inzucht, 22–24, 28
Irrationalität, 156

kin recognition, 19, 21
Kognition, 64, 111, 153, 171, 187
Komplementarität, 76
Komplementaritätshypothese, 143
Komplexität, 166, 174
Komplexität, unterschiedliche, 159
Komponenten, 160, 162, 164, 167, 169–171, 186–187, 200, 209, 229
Konflikt, 112, 186, 229, 238
Konkurrenzkampf, 84–86
Konsistenztheorie, 62
Kosten, 69, 71–72, 74, 85
Kraft, romantische, 157

Lamarckismus, 8
Lebensabschnitt, 157
Leidenschaft, 167, 169–170, 198–200, 202, 209, 212, 218, 228–229
Liebe, 88, 143, 153–162, 164–167, 170, 173–178, 183–185, 187, 189–190, 192, 197–206, 208–210, 212–214, 217–220, 223, 225–229, 238
Liebe, altruistische, 202, 223
Liebe, besitzergreifende, 176, 201, 203, 221, 227–228
Liebe, echte, 212
Liebe, ehelich-rationale, 157
Liebe, eingeschätzte, 225–226
Liebe, empfundene, 162
Liebe, erlebte, 185
Liebe, erotische, 174, 212
Liebe, freundschaftliche, 201, 203
Liebe, geschwisterbezogene, 174
Liebe, gesunde, 173
Liebe, kameradschaftliche, 176
Liebe, komplette, 186
Liebe, leidenschaftliche, 88, 170–171, 176, 201, 212–214

Liebe, männliche, 219
Liebe, partnerschaftliche, 199
Liebe, possessive, 173
Liebe, pragmatische, 176, 202−203
Liebe, praktische, 176
Liebe, realistische, 176
Liebe, reziproke, 170
Liebe, romantische, 88, 157, 159, 162, 184, 197, 200−203, 209, 212, 217, 223, 228
Liebe, selbstbezogene, 174
Liebe, selbstlose, 176
Liebe, sexuelle, 212
Liebe, spielerische, 201, 221, 226
Liebe, tiefe, 158
Liebe, unerwiderte, 170
Liebe, altruistische, 202
Lieben und
    Mögen, 160
Liebes-Acts, 189
Liebes-Erlebnis, 169, 174, 183, 185
Liebes-Kreis, 176
Liebes-Score, 161
Liebes-Skala, 161−162, 164, 171, 177, 198−199, 209, 221, 225, 227
Liebes-Typen, 178−179
Liebes-Gefühl, 198
Liebesbeziehung, 72, 169, 182, 200−201, 229
Liebesforschung, 219
Liebesstil, 169, 175, 177, 179−181, 198, 204−208, 221, 224, 226−227, 229
Liebestheorien, 208
Liebesverhalten, 184
Liking, 159−160
Liking-Scores, 160−161
Liking-Skala, 162−163, 169
Limerence, 170
Love-Skala, 161−162, 164−166, 171
Ludus, 176−181, 205−208, 221, 227−228
Ludus und
    Agape, 206
    Eros, 206

Macht, 70, 238, 259
Machtausübung, 261
Machtmotivation, 260−261
Machtstreben, 260
Mania, 176−181, 201, 205, 207−208, 221−224, 227
Mania-Skala, 221
Mania und
    Agape, 206
Marktprozeß, 85
Maskulinität, 127, 130−135, 145, 221
Matching-Hypothese, 83
Methoden, nomothetisch- allgemein, 153
Mögen, 80, 160−161, 164, 190, 199−200, 202−203, 214
Mögen-Skala, 160−164, 177
Monogamie, 6−7, 11, 15, 33, 35−36, 38
Mutterrolle, 137

Nähe, 64, 84−85, 165, 167, 171, 184, 197, 203, 209, 212−213, 220, 225, 259
Need-Items, 164
Netzwerk, soziales, 240

Oestrus, 27, 37, 39

Partner, 69−73, 76, 78−79, 82−86, 91, 93, 136, 143−144, 153−154, 157, 160−166, 169−172, 179−183, 185−187, 189, 197, 199−213, 218, 221−223, 226−229, 235, 237, 240, 249, 258
Partner-Ideal, 140
Partner, potentielle, 85
Partnerbild, 209
Partnermarkt, 85−86, 93
Partnermerkmal, 86
Partnerrolle, 139
Partnerschaft, 86, 139, 142−143, 145, 153, 158, 179−180, 184−186, 197−198, 201, 203, 205, 207−208, 211−212, 218−220, 223, 226−227, 229
Partnersuche, 155

Partnerwahl, 8−9, 14−15, 20, 23, 28−29, 47−48, 84−85, 93, 105, 139, 142−145, 153, 174, 176
Passionate-Love-Skala, 170
Permissivität, 225
Persönlichkeits-Skala, 155
platonisch, 160, 237
Prägung, 10, 44
Pragma, 176−181, 205, 207−208, 221, 223−224
Pragma-Skala, 222
Privatheit, 142, 153

Qualität, 69, 71, 73, 89, 91−92, 125, 129, 139, 161, 186−187, 211, 214
Qualität, expressive, 141
Qualität, psychometrische, 177
Querschnitts-Design, 155

Realismus, 156

Reinforcement-Affekt-Modell, 87, 91
Reinforcer, 162
Respekt, 80, 160, 165, 186
Ressourcen-Teilung, 170
Reziprozität, 66−67, 106, 171, 183, 208
Ritterlichkeit, 138
Rollen-Erwartung, 157, 159
Rollen-Struktur, 157, 159
Rollenerwartung, 139
Rollenspiel, 217
Rollenspiel-Bedingung, 217
Romantic Love Questionnaire, 166
Romanticism-Gross-Skala, 154
Romanticism-Tendenz, 154
Romantizismus, 155−156
Rubin-Liebes-Skala, 166, 173, 177, 186
Rubin-Skala, 160, 163, 166, 171, 177−178, 220, 223

Schwäche, 155, 186, 198, 236
Selbst-Verwirklichung, 173
Selbstenthüllung, 186
Selbstgefühl, 179

Selbstkonzept, 228
Selbstkonzeptskala, 228
Selbstsicherheit, 129, 227
Selbstwertgefühl, 180, 198, 227−228
Self-Monitoring, 228−229, 256, 258
Self-Monitoring-Konzeption, 256
Self-Monitoring-Skala, 256−258
Sexual-Partner, 183
Sexualdimorphismus, 15, 35, 39, 127
Sicht, idealistische,
   zynische,
      pragmatische, 157
Skalen-System, 159
Sozialstatus, 158
Soziologie, 154, 236
Spermienwettbewerb, 13
Stereotypen, 130, 132, 134−135, 140−142, 145
Stereotypen, implizite, 127
Stereotypen, nationale, 140
Stereotypenforschung, 140−141
Stereotypisierung, 142
Stimmung, 90−91, 190
Störungs -Beseitigungs-System, 211
Stolz, 165
Storge, 176−181, 201, 205, 207−208, 221
Strukturanalyse, 154
Sympathie, 61, 64, 66, 68, 76, 78, 81−82, 92, 105−111, 115, 119−120, 153, 235−237, 258
Sympathieäußerung, 106−107
Sympathieaussage, 80
Sympathieempfindung, 105
Sympathieschwankung, 258
Sympathieurteil, 107
Sympathieverlust, 258
System, 154, 182, 241, 262
System, ganzheitliches, 241

Therapie, 153
Toleranz, 160, 199
Transaktion, 69
Trennung, 130−131, 154, 170, 213, 223
Trennungserfahrung, 213
Trennungssymptom, 213

Treue, 190
Trust, 164

Überredungsversuch, 67
Unterstützung, 110, 115, 137, 143, 183, 187, 190−191, 197, 248

Verabredung, 155, 158, 162, 171
Vereinigung, 167, 170, 183
Vereinigung, sexuelle, 212
Vereinigung, vollständige, andauernde, 171
Verfügbarkeit, 69, 84−85, 129, 182
Vergleichsniveau, 70−71, 74−75
Verhalten, sexuelles, 139
Verhaltenskodex, 155
Verpflichtung, 238
Verstärkungsprozeß, 68
Verstärkungstheorie, 62−63, 67, 211
Verträglichkeit, 84, 86
Vertrauen, 143, 160, 165−166, 171, 186, 190−191, 199−200, 202, 209−210

Wahrnehmung, 63, 65, 74, 128, 162−163, 185, 187, 215, 217
Werbung, 154
Werthaltung, konservative, 155
Wertorientierung, 143

Zeitgeist, 154, 159
Zufriedenheit, 70−72, 74, 135, 179, 187, 198, 208, 219, 226−227
Zugehörigkeit, 82, 105, 160, 164, 174, 177, 184
Zuneigung, 81, 105, 107−108, 110−111, 113−114, 119−120, 143, 153−154, 161−162, 164, 186, 197−199
Zuneigung, motivierte, 217
Zuneigung, romantische, 200, 210, 214−215, 227
Zurückweisung, 107, 109−110, 115, 120, 170